U0549231

辽西古刹塔窟

贾辉 ◎ 编著

社会科学文献出版社
SOCIAL SCIENCES ACADEMIC PRESS (CHINA)

星云大师题字

《辽西古刹塔窟》编委会

主　编　贾　辉
主　任　释道极
副主任　马玉慧　张秀云　李树基　刘景毅　释大赞
　　　　刘海龙　释道弘　释大缘　释定禅　释大和
编　委　释大悟　释大法　释大陆　释觉法　释常力
　　　　释传法　释正全　释先兴　释果尚　释果忠
　　　　释常青　释慧达　释了空　释了明　释体悟
　　　　白　皓　张恺新　石书仁　王紫晨　邱德富
　　　　邵安同

目 录

序 ··· 1

锦州篇

第一章　锦州古刹塔窟历史沿革 ·· 3
第二章　锦州古刹塔窟 ··· 14
　第一节　锦州市区古刹塔窟 ··· 14
　　大广济寺 ··· 14
　　大广济寺内的昭忠祠 ··· 17
　　大广济寺塔 ··· 19
　　观音阁 ··· 21
　　古塔寺（祐国寺） ·· 24
　　玉佛寺 ··· 25
　　北普陀寺 ·· 26
　　汤泉寺 ··· 38
　　右屯卫古城古刹 ··· 40
　　卧佛寺 ··· 40
　　慈贤庵 ··· 41
　　三才寺 ··· 42
　　毗卢庵 ··· 43

天后宫	44
三清阁	47
离阳宫	54
东关关帝庙	55
东岳庙	56
龙王庙	57
西关关帝庙	57
文庙	58
周将军庙	59
真武庙	60
药王庙	61
三皇庙	62
西海口真武庙	62
普同塔	63

第二节　北镇市古刹塔窟　64

青岩寺	64
闾山大观音阁	70
玉泉寺	74
云岩寺	77
大朝阳寺	81
大朝阳三清观	83
灵山寺	87
接待寺	90
洞尔寺	92
双峰寺	92
天仙观	96
五佛寺	97
双龙寺	98
北镇庙	101
崇兴寺及双塔	113

北镇鼓楼胡仙大堂	119
滴水观音洞——灵圣寺	120
张作霖家庙	121
闾山小观音阁	126
望海寺	129
石佛寺	131
慈圣寺	132
闾阳吕祖庙	133
永安寺	135
弥陀寺	136
千家寨圆通观	137
龙潭宫	139
圆觉寺	141
天齐庙	142
琉璃寺	145
娘娘庙	146
大佛寺（普慈寺）	149
龙凤寺	150
城隍庙	151
关岳庙	152
双泉寺	154
永宁寺	156
药王庙	158
白衣庵	159
西佛寺	160
观音寺	162
观音堂	163
保安寺	164
兴隆寺	165
文殊庵	167

毗卢庵	167
孔庙	168
崇泉寺	171
马神庙	172
南关帝庙	172
常兴店关帝庙	174
大屯乡保安寺	175
观音庵	176
文昌宫	176
马岚寺	177
祖师庙	178
济孤寺	179
财神庙	179
农神庙	179
玉皇庙	180
地藏寺	181
法兴寺	182

第三节 凌海市古刹塔窟 183

茶山寺	183
朝阳寺	184
翠岩山寺	187
十三峰古刹	190
岩井寺	192
平安寺	193
观音寺	193
三霄娘娘宫	194
班吉塔	195
宝灵宫	196

第四节 义县古刹塔窟 198

| 奉国寺 | 198 |

北魏万佛堂石窟…………………………………………………… 200
　　广胜寺与广胜寺佛塔…………………………………………… 202
　　宝林楼……………………………………………………………… 204
　　圣清宫……………………………………………………………… 206
　　八塔子……………………………………………………………… 210
　　花尔楼寺………………………………………………………… 213
　　地藏寺……………………………………………………………… 215
　　青塔寺与佛塔…………………………………………………… 217
　　三圣寺……………………………………………………………… 219
　　双龙寺……………………………………………………………… 219
　　龙圣寺……………………………………………………………… 221
　　牛角寺……………………………………………………………… 222
　　隆峰寺……………………………………………………………… 222
　　开州净胜寺……………………………………………………… 224
　　义县古刹拾珍…………………………………………………… 225
　第五节　黑山县古刹塔窟……………………………………………… 228
　　善德寺……………………………………………………………… 228
　　蛇盘山古刹……………………………………………………… 231
　　张三丰祠………………………………………………………… 235
　　上帝庙……………………………………………………………… 236
　　马鞍山塔………………………………………………………… 237
　第六节　锦州古刹塔窟楹联集萃………………………………………… 238

葫芦岛篇

第一章　葫芦岛古刹塔窟历史沿革………………………………………… 263
第二章　葫芦岛市古刹塔窟………………………………………………… 266
　第一节　葫芦岛市区古刹塔窟………………………………………… 266
　　安昌岘舍利塔…………………………………………………… 266
　　南票区明性寺…………………………………………………… 267

砂锅屯石塔……271
　　莲花山圣水寺……272
　　凉水井子灵山寺……275
　　钢屯关帝庙……278
　　灵山寺……279
　　龙泉寺……280
　　大红螺山灵隐寺……280
　　龙华寺……281

第二节　兴城市古刹塔窟……282
　　白塔峪塔……282
　　三教寺……283
　　石龙寺……286
　　药王禅寺……287
　　仙灵寺……287
　　文庙……288
　　磨石沟塔……289
　　白衣庵……291
　　望海寺……291
　　城隍庙……292
　　菊花岛大龙宫寺……294
　　朝阳宫……295

第三节　绥中市古刹塔窟……295
　　妙峰寺双塔……295
　　天性寺……297
　　绥中斜塔……298
　　九门台庙……298

第四节　建昌县古刹塔窟……299
　　云溪观……299
　　圣泉寺……299
　　清泉寺……300

祥云寺……301
经法寺……301
三圣寺……302
法藏寺……302
平安寺……302
顺天寺……302
慈航寺……303
保安寺……303
兴隆寺……303
天化寺……303
峰云寺……304
同心寺……304
法华寺……304
慈圣寺……304
妙音念佛堂……304

阜新篇

第一章　阜新古刹塔窟历史沿革……307
第二章　阜新古刹塔窟……316
朝阳寺……316
九仙洞（九玄官）……317
瑞应寺……318
普安寺……320
宝力根寺……322
积庆寺……323
圣经寺……326
张三丰仙居……328
海州庙……329
千佛山阿古庙……330

章古太山古庙	332
三石庙	333
半拉庙	334
双峰山观音寺	336
香烟寺	336
水洞寺	338
同善寺	340
德惠寺	342
广法寺	343
龙凤寺	345
阜新17座古塔	347
海棠山摩崖石刻	350

朝阳篇

第一章 朝阳古刹塔窟历史沿革	367
第二章 朝阳古刹塔窟	376
第一节 朝阳市区古刹塔窟	376
佑顺寺	376
关帝庙	378
城隍庙	379
竹林寺	379
文庙	380
祖师爷庙	381
凤凰山延寿寺	382
凤凰山云接寺	384
凤凰山天庆寺	385
三学寺	386
娘娘庙	388
地藏寺	389

保安寺 389
宝灵寺 390
金刚寺 391
古佛寺 391
永昌德盛寺 393
复圣宫 394
吉祥寺 395
卧佛寺 395
日光庙 396
大法鼓寺 396
吉祥法轮寺 397
绍兴庙 400

第二节 朝阳县古刹塔窟 401

涌泉寺 401
千佛洞 402
禅定法轮寺 403
华严禅寺 403
宏观寺 403
日升寺 404
玉清寺（宫） 405
云峰寺 405
天台寺 405
地藏寺 406
灵佑宫 406
观音洞 407
永顺寺 408
云峰寺 408
金宝山寺 409
五佛寺 410
三教寺 411

经海寺	412
灵严寺	413
凌水寺	414
天龙寺	414
三王庙	415
蟠龙寺	416
三义庙	417
广法寺	418
聚会寺	418

第三节　凌源市古刹塔窟　419

牛河梁女神庙	419
凌云寺	420
慈云寺	421
万祥寺	422
汇善寺	424
双泉寺	424

第四节　喀左县古刹塔窟　425

天成观	425
香山甘露寺	429
毗卢寺	430
天台寺	431
圆成寺	432
复命寺	432
吉祥寺	433
保贞寺	434
金卷寺	435

第五节　北票市古刹塔窟　436

惠缘寺	436
惠宁寺	436
望海寺（万缘楼）	437

福灵寺…………………………………………………………438

　　鸿法寺…………………………………………………………439

　　清心亭…………………………………………………………439

　　南海寺…………………………………………………………440

　　北票市资料缺失古刹……………………………………………441

第六节　建平县古刹塔窟……………………………………………442

　　朝阳寺…………………………………………………………442

　　药王禅寺………………………………………………………442

　　妙吉寺…………………………………………………………442

　　弥陀寺…………………………………………………………443

　　普善寺…………………………………………………………443

　　天隆寺…………………………………………………………444

第七节　朝阳市72座古塔……………………………………………445

盘锦篇

第一章　盘锦田庄台古刹塔窟历史沿革……………………………471

第二章　田庄台古刹塔窟……………………………………………473

　　望海观…………………………………………………………473

　　关帝庙…………………………………………………………475

　　崇兴寺…………………………………………………………476

　　朝阳宫与凌云宫………………………………………………479

　　文昌宫（三教寺）……………………………………………479

　　冰神庙（灵神庙）……………………………………………480

参考文献………………………………………………………………482

后　　记………………………………………………………………483

序

  辽西地区传统的宗教寺院建筑是中国古代建造技术进步的辉煌成果，是能工巧匠勤劳智慧的结晶。寺院建筑由于注入了宗教历史人物、传说故事、教义内涵等文化成分，其传统建筑乃至建筑以外的其他艺术，如雕刻、雕塑、彩绘、壁画、造像、园艺等，都具有无穷无尽的想象空间，成为中国传统文化与宗教文化相融的载体。可以说，辽西地区的宗教寺院是极其特殊的博物馆，其内在的布局与供设无不彰显着教育及表法的功能。寺院同时又是宗教常住世间的标志，是出家人修行、生活的所在，是弘扬正信教法的道场。

  辽宁西部，山海形胜，钟灵毓秀，自古就有"辽西圣地"之称。仅就佛教来说，据锦州府志统计，至清宣统三年（1911）止，锦州各县有大庙、小庙共502座，僧尼1022名。佛教传入医巫闾山地区1600多年来，共肇建了1400多座寺庙，49座舍利塔，349个大经幢，3700多甬石碑。医巫闾山地区留下了数以千计的佛教文化遗存。

  《辽西古刹塔窟》是贾辉先生的精心之作。本书精心选取了辽西地区历史悠久、规模完具、底蕴深厚的几百座知名古刹塔窟，以文字为主，配以照片，力图展现辽西古老寺庙之面貌。在文字编辑方面，贾辉先生以学者的严谨和缜密慎思的态度，对入选的几百座寺院塔窟的历史沿革进行了认真梳理，并搜集了大量文人墨客撰写的相关楹联，丰富了本书的内容，使读者借此感知他们对宗教的理解、诠释以及相应的情感等。

  贾辉先生5年来不辞辛劳，跋山涉水，奔波于辽西五市（锦州、朝阳、阜新、葫芦岛、盘锦）的大小寺庙、道观、庵堂、塔窟之间，以一名作家的视角观察寺院建筑、法务活动和修行生活，整理了浩繁的文字，拍摄了大量珍贵的照片，收集了大量的历史资料，付出了常人难以想象的艰辛劳动。工作之余，他收藏的大量的 1920~1949 年间寺庙塔窟老照片，成为辽西宗教史实中珍贵的资料，具有一定的现实意义和历史意义，颇具收藏、观赏价值。

贾辉先生所著的《辽西古刹塔窟》一书，介绍的是辽西宗教寺院塔窟，与弘扬传统文化同步，与和谐社会建设相得益彰。但愿有缘者通过览读《辽西古刹塔窟》，能感受辽西悠久的宗教历史文化，增长知识。

蒙贾辉先生不弃，嘱托为序。拙僧难辞盛情，谨撰数言，定有挂一漏万之处，敬请方家、道友不吝赐教指正。

释道极
2017 年 3 月

（释道极：辽宁省佛教协会副会长，锦州市佛教协会会长，锦州北普陀寺方丈。）

辽西古刹塔窟 | 锦州篇

第一章 锦州古刹塔窟历史沿革

佛教起源于公元前6世纪中叶古印度，创始人为乔达摩·悉达多。佛教徒尊称他为释迦牟尼，意为释迦族之圣人。他所处年代与中国老子、孔子同时。佛教主张众生平等，以涅槃为理想境界。

西汉哀帝元寿元年（公元前2年）佛教传入中国。东汉明帝永平十年（67），朝廷派使臣到西域迎来了高僧迦叶摩腾和竺法兰，用白马驮来经卷和佛像，在洛阳建白马寺供奉之，此为中国佛教建寺之始。传说前秦苻坚于建元八年（372）派高僧为高句丽小鲁林王送去佛经佛像，途经棘城（义县），从此佛教传入锦州医巫闾山之域。另据梁任公所著的《中国佛法兴衰沿革说略》记载：佛教于北魏孝文帝太和二十三年（499）传入营州（朝阳）、广兴（锦州）、河城（义县）、广都（北镇广宁）等地。

北魏万佛堂石窟，位于大凌河中游义县一段的左侧岸边，在距离辽宁义县县城西北9公里处的福山南麓，分东西两区，西区九窟，上三窟下六窟，东区共七窟，总长不到100米，现有佛像430尊。国务院于1988年1月13日批准其为全国重点文物保护单位。

西区第五窟前东壁上有一摩崖造像题记，曰："唯大魏太和廿三年岁次己卯四月丙午朔八日，诸军事平东将军营州刺史元景上为皇帝陛下敬造石窟一区。"故沿称元景碑，也叫太和碑，亦称元景造像（窟）题记。东区为北魏慰喻奚丹使员外散骑常侍昌黎韩贞，同前建德郡丞沃黎戍军主吕安辰等74人集体出资凿建的私窟，现第五窟南窗内壁上方有一摩崖造像题记，其文字刻于北魏景明三年（502）五月九日，故沿称韩贞碑，也叫景明碑，亦称韩贞造像（窟）题记。

元景，河南郡（今洛阳）人，鲜卑族，原名拓跋景，是北魏孝文帝元宏（拓跋宏）的族叔祖，明元皇帝拓跋嗣的曾孙。北魏朝廷规定，各大州的刺史一级官爵，必须由元姓皇族人任职。元景史书无传，《魏书》中亦只有两处写到元景大名。《魏书·广陵王羽传》太和十八年（494）九月，高祖孝文帝谓散骑常侍元景曰："卿等自任集书，合省通堕，致使王言遗滞，起居不修，如此之咎，责在于卿。今降为中大夫、守常侍，夺禄一周。"《魏书·高祖记》太和十八年（494）十一月经比干之墓，孝文帝亲作吊文，刻在石碑上，其碑阴载有："随从官员：中大夫河南郡元景。"元景担任营州刺史的时间是494年11月到499年4月，元景在参加完义县万佛堂石窟西区的竣工庆典以后，即宣武帝元恪登基以后，便调任为徐州刺史。元景在义县为当朝孝文帝祈福而凿窟、塑佛、刻碑完工的当天（太和二十三年四月初八日），三十三岁的孝文皇帝驾崩于行军途中的谷塘源行宫。

韩贞，昌黎棘城（今辽宁义县西北）人，汉族，与北魏齐州刺史韩麒麟及其二子韩兴宗、韩显宗为同乡，官至尚书郎中。宣武帝景明三年（502），韩贞被朝廷临时委任为慰喻奚丹使员外散骑常侍，和宋世量等人受命宣抚边民，筑城建戍，分兵驻守，劝导边民以农桑为业。韩贞在慰问安抚库莫奚和契丹等少数民族的同时，笃信佛教，崇慕官窟，遂与前建德郡丞沃连成军主吕安辰等74人，捐个人资财凿建义县万佛堂东区七窟。

隋文帝开皇十四年（594）诏建医巫闾山神祠，山神为围棋的创始人丹朱。

隋炀帝大业中，昙曜法师的第六代弟子玄元和尚，奉师父虚无大师法旨来大兴（即广兴，今锦州）弘扬佛法，肇建普济寺（今锦州大广济寺），依《无量寿经》《阿弥陀经》《往生论》等经典，尊东晋净土宗慧远为祖师，从此，净土宗在医巫闾山地区开始传扬。

隋代，佛教名僧智者在大乘教基础上，提出以"五时八教"为总纲，以"一心三观三谛"为中心思想的教义，使大乘教各派思想更加圆满严密，自成一宗。因智者大师居于浙江天台山，故佛教界称此宗为天台宗。天台宗对佛教有着重要影响。唐贞观年间，鄂国公尉迟恭在燕郡巫闾守捉城之东的闾山上肇建宝林禅寺，又称宝林楼。智者大师的弟子心源住持该寺。从此天台宗传入闾山。五代时期，隐帝刘承祐的后汉政权被郭威的后周取代。湘阴公刘赟之子刘熰为逃避郭威加害，隐于闾山宝林寺，并削发为僧。刘熰为不忘国耻，立碑，上刻"炎汉古刹"四字，至今犹存。

唐玄宗时，新罗国（朝鲜）王予先后两次到中国习佛，以安徽九华山为道场，弘扬玄类及其弟子窥基的《唯识论》《俱舍论》等法相宗，于德宗贞元年间圆寂。碑参封其为地藏王菩萨，同时诏示天下肇建地藏王庙宇。法相宗心悟和尚首驻锦州地藏寺。医巫间山东坡的三道沟（今北镇市富屯街道丁家街）、灵山寺东部先后建了地藏寺庙宇，共同弘扬法相宗之教义。

唐文宗大和元年（827）渤海国僧人贞素在医巫间山弘传法相宗教义，并肇建"万古千秋寺"，又称"青岩寺"。大和四年（830），奚族首领李希贲叛唐，被幽州节度使李载义平息，并于青岩寺被生擒。李希贲痛下决心改恶向善，愿意遁入空门，在巫间守捉城的普慈寺（北镇大佛寺）出家为僧，法号寂然，寿101岁，为当时法相宗高僧。

相传医巫间山玉泉寺肇建于唐。

辽代，在崇尚儒家文化的同时，也大力提倡佛教文化。从太祖耶律阿保机至天祚帝耶律延禧，各个皇帝都有崇佛建寺之举。据《锦州佛教史》载，辽代200多年中，肇建佛寺400余座，诸路奏饭僧尼竟多达36万人，尤以宜州崇义军咸熙寺（义县奉国寺）最具规模。碑载咸熙寺："潭潭大厦，楹以千计，隆楼杰阁，金碧辉煌，宝殿崔巍，俨居七佛，法堂宏敞，可纳千僧。"殿堂内七尊大佛正面为承天后——萧太后。东一萧图玉、东二萧挞凛、东三耶律隆运；西一耶律休哥、西二耶律斜轸、西三室昉。又一种说法，因辽圣宗耶律隆绪受"皇帝即如来"思想的支配，这七尊大佛是他为已故的六位先帝太祖阿保机、义宗耶律倍、太宗德光、世宗阮、穆宗璟、景宗贤和自己造的像，因自己尚在世上，故将塑像立于西侧。又如统和二十九年（1011）著名庙宇间山寺，一次拨来战争俘虏三百户与僧人暂时共居，可见咸熙寺之大。继圣宗隆绪之后的兴宗耶律宗真，遵父皇之遗志，加强管理、建设咸熙寺，使其成为辽西乃至北国的佛教中心。古云"名山藏古刹，梵宇隐高僧"。出身进士，任过县、州、道大官的郎思孝，兴宗时拜光禄大夫，后于咸熙寺削发为僧，法号海山，行业超绝，名扬天下。这里还有被兴宗封为守司空辅国大师，法性超然的露鸿法师，被辽道宗封为守司徒的志福、志达两法师，被加封为守司空的圆释法师、法钧法师。他们都是住锡咸熙寺、任过方丈或监院的名僧。据统计，由圣宗太平六年（1026）至天祚帝天庆四年（1114）的88年中，咸熙寺举行了千余次的传戒和各种法会，平均每3天就有一次佛事活动。

咸熙寺佛事的兴隆，也带动了周边佛教事业的发展。如在兴城的觉华岛（今菊花岛）有原崇禄大夫、守司空辅圆大师郎思孝肇建的海云寺、大龙宫寺（在1984年文物调查时，当年柱础和正统年间的重修碑尚存）；在宜州城有辽道宗时志福法师肇建的广胜寺、法演禅师肇建的城隍庙；在显州（今北镇）城内有大诚法师肇建的崇兴寺；医巫间山有志达法师肇建的石佛寺（位于今北镇城北12里处）。道宗寿康年间，被封为法师的志达高僧正住锡于医巫间山青岩寺（万古千秋寺）。道宗对他可谓尊仰之至，分别于寿昌三年（1097）和寿昌五年（1099）先后两次派人来闾山，迎请志达高僧，设坛于内殿以作佛事。

由于皇家的提倡，辽代寺庙也迅速增多。据载，辽代辽西医巫间山一带的锦州、宜州、显州、乾州、严州、懿州……的寺庙已发展到300余座，僧尼万余人。

辽代佛教的发展还表现为浮屠（佛塔）建筑的增多。辽道宗清宁三年（1057），诏建锦州临海军佛舍利塔，九年秋竣工。十年四月初八佛诞日，锦州临海军佛舍利塔落成、佛像开光、浴佛法会举行。与会者有皇太后、道宗皇帝、皇后和南北院大臣及僧、尼、居士计13万人。其中宜、显、乾各州及闾山上各寺庙的与会僧尼亦数以万计。

乾统七年（1107），宜州崇义军（义州镇）建造了"阿耨多罗三藐三菩提塔"（又称"广胜寺塔"）。

乾统八年（1108），宜州宝积山（义县前杨乡八塔村西山）建造了八座砖塔。

辽代除寺塔建筑之外，还有石头刻制的经幢。其形式多为八角棱柱，各面刻着佛教的经咒，以求传之久远。这期间在医巫间山一带较著名的石雕经幢有锦州临海军的地藏寺大石经幢，宜州广胜寺石经幢。

1115年，女真族完颜氏建立金国，金太宗完颜晟吸取"辽以释废"的历史教训，采取抑佛措施，一些大德高僧相继隐遁。其中著名的佛学大师凡度隐于锦州临海军普陀山观音洞紫竹寺，韵成法师隐于医巫闾山宝林禅寺，法印老和尚隐于医巫闾山万古千秋寺。

金海陵王完颜亮之母慈宪皇太后崇信佛教，于海陵王天德三年（1151），尊请宝严大师在宫中宣讲《法华经》《大华严经》，从此女真贵族渐兴建塔造寺的敬佛之风。金世宗的母后贞懿皇太后李无念，在千华山（千山）中会寺削发为尼，号通慧圆明大师。在她的影响下，各地肇建许多龙王庙。当时锦州的永乐县、神水县（锦县）、弘政县（义县复兴堡）、开义县（七里河）和广宁府的广宁县、望平县（黑山）、钟秀县（广宁城西南）、闾阳县都建了龙王庙。民间和朝廷一致认为龙王之神有求必应，旱可祈雨，洪可安澜，保佑风调雨顺，国泰民安。贞懿皇太后李无念圆寂之后，世宗完颜雍仍崇尚佛教，将义州的咸熙寺改名奉国寺，将辽代带有君臣名字的七佛改称佛教中最受尊崇的七位佛祖，又将今天义县的广胜寺改称为"嘉福寺"，同时，在全国各地修建寺庙。此时在望平县肇建的天龙寺（今黑山县芳山镇蛇盘山处）金碧辉煌，莹光耀目，堂皇宏敞，巍峨壮观。金世宗御笔题写了"天龙古刹"四字匾额。因有著名高僧显庆住持该寺，故辽西佛教中心从宜州转移到闾山东麓望平。

显庆法师在辽西对佛教的贡献是，重修坍塌寺庙18座，传授弘扬佛教经典，修舍利塔、高僧灵骨塔和望平塔。

元初，朝廷崇尚道教，封全真道龙门派创始人丘处机为神仙、太宗师、长春演道主教真人，掌管天下道教。元统一全国后，奉佛教中的喇嘛教为国教。文宗至顺二年（1331），闾山北段西麓尖山单家寨（今阜新县新民乡排楼村）建大玄真宫祖碑；顺帝至正十五年（1355）义县奉国寺得以重修。此外，朝廷还多次派官员来医巫闾山北镇庙祭祀山神。但是，这一时期佛教亦受到了制约，相对的有衰落之势。一些寺庙如广胜寺、海云寺、大龙宫寺、静觉寺、石龙寺等也有自然损毁。

明太祖朱元璋早年曾在皇觉寺出家，其间曾云游安徽淮西。他深感安邦治世必须有佛教辅佐，故于洪武元年（1368），诏征江南名僧戒德至应天（南京）蒋山大开法会。这次法会，朱元璋与群臣顶礼膜拜，为高僧颁赐锦斓袈裟，为佛教设立左右善世、左右阐教、左右讲经、觉义等官，高其品秩。

洪武三年（1370）六月，太祖下诏封全国五岳、五镇、四海、各州府县城隍神号。各地纷纷增建新庙宇、恢复旧寺庙。其中最值得一提的是闾山的山神庙——北镇庙。当时，这座镇庙主体建筑有山门5间、神马殿3间、御香殿5间、北镇殿（大殿）5间、更衣殿3间、寝宫7间。两侧有东西朝房、钟鼓二楼、真官祠、土地祠、城隍祠、神库、佛橱、屠牲所、览秀亭等诸多建筑130间，占地50000平方米，规模宏伟壮观，为全国五大镇庙中最大的一座。

据载，明英宗朱祁镇登基时，曾举办了一次祭祀北镇山神的典礼，用香蜡300车、供品50车、黄布3000匹，辽东崇兴寺、奉国寺、大广济寺、地藏寺、海云寺、大龙宫寺、天龙寺500僧人，诵经七七四十九天。

正统二年（1437）太监王振巡按辽东，为医巫闾山结茅为庵的寂空法师肇建清安寺（今为耶律楚材读书堂处）。同时王振出资请一尊阿弥陀佛铜像置于该寺。另外又特意把北京各大寺院的一些佛经赠予清安寺，并在清安寺后建藏经楼，以珍藏佛教经书。同年，辽东太监王彦在医巫闾山精舍肇建大观音阁。本然、松泉老和尚也在医巫闾山玉笏峰下重修玉泉寺。正统九年（1444），明英宗依宠信太监王振所奏，封医巫闾山清安寺寂空法师为"左善世、攘夷护国大师"，封锦州大广济寺清净长老为"左阐教、护法辅国禅师"。这是明朝历史上对锦州医巫闾山僧人的最高封号。此后，英宗又先后在医巫闾山、广宁肇建或重修了天齐庙、昭德寺、关帝庙、兴隆寺、兴教寺、崇泉寺、四塔铺关帝庙，在宜州肇建了显光寺、崇宁寺、福寂寺、老爷岭庙，重修了奉国寺。锦州也肇建了毗卢庵、观音阁，重修了济修老和尚舍利塔（锦州小塔）、给孤寺、普济寺。黑山肇建了龙泉寺、永安寺。这时，医巫闾山成了佛教中心。在明代佛教活动中，辽西最大的一次法会是正统十三年（1448）的"祈雨诵经法会"。此次法会的领导者是左善世、攘夷护国大师——医巫闾山高僧寂空法师和左阐教、护法辅国大师——锦州高僧清静长老。此次法会分别在广宁、义州、锦州、宁远的龙王庙举行，历时43天。

王彦信佛，他任辽东镇监时，曾借迎送朝鲜使臣之机，多次向他们大量索取厚纸，用以抄写佛经。他又在辖区内大量修缮和兴建佛寺，如重建普陀寺、端寂寺、兴福寺、天宁寺、仙宁寺，创建北镇闾山双峰寺、福田寺、玉泉寺、崇兴寺、普慈寺。王彦于正统年间调回京师后，以自己年将近70、"生有重信，无所依归"为由，请求朝廷在昌平县桃谷口建寺，并得到允准。其所建寺庙颇具规模，有三世佛殿5间，四壁均绘画诸天梵像。殿后有祖师二殿，天神护法各有所栖。该庙有禅舍、斋堂、方丈室，左右有钟楼、鼓楼后有藏经阁，内藏金书《般若波罗蜜多心经》600卷。正统五年（1440），该寺建成后，敕赐号"广宁"，王彦寿藏亦在其中。大学士杨荣还为之撰《敕赐广宁寺记》。

明世宗嘉靖年间，由于朱厚熜崇道斥佛，嘉靖十四年（1535），闾山、锦州北普陀山、虹螺山发生了僧道争夺寺庙的事件。后经辽东总兵杨照的调停，逐渐出现了儒道释三教共存、和睦相安的局面。

清代立国，世祖福临崇尚佛教，多次到五台山礼佛并召僧人通琇、道忞赴京，延入斋中以禅门师长相待，请其讲法。医巫闾山的灵山寺是顺治皇帝福临前身——崩山老祖智成和尚的成佛处。至今医巫闾山到处流传着崩山老祖转为顺治皇帝，留下归山诗后又到五台山出家的故事。佛教史料记载，顺治期间，广宁、锦州、义州、宁远等多地肇建了药王庙。

清圣祖康熙十五年（1676）各府、州、县普建城隍庙。

雍正年间，各地在"儒道释教合一""佛教诸宗合一""禅宗诸家合一"的原则下，倡修佛寺。锦州闾山一带的法华寺、真如寺、平安寺、观音寺、齐天庵等皆于此时创建。广宁城内万紫山上的祖师庙创修于此时。北镇庙、碧霞宫、龙王庙、玉泉寺、观音堂、北镇关帝庙此时得以维修。朝廷除对城内文庙维修外，又追封孔子五代王爵，改启圣祠为崇圣祠，体现了皇家崇佛尊儒的国策。

乾隆三十六年（1771），朝廷诏封关羽为忠义神武灵佑关圣大帝，锦州府和全国各地一样，在锦、宁、广、义各州县创建和重修关帝庙竟达47座之多。锦州地藏寺的高僧普同长老为佛界德高望重之代表人物，他积极推行儒道释三教同源之说，摒弃门户之见，主张与道教共办法会，参加儒教的祭孔典礼，使佛教与儒、道两教得以顺利协调和发展，同时造就了与普同法师齐名的佛界高僧，如大槊、今非、澹泊、燃山等法师。每当清帝东巡驻骅广宁之时，这些法师便会被尊请至医巫闾山，于北镇庙讲经台上说法。清代，伊斯兰教、天主教、基督教相继传入锦州和闾山周边各县，但笃信佛教之徒仍占绝大多数。据锦州20世纪初第一任佛教协会会长圆通法师著的《锦州古刹》一书统计：至清宣统三年（1911）止，锦州各县有大庙、小庙502座，僧尼1022名。如将阜新列入，为数更多，见表1所示：

表1　清朝宣统三年锦州医巫闾山地区古刹数量统计

地区	大庙座数	小庙座数	合计
锦县	86	42	128
广宁	73	46	119
义州	79	72	151
镇安	56	48	104
宁远	58	74	132

可以看出，锦州医巫闾山地区当之无愧是寺多、僧多、居士多的辽西佛国。尽管朝代更迭，自然侵蚀，锦州仍有800多处寺庙遗址。

锦州地区于1912年8月，在39座寺庙的共同倡导下成立了中华佛教总会锦州分部，并推选大德高僧大广济寺方丈圆通法师为佛教会会长，闾山一带的佛教在其领导下开展佛教工作。圆通法师担任会长期间，以其卓越的才识撰写了80万字的《锦州古刹》一书，对锦州地区86座寺庙的沿革、现状和寺庙的匾额、楹联、碑碣、钟鼎等文物做了详细的记载，成为研究锦州地区的地方史、文化史、佛教史的珍贵遗产。圆通法师数十年如一日，以讲经弘法为己任。大广济寺、地藏寺、东西关帝庙、医巫闾山奉国寺、锦县公议礼堂都是他的说法之地。上自知县，下至黎民，听了他妙语连珠的宣讲，都有如沐春风之感。混迹江湖的胡匪、毒如虎狼的税吏，闻其说法，无不洗心革面，作礼而去。圆通法师心存利济，慈善为怀，积极响应"教育救国"的号召，出资协助办学，将闲置的僧舍改为学生教室，收到了"保庙办学"一举两得之效。另外，圆通法师的抚恤孤寒、赈灾济困的善事更是举不胜举。这位集佛、诗、画、医于一身的大德高僧在他86岁那年无疾而终。法师圆寂后，遗物除琴、棋、书、画和两部《中国寺庙楹联大全》手抄稿之外，别无他物，可谓空手而来空手而去，戒行圆满，回拜如来。

圆通法师生前在锦州地区的现身说法，倡导种种善行，造就了一批著名的大德高僧，使锦州闾山之麓的佛教得以正规发展。

莲浦，清末北镇庙住持僧，名福因，人呼为"莲浦上人"。时为全东北名望较高的和尚。

同心，生于清末，学识广博，经禅之暇，精究医道，尤擅书法，曾为玉泉寺钟楼书写了诸如"听静夜之钟声唤醒梦中之梦，观澄潭之月影窥见身外之身"这样禅理透彻、发人深省的楹联。他为城内西库（保安寺）所写"护法"二字横匾，既显出书法功力，又蕴含佛道禅机。

雪峰，广宁城内文昌宫住持，为东北知名高僧。

德林，北镇庙住持，后聘为北京广安寺方丈。

导尘法师，朝阳人氏，雪峰和尚之甥。俗家姓白名文巽，僧名圣文，后改导尘。导尘法师东渡日本学佛，归国后为万寿寺方丈，并出任东北佛教协会副会长。他捐助学田，资助办学，是一位德高望重的名僧。

体慧僧，清末广宁冯屯人，俗家姓张，青年时到闾山大庙接待寺为僧。因其辈数列第三，人称"三和尚"。由于他处事精勤，治庙有方，当上了庙中的住持。光绪三十年（1904）夏，广宁暴雨，杨郎河（头道河）和水门洞洪水暴涨，冲毁了南关关通要塞挹爽桥，南北遂成天堑，往来客商行人深为不便。县府财力不足，废桥无法修举。当时，接待寺体慧僧，主动找知县周予法，请缨承担筑桥之任。他四处募款，领人鸠工庀材，修成一座长6米、宽3米的双洞石拱桥，耗银2000余两，往来客商无不称便。东三省总督赵尔巽奖体慧僧"心存利济"匾额，改挹爽桥名体慧桥（俗称石桥子），立碑于南岸东侧以为纪念。

20世纪三四十年代，锦州成立了佛教协会，但当时的政府却暗地严密监视各寺庙的宗教活动，尤其是出入寺庙的僧人、居士。如医巫闾山二道沟双泉寺住持僧笑尘，俗家为三道沟马家人氏。他德高识博，尤擅书法，对日寇的侵略行径深恶痛绝，经常在佛教徒和民众当中，宣讲爱国抗日思想。1932年7月，驻北镇县伪警务官清水带人到双泉寺讨取珍贵文物——乾隆皇帝赐给寺庙的书法真迹。任凭来者软硬兼施，笑尘师徒们巧妙周旋，并用佛理开导他们改恶从善。日伪群丑气急败坏，做出要烧毁庙宇架势，笑尘机智地将赝品交出。两天后，清水等人辨明了真相，大为恼火，将笑尘带到大堂审问，逼其交出真品。笑尘宁死不交，并义正词严地指斥清水等人："你们侵略者侵人国土，掠人财物，奴役中国人，这种不义之行岂能久长，绝不会有好下场！"清水等人怒不可遏，用灌洋油、过电、上大挂等酷刑折磨笑尘。笑尘除诵佛号、念经文之外，便无其他言语，气得清水七窍生烟，以"反满抗日，窝藏义勇军"之罪，将笑尘扔进狼狗圈里活活咬死。而乾隆的书法真迹已被寺庙僧人安全转移，保存至今。

1942年，锦州发生了震动东北的"妙深事件"。妙深，原东北交通大学肄业学生，"九一八"事变后，愤然出家，到锦州地藏寺为知客僧。他学识渊博，精研佛典，对日寇侵华义愤填膺。1942年6月，日伪警察闯进地藏寺，绑走妙深，横加迫害。锦州爱国爱教的僧尼127人到省公署诵经，要求释放妙深和尚。迫于舆论，日本宪兵队只好释放妙深。但是妙深已被折磨得头大如斗，四肢折断，只一息尚存，翌日便含恨死去。这一事件更加暴露了日本帝国主义的豺狼本性。

伪满洲国时期，锦州省文化厅按日伪指令，借保护文物之名进行"文物普查登记"，意在确定其掠夺目标。其重点放在锦州、北镇、兴城、义县的寺庙上。1939年2月，日本帝国主义又以集中保护珍贵文物为名，将锦州地区各寺庙的镇寺之物、奇珍异宝集中装箱运往日本。其中书法、绘画作品3箱，金佛像百尊，供器、祭器7箱，巨匾8块，田黄石碑碣1块，经书13箱，其中有义县奉国寺珍藏的《帝后礼佛图》《五百罗汉像》，以及锦州大广济寺珍藏的《无垢净光舍利塔开光长卷》《辽道宗耶律洪基手书楞严经》等。另外，在北镇的张作霖家庙中，原有的珍贵藏品、祭祀器皿等也被日本人四十万次郎运回日本。闾山显陵处的一块汉白玉卧碑被打成6块运走。这种明火执仗的赤裸裸的劫夺使锦州闾山的佛教历史文物流失殆尽。

锦州地区古刹先后有善缘法师、导尘法师、逝波法师在辽宁省佛教协会和国家佛教协会任会长、副会长、副秘书长。

1947年年底，中国共产党领导的东北民主联军进驻北镇县城。

1948年锦州解放后，一部分法师前往中国香港，有的转道中国台湾，还有的取道东南亚或美国，其中有最著名的法师乐果和宏岩。

中华人民共和国成立后，庙中财产按"土改"政策处理，部分僧侣还俗参加生产，少数的仍坚心事佛，伴随青灯黄卷，佛事活动明显减少。

党的宗教政策落实后，1991年6月12日，锦州市佛教协会正式成立，本如法师为会长，市政府宗教处批准锦州玉佛寺、观音寺、慈贤寺（大仙堂)、崇兴寺、观音阁、青岩寺作为佛教活动场所对外开放。

道极法师现为北普陀寺方丈,辽宁省佛教协会副会长,锦州佛教协会会长。20多年前,道极法师因阅读星云大师的著作而心生景仰,对大师提倡的人间佛教极感相应,20多年来,他一直亟思礼拜大师为师,为此还曾多次去到台湾拜师礼请。大师感其请法之热诚恳切,于是在忙碌的弘法行程中,拨冗前来。

星云大师于2009年9月20日、2010年9月11日、2013年5月5日三次来到锦州,参观义县奉国寺、参加奉国寺990年纪念活动、为锦州2013世界园林博览会洒净、于月明湖放生锦鲤、为"台湾大花园"剪彩、为笔架山法雨寺千手千眼观音菩萨开光主法,深刻感受到了辽西佛教的久远与厚重。

星云大师三次来锦州,三次亲临锦州北普陀寺,并参加了北普陀寺建寺十周年庆典暨万佛殿佛像落座法会。2009年9月20日适逢北普陀山建寺十周年庆暨万佛殿落成,与会贵宾云集,包括国家宗教事务局副局长蒋坚永、国家民族卫生学会会长郁德水、辽宁省民委主任包玉梅、原辽宁省佛教协会会长照元长老、辽宁省佛教协会副会长性妙法师、香港西方寺方丈宽运大和尚等。

落成典礼后,在众多贵宾及千余名信众的观礼下,大师亲自为道极法师传授祖衣、念珠、法卷等信物。在大师宣读法卷及叮咛嘱咐后,道极法师成为临济宗第四十九代传人,也是继南京栖霞山方丈隆相和尚等人之后,星云大师在大陆的多位法子之一。仪式历时一个多小时,隆重而庄严。

2010年星云大师参加北普陀寺万佛宝塔奠基庆典法会,为普陀山景区大门和北普陀寺山门亲笔题匾额"北普陀山"及"北普陀寺"。星云大师在北普陀寺三次为信众开示,留下"人间佛教"的先进理念,在锦州信众中产生了强烈的反响。

第二章 锦州古刹塔窟

第一节 锦州市区古刹塔窟

大广济寺

大广济寺位于锦州市古塔公园内。根据现存的明嘉靖年间左都御史文贵所撰的《广济寺重建前殿记》记载,该寺肇建于辽道宗清宁年间。又据考古专家的考证,广济寺大殿前的月台,其制造风格乃是辽代的式样。大广济寺自明永乐年间至嘉靖年间曾多次维修,嘉靖十四年(1535)被火烧毁,清道光六年(1826)至九年(1829)重修。现在的广济寺基本上是清道光九年的建筑规模。

大广济寺有前殿3楹,东西碑亭两座,中殿3楹,卷棚(旧戏台)3楹,东西配殿各7间,大殿7楹。

前殿为天王殿,俗称山门,建筑形式为单檐歇山式,东西宽18.9米,南北长13.5米。门两侧有石狮守护,中间安放香炉。进门后可见殿的东西两侧塑有四大天王像,高3.3米。东侧为东方持国天王,身白色,持琵琶;南方增长天王,身青色,持宝剑;西侧为西方广目天王,身红色,执缠蛇;北方为多闻天王,身绿色,右手持伞,左手持银鼠。四大天王象征风调雨顺。近几年,大广济寺对天王像进行了重新塑造。多闻天王和持国天王像,是按照神魔小说《封神演义》中的魔里海、魔里寿的形象塑造而成的,二者皆为愤怒相,面目狰狞恐怖,其原意似在表达诸神慈悯众生,对顺者以顺而动,对逆者以逆而制。此塑像,给人以天将神威之感。另外,在居士的资助下,近年大广济寺又在天王殿中部雕塑了弥勒佛像,佛像高1.8米,笑口常开,袒胸露腹,身体肥胖。

中殿为关帝殿,建于清咸丰三年(1853),建筑结构为小式大木建筑,硬山式。中殿建在高1.27米的平砖台之上,殿前有卷棚3间。"咸丰三年"实际是太平天国运动之时,颂扬关羽,为的是镇压农民起义军。近年新塑了关羽、关平、周仓像。关羽像的显著特点是颇似京剧亮相的凝固姿态的"形相",皇冠横顶服饰庄重,面为重色,美髯垂泻,手持"朝笏"护胸,极具关羽亦忠、亦义、亦勇的庄严肃穆、宁静安详之特点。关羽彩塑左右两侧有关平和周仓塑像,殿内墙壁上有"桃园结义"壁画。

在关帝殿前有东西碑亭各1座,东碑亭内藏《重修大广济寺碑记》碑两甬,西碑亭藏广济寺重修捐资碑两座。

大殿为重檐歇山式,建在东西宽28米、南北长13米的平台之上,前有南北长4米的月台,月台为勾栏平座式,月台的两角还雕成螭头吐水孔,极具辽代建筑的显著特征。

大殿为大雄宝殿,东西长22米,进深3间,宽8米,为大式大木建筑,重檐歇山造顶,殿顶用九脊,各脊上均饰走兽,正脊上有剑尾式大吻一座,正脊上还有砖雕"慈云广敷,惠日常明"八个字。近年,大殿内的佛像进行了重新雕塑。中间坐北面南的佛台上的释迦牟尼佛,为古印度佛教创始人,被佛教界尊称为"佛陀""世尊"。其两侧站像阿难、迦叶是他的两位弟子。西侧佛台上的阿弥陀佛,为西方极乐世界的教主,五智如来中的西方如来佛,两侧站像为观世音菩萨和大势至菩萨,他们三位并称西方三圣。东侧佛台上的药师佛,为东方琉璃世界的教主,是五智如来中的东方如来佛,两侧站像为日光菩萨和月光菩萨,他们三位并称东方三圣。三世佛为坐像,高3.4米,站立的菩萨像高2.3米。在三世佛东西两侧塑有两个护法,东为韦驮、西为伽蓝,像高2.3米。在大殿两侧平台之上各塑有8位罗汉像,高1.75米,连同佛陀的两位弟子,共为18罗汉。

新雕塑的佛像采用了北方传统的民间工艺,虽不如南方的细腻,却有鲜

锦州大广济寺大殿

明的特点。如释迦牟尼彩塑为大坐佛，面相端庄，圆浑肥实的肩胸，坐相挺拔壮直，袈裟线条有力度，衣褶细薄，柔和流畅。造像精神焕发，生命力充沛，且温存喜悦，精华朴实，亲切可爱。阿弥陀佛和药师佛像，风格朴实健壮、丰满、面相慈祥和蔼，深沉的眼睛与内收的嘴角，显示了他们的睿智，体现了佛性的崇高和雄伟。

大广济寺的寺名含有"慈云广敷，普济众生"之意。大广济寺古建筑群占地10万平方米，寺西为天后宫，寺东为昭忠祠，塔寺合一，显示了古城深厚的文化积淀和流风余韵。大广济寺布局严整，建筑宏伟富丽，廊檐错落；曲径相通的庭院花木葱茏，古钟悠扬，到处弥漫着紫丁香的芬芳。气势恢宏的大殿内外，精美的雕刻，彩绘的人物花鸟美不胜收。自南向北依次排列的天王殿、关帝殿以及两侧的配殿碑亭更把大殿烘托得气宇轩昂。大殿中供奉的三尊大佛，端坐于高大的佛台上，神态怡然，目光深邃，仿佛显示出普度众生、广济天下的法力与圣明。

大广济寺内的昭忠祠

在大广济寺东侧有一昭忠祠,是清光绪二十四年(1898)为纪念中日甲午战争中牺牲的清毅军将士而建立的。在祠的东侧立有一块高3.5米的深褐色石碑,上有篆字"敕建昭忠祠碑"六个字。它是国内唯一一块记录中日甲午战争陆战史的碑石。"甲午风云"海战广为人知,而鲜为人知的陆战详情和烈士英名则记载在锦州的昭忠祠碑上。昭忠祠碑全名为《大清敕建锦州毅军昭忠祠碑记》碑。

锦州大广济寺院内的昭忠祠

在原面阔5楹的祠堂里,曾供奉清军将士灵牌2248尊。在昭忠祠碑上,正面刻有24行、1533字的记事碑文。祭文是参战的"毅军"将领宋庆撰写的。据说他在书文时,豪情与悲伤交融,感慨万分,不仅为清王朝腐败昏庸、屈膝降寇而愤懑,也为将士冲锋陷阵、浴血搏斗的无畏精神而感动得泣不成声。读此碑文,感人肺腑,仿闻杀声,如临其境。然而,由于该碑常年裸露在外，底部碑文风化严重，字迹不清。原锦州市图书馆馆长王鸿业老先生以 80 岁高龄查阅大量历史资料补齐了剥蚀的文字，使昭忠祠碑文全文贯通。

锦州昭忠祠碑记拓片

战争虽败，民族气节长存；壮士虽死，英灵彪炳千秋。昭忠祠碑存在的意义和价值，不仅在于为为国捐躯的志士昭祭忠魂，弘扬抵御外侵的民族精神，更重要的是告诫后人勿忘国耻，居安思危，鉴之以史，戒之以今，激发爱国之志，报国之情。为了充分挖掘昭忠祠碑的历史价值，锦州市博物馆近年在昭忠祠内办起了"甲午忠魂展",昭忠祠成为锦州市又一处爱国主义教育基地,昭忠祠碑成为该展最珍贵的历史文物,被世人所瞩目。

大广济寺塔

大广济寺塔体量宏大,是东北最高的古代建筑,也是京沈途中唯一能从列车上望到的辽代高塔,被认为是锦州古城的徽标,具有较高的历史艺术价值,为国家级文物保护单位。据旧志记载:大广济寺塔"清宁三年(1057)立"。又据明嘉靖十一年(1532)碑文记载:"锦城广济寺古刹也,肇造于契丹之初,无籍可考。有砖塔亭亭凌空二百五十尺。中分八方,镌佛像一坐龛中,两像旁立,中嵌一铜镜。共十三层,每层八角,每角横出楠木榱题,冒以铜兽,吞口缀以铜铃。每层中各嵌铜镜三面。冠以镏金宝顶。造于辽道宗清宁间,藏皇太后所降之舍利子也。金中靖大夫高琏所撰塔记大略如此。至正末世变兵荒,民逃僧散,城、寺俱墟矣!明洪武末年调广宁中、左两屯卫来锦戍守。时有武进伯、朱姓者,北征过寺,见塔顶以为金也,架炮打落,异去山海寄库。"此文乃宣大巡抚郡人文贵所作,其居与寺邻,离塔最近,深知确情,所言可信。可见此塔乃辽道宗耶律洪基为尊藏其母仁懿皇太后萧挞里所赐之舍利子而建。舍利子是梵语的音译,指佛祖释迦牟尼佛骨火化后的精华,佛教认为,舍利子是无上法宝,能降伏一切妖魔。所以,一旦得到它,都要建塔供奉。

辽塔维修前,塔是实心密檐仿木结构,高约57米,原高约60米,塔身自重1.8万吨,分为台、座、身、檐、顶、刹等部。塔基建在夯土上,深度为9米。

台基每面宽约8.6米,1933年曾彻底重修,现整齐坚固。

塔座为须弥座式,其束腰部分每面各有5个壶门,门里雕小坐佛,两侧雕花瓶、供养人、伎乐天或童子。除西面较完整外,其他各面多已脱落。束腰上砌横枋、斗拱,承托勾栏、平座和仰莲。

塔身每面宽8.42米,每面中砌拱龛,内有一佛坐于莲台之上,外有二胁侍立于两旁。横枋以上还有两位飞天。坐佛慈眉慈目,凝重端庄,顶上都绾螺髻，唯正南者头戴宝冠。佛座背后都有火焰式背光。尊者都戴花冠，披袈裟，佩璎珞，踏云朵，仪态安详，温和亲切。佛和尊者顶上都有宝盖垂花。飞天遨游天宇，作礼佛之状，衣带当风飘逸之致。梁启超著述的《中国佛教兴衰史略》中记载，锦州辽塔上的八位坐佛是：东为东方妙喜世界之阿閦佛，南为南方欢喜世界之宝相（生）佛，西为西方极乐世界之阿弥陀佛，北为北方莲花世界之微妙声佛，东南为拘那舍佛，西南为迦叶佛，西北为释迦牟尼佛，东北为拘留孙佛。另据上海辞书出版社出版的《佛像大辞典》和曹厚德主编的《中国佛像造像艺术》记载，锦州辽塔上的16位尊者是：阿閦佛左为日光菩萨，右为月光菩萨；拘那舍佛左为摩诃婆罗贺摩菩萨，右为释迦提桓因陀罗菩萨；宝相（生）佛左为阿修罗菩萨，右为迦楼罗菩萨；迦叶佛左为宾渡罗拔罗渡阇菩萨，右为迦诺迦法蹉菩萨；阿弥陀佛左为观世音菩萨，右为大势至菩萨；释迦牟尼佛左为文殊菩萨，右为普贤菩萨；微妙声佛左为大自在菩萨，右为吉祥天菩萨；拘留孙佛左为虚空藏菩萨，右为维摩诘菩萨。所有雕像比例匀称，神态自然，阴阳明暗清晰，立体感很强。

大广济寺塔

塔檐有斗拱承托，檐角横出楠木榐题，冒以铜兽，吞口缀以铜铃，每层中各嵌铜镜3面，冠以镏金宝顶。

广济寺塔自落成之日起很少维修。明人孙承宗在描写广济寺塔时就有"铃铎俱坠，独撑角之楠（角梁）横出如故"的词句，可见该塔最迟在300年前塔檐就已脱落。

1992年锦州市第十届人民代表大会第五次会议通过了《锦州市人民政府关于维修广济寺塔的方案》，1993年市政府发出了"爱我锦州，修我古塔"的号召。全市民众热烈响应，社会赞助热潮迭起，社会各界为修复古塔倾注了极大的热情。国家、省投资130万元，市政府拨款140万元，社会捐款290万元，外国友人捐助203万元。修复工程历时3载，于1996年10月告竣。

修复后的古塔高71.25米，塔重2.2万吨，塔顶设有古刹天宫，收藏代表锦州当代的名优产品、传统工艺品及名人书画等。新制作的镏金塔刹长13米，镶嵌铜镜344面，安装104个塔角风铎，阳光下刹顶擎云，铜镜生辉，风铎回响，使辽塔再现当年风采。

观音阁

锦州市古塔历史文化公园内，有一明代古刹遗址——观音阁。

观音阁原有正殿3楹，东西配殿各两楹，前殿3楹，东西廊各3楹，山门1楹。寺中存有石狮1对，石碑4甬，铁鼎1尊，铜钟1座，横匾5块，巨石1块，古松两株。

观音阁，原名南海寺、松雪庵，建于明成化十二年（1476）。

据锦州第一任佛教协会会长圆通老法师撰写的《锦州古刹》一书记载："观音阁，乃普陀山观音洞普陀寺之下院，左军督金事、骠骑将军、都指挥使王锴将军为北普陀山观音洞普陀寺住持福坚老和尚肇建的下院。"

弘治六年（1493）冬，福坚老和尚在南海寺禅房圆寂。弟子们为纪念福坚法师，遂把"南海寺"改名"松雪庵"，仿宋鉴"松雪斋主"四字，制成"松雪庵"横匾挂于山门上。这就是南海寺及松雪庵名字的由来。

福坚老和尚圆寂后，弟子三义做了北普陀山观音洞普陀寺的住持。三义

锦州观音阁大殿

知道师父非常喜爱古松，亲手在观音阁大殿前栽植了两棵虬髯松，使松雪庵成了名副其实的松雪庵。

隆庆二年（1568）秋，一场大火把松雪庵烧为平地。

由于连年大旱，北普陀山观音洞普陀寺无力修复松雪庵。直至万历四十七年（1619）北普陀山观音洞普陀寺住持能素老和尚用50年化缘积攒的钱，重新修复了松雪庵。当时巡按辽东御使兼提督学政熊廷弼和能素都是江西东昌人。能素俗姓熊，名主师。论起辈分来，能素乃是熊廷弼的叔父，所以熊廷弼更加尊重能素，自然鼎力相助，帮叔父修复松雪庵。

万历四十八年（1620）十月，松雪庵竣工，熊廷弼对能素说："师叔，侄儿觉'松雪庵'三字，不如'观音阁'好！北普陀山观音洞普陀寺乃师叔主寺上院，这下院仍取观音菩萨慈航普度之意更佳，请师叔敲定。"能素觉得熊廷弼言之有理，笑道："经略所说极是，就请经略给小庵书写一块匾吧！"

不几日，熊廷弼亲自差人给能素送来一块"观音阁"金字蓝地匾。从此松雪庵就改名观音阁了。这就是观音阁名字的由来。

能素按原"南海寺"碑、额、匾、联的拓片，重新装饰古刹，正殿仍悬挂王锴手书的"慈航普度"巨匾，大殿供奉观音菩萨。前殿仍镶嵌胡茗嶂手书的"天王殿"石额。前殿供奉弥勒佛、韦驮菩萨、四大天王。东廊仍悬"僻园"横匾，内供文殊菩萨。西廊仍悬"静室"横匾，内供普贤菩萨。山门悬挂"观音阁"横匾。前院南海寺碑旁，又勒一新石碑《观音阁记》，此碑由熊廷弼撰书。

能素和熊廷弼又依旧貌在后院分栽两棵虬髯松，后人称为"叔侄松"。

"古塔昏鸦"巨石经风化、火焚渐断裂，能素在巨石周围用石块倚住。

观音阁由于熊廷弼鼎力肇建，又由于熊廷弼亲笔题匾而名冠辽西。

文字记载明天启年间又大修一次观音阁。清顺治十一年（1654）再次重修，此次增修东配殿、西配殿。东配殿供奉地藏王菩萨，西配殿供奉大势至菩萨。大清开国以来，锦州第一位举人王共瞻撰写了《重修观音阁碑记》。

清道光八年（1828），锦州府知府德阴倡修观音阁，优贡朱自裕撰写了《观音阁慈航普度碑》，这是观音阁从肇建以来的第四块碑。

光绪二十四年（1898）、1918年两度重修观音阁。

新中国成立后，观音阁先后变成锦州市皮毛厂职工住宅和居民住宅。文物遗失殆尽。

观音阁历代高僧中，最有影响的有福坚老和尚、戒升和尚、了凡和尚、糊涂大和尚、三义法师、能素法师、尘见法师。

观音阁最后一代和尚是本缘老和尚。

进士王春、张文锦、江奎、李景登、李庚云、李逢源、陆善格等都在观音阁寒窗苦读过。

相传观音阁镇寺之宝一是福坚老和尚的一把"削风"宝刀，二是宋鉴书写的"松雪斋主"字画，三是王锴铸的铁鼎，四是熊廷弼撰写的《观音阁记》石碑。

观音阁收藏历代名人书画300多幅。可惜这些珍贵文物都已丢失。

党和人民政府落实宗教政策，1987年把观音阁退还给锦州市佛教协会。现在的观音阁是锦州市古城改造后，修建锦州古塔历史文化公园时重新肇建的，比昔日的"南海寺""松雪庵"更加庄严、巍峨。

古塔寺（祐国寺）

古塔寺原名祐国寺。古塔寺塔，坐落在锦州市老城西门外东南隅，保存基本完好，现称祐国寺塔，因城内还有一座广济寺大塔，故又俗称为小塔子。

古塔寺塔肇建于明正德元年（1506）；为八角七级实心密檐式砖塔，塔由基座、塔身、塔刹几部分组成；通高约12米；基座为须弥座式；束腰每面置蜀柱4根，有3个壶门，壶门内砖雕花卉等图案。第一层塔身每面正中置券顶佛龛，龛内设须弥座，座上端坐佛像1尊。塔身顶部各角出砖雕柱头，其间置额枋，其上置一平板枋，枋上置五踩斗拱。每面补间1攒，转角各1攒，用以承托替木、撩檐枋，其上出第一层塔檐。檐上设脊兽，覆青瓦。第二层至第七层塔身均为平素，仅在转角顶部嵌砖雕垂柱。各层平板枋上均置五踩斗拱。第七层塔檐之上收成攒尖式塔顶，顶上正中置塔刹，塔刹为铜质宝珠及火焰光。

综观古塔寺砖塔，虽然建在明代，但是具有浓重的辽代遗风，比如密檐的结构形制、须弥座的式样，都显示出辽代砖塔的特点。而斗拱的形制等又体现了它的时代特征。从总体造型上，塔身层层内收、每层高度依次递减，诸层塔檐均做出翘飞，檐角置套兽、风铎。故而，该塔造型极其优美生动、华贵挺拔，加之精雕细刻的仿木建筑工艺，古塔寺塔在明代砖塔之中堪称是上乘之作。

古塔寺塔建在古塔寺院内，也是塔寺合一的古建筑群。原寺在明正德年间建有大殿、禅房、钟鼓二楼及山门等。慕名前来观光的文人雅士络绎不绝。寺院也曾进行多次维修，其中清乾隆三十六年维修就是由锦州籍的文华殿大学士尹继善撰写的碑文。

昔日，锦州古城及西门外、南门外皆为一片民居平房时，在古塔寺塔的西南侧侧卧向东北望去，大塔、小塔尽收眼底，故锦城人民称此为锦州八景之一"卧观双塔"。只可惜，随着楼房的增多，此种景观已看不到了。

玉佛寺

　　玉佛寺坐落在锦州市古塔区境内,即洛阳路与人民街交叉路口西南角。这是1993年为配合全市城市总体改造重新修建的。在重建工程中,市政府出资200余万元,佛教协会、四众弟子集资50余万元,经过两年施工,于1995年10月竣工。重建的玉佛寺占地面积864平方米,建大雄宝殿5间,卧佛殿3间,东西配殿10间,天王殿3间,大小佛像28尊,山门1座,金粉画栋,彩绘金身。此外还有方丈室、僧舍居士林、流经处等。寺内藏有法器铁鼎、铁钟、木鱼、云磬等。寺内现存有大正藏经100册,频伽藏经100册,经、律、论三藏12部,泰国赠给的小乘经典1部,佛舍利3颗,佛牙舍利照片1张等。

　　据《奉天通志》记载,明末崇祯年间,东北满族兴起,女真人在辽宁新宾县已崛起,先占据辽阳、沈阳、北镇、大凌河(今凌海市),后欲攻锦州、兴城、绥中、山海关。为守住这些城市,明朝多次易帅把守,并动员大量人力、物力修建城防。明朝守将袁崇焕采用"以辽人守辽土,以辽土养辽人"的战略,加强城防工事,恢复了辽河以西的边防,同时购置"红夷大炮"百门。明天启六年(1626)十几万后金兵渡大凌河进攻宁远城,明军使用大炮给后金军造成重大伤亡。努尔哈赤也身负重伤,后金军只得退回沈阳。锦州宁远等地防守军民趁机抓紧筑城。这时有一位老妪不畏艰辛,常送茶食慰劳筑城军民。忽一日不见老者来,经军民查知,发现她已在原地藏寺址的草庵内已坐化了,但尸体未坏。于是,人们传说她是佛爷化身来帮助建城,使锦州人免遭金人杀戮之苦。人们认为这位老妪就是菩萨,所以在城墙修筑完工之后,就在老妪死去的地方,利用建城剩下的砖石,建起一座寺庙,为与地藏寺区别,取名为地藏寺下院,又叫地藏庵,俗称茶棚庵。那时,庙上香火鼎盛,后来曾用香火钱修过一座利津桥,以方便行人,又在庵前设茶棚一处,免费供饮。

　　地藏庵建筑有大殿3楹,山门1楹,门前石狮1对,僧舍3楹,奉祀地藏王菩萨,当时大殿有对联一副:"执杖持珠照灵台司地府;度冥救世了佛愿体天心。"此庙为北开门,大殿后部有韦驮一尊,对联是"护法全凭一杵诀；澄心普照万家春"。此外，有僧舍，联为"夜来补衲剪秋叶，晓起烹茶拾落枝"。庙前有火成岩石狮1对，院内有小狮1对、石碑1甬。殿前有松柏各1株。院内南北宽敞，西邻古城东墙。明末，清军攻打锦州时，曾用炮火打坏庙宇，顺治九年（1652）、乾隆二十六（1761）、乾隆四十一年（1776）都曾重修。1990年初夏，市政府有关部门维修了地藏庵，辟其为大僧简易活动场所，并维修3间大殿，面积为50平方米。殿内立有释迦牟尼、观音菩萨和地藏菩萨等8尊玉佛，故该寺改称为玉佛寺。

锦州玉佛寺山门

现在新建的玉佛寺位置在原址南，较原寺规模宏大，香火十分旺盛。

北普陀寺

锦州北普陀山，开山历史源远流长，文化底蕴深邃丰厚。迄唐武德元年已肇建多座寺刹，晨钟暮鼓，梵音法号，经年袅渺，世人皆以南印度普陀珞珈山北院称之。至辽代，因皇帝耶律倍长居此山，经大德高僧德韶奏请辽太后，正式定其名为北普陀山，从此闻名天下；尤以名贯燕云十六州的"石堂松雪、枫林旭日、苍山观海、红石卧龙、滴水观音、泓池澄晖、烽台夕照"等景观而著称于世；明清两代，更以辽西"第一洞天"驰名海内，为佛、道两教高僧、宗师及信众朝拜之圣地。

千年沧桑

据考证，北普陀寺始建于隋唐时期。相传隋炀帝于大业八年（612），下令征高丽，命"开皇四子"之一的杨浚为征东先锋，结果战败。杨浚在败退回京的途中，经过北普陀山（当时称老母山）老母洞（大石棚），因有感于长年征战杀戮之不忍，从此在此隐居。公元618年，杨浚在释迦牟尼圣诞这一天，正式剃度出家，取法名清净，并将原居住的老母洞改建成佛寺，取名"圆觉寺"。公元648年，老母山开山祖师清净老和尚无病涅槃。

辽太祖天显元年（926），辽国耶律阿保机的长子耶律倍，曾逃难至老母山，传说被观音菩萨点化的一位老婆婆搭救后在此隐居。辽天显五年（930），辽太后述律平追随太子踪迹来到老母山，发现太子已经离开。为纪念太子、感谢观音菩萨保佑太子之恩，辽太后赏银千两，在老母山重修古寺，取名"紫竹寺"。当时，只建大殿3楹，禅房2楹，石碑1座，没有僧人。紫竹寺由南宁王府派专人管理，四时祭祀。老母山遂改为北普陀山，老母洞也改为观音洞。金末元初，紫竹寺被毁。

金太宗天会三年（1125），北普陀山观音洞曾有一位南海僧人凡度云游至此，一住几十年（有王寂为凡度撰写的石碑和凡度悼宋徽宗的挽联为证）。

元代离阳宫开山祖师萧道然的

清净老和尚

掌门弟子高德范见此处幽静清奇，大有蓬瀛之气，便在此居住38年，重修道院，再塑金身，造石像64座，植桃树1000余株。举人出身的和尚福坚曾为普陀寺书一楹联："暮鼓晨钟，惊醒世间名利客；经声佛号，唤回苦海梦迷人。"明洪武二十四年（1391），石堂道院被锦州指挥使曹凤焚毁。

明正统二年（1437），太监王彦出镇辽（今锦州北镇），来锦州曾登普陀山游观音洞。临行前，嘱咐州备御都指挥李真鸠工集料，重建古寺。

观音阁有东西二洞，东洞小而幽深，西洞高广，其形如棚，所以人们又称之为石棚。李真命在石棚下建造大士阁，内塑千手千眼观世音像，并在东洞内塑白衣观音坐像。前殿塑弥勒、太子耶律倍、李汉升等像，此外又建禅房3楹，山门1楹，阁前栽植松树4棵。李真请王彦为寺庙赐名，王彦觉得以山为名更为宏大，所以就命李真把"石堂道院"改名为普陀寺。

大广济寺无知老和尚听说重修古寺，便遵老师同霄长老遗嘱，将明初曹凤将军的200两纹银赠给李真，并说明明初此寺被火烧过，曹将军焚寺悔之莫及，留银补过。李真深为慨叹。在立《重修观音洞普陀寺功德碑》时，李真命于碑首大字篆刻："曹凤将军生前捐银二百两……"

普陀寺重建期间，李真请地藏寺戒升和尚为住持。戒升带着徒弟福缘住在普陀寺内，后来他又收一徒名福坚，是文人出身，能文善书。

明嘉靖四年（1525）重修后的观音洞普陀寺，金碧辉煌，峥嵘巍峨，春日桃花红雨，夏日苍翠欲滴，秋日满山红叶，冬日松雪石棚。曾有无数爱国诗人、民族英雄留下题咏的文字，如李景登、孙承宗、熊廷弼、袁崇焕、何可刚、金国凤等都先后登临观音洞大士阁，留下了不朽的诗篇，这些诗篇和山川交相生辉。

清初，顺治皇帝的生母吉特皇太后曾来此游观音洞普陀寺，并赏银千两。住持僧灵慧用赏银重修大士阁、前殿、山房等。雍正年间御史尹泰游观音洞普陀寺，把"石堂松雪"定为锦州八景之一，又给观音洞定了普陀八景，即石棚松雪、红雨山房、寒潭印月、蟾桂下凡、玉瓶溪水、山路松声、苍山观海、观峙岚山。

乾隆五十二年（1787）邑人绅士魏养本倾全部家资，修了石条路（从落马石直到山门），普陀寺特为魏养本在半山亭处立一功德碑。

观音洞普陀寺历经数百年的营建，真乃为"辽西第一洞天"。

据高国光老先生撰写《锦县（锦州）志略》时统计，"观音洞共有楹联五副、石额八块、匾额六块、碑二十四甬、石碣六块"，为锦州86座庙宇之首。

在伪满洲国统治下，"锦州省文化厅"按日伪指令，借保护文物之名进行"文物普查登记"，意在确定掠夺目标。北普陀寺等锦州寺庙原有的珍贵藏品、祭祀器皿等被日本人四十万次郎运回日本。这种明火执仗赤裸裸的掠夺使锦州佛教历史文物损失惨重。

解放战争时期，驻锦州国民党守军在观音洞、二郎洞、小洞、金牛洞乱砍滥伐，把不少碑碣推倒，修筑防御工事，闻名遐迩的"辽西四大洞天"的珍贵文物遭到了严重破坏。

辽沈战役前夕，东北野战军政委罗荣桓曾来到观音洞普陀寺，他告诉本善老和尚和在场的全体解放军指战员："我们人人都要保护好锦州的名胜古迹，这些名胜古迹是我们中华民族的瑰宝……"东北野战军忠实执行了"东野"首长的指示，观音洞普陀寺没有因战争受到破坏，文物保存完好。

中华人民共和国成立初期，由于错误路线的影响，当地村民崔明五等人拆毁了观音洞普陀寺的大部分建筑。崔本人被法院判处有期徒刑7年。

1966年，"文化大革命"开始，观音洞普陀寺再次遭劫，寺内文物大部分被破坏。千年古刹从此陷入凋零、颓废状态。

1998年，李忠国副市长召集时任锦州市宗教局长张秀云、观音洞风景区管理处处长赵清君、辽宁省佛教协会会长照元、锦州市玉佛寺住持本如法师、监院道极法师等，在观音洞风景区召开会议，研究探讨申请恢复北普陀寺佛教活动场所和佛教活动，确定启动北普陀寺恢复、重建工作。考虑到原庙址狭小已不适应当今佛教寺庙建设规模要求，李忠国副市长决定在北普陀山西沟另选庙址，重新建设北普陀寺。

如此重要的历史任务，需要年富力强、有胆有识的佛教界人士承担，然而当时全国尚在落实党的宗教政策之时，已经回到寺庙中的僧人大多年老体弱，难当此任。这时，年轻的道极法师进入了李忠国副市长的视线。此时的道极法师，刚从哈尔滨极乐寺佛学院毕业不久，35岁，戒德精严，年富力强，抱负远大。他了解北普陀道场的悠久坎坷的历史，常常为锦州佛教的复兴夜不能寐。李忠国副市长请他担任重建庙寺大任，他激动不已，当即发下大愿："学习历代祖师，重建北普陀寺道场，重建观世音菩萨北方道坊，让佛陀再现辉煌！"

北普陀寺于1999年被辽宁省政府宗教局批准为佛教活动场所。1999～2016年，在道极法师的主持下，北普陀寺开始了历时17年不间断的、艰辛的建设历程。

北普陀寺历经六朝1400多年风雨飘摇，如今以崭新姿态屹立在北普陀山之上。它既有古刹厚重的历史，又有鲜明的时代特征，依山就势，巍峨宏伟，山寺和谐，功能齐全。各高僧大德相继光临传法，四方香客络绎不绝，法会水陆接连不断，慈善济困、特色扶贫遍及四方，北普陀山再现了东北第一佛山的辉煌。

实至名归

2000年道极法师首先提出建议，"观音洞景区"称谓不能代表北普陀山悠久的历史和内涵，景区名称应恢复"北普陀山"原来的称谓；为了区别于浙江的普陀寺，新建成的普陀寺取名"北普陀寺"。他的提议，得到市政府领导的赞同和相关部门的批准。道极法师又请台湾佛光山星云大师亲笔题写"北普陀山""北普陀寺"两幅墨宝，分别悬挂于景区和寺庙的山门，山寺合和、相辅相成，相映生辉，再现了东北佛教著名殊胜道场之尊位，开启了北普陀寺新的辉煌。北普陀寺在历史长河中从殊胜到沉寂，如今又以崭新的面貌回归人间，可谓一个奇迹，它将不断发展、殊胜。

现代风貌

新的北普陀寺寺庙占地面积约14万平方米，建筑面积共2.5万平方米。寺内建筑包括：天王殿、观自在殿、万佛宝殿、三藏楼、九龙壁、戒坛、法宝楼、佛宝塔、五大菩萨殿、五方佛殿、五百罗汉坡、普陀金顶、送子观音圣像、三十三观音菩萨像、唐僧取经大型情景雕塑、普陀宫、百万宫、祖师殿、西方接引殿、卧佛殿、济公财神殿、26米高滴水观音圣像、方丈楼、僧寮、多功能厅、图书馆、禅堂、水陆内坛寮房、3层水陆内坛、男居士寮房、女居士寮房、贵宾接待楼、斋堂、客堂、地宫、纪念馆、电化教室等，作为佛教道场功能一应俱全，气势恢宏，巍峨耸立。

北普陀寺全景

四大天王悬塑　2009 年，道极法师陪星云大师去美国，在回国的空中看到四朵云彩，好似四大天王一般神奇。当时法师在想何不将四大天王悬塑于天王殿内。回到寺院后，道极法师找来塑像师说明想法，塑像师说："我没听说过，也没看见过天王像悬在空中这一设计。"道极法师说："就用这四根柱子做云柱，把四天王悬塑柱子上。"就这样，四大天王，通过泥塑，被技术人员栩栩如生悬塑在天王殿的空中。这一设计既节约空间，又显出了佛家天王的庄严与威仪，可谓佛教文化艺术一种新的创意。

三大石碑　位于万佛宝殿前，中间石碑是中国佛教协会原会长传印长老亲笔所题的"佛"与"赞佛偈"，两侧石碑是"清规""戒律"四个大字，这亦是维持寺院清净和约束佛教徒行为的规章制度。

观自在殿　在寺院的中心位置有一座全木制结构的殿宇，名为观自在殿。于 2016 年九月十九落成，占地 400 平方米，可容纳 300 余人诵经补化。殿内供奉的是缅甸玉自在观世音圣像。殿内山水竹林展现出自在祥和的气氛。

青龙攀岩　2008 年，北普陀寺开山劈石修建万佛宝殿。在劈山的时候，人们发现山石中间有些潮湿，可是两天后一看，却冻起很大一块冰。人们这才知道，这是亿万年前火山喷发后的回岩口，而这回岩口如今却成了泉眼，真可谓奇迹。道极法师与工人、信众顿觉龙天护佑，认为这是青龙来送水。为纪念此青龙，道极法师决定修建青龙壁。法师通过依山就势的巧妙设计，把青龙的原身引出来面对世人，其寓意为：青龙攀岩，昂首吐水，沐浴众生，普降甘露法雨。

缅甸玉卧佛 是我国香港杨玉馨大居士捐赠的，长9.9米，重13吨，仅运输就花费了20多天。此卧佛是由一块完整的缅甸玉雕琢而成。从太子佛到玉卧佛，"演示"了释迦牟尼佛从出生到涅槃一生传法的经历。

万佛宝殿 是北普陀寺最重要的建筑，是北普陀寺法务活动的中心，竣工于2009年，占地面积1276.7平方米，建筑面积3056.9平方米。万佛宝殿分为两层。万佛宝殿内供奉万尊释迦牟尼佛，主佛高5米，由檀香木雕刻而成，主佛两侧供奉的是迦叶尊者和阿难尊者，主佛后面是十二缘觉的浮雕圣像。殿内四周供奉9999尊0.21米高的镏金铜佛，展现了释迦牟尼佛千百亿化身的壮观场景。万佛宝殿借鉴北魏时期摩崖石刻的建筑艺术，远看为石洞。道极法师是把室外石刻艺术移到室内来，使万佛宝殿既有佛龛的感觉，又有石洞之意境。这是石洞艺术与大殿艺术结合的表现。殿内供桌为红木雕刻，上有五供，为景泰蓝掐丝法蓝，来自台湾。万佛宝殿，除举行佛事活动外，还可以举行讲经法会、大型会议、周年庆典等活动。万佛宝殿有四件珍贵佛宝：

万佛宝殿

主佛头　由 1.5 米高的整个檀香木雕刻而成。

主佛前的两根金柱　由 24K 纯金金箔贴制而成，共用金箔 0.75 公斤。

直径 1.2 米的铜磬　为一位大企业家捐赠，其声音悦耳动听，敲响后声音持续 1.5 分钟，每位听到大磬声音的人都会感到心旷神怡。

1700 多年的香樟木雕琢的木鱼　其直径为 1.5 米，木鱼由 3 个工匠花 3 年的时间用一整块香樟木雕刻而成。此木的根部最粗的一段雕成直径达 1.5 米的最大木鱼，供奉于北普陀寺；中枝部分直径稍小，供奉在普陀山；末枝部分最小的供奉在台湾佛光山。道极法师此安排的寓意为："中华民族是一棵大树，那根在祖国大陆，台湾为枝，海峡两岸永不分离，一脉相承。"

九龙藻井　完全是木工手工臼卯，一条龙盘踞顶端，四角金蝙蝠八边龙，甚是华美。藻井设计的时候是颇有争议的，有人说若采用传统手工艺，则要花费几十万，这不值得。道极法师说，现在传统木工手艺要失传了，它是中华民族传统文化的一种体现，是工艺与精神的传承。

九龙壁　北普陀寺是依山而建的，其中轴线是从山顶直垂山下的一条深沟。当时在建万佛宝殿时，为了防洪截流，便在万佛宝殿上方 50 米处，修了一个堤坝。但因为山势陡峭，堤坝几次被山水冲毁，道极法师为此事很是苦恼惆怅。一次法师去台湾，在日月潭看到了镇守日月潭的一座九龙壁，心中顿悟：龙善治水。回来后，有一晚他梦见九龙镇守堤坝，醒来之后，他便叫来施工人员设计建造九龙护坝的方案。道极法师设计墙壁为立体浮雕的五龙蟠舞，池内四龙水上沐浴，彰显了五湖四海之意。九龙同时吐水，太子佛端居莲台，手指天地。

五大菩萨殿　在戒坛后方，山端之上。五大菩萨为大慈弥勒菩萨、大智文殊菩萨、大行普贤菩萨、大悲观世音菩萨、大愿地藏菩萨，他们分别代表忍辱、智慧、大孝、慈悲、大愿。每殿供奉参照中国四大名山的建造，这可以满足不能亲自朝拜四大名山的年老体弱的老居士的需求。五大菩萨殿是佛家正统方形建筑。五大殿连合后呈环抱戒坛状，殿殿相连，组成万尊观音坡，远看蜿蜒连绵。这观音坡与罗汉坡不但美观，还起到防火作用；不但形成景观隔离带，而且起到防止水土流失的保护作用。这些建筑群相互彰显，都是以平面和空间造型来表现意象的。

送子观音　全身由汉白玉雕琢而成，立于山顶之上。道极法师说："现在的社会发达了,生活安逸了,人们的惰性展现得淋漓尽致。不经常运动,就是导致不孕的原因之一。送子观音之所以要建造在山顶之上,就是希望年轻求子的信徒多多运动。"

文化回廊 北普陀寺的回廊有 20 多米,内有二十四孝图等蕴含教育意义的壁画。回廊可供信众、游客上下殿走动,遮日避雨,方便休息。

三十三观音菩萨像 普陀,是梵语补陀落迦的音译简称,指观世音菩萨居住处。北普陀山自古以来是佛教圣地、观音应化道场。为使来山信众和四方香客游人感受观世音菩萨大慈大悲的济世思想,2017 年本寺众护法居士在戒坛前方护坡山石之上捐资塑造了三十三尊观世音菩萨像。三十三观音是观世音菩萨为摄化众生而自在示现出不同体貌的三十三种形象。

唐僧西天取经大型情景塑像 北普陀山东山坡上,塑有玄奘师徒 4 人西天取经之大型情景雕塑,栩栩如生。此雕塑寓意着大家要珍惜佛法,感恩祖师之德。

滴水观音像 高 26.9 米,全身为汉白玉雕塑,两边分别供奉善财童子与龙女。

法宝珍藏 北普陀寺珍藏的佛宝占满了两层楼,分为舍利、藏经、墨宝、古佛、祖师法宝、普陀珍宝,六大部类。珍贵的法宝有释迦牟尼佛真身舍利、十大弟子舍利、沉香观世音菩萨圣像、祖师大德舍利、缅甸玉卧佛、虚云老和尚舍利及祖衣、天然树瘤大熊猫、乾隆御座及书案、北魏时期古佛及石塔、澍培长老的亲笔墨宝、1.5 米高的和田玉观音等。其他来自美国、英国、法国、新加坡、马来西亚、泰国、印度、尼泊尔、菲律宾、缅甸等国家,以及中国台湾、香港、澳门地区名山古刹的高僧大德、知名人士赠送给本寺的法宝共有 2000 余件。

北普陀寺戒坛 锦州北普陀山北普陀寺的戒坛于 2013 年 9 月 1 日修建完成。整个建筑共由三层组成,其建设理念与建设风格皆出自道极大和尚。戒坛是出家受戒时最庄严、最神圣的所场,全国知名戒坛有福建太姥山、南京宝华山、山西五台山、北京戒台寺。道极法师在建设北普陀寺的过程中发现,东北地区比丘(尼)受戒的戒坛均为临时搭建,这对于最神圣的"登坛受戒"来说,是一个遗憾,因此,他再次发愿:在北普陀寺建东北第一座戒坛。历尽千辛万苦,2013 年,戒坛全面竣工。"戒坛"匾额由时任中国佛教协会会长的传印长老亲笔题写，戒坛里的偈诵是时任辽宁省佛教协会会长的照元长老题写。北普陀寺改变了辽西地区百年无三坛大戒法会的历史。2006年、2013年、2017年，北普陀寺举办了三次三坛大戒法会，1585名戒子在此得戒。多年来，道极大和尚带领寺院不断完善戒场设施，培养了一支精干的开堂引礼律师团队，经过精密的训练、严格的考察，一批又一批优秀的佛教僧才从这里走出。

戒场、戒坛受到了海内外诸山长老及众多大德高僧的赞扬。2017年4月，北普陀寺恭请中国佛教协会会长学诚大和尚，亲临戒坛担任得戒和尚，为713名新戒授戒。学诚大和尚提笔亲书"如是我闻""远绍如来，近光遗法"两幅墨宝赠送北普陀寺。台湾佛光山开山宗长星云大师亲笔题写"戒香芬芳"。中国佛教协会副会长明生大和尚亲笔题写"不忘初心"，中国佛教协会副会长心澄大和尚亲笔题写"众善奉行，大乘觉他。持菩萨戒，十善为基"。2013年，中国佛教协会原会长传印长老亲笔题写"弘演毘尼，续僧命脉"，祝福三坛大戒殊胜圆满。

戒坛须容纳千余僧众，但在设计和建设上，没有一味地追求超大的建筑尺寸，而是按照"百尺为形"进行控制的。戒坛是外圆内方，喻义为万法圆融。由于场地的限制，工程充分利用现有地形来建造戒坛，运用台基延伸来彰显建筑，不以形象，而以境界取胜，该戒坛成为物质功能简单实用，精神功能更胜一筹的建筑体。为了能表达这一建筑的特性，戒坛在设计上采用了象征主义的艺术手法，这种艺术手法主要表现在"形"态上面。戒坛基止于方形，而每层的屋顶角端均为弧形，这体现了"天圆地方"的宇宙观。道极法师想通过这个建筑的概念，让人们不要忘记祖师大德们的谆谆教诲，要学习古圣先贤以及老祖宗的智慧，这是中华民族的根本精神。

一层的受戒处，三师七证座位庄严排列，均为红木制作，庄严雅致。戒坛为全红木雕刻贴金。戒场四柱雕有八大金刚，戒坛底座四周是大理石雕刻，戒坛之上有红木扶手栏杆，戒坛背面画有普陀风光，并有道极法师的偈语：

辽西普陀山，三十三峰连。古刹景色美，观音菩萨现。
护佑庶民福，众生保平安。一句弥陀佛，自性天地宽。
常常心忏悔，事事随自然。身勤心不动，诚感遍大千。

北普陀寺戒坛

二层为法宝楼。法宝楼匾额由中国佛教协会原副会长、江苏镇江定慧寺方丈茗山长老题写。法宝楼里面珍藏三藏十二部汉语、英语、梵语、藏语、日语等多种语言的经典万余册,重达10余吨,其中包括《乾隆大藏经》《频伽藏》《永乐藏》《南山律藏》等。法宝楼是北普陀寺珍贵的知识宝库。

三层为佛宝塔。佛宝塔匾额由江苏扬州高旻寺方丈百岁高僧德林禅师亲笔题写。释迦牟尼佛的真身舍利供奉在由红木精心雕刻的舍利塔中,塔顶上方有千叶宝莲,以一叶一如来、一花一世界的寓意呈现在众人眼前,同时,舍利由九龙护佑,可谓是庄严佛净土的完美体现。

北普陀寺三坛大戒开堂引礼团队,经常被中国佛教协会邀请担任海内外各道场三坛大戒开堂引礼职务,2014年、2017年香港宝莲禅寺三坛大戒法会和2016珠海普陀寺三坛大戒法会的开堂,均由北普陀寺开堂引礼团队担任。他们深入浅出,依规传授,把清规、戒律、三坛正范演绎得庄严肃穆、井井有条,受到了中国佛教协会和常住的高度评价。

僧伽培训班　辽西佛教僧伽培训班设在北普陀寺,十几年来共举办僧伽培训15期，共1500多人参加。他们中间有青年僧人、居士信众、企业家、社会名流、中小企业老板等，寺庙僧人轮流讲佛学、伦理道德、管理学等，调节人的心理，净化人的灵魂，启迪人的智慧，探讨人的生命观。学员反响热烈，许多人改变了不健康的生活观、生命观，改变了企业管理理念和模式。

大德云集

十几年来，感召海内外诸山长老亲临北普陀寺指导，其中有中国佛教协会会长、中国佛学院院长学诚大和尚；中国佛教协会副会长、黑龙江省佛教协会会长静波大和尚；中国佛教协会副会长、广东省佛教协会会长明生大和尚；中国佛教协会副会长、江苏省佛教协会会长心澄大和尚；中国佛教协会副会长、河北省佛教协会会长明海大和尚；中国佛教协会副秘书长、辽宁省佛教协会会长照诚大和尚；中国佛教协会教务部主任长顺大和尚；中国佛教协会教务部原主任清远大和尚、宏度大和尚；中国佛教协会咨议委员会委员、房山石经守护者法映长老；香港佛教联合会原会长觉光长老；香港菩提学会原会长永惺长老；香港佛教联合会副会长、西方寺方丈宽运大和尚；香港佛教青年协会导师、天台精舍住持畅怀长老；澳门佛教联合会会长、菩提禅院方丈、香港宝莲禅寺首座健钊长老；台湾佛光山开山宗长星云大师；台湾佛光山教育院院长慈惠长老尼；国际佛光会世界总会副总会长慈容长老尼；中国佛教协会原副会长净慧长老；东北第一长老楞严寺法主圆山长老；中国佛教协会咨议会副主席、辽宁省佛教协会原会长照元长老；江苏省佛教协会副会长、无锡灵山祥符禅寺方丈普俊大和尚；五台山佛教协会副会长、善财洞方丈能修大和尚；黑龙江省佛教协会副会长、净觉寺方丈本英大和尚，等等。北普陀寺还先后接待了海内外各界诸多来宾和领导。

星云大师三次亲临北普陀寺

2009年9月20日，北普陀寺建寺10周年庆典暨万佛殿佛像落座法会隆重举行。在道极法师邀请下，星云大师第一次踏上祖国东北大地。2010年9月11日，星云大师前来参加北普陀寺隆重举行的万佛宝塔奠基庆典法会，以人间传教的理念给信众开示。2013年5月5日，经道极大和尚的邀请，星云大师又一次来到锦州，参加了锦州2013世界园林博览会；为"台湾大花园"剪彩；参加了锦州佛教界在世博园的月明湖放生锦鲤活动；为笔架山法雨寺千手千眼观音菩萨开光主法；之后又驱车来到北普陀山，为北普陀寺山门的亲笔题字揭幕。星云大师每次来北普陀寺，都在百忙之中给信众开示，并留下多幅墨宝藏于北普陀寺的纪念馆中。道极法师十分感谢星云大师对北普陀寺和他个人的厚爱，大师却说，我要感谢你道极法师，你满足了我几十年的愿望，让我踏上了东北黑土地，见到了七大佛，这是我一生的荣耀。

2009年星云大师在北普陀寺万佛宝殿传临济正宗
第十九代法嗣于道极和尚

汤泉寺

汤泉寺，在锦州西部15公里处的太和区女儿河乡汤河东岸华山之上。"汤水冬渔"曾是锦州八景之一。这里山青水绿，景色怡人，真可谓春游山花烂漫,夏赏岸芷汀兰,秋看满山红叶,冬观银装素裹。榭容亭可观光,人工湖可荡舟。到过汤泉寺的人,无不为这里的景色所迷恋。

汤泉寺是圣母寺、保安寺、安国寺的总称。但由于历史的变迁,一庙分三。上院称圣母庵,中院称保安寺,下院称安国寺。人们习惯上把圣母庵称为汤泉寺或汤河寺。汤泉寺,建于金大定年间,清顺治十八年(1661),锦州大觉寺住持云恩在原来圣母庵基址,修大殿1楹,供4尊石佛,修山门1楹,加围墙数丈,改"善阳寺"为汤泉寺上院;又在北汤河子肇建"保安寺",修大殿3楹,内供释迦牟尼、文殊、普贤3尊佛像,称为汤泉寺的"中院",又改建了原奕亲王的家庙,重修大殿3楹,山门1楹,称为汤泉寺的"下院"。

汤泉寺经历140多年,到乾隆末年就名存实亡了。嘉庆七年(1802),大觉寺住持忍慧把汤泉寺中院保安寺收回,并于次年重建。光绪二十八年(1902),锦州知府文超捐资重修保安寺。20世纪初,锦县知事王文藻曾拨资修缮了圣母庵。

锦州解放初,3座寺庙有2座被毁。圣母庵只剩断壁残垣;保安寺只残存大殿3楹,东西耳房各3楹;原安国寺片瓦皆无。1949年后,保安寺大殿及东西6楹耳房暂做学校。汤泉寺"汤水冬渔"因闻名遐迩,党和人民政府对这里的建设十分重视,1975年3月,国家投资150万元重修汤泉寺,筑起长220米、宽90米的拦河坝,修起一座占地2万平方米的人造湖。此湖水量丰富,人们投入各种鱼苗进行人工饲养。为了改善这里的环境,保存这一古刹,人们在水面架起一座通往东西的水泥桥。此外,汤泉寺建房25间,四周植树4000株。

1984年,锦州市文化局出资1.8万元,重修汤泉寺正殿1楹。1987年,太和区人民政府确定"汤泉寺为区级文物保护单位",之后又多次维修,修复保安寺大殿、山门、围墙,新修伽蓝殿1楹、护法殿1楹。现汤泉寺中保安寺大殿供释迦牟尼、文殊、普贤、观世音、地藏王、阿难、迦叶7尊佛像。伽蓝殿供伽蓝、韦驮、周仓、关平4尊塑像。护法殿设诸位护法之位。1999年4月,经辽宁省宗教局及锦州市民族宗教委员会批准,太和区汤泉寺为佛教活动场所。

右屯卫古城古刹

右卫镇位于锦州东南35公里处,是个有悠久历史的古老城镇。右卫,古称右屯卫,始于明朝洪武二十七年(1394)。右屯卫建城早于左屯卫(锦州),右卫城南临大凌河,西面与北面有护城河,东面有潮沟。城外东关有点将台,古时曾是水陆军事重地。屯卫,屯兵守卫之意,右卫是古代驻军、屯田的地方。驻军一面守城,防御从渤海顺大凌河乘船而来的水上海盗和从东苇塘陆地而来的土匪的干扰和袭击;一面种地,供应军队的粮草。明朝时,曾有朝廷总兵李成梁,带兵镇守此地(驻广宁府),有古迹为证:街中有一崇宁寺,寺内有一铁钟,钟为生铁铸成,很大,放倒时钟内可坐4个小孩,钟边缘厚度足有一巴掌左右,钟上铸有文字:"明总兵李成梁铸",可见右卫过去曾有军队驻守。

通过文物考古,专家在此发现了东汉初期的墓葬,证明右卫在汉代,就是一个人口密集、比较发达的地方。

右卫过去的经济、文化都比较发达,水上交通比较方便,可与外地进行贸易通商。城东有潮沟,可顺流下海。每当大海涨潮时,潮水逆流而至,人们可乘船下海捕鱼。在潮沟边上有东网户屯和西网户屯,据说过去曾是人们捕鱼晒网的地方。城南临大凌河,由右卫可乘船顺大凌河出海直奔营口,进行贸易通商。所以当时的右卫商业很发达。发达的经济,也促进了文化的发展。城内古建筑很多,城内中心有崇宁寺;北有地藏寺、药王庙;东有老爷庙和娘娘庙,娘娘庙内东南角有一座魁星楼,上有魁星,手里拿笔,据说是点状元用的;南面有火神庙;西面有财神庙。每座寺庙建筑都别具一格,各有千秋。每逢庙会,这里便热闹非凡,人们在庙内烧香许愿,在庙外做买卖,进行经济、文化交流。

卧佛寺

锦州到虹螺岘之间,有座圆形小山,叫卧佛山,又称龟山。《锦西县志》关于卧佛山的记载云:"城东六十里山有卧佛寺,有石卧佛像,长一丈四尺,故名。女儿河东流绕其下。《盛京通志》云,俗又呼龟山。"又云,女儿河"东流至卧佛山下,悬崖临水,深不可测,居民每编柴为筏,张网捕鱼焉……河产穿睛鲫鱼,清时著为贡品"。因该地山水奇异,风景美丽,清朝大修庙宇时,便选中了这个交通方便、视野广阔、山明水秀、风景绝佳的好地方,在山顶建造了闻名遐迩的卧佛寺。村名也以寺名称之。

卧佛寺创建于清康熙二十七年(1688),重建于清光绪二十三年(1897)。寺院南北长56米,东西宽24米。正面是山门,山门前面有一对旗杆立在两侧。门洞两侧的粉墙上绘有壁画。

院内分为前殿和后殿。两侧有厢房3间,为僧俗居住。东侧有钟亭。前殿硬山卷棚前廊式,供奉药王和观音。正殿小式大木硬山前廊式,正脊有鸱吻,垂脊有跑兽。梁枋有清晰的彩绘,有飞龙、行狮、蝴蝶、佛手和石榴等各种图案。殿内有卧佛台,占有明间和两边各半个次间。台上有卧佛,佛像以石条为骨架,用泥塑彩绘筑成。佛像身长5.2米,头长0.6米,肩宽1.1米,脚部高0.4米,头朝西,脚朝东,面向南侧身而卧,头戴蓝色僧帽,头下枕着白色方形枕头,右手弯曲放在头下,左臂伸直放在身上。佛像脸面为金色,嘴唇朱色,双眼微微闭合,面庞丰满,两耳肥大,前胸一半袒露在外,胸部以下还盖着紫底红花被子。其造型与北京香山的卧佛相同,艺术水平较高。卧佛两边各有泥塑像一尊,东面是韦驮,西面是李靖。

多年来,因该地风景秀丽,佛像奇异,传为胜地,游人往来不绝。1963年,卧佛寺被列为县级文物保护单位。后寺、像均被毁,现在只剩一些残迹。

慈贤庵

锦州慈贤庵,俗称大仙堂,位于锦州古城西北城墙外,建于清道光十六年(1836)。

清道光十四年(1834),锦州遭到百年不遇的大水。次年,锦州又遭大旱。因此,锦州府瘟疫盛行。当时锦州黎民百姓缺医少药,死的人很多,人们只好把希望寄托在神仙的保佑上,并乞求神仙的"仙药"。传说在锦州古城西北城墙外,有一棵千年的老榆树,树上有一条"常仙"(白蛇),树根下和城墙根下有3个洞，洞中有黑白两只"胡仙"（狐狸）。传说，人们在树根或城墙根上供上一碗清水，只要虔诚地给大仙磕头，第二天早上，把水取回来给病人喝，病人就会好了。一时间，讨药求圣水的人越来越多。

当时有一位九华山尼僧妙香云游至锦州，挂单在白衣庵，她偶从老榆树下经过，看到焚香讨药求圣水的人络绎不绝，遂动了恻隐之心，决心在此修一座仙堂。妙香久居九华山，深通医道，她每天拂晓在老榆树前蒲团跌坐，面前铺一块黄布，写着"募捐修庙"的朱砂红字，在人们讨药求圣水的碗里，必放上解毒清热的中药，讨药求圣水的人把"药"和"圣水"拿回去给病人喝，病人果真好了。这样消息不胫而走，人们更加信服大仙，也更加尊敬这位老尼。当时锦州知府春昭的母亲听说妙香老尼的事也深受感动，便劝儿子帮助妙香老尼修建大堂。春昭不敢违背母命，遂倡议锦州士绅捐款。

道光十六年春，妙香尼师终于在锦州古城城墙西北高台上肇建了锦州大仙堂。春昭送了一块书有"慈贤庵"三字的横匾，因此，此庙名为慈贤庵。但百姓始终称其为大仙堂。慈贤庵大殿3楹，内供胡三太爷、胡三太奶的牌位，东面供常仙，西面供蟾仙。慈贤庵还有山门1楹。

妙香尼师因出身贫寒，所以她立遗嘱："凡贫穷妇女，走投无路者，吾庙不得拒之门外，度其修行。"慈贤庵始终遵照妙香尼师遗嘱，广度迷津之人。慈贤庵现在仍是锦州尼僧佛教活动场所。

三才寺

三才寺，也称三宅寺，遗址位于凌海市温滴楼满族乡樱桃园村西1公里处。1924～1925年，三才寺曾被军队占用，做被服厂。1958年，大殿及配殿被拆毁。"文革"期间，寺庙遭到彻底破坏。听老人们说原来寺院内还有一塔，在20世纪70年代被拆毁。历史上的寺院香火很旺盛，老人们说塔顶有黄金和经书，在塔被拆的时候塔顶里的东西掉到塔旁边的深井里了。

笔者在收集的老照片时发现，1925年日本人拍摄的三才寺古塔非常壮观，堪比中国四大名楼。三才寺占地面积有北镇三皇岭的东岳庙那么大，足有 2 万平方米。

三才寺分东西两院，东院 5 重大殿。

第一重即山门，又称神马殿，为硬山式大木作建筑。第二重殿是真武楼，殿 3 楹，楼内供奉真武大帝，楼前有钟鼓二楼，其规模在锦州寺庙中最大。第三重殿为文昌殿，5 楹。殿内供奉文昌帝君和 200 多尊道家神像，有碑碣 2 座，为锦州人士于文瀚撰写题刻。第四重殿为玉皇殿 5 楹，供奉玉皇大帝、太上老君、皂王爷。殿前有 1926 年碑两座。第五重大殿为三才大殿，内供奉天地人三皇神像。各大殿的神像共达 232 尊。

20 世纪 20 年代，三才寺的前身宣讲堂原只 3 间小房，因乩坛祭祀，几年间就改建成 100 余间的大庙，遂更名"三才寺"。每年三月初三为三才寺庙会，这是锦州地区最大的庙会。

毗卢庵

毗卢庵，位于锦州古城北街东隅，古塔区东一街 64 号院内。

1368 年正月，朱元璋登基做了皇帝，定国号为明，年号洪武。为了北上驱逐元朝的残余势力，他派大将常遇春率步骑九万前往北平，败元将江文清于锦州。在锦州血战中，常遇春的爱将冯振源负伤身残，常遇春把冯振源安置在锦州大广济寺，并拜托慧波法师好好照顾冯将军。冯振源从此在锦州大广济寺剃度出家，慧波法师给他取了法名"碧空"。慧波法师非常关照碧空，这引起了监院和知客两和尚不满。二人常常刁难碧空，气得慧波法师一病不起，不久就圆寂了。慧波法师一死，碧空的境遇也就随着一落千丈了。从此没人叫他碧空，大家都叫他半拉和尚（因为碧空只剩一只手和一只脚）。

洪武八年（1375），朱元璋降下一道圣旨，冯振源将军可每岁到指挥使处领俸银五百两。碧空因厌恶当时大广济寺中部分和尚的小人行径，所以决心另自建庙。明洪武二十四年（1391），指挥使曹凤奉旨修筑锦州城时，帮助碧空老和尚建了毗卢庵。这就是锦州毗卢庵的来历，碧空老和尚就是毗卢庵的开山祖师。曹凤还敬请王开岩撰写了《肇建毗卢庵碑记》，20 世纪初在抄写锦州古寺庙碑文时此碑还在，现不知所踪。

此庙有正殿3楹，供毗卢遮那佛，旁列二十四诸天天王像，东西廊各3楹，为禅房。

碧空老和尚慨叹自己的起落，决心把自己修建的庙宇，辟为十方常住丛林，接济来往僧人。碧空老和尚活到94岁，圆寂后葬在小亮山（良安街），传说此处是他负伤身残的地方。都指挥使方铎为他修了和尚观。明崇祯十三年、清康熙二十四年、道光十四年、光绪二十五年、1916年，毗卢庵屡次重修，每次都有重修碑记留世。庙内有8座石碑、3块匾、1尊石鼎。其中"与城齐寿"四字是洪承畴亲手书写的。

20世纪初，毗卢庵曾出一高僧弘慧。春夏秋冬四季弘慧始终赤脚，从不穿鞋，即便是三九大雪天也赤脚到鼓楼担水。更为出奇的是他诵经时，常常一日不食，但晚间仍和诸僧谈笑风生，毫无倦意。他和知事王文藻，辽西才子高国光是莫逆之交。1919年，弘慧不知何故悄然离开锦州，王文藻多方寻找，仍杳无音信。

现在的毗卢庵是1916年重新建筑的，锦州解放后曾辟为古塔区礼堂，现为居民住宅。其中文物几乎毁坏殆尽，现只留正殿3楹，大门1楹，正殿两侧功德碑2块。毗卢庵著名老和尚、法师有：碧空老和尚、禅博法师、弘慧法师、恭泉法师、澍培法师、本圣法师。

天后宫

锦州天后宫在东北同类建筑中规模是最大的。天后宫俗称娘娘宫或妈祖庙。据考察，有天后宫的地方，一般皆是海运的要隘，因为"天后"是传说中的海神，道教奉其为航海保护神，传说甚多。

有传其为宋初福建莆田人，原名林默，是闽王统军兵马使林源之女，少时聪颖，遇异道人授以"玄微真法"，能通变化，治病救人，驱邪救世、渡海、云游岛屿，人呼龙女，很受当地百姓信赖。她在世28年，于北宋雍熙四年（987）九月九日升化，之后尝身着朱衣翻飞海上，父老即在当地立祠祭之，清康熙二十三年（1684）被加封为"天后"。《太上老君说天妃救苦灵验经》又称天妃是妙行玉女降世，三月二十三为其诞日。她神通广大，救危而平波息浪，扶危而起死回生，因此受到敬奉。妈祖是福建方言，相当于其他地区的"娘娘"之类,妈祖庙即娘娘庙。天后神像珠冠云履,玉佩宝圭,绯衣青绶,龙车凤辇,佩剑持印,前后导从有千里眼和顺风耳。宋明以后,历代封赠尊号。宋徽宗敕封其为"顺济夫人"。元世祖下诏封其为"护国明著天妃"。明崇祯帝褒封其为"碧霞元君"。清康熙帝封其为"昭灵显应仁慈天后",并列入国家祀典。锦州东西海口自明代辟为商港后,贸易兴盛。到清雍正年间福建、江苏、浙江、山东等地的航海客商纷纷来锦贩运和经商。我国从元代起因大肆推行海运,而把"女海神"推崇为"天妃""天后",并建宫于海津要地以祭祀。每逢船只起航或抵达时,人们都要举行隆重仪式。特别是在海上失事遇救,更要祭祀一番。正是出于此种需要,清雍正三年(1725),福建、江浙航海者们出银3784两、钱48000吊,修建了锦州天后宫。清乾隆初年天后宫改由江浙会馆(即三江会馆)管理。天后宫每年按时按季举行庆典、祭祀(庙会)活动,届时商贾、农贸、渔众船工们集聚,歌舞升平,昼夜不停。在佛教传说中,三月二十三是天后的诞辰,每逢此日,古塔下和天后宫前更是热闹非凡。

清末营口商埠开通,锦州海口船只日减,1907年京奉铁路修建开通后,来往商船就更为稀少。到20世纪初,曾为锦州的经济文化繁荣起到很大推动作用的江浙会馆宣告解散,天后宫也就成为古迹供人游览了。

天后宫建成后,曾多次维修,据宫内碑刻记载:"清乾隆六年、十年、十七年、二十五年、二十六年,嘉庆六年迭次扩建维修。"而今天我们所见的天后宫建筑均为清光绪十年(1884)所建。

锦州天后宫位于大广济寺西院,坐北朝南,为四合式二进院。沿中轴线自南向北依次建有戏楼(已毁)、山门、二门(又称过厅),两侧建有辕门(已毁)、碑亭、一进院东西配殿、二进院东西配殿。

山门为硬山式建筑,面阔3间,进深2间,顶覆青瓦,正脊之上阴刻"天后宫"三字。檐前施三踩斗拱,柱头嵌木雕伏狮。枋上彩绘二龙戏珠图案,额枋上透雕蝙蝠图案,墀头砖雕龙凤、八宝等吉祥图案,所有雕件造型优美、线条流畅,细腻逼真。

二门面阔5间,进深2间,建在平削式台基之上,属硬山式建筑。明间及二次间均无装修而前后相同。檐前施二踩斗拱,柱头嵌木雕伏狮。额枋上透雕蝙蝠图案。雀替的位置上嵌有透雕二龙戏珠图案花板。

大殿是天后宫的主要建筑，它建在高大的台基上，台基各面建有石造勾栏三重，逐次升高。望柱柱头雕有石狮，计72个，石狮形态各异，无一相同者，栏板透雕吉祥图案。台基正中设御路，路中有浮雕团龙。两侧置踏跺。大殿面阔7间，进深4间，出前廊，为硬山式建筑，顶覆青瓦。正脊雕有二龙戏珠及牡丹花纹，各开间均辟门，各置隔扇门面4扇。柱头嵌木圆雕伏狮、二角柱嵌木圆雕游龙。各间平板枋上饰透雕二龙戏珠图案，垫板上高浮雕二十四孝故事图案。小额枋刻有牡丹花纹图案。雀替上刻有繁缛的花卉、鸟兽图案。两山墙墀头上砖雕精美的吉祥图案。妈祖圣像在殿内居中的神龛内垂帘端坐，仪容秀美，服饰华丽，两侧各站立两位侍女。妈祖神龛龛顶施组合式透雕五龙戏水图案，形象逼真，具有立体感，为绝妙的艺术精品，国内罕见。殿顶天花施凤戏牡丹彩绘图案。在妈祖神龛东西两面塑有四海龙王的坐像。在大殿南、二进院的中部有一钟鼎，通高4.679米，为辽西最大，是2000年8月按原物重新塑造恢复的（原钟鼎"文革"中被毁坏）。

碑亭位于山门左右各一，形制相同，均为单檐攒尖顶，面阔、进深各1间。是天后宫藏碑之所。天后宫的碑刻保存较好，分藏在两个碑亭内，其中有：《天后宫碑记》（嘉庆六年）、《陆放翁诗云神灵祖宗如我》、《天后宫捐修费碑记》、《安澜郎补天》及《天后宫碑记》（嘉庆九年）。

一进院东西配殿左右对峙，形制相同，均为硬山式建筑，出前廊，面阔7间，进深3间，明间、稍间辟门。柱头嵌木圆雕游龙图案，大额枋雕塑牡丹花纹，雀替位置上嵌透雕塑二龙戏珠图案。

二进院东西配殿各一，形制相同，面阔3间，进深2间，出前廊，为硬山式建筑，顶覆青瓦。明间辟门，柱头嵌木雕伏狮，角柱嵌木雕游龙。大额枋透雕莲花图案，雀替位置上透雕塑凤戏牡丹图案。

锦州天后宫不仅建筑规模为东北最大、全国闻名，而且其艺术价值、研究价值也堪居东北之首。它融南北建筑风格为一体，结构严谨，雕刻细腻，宏伟壮观，特别是砖、石、木雕刻更是精美异常，是辽西地区不可多得的古代建筑珍品。天后宫正殿的山墙垛上有一幅砖刻，一头鹿翘首对着枫树枝，下面有一株巨大的灵芝，后面是一丛万年青花卉。画面构思巧妙，雕刻工艺精美，其寓意是"丰（枫）年（万年青）乐（鹿）寿（灵芝）"，用以祝福锦州"人寿年丰"。"长寿"是华夏民族传统装饰的一个重要主题，多以不同的物象组合成图案，表达人们对长寿的祈望，在锦州的文物古迹中，天后宫开了先河。

锦州天后宫坐落在古塔下，又是名冠辽西、驰名江浙的海神大庙，因此曾吸引无数文人墨客、官宦隐逸来锦游访览胜，并留下诗词墨宝，如王尔烈的"神佑三江"、左宝贵的"百舸太平"、李鸿章的巨幅长联"俎豆重辽西，舞德颂功，鸾凤恍从天际下；歌播如山海，扬帆鼓棹，舳舻如在镜中行"。李善之在大殿题楹联："仙籍列九天，踵楼西池王母；慈航周中池，心同南海菩提。"李景隆在戏楼题楹联："此曲只应天上有，斯人莫通世间无。"还有萧赢岚的《沧海播恩图》等清代辽西的名作。可惜在战乱中，《沧海播恩图》《神佑三江》都被人窃去。

锦州天后宫妈祖塑像

新中国成立后，党和政府多次拨款对天后宫进行维修保护，重塑了妈祖神像，天后宫外部建筑及木、砖雕刻等也得到了较好的保护，成为锦州吸引海内外人士观光旅游的重要人文景观。

三清阁

三清阁是一座中西合璧的石楼建筑，坐落在笔架山之巅，它拔地而起，耸入云端，是全国规模最大的全石结构的寺庙建筑。

与全国其他寺庙建筑相比，三清阁有以下三个特点。

中西合璧

从外观形式上看，三清阁无疑是西式建筑。阁有六重，高 26.2 米，八角，双曲回廊在外，纯一色的石墙、石廊、石门、石梯、石柱、石梁、石窗、石龛，甚至连飞檐挑角、壁画门神都由石头做成，通体未用木料、铁器。整座石楼的布局是外侧回廊周旋，上下曲径相通，形制装饰则在对称中有变化，于分散中相连接。石梁石柱之间榫卯的咬合，完全是中国传统的建筑手法。而这一规模宏大而又精美绝伦的工程，既非设计部门专家的手笔，亦非高等学府学者的作品，而是以老真人李洁贞为主，孙金言、赫保江等为辅的集体创作的结晶。这一建筑的整体构思是根据笔架山一带经常云缠雾绕的特点仿造蓬莱海市蜃楼的奇特景观，采取边设计边施工的办法进行建造。

锦州笔架山三清阁

雕塑奇特

三清阁是笔架山风景区石像比较集中的地方，至于具体数量，说法各异，有的说有42尊者，也有的说有43尊者，还有的说有37尊者。作者经过两次实地勘察证明，1~6楼现在实有神像41尊。

三清阁的一、二楼各面阔3间，进深2间，南北辟通门，四角柱有红棉石浮雕兽，正面门额浮雕山水花鸟。一楼大殿为六边形，内有四柱组成佛龛，龛前浮雕龙盘柱，供有石像20尊。南侧正中为孔子像。孔子雕像东侧，依次供有四海龙王、值日功曹、眼光娘娘、土地、南海大士、增福财神。西侧依次供有宝莲圣母、女娲、月亮神、太阳神。其中"土地"为道教俗神，即管理一小地面的守护神，古称"社神"。女娲娘娘为神话中人类的始祖，又称"娲皇"。相传人类是由她和伏羲兄妹相婚而生，后来他们禁止兄妹通婚，制定婚礼，这反映了我国原始社会由血缘婚进步到外族婚的情况。北侧正面为关羽像。关羽字云长，河东郡解县（今山西运城）人，为道教俗神，是降神助威的武圣人。他生前武艺超群，集忠、孝、节、义于一身，死后其形象渐渐深入人心。关公既是武神，又是财神，具有司命禄、佑科举、祛病除灾、庇护商贾、招财进宝等无边法力，受到民众的广泛膜拜。三清阁中，文武二圣一南一北，共居一堂，全国亦不多见。在关平雕像的东侧置无生父、无生母两个神位。天生父、天生母乃中国民间宗教崇拜的主神。明代中叶，罗道教把道家的无为和佛教的空无宇宙观结合起来，提出无极真空应作为宇宙的本源和不变的真理，进而概括出"真空家乡，无生父母"的八字真诀，即否认人类有具体的血缘亲属关系，人的出生地尽在天宫，真空家乡乃人类最终之归宿。故人一出生就坠入尘世的苦难之中，只有历经磨难才能受到天宫真正父母的召唤从而得道永生。其初始称"无生父母"，之后改称"无生老母"。大乘佛教所崇奉的观世音，亦为无生老母。看来无生父、无生母是一人还是两人亦难说清，正如观世音是男是女一样扑朔迷离。

三清阁二楼供有石像14尊。中殿南侧供释迦牟尼佛。释迦牟尼佛像东侧依次为圣宗佛、火龙真人、青龙真人；西侧依次为南海大士、观世音菩萨。释迦牟尼为古印度佛教创始人，亦译作释迦文。他姓乔达摩，名悉达多，相传为古印度迦毗罗卫国净饭王的太子。"释迦牟尼"是其创立佛教后弟子及世人对他的尊称，意释迦牟尼为"释迦族的圣人"。其生卒年推定为公元前565～公元前485年，约与我国孔子同时代。释迦牟尼成道后佛界称其为"佛陀""世尊""善逝"等。其学说言行于其逝世后由弟子们结集为"经藏""律藏"。其教派学说对世界文化影响很大。

二楼北侧正中为弥勒佛，东侧依次为千手千眼佛、云霄娘娘、碧霄娘娘、琼霄娘娘；西侧依次为地藏王、南海大士。弥勒，佛教传说他是继承释迦佛位的未来佛，故又称"后生佛""未来佛"。相传他出生于婆罗门家族，后为佛弟子，先佛入灭，上生于兜率天内院，经4000岁（据称相当于人间56.7亿岁）当下生人间，在龙华树下成佛，弘传佛法。中国民间传说，五代时契此和尚为弥勒佛之化身，故做其像供奉。其形象特征为笑口常开，袒胸露腹，身体肥胖。二楼中殿东侧还同时供有如来佛（亦称燃灯佛）。据查，金刚界有五智如来之说。密宗把毗卢遮那佛称作大日如来，将其作为最高的尊奉对象。"毗卢遮那"又作"毗卢折那"或"毗卢舍那",意为"光明遍照""大日"。在密宗的造像布局中,通常以毗卢遮那佛为主尊,配以东方阿閦佛、南方宝生佛、西方阿弥陀佛和北方不空成就佛,构成五方佛的组像。可见一般情况下,"如来"是其统称。三清阁的如来佛塑的是"接引道人",即阿弥陀佛西方如来。阿弥陀佛又被称作"无量寿佛"或"无量光佛",他是佛教所说的西方极乐世界的教主。据说在过去世自在王如来时,有位国王因信仰佛法而放弃王位出家为僧,法名法藏。在其修行成佛前,曾发48个大愿,其中之一是:待他成佛后,凡信奉他并持诵其法号者,命终之时,佛即前往,接引其往生自己的国土,即西方极乐世界。这个法藏比丘就是后来的阿弥陀佛。北魏时,阿弥陀如来佛的造像就已出现。如来佛、释迦牟尼佛、弥勒佛通称"三世佛",分别代表过去、现在和将来。

　　三清阁三、四、五楼均为八角形,通开石门石窗,内有四柱组成神龛。三楼供奉玉皇大帝。在道教天界尊神中,辅佐"三清"的有4位天帝,称为"四御",分别是:昊天金阙玉尊玉皇大帝、中天紫微北极太皇大帝、勾陈上宫南极天宫大帝、承天执萨后土皇地祇。玉皇大帝又称昊天金阙无上至尊自然妙有弥罗至真玉皇上帝,为总执天道之神。四楼供奉清元尊。五楼供有四神。面南者为太上老君。太上老君,即老子,道教神仙。《老子内传》曰:"太上老君,姓李名耳,字伯阳,一名重耳;生面白首,故号老子;耳有三漏,又号老聃。"面北者为慈航道人。据考证,慈航道人亦道亦佛,在道即为"慈航道人",生于中华本土;在佛则为观音菩萨,又称观世音、观自在、光世音、观世自在、阿婆卢吉低舍婆罗等。观音菩萨乃舶来之佛,中国佛教四大菩萨之一,其造像初为男身,南北朝时渐成女身,手持宝瓶以柳波洒甘露,普度众生。据称观音菩萨于二月十九日出生,六月十九日成道,九月十九日涅槃。传说浙江舟山群岛中的普陀山为其显灵说法的道场。面东者为通天教主。通天教主乃洪钧老祖第三位弟子,生于天地分开之后,诞生于古洞顽石之中。周武王伐纣时,他曾助纣为虐,后潜心修道,不理世事。面西者为元始天尊,道教信奉的三位最高尊神之一。《道教宗源》称:其由混洞太无元之青气,化生为天宝君,又称元始天尊,居清微天之玉清境,故称玉清。道教又有"一气化三清"之说,谓三清(玉清、上清、太清)皆为元始天尊之化身。

六楼为仿木构建筑，八角攒尖，内有佛龛，龛内坐北朝南为盘古雕像，门额上有"寿命万千"石匾。盘古，又称元始天王，道教尊奉的创造天地万物之神。据葛洪《枕中书》载：宇宙未开创之前，是一片混沌，有享受天地之精而自生的盘古真人浮游于宇宙混沌之间。盘古真人自号元始天王。他开天辟地历经四劫（据说一劫为41亿年），最终形成巨大如盖之天，二义（阴阳）相分，离天36000里形成大地。元始天王住在天中心称为"玉京山"的地方，经常仰吸空气，俯饮地泉，以达到长生不灭之目的。后又经二劫，崖石灵水中诞生了太元圣母，元始天王与之"通气结精"，召回玉京山的宫殿中；之后经一劫，生下天皇扶桑大帝（东王公），又经一劫，生下西王母；之后，天皇生地皇，地皇生人皇，神农、祝融都是盘古真人的后代。笔架山上的盘古塑像在三清阁的最高层，正符合其中国道教第一神的至高无上地位。三清阁盘古真人的造形也与古书记载相符。三国时期吴国道士徐整写的《三五历纪》是最早记载盘古的书，后来的《古今图书集成》《述异记》对盘古也有记述。这些书均称盘古"生于鸡子，龙首人身"，"目为日月"，"垂死化身，左眼为日，右眼为月"。三清阁上的盘古像，耳、鼻、口各雕神龙，象征龙首，以日月象征双目，两眉之间绘金木水火土五行图，正与古籍记载相符；其左手执火珠，右手执水珠，坐下一条巨龙，头上立有吉祥鸟，又与盘古生于鸡子、天地为其鸡啄啄开之说吻合，吉祥鸟啄上的葫芦，无疑是"浑敦"（混沌）未开之象征。此可谓像合典籍，构思奇特，匠心独运。

总之，整座三清阁建筑，既充分体现了设计者们的天才构想，也生动地展示了建设者们卓越超群的雕刻艺术。从外观上看，石楼峻阁凌空，仿若仙阙道苑；其门口、窗口的雕刻更见刀工细腻，纹质逼真，开合自如；阁内41尊汉白玉神像，神态各异、栩栩如生，既符合儒释道三界对其顶礼膜拜人物的图像描写，又充分展现了设计者、雕刻者的大胆合理而又奇特的想象力。各殿不同部位衬景饰物的雕琢更显生动逼真。雕龙，龙则昂首欲飞；刻凤，凤正引颈长鸣；雕云，云若追风赶月；刻花，花则争奇斗艳。建筑设计之巧，组合之精，雕刻之细，使三清阁堪称我国中西合璧式石楼之典范，当属海内一绝。它出浩浩之沧海，耸苍苍之琼霄，真有阁中升明月、窗里发云霞之妙。倘若置身六层平台之上，凌绝顶而放歌，观巨涛以抒怀，则恍若绝尘出世，飘然欲仙。

以道为主，大道同源

三清阁首先是体现了以道为主的思想。三清阁中群仙咸集，41尊石像中既有儒释道三教之始祖，亦不乏其历代传人，既有来自西方极乐世界硕佛祖师，也有中华本土的灵神大仙。他们相互间既无门户之争，亦无流派之见，反映了锦州民众文化的多元性。三清阁是道教龙门派第十九代弟子玉清真人发起建造的，故以道教为主。关于"三清"，道教的阐释有二，一是指三清天、三清境，即三十六天中仅次于大罗天的最高天界，亦指神仙所居的最高天界。《道教义枢》："大罗生玄元始三气，化为三清天：一曰清微天玉清境，始气所成；二曰禹余天上清境，元气所成；三曰大赤天太清境，玄气所成。"二是指道教信奉的三位最高尊神，即玉清、上清、太清。由混洞太无元之青气，化生为天宝君，又称元始天尊，故称玉清；由赤混太无元玄黄之气，化生为灵宝君，又称灵宝天尊，居禹余天之上清境，故称上清；由冥寂玄通元玄白之气，化生为神宝君，又称道德天君，即太上老君，居大赤天之太清境，故称太清。道教谓此三神主三天之仙境，为三洞教主，统御诸天神，为神王之宗、飞仙之主，宇宙万物之创造者。三清阁将盘古塑在最高层，即玉清仙境，乃三清天、三清境之释使然，塑道教三位最高神于阁中是三界听命于三神之释使然。其次，三清阁体现了三教同源的时代特点。我国宗教历来有大道同源之说。儒释道同属善门，同奉善字，同以清静无为和扶国安邦为宗旨，故儒家修炼，讲究存心养性；释家修持，讲究明心见性；道家修为，讲究修心炼性。玉清真人的门徒孙金言既是笔架山工程的负责人，又是所有神像的设计者。从三清阁的布局和各种神像的称谓上可以推断，孙金言基本上是依照神魔小说《封神榜》关于三教同源、以道为主的思想对三清阁的石楼神像进行总体设计的。所以，阁中儒释道诸神聚于一堂，均由"三清"统管，连《封神榜》中的神学、神号也照搬不误。如把佛当作西方圣人，把观音菩萨称为慈航道人，把如来佛视同接引道人……同样，道教的最高神盘古也在三清阁中成了元始天尊和通天教主的师傅"洪钧老祖"。洪钧老祖遂为三清阁中太清仙境第一大神，与道教中号称天地界之祖的盘古真人合为一体。这种把道教教义和神魔小说混为一谈的做法,在全国各地的三清宫殿中是绝无仅有的。这也客观地反映了 20 世纪 40 年代宗教在辽西地区的衰微和民间文化的开放、包容形态。

由于历史原因,笔架山三清阁的权威历史资料现存甚少,其肇建的起止时间也不甚准确。《盛京通志》载:"大笔架山为昔人避兵处,上有朝阳寺,多飓风,屋瓦辄飘去,今存空堵。清太宗崇德五年秋,明总兵洪承畴率军犯清,前锋汛地,清军追击,获笔架山积粟十二堆,当时号为明军粮草重地。"可见明清之际,山上除朝阳寺外更无其他建筑物。具体情况是:明崇祯十四年(1641)明清松锦之战时,明朝总兵洪承畴先带 6 万人马于七月二十九到达松山城外,积粟 12 堆于笔架岗(即今笔架山);八月二十,明军 10 万被围,清太宗皇太极派阿济格攻下笔架岗,夺得粮食 12 堆。据考察,笔架山上的太阳殿、雷公祠、电母祠均为洪承畴当年"松山鏖兵"屯粮之处。直到民国前期,这仍是一座杳无人烟的荒岛,山上仅有一座小庙,偶尔有人上山焚香祈祷。据说,1929 年夏,上朱家口村村长王荫棠募来 280 块银圆在山上修建了比原来大 4 倍的龙王庙,并有寺人侍候香火。为求得打鱼、事农、经商顺遂,村人每年请唱一台驴皮影戏。"九一八"事变后,有些客商阔佬又把笔架山当成避风港。1934 年,老真人李洁贞和三江省博济慈善会会长孙金言(又名孙明贤)相约到达笔架山,始议建庙大计。他们募化四方,历尽千辛万苦,足迹遍及河北、内蒙古及东三省,终凑足 60 万银圆,为建庙修阁奠定了经济基础。

1935 年,笔架山工程奠基开工。施工队伍以"石头刘家"的北京民间艺人刘德进的队伍为主(刘的祖父、父亲都曾带队,实为祖孙三代),建昌队伍辅之,此外亦有许多自愿献工者。建山所用的花岗岩,全部来自锦县(今凌海市)十三山,红棉石来自 150 公里外的建昌县,而汉白玉则来自北京。玉清真人于 1939 年坐化,三清阁工程的设计、施工均由其弟子孙金言负责。三清阁之所以选址在笔架山最高峰,是因其素有众仙聚集之说。故当时虽有爆破新法,但为不惊动"众仙",铲平凹凸不平的岩石时,竟一炮未放,全部采用手工操作,其中艰难,难以想象。1945 年,三清阁主体工程基本完成,之后陆续完成的工程有:山门、吕祖亭、万佛堂、真人观、方丈院。1948 年锦州解放时,三清阁、太阳殿、雷公祠、电母祠、五母宫工程尚未告竣。

1967年夏，政府严令"不准毁坏文物古迹"，多数文物因此得以保存，万佛堂中280尊神像却已缺头少脚，据说三清阁的石像也有多尊被推入大海。

改革开放后，特别是近年来随着旅游事业的快速发展，锦州经济技术开发区把笔架山风景区的开发建设纳入开发、开放工作的重点之一，对景区进行大力开发建设。在相继完成了北岸的海门广场、旅游船码头、仿古式桥头堡、仙女造桥雕像、海滨公园等一批新兴建筑工程的同时，政府还用与三清阁色调一致的花岗岩铺砌了三清阁广场，六层石楼因此更显得庄严挺拔。1999年5月，锦州又在三清阁前建造钟楼，新铸一口1250公斤重的铜钟。石楼与钟楼相映成趣，钟声和风声竞相驰骋。

离阳宫

锦州离阳宫，俗称火神庙，坐落在锦州古城南门外（锦州市建筑五金三厂第二车间院内），遗址荡然无存。

离阳宫是锦州道教的祖庙，肇建于1247年，开山祖师是丘祖（丘处机）第一代弟子萧道然。离阳宫元末毁于兵火。

元太祖封丘处机为燕京太极宫住持，丘处机命弟子三十六人按"仁尊礼德信义……"三十六字，分三十六路，去弘扬道法，传播道教，萧道然按德字分为东北路，出长城来到东京（辽时旧称，指辽阳）传道。

因锦州离阳宫是丘处机第一代弟子萧道然创建的，所以大得殊荣，正殿前增建大殿三楹以供丘祖。

明洪武二十四年（1391）指挥使曹凤把修永安门（锦州城南门）剩余的砖石木料赠给了离阳宫。邹溶任锦州指挥同知时又重修了锦州离阳宫。当时离阳宫前后有五层大殿，大门三楹，规模宏大，曾有关东第一大庙之称。明熹宗天启二年（1622）离阳宫毁于大水，山门中殿被冲毁，从此离阳宫南北分开，北面即现在火神庙旧址，南面为现在白衣庵，中段为现在的火神庙南环城路。

明天启七年（1627）道士胡明桥在都指挥方应铭的帮助下重建了离阳

宫。其上院为现在的火神庙旧址，下院为白衣庵。

清光绪十八年（1892）离阳宫又被大火烧为平地。光绪二十一年（1895）锦州知府璧华又倡修离阳宫，正殿塑火神像，东配殿塑慈航道人，西配殿塑二郎神，前殿塑火德星君。拔贡朱乃桢撰写碑文记其事。现在的离阳宫还有光绪二十一年（1895）立的功德碑。

离阳宫从萧道然创庙到最后一代老道许至林止，冠巾（入教）者共有423人。

离阳宫有8块石碑，6块巨匾，1口800多斤的巨钟，石鼎1个，《道藏》3700余卷。

2000年7月，随着锦州古城改造工程的全面启动，离阳宫的残旧建筑被全部拆除。

东关关帝庙

东关关帝庙的旧址在锦州东门外1公里处，今南大桥北南京路四段的锦州环境卫生管理处院内。

明辽东巡抚李濬撰写的《肇建锦州东关关帝庙碑记》载：（李濬）宣德十年（1435）十二月巡察辽东，于锦州东二里许被围，危在旦夕，幸有一赤面将军跨下骑赤兔马，杀入重围救出，回宁远（今兴城）方知是"关圣帝君"显圣，故选此地肇建关帝庙。东关关帝庙只有正殿3楹，曾经历多次重修。乾隆二十八年（1763年）的修葺工程是历史上修葺规模最大的一次。当时有大门3楹，门两侧各有一石狮，正殿3楹，东西配殿各1楹，东西廊房各3楹，前厅3楹，东西廊各5楹，钟、鼓楼各1座。正殿供奉关羽像，左右供奉周仓、关平像，以及红色赤兔、白色的卢良驹。据传，清太宗皇太极攻打锦州时，曾驻扎在关帝庙。顺治元年（1644），吴三桂打败李自成后在锦州歇兵，兴师动众，修缮关帝庙，所以今日有"东关关帝庙为吴三桂所修"之说。每年的五月十三为关羽生辰，官宦百姓皆来顶礼膜拜。20世纪初，每遇旱年，人们皆来此祈雨还愿。遇关帝生辰，戏楼前有名伶演出传统剧目，观众云集，人山人海。东关关帝庙至1932年被日伪占据，为东关区公所驻地，以后逐渐毁坏拆除，今已无存。

东岳庙

锦州东岳庙,俗称娘娘庙,位于锦州城宁远门(东门)外,肇建于明正统四年(1439)。

传说当年巡按辽东御史兼提督学政梁宣至辽东,途经锦州,住在城外岳园,园内有小土山、田黄石、古树、奇花、异草,甚为幽静。梁宣是当时有名的"八大酒仙"之一。一日,他对石开怀畅饮,醉卧园中,似梦非梦之际,见一头戴皇冠、身着龙袍、面如冠玉、五绺长髯的仙人,手捻长髯道:"吾乃东岳天齐仁圣王,掌管天仙古籍,人世居民贵贱高低之分,禄科长短之事,十八地狱六案簿籍,七十五司生死之期。吾念尔乃一代名士,劝尔急流勇退……"大梦醒来,梁宣抬头仰望皓月千里,仙人站在田黄石上朝梁宣点头微笑。

梁宣到广宁视察山川兵备后,又驻岳园,倡议宁锦士绅在此肇建"东岳庙",并命老仆梁福星夜回老家山东取回纹银八百两以为资助,又就地用田黄石勒碑,撰写了《东岳庙碑记》。田黄石是稀世奇石,自古就有"一两田黄三两金"之说。这块稀世古碑于明末清初被人盗走。

东岳庙肇建初只有山门3楹,山门有梁宣亲笔书写的东岳庙匾,内塑门神。大殿3楹,塑东岳天齐仁圣王,左塑炳灵公,右塑温元帅。

东岳庙初由锦州离阳宫道士代管。明景泰六年(1455),锦州来了一游僧,法号觉道,嗜棋如命,常在祐国寺(古塔寺)山门前下棋,并称"弈遍辽东无敌手"。离阳宫住持一凡也是一个棋迷,听说觉道如此狂妄,便要与之赌一输赢。觉道听后端着棋盘到离阳宫与一凡一决高低。下棋前觉道对一凡说:"贫僧身无长物,若输给道长,情愿一辈子为道长执尘侍立,道长若输了,就把东岳庙赐贫僧!"一凡道:"一言为定!"觉道连赢三盘,一凡道:"贫道认输,从今日始,东岳庙就归高僧所有。"

从此,觉道就住在东岳庙。觉道老和尚按道教寺庙建造了中殿(供财神)、后殿(供云霄、彩霄、碧霄三霄娘娘),修东廊房5间、西廊房3间。所以后人又称东岳庙为"娘娘庙"。

明清宁锦大战,东岳庙毁于兵火,清顺治十七年(1660)重修,20世纪50年代后,东岳庙曾两度办过庙会。现古建筑已全部被拆除。

龙王庙

锦州龙王庙在古城广顺门（西门）外，原有山门1楹，前殿3楹，后殿3楹，东廊房3楹。山门原有两尊巡海夜叉泥像。雍正三年（1725），小凌河泛滥，山门被冲毁，泥像被淹没。龙王庙前殿塑有龙王像，后殿有水神塑像。

龙王庙肇建于明成化五年（1469）。巡按辽东御史兼提督学政宋鉴鉴于小凌河岁岁泛滥，倡修锦州龙王庙。

从此锦州黎民百姓逢旱必在龙王庙求雨，逢河水泛滥必求龙王保佑两岸平安。

清乾隆六年（1741），锦州知府张景苍号召锦州的黎民百姓募捐，重修龙王庙。一法号为印心的高僧得知这个消息后，拜见了知府，说明自己愿用平生积攒的钱，重修庙宇，请免百姓之捐。此举深得百姓的颂戴。印心和尚画得一手好画，龙王庙前殿、后殿、山门的壁画，就是出自其手。他晚年仍经常把自己的积蓄施舍给灾民，因此当地百姓对他非常爱戴。印心和尚圆寂后，百姓为他在龙王庙后修了一座和尚观。

龙王庙现仍存大殿两层。其最后一位住持是沙启和尚。

西关关帝庙

西关关帝庙，坐落在锦州古城广顺门外旧街，紧倚小凌河堤，与绿柳桃花为伴。庙之西为"周忠武祠"。自古以来，此庙就是锦州风景名胜。

西关关帝庙，始建于明成化十二年（1476），有明缪天成碑记录此事。后楼有明天启七年（1627）铁磬为证。民间多以关羽为神，况锦州为边境要冲，襟山带水，百姓筑庙安公，以为一方之保障。此庙于弘治十七年（1504）扩建，于万历二十四年（1593）、三十六年（1608）、三十九年（1611）三次重修，清康熙初及雍正五年（1727）再修。乾隆十年（1745年），小凌河建堤，同时维修关帝庙，知府金文淳等人作有碑记。此后，嘉庆九年（1804）、嘉庆二十五年（1820）、道光二十三年（1843）、光绪十二年（1886）关帝庙又经多次重修。

西关关帝庙为两进院。第一进院有前殿3楹，并有清朝咸丰皇帝"御笔"所书"万世人极"的匾额。前殿有抱厦3楹，为小式大木硬山式建筑。前殿另有山门殿3楹，两侧各有耳房3楹。第二进院以大殿为主，建筑如阁楼，位于高大的石台之上，上下皆奉"关帝圣君"。楼前建坊，高10米，上题"神武灵佑"。楼坊之间有巨碑数甬。殿的东西各有禅房3楹，另有东廊5楹、山门1楹、戏楼1座。

锦州人习惯称西关关帝庙为老爷楼，邑人在重阳节登高时，多会于此。此楼西临凌水，远眺青山，柳荫长堤，桥通彼岸，襟山带水，远青近碧。闻名遐迩的锦州八景之一"虹螺晚照"就可在此楼上独饱眼福。

明清以来，英烈、名士亦多聚于此。明末诸将孙承宗、袁崇焕、熊廷弼督师锦州时，都曾留下壮烈词句。吴三桂亦曾来此点将阅兵。"九一八"事变后，张学良将东北政府迁至锦州，他登上此楼，宣誓抗日，愿效先烈，收复山河。

文庙

文庙坐落在锦州城内北街牌楼架子胡同内。据《锦县县志》记载，文庙建于明代。

文庙的建筑以大成殿为中心，有房12间。殿内用大小红色木牌位供奉孔子和四配十哲七十二贤。四配是孟轲、颜渊、曾参、孔汲；十哲是闵子骞、冉伯牛、仲弓、宰我、端木赐、冉有、季路、言偃、卜商、原宪。除孔汲、孟轲以外，都是孔子的弟子。殿内还有乾隆、嘉庆、道光时留下的匾额。大成殿东西庑各5间，其中也设木牌位供奉历代名儒和名人百余位。大成殿东跨院有崇圣祠。崇圣祠有正殿3间，祀孔子先人木金父、孔父嘉、叔梁纥等。大成殿东院是明伦堂，有正房9间，是召集地方科甲举人的场所，类似一个会堂。明伦堂东面有尊经阁。大成殿后院是节孝祠，内供孝子、节妇木牌数十个，都是锦州当地历朝的节孝之人，死后由地方公议入祠。文庙外院东有名宦先贤祠1间，供锦州地方名人3位。文庙西侧是训导衙门，有正房5间，厢房3间，前厅5间。大成殿前有百余株古松，高约10米，枝繁叶茂，盘结如棚，据传已三四百年了。

文庙大门外东西两侧各有高约 2 米的"下马碑"一块，上刻"文武官员军民人等至此下马"。此碑表现出世人对孔子的恭仰。文庙正门前一水池，上有砖桥正对庙门。庙正门不开，正门东、西、南三面绕以围墙遮挡，众人出入皆走东面旁门。据说，只有本地中状元者拜庙时才能将围墙拆除，露出池桥和正门，之后，正门方可长久打开。可惜锦州在明、清两代皆未出过狀元，所以文庙正门未曾被打开过。

文庙于清初翻修，由锦县学官管理，不招僧道，每年修缮、祭祀等费用由当地政府划拨。20 世纪初文庙由劝学所管理，1929 年尊经阁改为锦县图书馆，新中国成立后，这里被改为公立学校。

周将军庙

锦州古城广顺门外，西关关帝庙院内西南角有一周将军庙，又名周公祠，是明末山西守将周遇吉的专祠。

周将军庙有一两层大殿，1 间山门，无配殿、钟鼓楼等建筑。前殿面阔 3 间 11 米，进深 2 间 8.4 米。后殿面阔 3 间 11 米，进深 2 间 8 米。前殿正中塑周将军戎装正坐像，旁塑两个武将侍立像。后殿的神台上塑有三像，中为周母端坐，右塑周将军像，左塑周妻像，皆侍立，便服。台下两旁，东塑一老汉，苍颜白须，西塑一女侍，中年形貌，手捧茶盘。后殿有对联："豹死尚留皮，愿芸史永垂名将传；鹤归应有语，看梓乡蔚起国民兵。"前后殿皆有壁画，绘有周将军由出生到战死一生经历。周遇吉为猎户出身，入军为参将。明崇祯九年（1636）京师被围，周将军率兵营救，力战解围。其因有功，屡次被擢升，曾官至左都督、太子少保。周将军与当权的太监不和，于崇祯十五年（1642）出任山西总兵，驻守宁武关，次年战死。周将军故后，南明福王朱由崧，于弘光元年（1645）下诏悼谥"忠武"，列祀旌忠祠。

周将军庙为明末所建，至今已有 300 余年的历史。周遇吉是锦州城南松山附近周家洼子人，故死后在锦州建祠。乾隆九年（1744），有知府金文淳撰文记其事。道光五年（1825），朱自裕又重书石碑。道光二十三年

（1843）重修周公祠。1914 年，陆军 56 旅 110 团捐资，将周遇吉行事绘图于周祠壁上，升庆格撰序刻碑于殿内。

周将军庙没有庙会。每年九月九日重阳节，邑中人有到关帝楼登高的风俗，此时周祠两殿的前后门也将敞开，供人参观。参观周祠的人，多数是为壁画而来，每年的这一天由清晨到午后来者络绎不绝。

真武庙

锦州真武庙，俗称上帝庙，位于锦州古城宁远门（东门）外高台上，肇建于清顺治十年（1653）。

真武庙有山门 1 楹，大殿 3 楹，东西各有 1 小便门，平时寺内僧人只走东便门。大殿正中塑玄天上帝（又称真武大帝、荡魔天尊），东塑天关太玄火精、命阴将军赤灵尊神，西塑地轴太玄水精、育阳将军黑灵尊神。两旁各塑 4 尊天将。东耳房 4 间，供僧人居住，东厢房 7 间，曾租给百姓居住。

圆通法师撰写的《锦州古刹》中记载："真武庙高台，宁锦大战时，努尔哈赤曾在高台驻扎，并几次化险为夷，范文程奏曰：'陛下，此乃北方之神的神力啊！'努尔哈赤问：'北方之神是谁？'范文程曰：'玄武乃是北方之神。'努尔哈赤道：'吾若取得大明江山，定在此为玄武肇建庙宇。'天命十一年，努尔哈赤驾崩，范文程嘱其子：'老罕王曾有言在锦州肇建玄武庙，今老罕王归天，此任只好落在吾范家了。'范文程之子范翊倾家之资于顺治十年肇建了这座真武庙。"真武庙山门上有范翊书写的"真武庙"三个字。这座庙宇有一甬满汉合璧的古碑。碑文是范翊撰写的，吴文广（范文成的弟子、著名书法家）书丹。这是锦州地区唯一的满汉文字合写的碑文，对研究清史和锦州地方史及辽西宗教史均有很高的价值。此碑于 20 世纪 60 年代末毁没。

真武庙是锦州最早的比丘尼庙。范翊修完真武庙，其女范妙簏便在真武庙出家，法号妙慈，她是锦州历史上第一位比丘尼。被章太炎誉为"辽西真才女，京东一菩提"的李玉官也曾在真武庙度过了她的晚年。著名的比丘尼逝波法师、通圆法师、印久法师也都曾在此庙居住过。

药王庙

在锦州古城广顺门外,有一座造型庄重、工艺精美的庙宇,这就是药王庙。

药王庙肇建于清顺治十六年(1659)。清康熙五十四年(1715),锦州知府马钟华患伤寒病久治不愈,药王庙住持和尚山慧只用三剂中药就把马知府的病给治好了。马知府病愈后,给药王庙增修了3楹牌楼,亲笔书写了"功盖天地,妙手回春"等24个大字。道光四年(1824),知府福忠呐重修药王庙,府学教授张朋来撰写了碑文。咸丰六年(1856),知府多隆武重修药王庙,淮海兵备道本郡人赵廷熙刻碑记其事。

药王庙的建筑非常精美、完整,全庙为四合院建筑形式,有正殿3间,东西配殿各3间,东西廊房各3间,牌楼3间,山门3间。正殿面阔3间,大木建筑,硬山式,五脊顶,前有廊檐。其构架是前后抱头五架梁,面阔3间11米,进深2间7米,前廊檐宽1米。殿内各间皆设一佛龛,正中为唐代的药物学家、名医孙思邈的像。东西配殿各3间,为大木大式建筑,硬山式,五脊顶,面阔3间11.2米,进深2间宽6米,廊檐宽1.2米。其木架结构为五架梁。药王庙靠山门有牌楼1座,制作精巧。牌楼作四柱,一高二低形式,顶为悬山五脊。檐部为九踩斗拱。牌楼正中匾刻"龙宫仙室"四字,西次间匾刻"术重千秋"四字,东次间匾刻"功高千秋"四字。在牌坊之前,有山门殿3间,为大式大木硬山五脊建筑。殿前有月台,东西长14米,南北宽2.4米,前有御道,踏垛的两侧及月台周围皆设有石雕栏杆。踏垛前还有石狮子两个。山门殿面阔3间10米,进深2间4.4米,用五架梁,平板枋上有五踩斗拱。山门两侧各有角门1座。

药王庙正殿斗拱雕饰非常华丽,工艺极其精巧。除斗拱外,在额枋上、垫板上、柱头上、雀替上皆有透雕木刻,并装彩,图案设计和雕镂琢磨的木刻都是工艺美术的上品之作。东西配殿鸱尾和各种走兽制作也很精巧。特别值得一提的是,殿内供有清代雕塑的唐代药物学家、名医孙思邈的塑像。中为药王孙思邈,左右各一站童,一人手捧药匣,一人手捧药书,形象逼真,栩栩如生。药王庙的建筑艺术美,为古今称道。

中华人民共和国成立以前，此庙每年四月二十八日有庙会，彼时山门大开，烧香上供者络绎不绝。

三皇庙

三皇庙，位于锦州古城内南街西隅，有正殿3楹，内塑天皇、地皇、人皇（即伏羲、神农、轩辕）；前殿1楹，塑龙王；山门1楹。此庙建于清康熙八年（1669），锦县知县郭茂泰撰写了《三皇庙碑记》。

锦州第一任佛教协会会长圆通法师撰写的《锦州古刹》一书中记载，锦县知县郭茂泰曾为一桩九人命案一筹莫展，每日早晚必到南街西隅柳林散步，常见三位鹤发童颜的老者对弈，言谈举止颇有仙风道骨。一日一位老者对郭茂泰说："大人，案中有案，案外有案。最关注此案之人不是元凶，必是主犯！大人从这九人命案中可推断出案犯。"郭茂泰大惊，赶忙深深施礼，问："老先生怎知下官身份？又怎知下官为这九人命案惆怅？"老者微微一笑不再作答。郭茂泰回到县衙，细细推敲此案，果见端倪，终于破了此案。之后，他又来到柳林，却始终不见三位老者，经打听，方知此处曾有一座三皇庙，因年久失修，已湮没多年。郭茂泰觉得此事蹊跷，便和知府宋之铉提及此事。宋之铉道："郭知县何不重新肇建一座三皇庙呢？"郭茂泰顿开茅塞，重建三皇庙，并撰写了《三皇庙碑记》，记叙了重建三皇庙的始末。

300多年中，三皇庙出了几位大德高僧。开山祖师茗戒法师，不仅佛学造诣极深，而且精通中医，百姓称他为药王爷。妙严法师棋艺精湛，可同时与五人对弈。福果老和尚是知名画僧，锦州许多寺庙壁画出自其手。善昌老和尚的书法非常有名，河北苍严山上至今还存有他的墨宝。

西海口真武庙

碧波荡漾的渤海，世世代代养育着勤劳智慧的中华儿女。真武庙就坐落在距锦州35公里的渤海北岸——天桥镇西海口村西南角的小土山上，是当时锦州地区24座大庙之一。

据说，由于当时受各方面条件的限制，经常出海作业的渔民们，常遇难身亡。而在西海口村西南小土山的南山脚下，有一天然形成的石柱，高 6.5 米。从海中遥望，它恰似一把立状砍刀，人们称之为"砍刀石"，传说这是真武大帝投下的降妖免灾的镇海之宝。乾隆年间，渔民们为了出海安全，自发地组织起来，修建了这座真武庙。

真武庙坐南面北，由 1 间正殿和东西各 3 间配殿组成，均系砖石结构。正殿也称真武大殿。殿中间有檀香木雕刻的涂金真武大帝像一尊，高 2 米，面上两绺黑胡，身披多层彩色佛袍，左脚踩蛇，右脚踏龟，栩栩如生。大殿的墙壁上绘有真武大帝身世彩画。真武大帝像的上方刻有 3 层透雕配额木帘，龙飞云漫，精彩异常。大殿正门上方悬挂"真武大帝"金字横匾。整个佛殿精雕彩绘，巧夺天工。

每年正月十五，为真武大帝下山巡察安抚百姓的日子。这天的一大早，四五十名轿夫便抬着早已准备好的特制大轿，到大殿接请真武神像。抬神像的大轿所到之处，锣鼓喧天，鞭炮齐鸣，男女老少在庭院门前摆满香供，叩首相迎，祈求神灵保佑，吉祥平安。

到了晚上，真武大帝又被抬到对面老会山的娘娘庙，宿于娘娘宫内。这样早出巡、晚归宿的真武大帝，一直巡察到正月二十，方在一片锣鼓声中回到真武大殿。

真武庙毁于 20 世纪 50 年代初。

普同塔

普同塔是地藏寺内的建筑，坐落在锦州古城东门外（现在的古塔区阜康街 169 号院内）。

普同塔修建于清康熙三十五年（1696）。为了纪念前代地藏寺高僧普同老和尚，在锦州知府陶锟、城守尉齐霸汉、知县郭茂泰等人的倡议下，郡人陈杰新等慷慨捐资修建普同塔。

普同塔高 10 米，顶做螺旋形，上圆下方，上层中空处有"接引"佛像，下有铁门，内设六角僧龛，白地青字书"开化曹溪大鉴能祖莲花座"，外面嵌一石额刻有"普同塔"三字。光绪十一年（1885 年）重修地藏寺时又加固了普同塔。普同塔于 1920 年 7 月 15 日雷雨后倒塌。

第二节 北镇市古刹塔窟

青岩寺

著名的佛教圣地青岩寺，位于北镇市常兴店镇境内，医巫闾山南麓，景区面积12000平方米。因其上院背靠的石壁深青如黛，阶前的陡涧遍染青苔，洞中佛像"歪脖老母"亦为青色石料雕成，故得名青岩寺。青岩寺1986年被辽宁省人民政府批准为宗教活动场所。这里是集宗教与旅游为一体的著名风景区，自然风光与人文景观交相辉映，"八景十二奇观"蔚为壮观。青岩寺由上院、中院、下院及文殊院（古称魁星阁）、娘娘殿、药师殿、财神殿、圣水殿、观音殿等组成，现有自然景观70余处，大型庙宇10座。

青岩寺始建于北魏，盛于中唐，距今已有1500多年的历史。

青岩寺北魏时期的观世音青石造像

据梁任公《中国佛法兴衰沿革说略》和圆通法师《锦州古刹》记载，唐文宗大和元年（827），在医巫闾山原青岩寺旧址基础上，建起佛教寺庙——万古千秋寺（即今天的青岩寺）。又据《中国梵语大词典》记载，唐时，渤海国僧人释贞素始建万古千秋寺。此与上文引用资料相符。又载，大和四年（830），大将李希贲叛唐后，于此剃度出家为僧。辽末金初，因佛教受排斥，名僧释法印隐于万古千秋寺。《全辽志》中记载，元代早有青岩寺之名。据《重修青岩寺碑记》记载，明正德十一年（1516）、万历十四年（1586）、崇祯八年（1635），及清康熙四年（1665）、乾隆十八年（1753）、嘉庆三年（1798）该寺曾多次重修。青岩寺建筑幽奇别致，雄伟壮观，地理位置险要，与四周层峦叠嶂、古木幽林掩映成趣，香火极盛。其中上院的歪脖老母灵验异常，吸引着华夏九州、五湖四海的游客。每年二月十九、六月十九、九月十九，分别为歪脖老母的诞辰日、成佛日、出家日。此期间传统庙会吸引游客可达数百万人。尤其是二月十九的庙会，前来祈福、降香、请愿、还愿的善男信女摩肩接踵、络绎不绝。

1948年，这里的宗教活动停止。1960年，下院的大殿和东厢房被烧毁，之后西厢房和8间正房被拆除。"文革"期间，上下两院的所有建筑尽遭破坏，歪脖老母石像也被推到山下摔碎。1985年，青岩寺被辽宁省人民政府批准为佛教活动场所，常兴店镇的善男信女将庙宇陆续恢复。2002年1月3日，政府大力发展旅游事业，紧紧围绕构筑大旅游格局这一宏伟目标，坚持发展是执政兴国的第一要务，带领常兴店镇人民埋头苦干，在短短几年的时间内，青岩寺的旅游事业有了一个飞跃式的发展。青岩寺景区已经成为中国规模最大的佛教道场，旅游直接收入超亿元，年接待游客200万人次。

从青岩寺正门到上院，共1766米，有1135级台阶，经过圣水院、恋人松、下院、财神殿、罗汉山、药师殿、娘娘殿、中院、抱曲关、九道弯、上院、文殊院等十几处佛殿和景点。

圣水院

游客所到的第一个佛殿叫圣水院，因院内有圣水而得名，泉水从石缝中涌出，甘洌爽口。1997年经沈阳综合岩矿测试中心检测，此水为偏硅酸矿泉水，各项指标均达到国家标准。为保护泉水清洁，青岩寺于此建院锁井，用水管导泉水于滴水观音净瓶中，便于游客祈求饮用。

圣水院左临小溪，右倚崇山，背靠上院。院中建有滴水观音殿，中央供奉着手持净水瓶的滴水观音，左侧是大智文殊菩萨，右侧是大行普贤菩萨。圣水院左配殿为护法堂，供奉的是保家仙胡大太爷、大太奶，胡二太爷、二太奶、胡三太爷、三太奶。圣水院右配殿为地藏殿，供奉着大愿地藏王菩萨和十殿阎君。圣水院是全国唯一供奉着四大菩萨的寺院，这里不仅可以喝到甘甜的圣水，还是举办超度、吉祥法事的场所。

圣水院后山是露天弥勒佛，高9.9米，通身白色。游人至此，燃一炷兰香，饮一杯圣水，定会赏心悦目，乐趣横生。

下院大雄宝殿

下院大雄宝殿为青岩寺主殿，为重檐歇山式建筑，雕梁画栋，庄严肃穆，气势磅礴。据《中国梵语大词典》记载，唐代渤海国僧人贞素于此建造万古千秋寺，风霜雨雪，几遭劫难。明朝万历四年、清朝光绪十六年都曾重修并扩建。游人现在看到的大雄宝殿于2004年9月10日竣工并于9月19日（农历八月初六）举行开光大典。大雄宝殿内供奉的是三如来。即娑婆世界佛祖释迦牟尼，西方极乐世界教主阿弥陀佛，东方琉璃世界教主药师琉璃光佛，大殿两侧供奉的是十八罗汉。"大雄宝殿"对面是"天王殿""钟楼""鼓楼"。天王殿内供奉着弥勒佛，风调雨顺四大天王和韦驮，每天晨钟暮鼓，佛号声声。

下院西侧是汉白玉浮雕"歪脖老母传说"，北面是原中国佛教协会会长赵朴初先生亲笔书写的《般若波罗蜜多心经》。

罗汉山

穿过垂花门，眼前一座山峰突兀而立。整个山峰犹如块块巨石垒成，错落有致，或高或低，或大或小。细心者仔细端详，那块块巨石如同尊尊罗汉立于青峰之上，有的盘腿打坐，有的眺望远方，有的面壁诵经，千姿百态，迥异不同。

相传，当年观音菩萨选中青岩寺为道场，山中群魔认为末日来临，就兴风作乱，危害百姓，观音菩萨请来十八罗汉降妖除怪。十八罗汉各显神通，将危害一方的群魔压在山下。为保一方平安，观音菩萨点化十八罗汉化作罗汉山，镇守上山要路，使魑魅魍魉不敢近前。后人在半山腰的两尊石罗汉上镌刻了"罗汉山"三个大字，在"补天石"上刻了"朝阳丹石"四字。2003年秋，为使罗汉山更为名副其实，青岩寺投巨资于此山修建"神州第一吉祥白象"和"神州第一五百罗汉坡"。

观音殿

观音殿坐落于罗汉山上，殿中供奉着净瓶观音，即飞来佛。飞来佛为紫铜雕像，是大明宣德年间制品，造型美观，神态超然入化。

财神殿

财神殿中供奉着武财神关羽、文财神比干。关羽在佛教中是伽蓝菩萨，在道教中是武财神，在文儒教眼中则是武圣人。他集三教于一身，具有司命禄、佑科举、招财进宝、巡察冥司、诛伐叛道、驱邪避恶等法力，为总掌天下的武财神；他讲忠诚、信义，为人正直、无私，是商贾的保护神。文财神比干为人耿直忠正，无心无向，广散财宝，办事公道。

药师佛殿

药师佛殿为五开间单檐五踩重昂斗拱周围廊歇山式建筑，供奉着号称东方三圣的药师佛、日光菩萨、月光菩萨和我国古代十大名医。药师佛全称药师琉璃光如来，又称医王善士等。在佛教中是东方琉璃世界的教主。他曾发下十二条大愿：能拔除一切众生的生死、苦恼、重病，照度三有黑暗，令身心安乐，使众生解除劫贼横难，使饥渴众生得上食，使贫乏无衣食者得衣食等，度一切苦难。他不仅能医治身体病痛，也医治智慧、悲心俱不圆满的心灵。药师佛左手持钵，盛装三界苦难；右手持药丸，医天下众生病。故此，信士们认为他能使众生离苦得乐，去忧解难，消灾延寿，所以，又称念他为消灾延寿药师佛。

药师殿内两侧供奉着我国古代十大名医：扁鹊、张仲景、华佗、皇甫谧、葛洪、孙思邈、钱乙、朱震亨、李时珍、叶天士。

娘娘殿

娘娘殿中供奉着眼光娘娘、耳宫娘娘、送子娘娘，均为观世音菩萨化身。民间对三位娘娘极为崇拜，认为她们能化人间不可化之事，解人间不可解之难。

中院进香殿

青岩寺的中院进香殿，于2005年秋动工修建，2006年6月18日举行开光大典，为五开间四组十异角五踩重昂斗拱前廊歇山式建筑，供奉着十一面千手千眼观音。十一面代表满足十地十波罗蜜的菩萨境界，证得第十一地的妙觉位。千手代表无量圆满，千眼代表应物化时，观察根机种智圆满无碍，利益安乐一切众生。千手遍护众生，千眼遍观世界。众生朝拜可得到消灾、增益、敬爱、降伏四种成就。这里还是香客拜老母上香之处，当您于中院举目北望，老母洞即在上头。凡是朝拜老母者须在此燃一炷悠悠兰香，寄一份虔诚心愿。进香殿还供奉着大慈大悲杨柳枝观音。

青岩禅寺上院

青岩寺始建于北魏，盛于中唐，距今已有1500多年历史。青岩寺石异、松奇、峰险、洞幽。特别是上院的"歪脖老母"，人们赋予她许多美丽动人的传说，寄予着许多美好善良的愿望。据中科院副院长刘吉先生说，歪脖老母造型独特，是"世界唯一，中国仅有"的一尊佛像。

穿过山门，沿阶而下，一片神奇的天地展现在游客面前。在数百米的悬崖绝壁间，有一条天然台阶，其边缘依山势筑有蜿蜒砖墙，扶墙下望，深渊炫目，群岭如烟，这里就是闻名天下的青岩寺上院。院内清泉垂瀑，雾绕云封，水帘壁旁有一天然石洞，洞深丈许，洞内莲花台上端坐着一尊神态超然入化、天下唯一的青石佛像——歪脖老母即观音菩萨。每年的二月十九、六月十九和九月十九庙会，以及春节、5月1日、10月1日、双休日、青岩寺诸佛节令，这里便人如潮涌，游客络绎不绝。人们把歪脖老母看作是吉祥如意、救苦救难的象征，并赋予她许多美丽的传说。

上院中苍松掩映，泉水叮咚。雨过天晴，山壑间清风迷雾，岚气蒸腾，直锁青峰。岩壁间有一奇泉，冲破淡雾轻烟，飞流直下，霞光闪耀，色彩绚丽，晶莹剔透，如珠似玉。水帘直泻龙饮涧中，流经崖壁，轰雷喷雪般地飞向山下。

青岩寺上院老母洞，是座天然古洞，俗称"老母洞"。洞中莲花台上供奉着歪脖老母。据《东北古迹轶闻》记载："南海落潮现出一尊青石佛像，人们请至青岩山云中古洞，及门不能入，有戏之者曰：老佛若一歪脖则可入。言已，见佛像之颈即歪，群工人从容移入。置诸莲花台上，吃惊老佛显灵，皆肃然起敬而出，忘请老佛正脖，故至今尚歪。"据考证，歪脖老母为自在观音，但世界上所有的自在观音没有歪脖的，只有青岩寺这一尊。因此，千百年来青岩寺香火鼎盛，特别是近几年来，更是游人如织，来此祈求吉祥如意、平安顺利、祛病强身、金榜题名者络绎不绝。

那么，有人会问，既然是观音菩萨，又是自在观音，为什么叫"老母"呢？人类最敬仰、最爱戴、最可亲、最呵护子女的人是谁？就是母亲。人们把观音菩萨比做母亲，寄寓了她大慈大悲、有求必应的美好愿望。

出于对歪脖老母的敬仰，历代都有善士重修、扩建青岩寺。现在青岩寺上院老母洞已旧貌换新颜。新颖别致的垂花门把千年古洞装点得庄严、肃穆。高大雄伟的半壁楼凌空半挂，宽阔的悬挑式平台，直插云端，令人心旷神怡。

文殊院

文殊院为七踩斗拱十二角叠摞式建筑，供奉着大智文殊菩萨。文殊菩萨全称文殊师利，意为"妙德""妙吉祥"。佛教认为文殊菩萨智慧第一，辩才第一，学问深广，被称为"大智"。人们把文殊菩萨看作是智慧的象征，莘莘学子朝拜文殊菩萨，认为可提高智力，名著金榜，实现自己的愿望。殿内塑有仓颉、孔子、老子、孙子、李斯、司马迁、蔡琰、王羲之、祖冲之、孙思邈、吴道子、李白、苏轼、李清照、耶律楚材、关汉卿、徐霞客、曹雪芹十八位圣古先贤，代表着政治、经济、科学技术、文学艺术、医药卫生、历史地理、戏曲诗词等不同领域的成就。

青岩寺文殊院

闾山大观音阁

  闾山大观音阁,简称大阁。位于医巫闾山北部景区的东侧,距北镇古城六公里,始建于辽代,明初称清安寺,后称观音阁,清咸丰年间,为了区别于白云关上的观音阁,遂改称大观音阁,俗名大阁。大阁周围景点繁多,著名的有三十八景,是医巫闾山的主要游览区。古人称颂大闾景区是"奇峰插云,阴水崖悬,右拥层峦,左观溟海,勒石旧迹,多有可观"(《图书集成·职方典》一百七十七卷)。"望其佳气,郁郁葱葱,上插霄汉,下瞰蓬瀛,悬瀑飞流,乔桥盘蔚。"(清康熙皇帝祭《北镇庙碑文》)清代人孙成《望观音阁诗》别开生面:"特起如端笏,前峰豆眼青;山形飞欲去,云气驶还停。杰阁涉难即,空岩若可听;且将登眺意,留作未曾经"。清代江苏诗人沈荃也有诗曰:"山阁履层架石梁,洞口处处瀑飞凉;攀萝直上三千尺,鸟语花香白昼长。"著名的大阁八景道隐谷、圣水盆、旷观亭、吕公岩、桃花洞、望海寺、云巢松、南天门都在这一带。

  来到医巫闾山观音阁脚下,仰望绮丽多姿的山景,苍松翠柏,奇峰怪石，幽谷溪流，与山间庙宇亭台，浑然一体，自远可观，恰似一幅彩色绚丽的风景图画。

嘉庆御笔诗碑

大石棚前东部，是一个四角亭，长宽各 3 米。亭外有一青石碑，上刻《瞻秀亭记》，碑为长方形，两面楷书，两面草体，年代无考。亭内有一座长 1.6 米，高 2.5 米的石碑，上刻有清嘉庆皇帝于 1805 年仲秋，来游医巫闾山所写《观音阁歌》一首："寻幽重向云中岫，搅辔饱看峰峦秀。崖回溪复径逾深，细泉溅石清音漱。遂登层阁礼大慈，应感原从自心构。忆曾癸卯致瓣香，虔祝皇躬介眉寿。吁嗟此志竟成虚，惟愿苍生沐绥佑。名山小别廿二秋，境遇更新景依旧。"侧身石南，西侧嵌有道光皇帝《观音阁歌》石碑一块，是道光皇帝依其父元韵而写。此碑对侧石壁上刻有道光所书的"气象万千"四个大字。文人墨客来此，都在碑石前细细品味一番。

《圣水盆》诗御笔碑

乾隆皇帝到医巫闾山巡游见到大石棚顶部悬崖飞来一股泉水，像一条白涟，直注入石盆内，水珠飞溅，银光闪烁，顿觉神清气爽，凝视良久，不由得啧啧赞叹：真是医巫闾山一宝啊！后来他又梦一仙女在圣水盆内沐浴，醒后便诗兴大发，遂写下一首七言绝句，又题写"圣水盆"三个字。后人将御书"圣水盆"及《圣水盆》诗刻于石壁上，以作纪念。

乾隆《圣水盆》诗御笔碑

道光《观音阁歌》及气象万千摩崖

道光皇帝于1829年九月十日与诸王、大臣来医巫闾山游览,这是他第一次来医巫闾山。道光皇帝从大阁顺山路而下,对所有景观一一观赏浏览,被闾山佳景所陶醉,他立即索取纸笔,乘兴写一幅横联"气象万千"。后广宁地方官员将这四个大字刻凿于大石棚东侧的虎头石壁上,成为医巫闾山一景,道光皇帝还曾吟咏《观音阁歌》一首,抒发观山的情怀。

大观音阁寺庙

大观音阁寺庙始建于辽代,明代时改为清安寺,清代又改为观音阁。医巫闾山风景区的核心大观音阁景区就是因这庙的名字得来的。此庙是辽宁省人民政府批准的宗教活动场所,清虚禅境,吸引了大批僧人、居士、信士、游人到这里谒佛进香。此庙宇占地1000多平方米,建筑面积400平方米,有五重大殿,共10间,属硬山式小木架结构建筑。正殿为大雄宝殿。"大雄"是对释迦牟尼的尊称,意为"勇往直前,英勇无畏"。此殿有5尊佛像:释迦牟尼、观世音、地藏王、伽蓝菩萨、达摩尊者。

观音阁位于广宁城西6公里的医巫闾山风景区,即道隐谷东侧海拔196米的山腰台地上,东距旷观亭30米,南距崖下观艺亭60米,西距道隐谷90米,北依吕公岩,是医巫闾山八大风景之一。

观音阁坐北朝南,为四合院式的建筑群。其原有天王殿3间,大雄宝殿2间、东禅堂3间、西客堂4间、东配殿3间、西配殿5间、角门3个。现观音阁有建筑21间,其主体建筑分布在由南至北的中轴线上,附属建筑则分布在主体建筑两侧,由南向北依次排列。

天王殿,又称前殿,为硬山式建筑,面阔3间,10.6米,进深3间,8.13米。殿内明间中部有弥勒和韦驮泥塑像两尊,东西两侧有东方持国天王、南方增长天王、西方广目天王和北方多闻天王泥塑像4尊,殿明间门额上悬挂匾额一块,上书"观音阁"三个大字。殿前12.24米处砌有一道防护墙。殿东、西两侧围墙中部各有一垂花柱式角门。角门东西两侧后有钟楼、鼓楼。

大雄宝殿为正殿,位于天王殿后11.1米的月台之上。面阔3间,8.65

米，进深 3 间，8.6 米，为硬山式建筑，明间门额上悬挂有木制牌匾一块，上书"大雄宝殿"四个大字。殿内设有 3 个佛龛，龛内有释迦牟尼及弟子迦叶等泥塑像 11 尊。东、西两面壁上彩绘有以佛出生故事为题材的壁画。殿前有一平台，东西长 8.8 米，南北宽 2.75 米，高 0.5 米，平台三面设有台阶，殿前东、西侧各建有配殿 3 间，形制相同，左右对称，均为硬山式建筑，面阔 3 间，9.35 米，进深 3 间，6.4 米。明间宽 3.05 米，两次间宽 2.95 米。西侧僧房面阔 3 间，10.5 米，进深 3 间，6.4 米。僧房的外侧各建有一囤顶式耳房，面阔 1 间，2.75 米，进深 3 间，6.4 米。大雄宝殿整体建筑保存完好。

观音阁始建于金代，初称清安寺，明嘉靖年间（1522～1566 年）重修后，改称观音阁，清代沿用之。庙宇于清乾隆年间及 20 世纪初经多次重修或维修。

中华人民共和国成立后，国家十分重视对文物的保护和管理工作，多次拨款维修观音阁。1954 年 8 月，北镇市人民政府列其为第一批文物保护单位之一。1965 年文物保管所负责观音阁的管理工作，观音阁得到了很好的保护。1967 年，东西配殿被拆除，天王殿内的泥塑神像被损毁，观音阁遭到了严重破坏。1975 年 11 月，北镇县文化馆文物组重修观音阁。1980 年 1 月，北镇县文物保管所恢复，观音阁归其管理。1984 年，医巫闾山风景区管理处成立后，对观音阁进行了大规模的维修，恢复了观音阁的东西配殿，将原西配殿 5 间改为 3 间。1985 年，医巫闾山大阁、玉泉寺、大朝阳沟等风景区被划定为省级风景名胜区，观音阁划入风景名胜区之列。同年 12 月 25 日，北镇县人民政府撤销景区管理处，成立了北镇县风景区管理局，观音阁划归风景区管理局开发管理。1986 年，风景区管理局修复了观音阁天王殿内的泥塑像。

望海寺

望海寺在桃花洞东侧，是一座突起的山峰，峰顶修有瞭望台，是明长城的一座关隘，名"白云关"，建于辽代，其砖瓦、柱石、遗址尚存。明长城从西北部山峦修筑到此，再向东北山岭延伸。白云关依山垒石，工程十分艰巨。它居高临下，四面绝壁，地势险要，真有"一夫当关，万夫莫开"之势。

闾山望海寺

　　白云关北面是一悬空巨石，上刻"壁立万仞"及"闾山第一石"，均系明嘉靖十七年（1538）辽东总兵官右都督马永所题。从谷地登石磴而上，就是用花岗岩石块砌成的白云关。过石门盘旋而进，经代屏石可登上观音洞，洞里有一尊泥塑观世音像，后附鳌山，又称"望海观音洞"，此处原是登瞭望台的入口。洞前有一平台，站在台前，脚下是无边树海，大阁全景一览无余，人们便有悬岩腾空之感。每当清晨时分，从此台可远观渤海，故此台名曰望海寺。

　　古时，观音洞两侧有软梯，顺软梯可登上望海寺，即明长城白云关的瞭望台。台长6米，宽4米，原有瞭望亭，从遗址可测出原亭长4米，宽3米。东南两面墙壁上尚有瞭望口，现软梯已不存，只可从观音洞北侧攀石爬行，过"燕子翻身"，方可登上瞭望台，但其状之险，令人瞠目。站在瞭望台上，遥望百里河山，确有"人间天上"之感。此乃医巫闾山的独特风光，雄奇壮观，令人惊叹！

玉泉寺

　　玉泉寺位于闾山景区西部山中，与大观音阁相距2公里。游客可由南天门山下往西，沿山路盘旋西上，乘索道缆车直达。玉泉寺山势险峻，松林幽深，鸟声不绝。行间仰首望去，山幽林郁，白云与苍松翠柏交映间露出一座奇峰，峰下便是玉泉寺。游客也可乘汽车到大朝阳沟口，再顺山路拾阶而上。2015年玉泉寺更名为玉泉观。

玉泉寺建于明代正统年间，硬山式小木架结构，原有庙殿两层，大殿3间，韦驮殿1间，东西配殿4间。殿内有泥塑像19尊。玉泉寺有钟亭一座，内悬清乾隆四十四年（1779）铸造的铁钟一口。庙内有明正统二年（1437）修筑的玉泉寺碑。明万历六年（1587）、清雍正十年（1732）、清乾隆四十六年（1781）重修玉泉寺碑。

玉泉寺周围群山，苍松翠柏，青秀挺拔，林中鸟语，树上蝉鸣，真正是"蝉噪林逾静，鸟鸣山更幽"的恬静景象。明辽东巡抚李辅有登玉泉寺诗："镇目红尘老素颜，偶因松叶叩禅关；烟含翠壁泉声细，僧卧白云潭影间。雨余寒玉飞残湿，天落银河挂半山；钟磬杳然仙子去，夕阳峰外马蹄还。"

鱼泉与玉泉

玉泉寺殿后，山崖下有二泉，一名鱼泉，一名玉泉，又称暖泉。此二泉泉水冬暖夏凉，四时不竭，深不可测，玉泉寺即由此得名。鱼泉西靠山崖，东、南、北三面用花岗岩块围成，泉水冬夏不断，形成天然的鱼池，长15米，宽3米，水清如镜。石壁上刻有"玉泉寺"三字。

青龙戏水

鱼池西部峭壁上刻有一条青龙，旁有石刻达摩坐像。每当东方日出，阳光反照，青龙石刻映于池中，似真龙游动，此景被称为"青龙戏水"。达摩像在池中浮动，有如进入龙潭，甚为奇观。

关公勒马望鱼池

玉泉旁有一关公亭。此亭石壁上浮雕为三国时蜀大将关羽骑马像。关羽身穿甲胄，勒马提刀，回首注视鱼池，一名扛"关"字大旗的小卒，紧随其后，此景被称为"关公勒马望鱼池"。关羽骑马像高4米，马身长3米，人物硕大，形象生动，雕工精巧，充分展现了古代工匠的高超技艺。亭两侧原刻有对联一副，上联是"鱼濯池中，隐约浮沉停赤兔"；下联是"泉生海底，光明活泼照青龙"，横批是"名垂千古"。

玉泉洞

玉泉北侧，石崖中部，有一玉泉洞，其前后都无通路，东侧有一人工石阶，向上攀登二十几级石磴，可进入洞中。洞内有观世音和善财童子、龙女石刻像。洞口平台前有砖石栏墙，可扶栏远眺。远近佳景，一览无遗，令人赏心悦目。"高标北镇，秀耸辽西"摩崖石刻，这八个苍劲俊秀的大字，是由中国佛教协会原会长赵朴初先生于1986年题写。

药王殿

药王殿内塑华夏名医扁鹊、张仲景、华佗、孙思邈神像，两侧墙壁嵌满画像石刻。

相传很久以前，玉泉寺有一"镇山宝壶"，用此壶装玉泉水烧茶，喝一口令人神清气爽。所以，来玉泉寺游人，都以能喝到玉泉玉壶沏出的茶水为乐

玉泉寺药王殿

事。当时，广宁府衙门里有一个爱财如命的黄师爷，外号"黄皮子"。他听说玉泉寺有此宝壶，便想据为己有，于是带着衙役，到玉泉寺借宝壶。住寺僧普瑞和尚一听即明，他急中生智，假意应允，并留其喝茶。普瑞拿出宝壶取下壶盖，叫小和尚打水烧茶。小和尚领会师父的暗示，跑到玉泉井边，将手一松，宝壶掉进井里，普瑞和尚假意着急，小和尚故意放声大哭。黄皮子真着了急，叫人在井里打捞，忙了半天，也没有将宝壶打捞上来。10年后，普瑞和尚搭乘一条渔船去普陀山朝拜观音，渔翁放网时捞出一把水壶，上有"闾山玉泉寺"字样。普瑞一见，忙把壶盖取出，往壶上一盖，正好相合。10年前落到井内，10年后流到渤海。普瑞和尚又带着宝壶重返玉泉寺。人们听说宝壶失而复得，纷纷前来观赏。从此，民间便有了"玉泉通渤海"的传说。

云岩寺

云岩寺位于大芦花风景区上院，医巫闾山中南部，北镇市鲍家乡桃园村境内，素以山势险峻、石耸峰峭闻名于世。大芦花主峰海拔630.1米，整个山峰如同一块巨大灵石直插云霄，气势磅礴。

大芦花风景区历史悠久，景色怡人，自然景观和人文景观星罗棋布，相互交融。这里著名的寺庙有云岩寺、转运寺、关帝庙、药王庙、送子观音殿等，它们跨越了辽、金、元、明、清五个历史时期，见证了大芦花的发展和文明。僧去道来，道去僧来，佛与道在大芦花历史的更迭中不断交替，尽管那清悠的香烟，炼丹的烟尘都已化成过往烟云，而留下的却是一种亘古不变的吉祥福音，一种虔诚无限的顶礼膜拜，一种求得真善美的崇高信仰。医巫闾山龙门派的先师们，在这里修身养性，把这里当作福地洞天。这里有"一夫当关，万夫莫开"的独峰要塞，又有逃遁世事的绝密暗道，这里犹如一座边塞城堡山巅云隙中的鹰巢，可望而不可即，令世人咏叹。下院圆通宝殿供奉着中国最大的铜铸镏金千手千眼观世音坐像，千手遍护众生，千眼遍观世间，世人争先朝拜，香火极其旺盛。自有辽以来，辽太祖耶律阿保机的子孙在这片土地上繁衍生息，把医巫闾划分为头下军州，归属为自己的领地。大芦花云岩寺上院古佛殿内那尊稀世的辽代古佛在官窑的炉火中烧炼，在契丹人的营帐、行宫中供奉，久享皇室香火。尽管契丹人"逐水草而居",他们还是把大芦花当成自己永久的家园,把他们崇拜的佛,留在这片神奇的土地上。这里著名的自然景观有医巫闾山大峡谷、奇巅平顶山、三星对语石等。大芦花风景区不仅具有北方镇山的雄壮,又具有江南峰峦的秀美,春天万树碧绿,青翠欲滴;盛夏绿荫蔽日,溪水潺潺;深秋层林尽染,万山红遍;隆冬银装素裹,如银似玉,是游人观光览胜、寻古探幽、礼佛求愿的绝佳去处。置身此地,美景佳境,令人心旷神怡,流连忘返。在这片充满活力的土地上,大芦花景区正在全面打造全国 AAAA 级旅游区和国家级森林公园,大芦花将成为享誉中华大地的名山、圣山。

圆通宝殿

圆通宝殿,也叫大悲观音殿。这座明代佛殿建筑,是云岩寺东下院,始建于元代,兴盛于明清两代。这座宝殿东西阔为 40.9 米,进身为 30.4 米,高 24.9 米,建筑面积 1243.36 平方米,到目前为止是全国最大的佛殿。殿内供奉的千手观音,是世界最大的铜铸镏金坐像。佛高 14.9 米,神台高 0.9 米,佛像座下的三层莲花盆代表着教界、三色界和色界,这尊千手观音两手胸前合十表示为莲花印,说明佛与众生紧紧相连,每侧各 20 臂,每臂手中有 1 只佛眼,共计是 40 臂,40 只眼睛。因观音菩萨救度 25 种磨难,25 与 40 相乘结果为 1000,所以观音法身佛有 1000 只手臂、1000 只眼睛。这就是千手千眼佛的来历。其所表达的意思是:千臂庄严普护持,千眼光明遍观照,度一切众生有感即应,千眼齐舒大悲无碍。

海云观道士羽化塔

海云观道士羽化塔为清代石质宝塔,高约 7 米,由当地特产的石料花岗岩筑造而成。这种石料石质坚硬、细腻、白而发灰、灰而发绵,给人一种坚固柔和的感觉。这座石塔是由底座、塔身和塔顶三部分组成。塔下部为八角八面,每面刻有八卦图案,代表着道家的玄机与奥妙。塔鼓呈圆形,代表着时代的建筑艺术风格。整座宝塔玲珑剔透,古香古色,精美大方。据碑文记载,这座石塔是清代康熙年间建造。碑文上有《医巫闾山隐士——王公之墓》的字样。依史书记载及有关人士鉴定:王公者乃王良、王栋之父也。王公被称为隐士,其主要原因是他饱经文墨,一世书香,他深感世态炎凉,不愿卷入政治风波，虽有治国之道，才高八斗，却从不显露。他晚年踏足于清闲静地，游遍仙乡佛地，最后就在大芦花度过了 20 年。其子王良、王栋效力于当朝，他曾多次劝阻无效，一气之下就在大芦花定居下来永不回家。又过了多年，王良、王栋因擒盗贼不力，来父亲这里出家脱俗，成了道士。他们后悔当初不听父训，以致有今之祸事。此塔就是王良、王栋为父亲所造立的。

云岩寺始建于元至正年间，清乾隆初年改为海云观，为医巫闾山四大道观之一。海云观建在五峰南的悬崖峭壁之上，坐西朝东，南北长 177 米，东西宽 42 米，占地面积 76434 平方米，分山门、前殿、正殿、后殿、吕祖殿等七层。

20 世纪初的海云观

山门，为石造的大洞券顶式，向南，门前有石狮一对。前殿和后殿位于遗址的南部，坐西朝东。前殿为硬山式，面阔五间 17 米，进深 3 间，8.85 米，上覆青瓦及吻兽，另有格扇门，花格窗，柱高 3.03 米，殿后为正殿。

正殿面阔 5 间，进深 3 间，为硬山式建筑。正殿南北围墙中部分辟一角门。北角门东侧有钟楼1座。殿前有香炉1鼎。

正殿南侧另设有一院落，院内有囤顶式僧房两栋，分别为2间、3间，坐西朝东，东北设一角门，正殿北侧建有二进院落。东院建有囤顶式僧房两栋，前为2间、后为3间，坐北朝南。西院建有囤顶式僧房4间，坐东朝西，东、北两侧围墙中部各设一角门，西院西侧为后殿。

后殿坐北朝南，为硬山式建筑。面阔3间，进深2间，殿西有配殿1间，殿前有囤顶式僧房1间，僧房东南部建有六角亭1座，殿前有重修海云观碑5甬。

后殿后部另设二进院落。东院建有囤顶式僧房两栋，坐西朝东，各为2间和3间，西院建有囤顶式僧房6间，为3栋，分别为1间、3间和2间。吕祖殿建在山的顶部，为硬山式建筑。以上建筑虽已毁，但基址尚存。

明万历十一年（1583）、万历二十五年（1597）、万历三十一年（1603），清同治五年（1866）、光绪十一年（1885）及1920年都曾重修或扩建海云观。1967年"文革"期间庙宇被当地群众拆除。

万历十一年春《重修云岩寺记》碑座（碑身毁于"文革"）

背阴寺

背阴寺是建筑在悬崖峭壁中，坐西向东的庙宇。其遗址中清理出的辽代沟纹砖，可以看出它始建于辽代。整座石础子面积是280平方米，南北长35米，东西平均宽为8米。它的建筑面积为55平方米，这座庙宇阔长10米，进深5.5米，高6.5米。庙宇毁于"文革"时期，今又得以重修，仿明清古建筑而建造。殿内供奉有弥勒佛，整个寺庙建在悬崖绝壁之上，只有一古洞山门与外界相通。在古代军事斗争中，此处也是易守难攻之地，北镇抗日义勇军曾在这里借助山势的险要和日军展开过英勇的战斗。

历史上，这里曾是僧尼出家修行的圣地，每逢春季，这里的山坡上、山路旁到处都盛开着沁人心脾、芳香怡人的野丁香花和杜鹃花，简直就是花儿的海洋。

万历三十九年《重修云岩寺观音阁碑记》碑阳

大朝阳寺

清朝《锦州府志》中孙成编撰的寺庙篇记载："大朝阳寺广宁县城西南十五里，小朝阳寺广宁县城西南十五里。"

坐落在北镇市大朝阳山城院内南山外弥勒峰深处的大朝阳寺是一座千年古刹，它始建于辽太宗时期。传说，辽太子耶律倍让皇位于胞弟耶律德光后，携王妃高美人（高云云）隐居闾山。一日他游至被当地人称为柏树沟的山谷中，见峰头怪石突兀，谷中溪水潺潺，西侧山峰神似观世音菩萨怀抱婴儿从天际飘然降临。耶律倍遂发心愿，招募工匠于谷中建3间庙舍，内供观音像1尊，并时常在此居住。因该地背西北朝东南，故取名朝阳观音殿。

北镇大朝阳寺

传说，明朝万历年间，辽东总兵官李成梁坐衙于北镇广宁府，时逢仲春，携爱妾五夫人进山踏青，因贪恋谷中美景，在朝阳寺侧设帐小住。总兵携夫人至观音殿内进香毕，宿在帐中。其夜夫人梦中见菩萨抱婴儿入帐，投子入怀，即唤醒总兵备述其异。不久五夫人身觉有孕，总兵大喜，便觉是观音显灵送子，遂命大兴土木，扩建寺院，增设大雄宝殿，请入三世如来石佛像供奉，并扩建经房、僧舍百余间。此名朝阳观音殿更名为大朝阳寺，名极四方，香火四时不绝。

"九一八"事变后，日本侵占中国东三省，国人奋起反抗，日寇为防止抗日队伍藏身，在闾山实行合村并户的清乡政策，并烧毁临近山区的民房及寺庙，大朝阳寺庙宇被焚毁，只有观音殿幸免于难。

改革开放后为了弘扬佛教文化，满足广大信众需要，经市政府宗教部门批准，在大朝阳寺原址南弥勒峰下，重建大朝阳古刹。

大雄宝殿、经堂、寮房采用硬山式建筑风格，依山势而建，错落有致，青瓦红墙掩映在万松丛林中甚是壮观。大雄宝殿内供奉石佛坐姿像3尊，居中为本师释迦牟尼佛、左侧为阿弥陀佛、右侧为药师佛。这3尊石佛均高1.8米，是明代万历年间原大朝阳寺遗存。抗战时期，日军焚烧寺庙后，大朝阳寺的僧侣在信众的帮助下，在庙侧掘地窖封藏，1971年修粮库挖地基时被挖出。当时正值"文革"时期，当地一农民带领家人冒险乘夜色将佛像移出埋在果树园中，直到2010年闻知重建大朝阳寺时才慨然捐献。

大雄宝殿后的石壁高50米，壁下有一天然石洞，洞内供观音菩萨坐像，该石像高1.3米，为宋代雕刻，由信士捐赠。

大朝阳三清观

明代遗迹三清观，是医巫闾山四大道观之一，道教龙门派的发祥地，分上、中、下三院，至今信士众多。三清观中院供三清神像，玉清元始天尊、上清灵宝天尊、太清道德天尊，他们是道教所崇拜的最高天神。另有斗姆殿，供奉北斗众星之母——斗姆。民间信仰南斗注生，北斗注死，故人有病，多向北斗乞命。据传，古代著名道士张三丰曾在三清观练就"洗髓功"。1997年《南洋周刊》刊登文章说，东北医巫闾山三清观的"洗髓功"至今在我国台湾、新加坡流传。

景区内还有从宋、辽至明、清以来，高人名士留下的摩崖石刻，其中宋代道士陈抟所书的"福寿"二字最让人叹为观止。这二字，刚柔并济，萦回婉转，神采飞扬，其字中字更让人叫绝。

上院还有著名景点十八磴和吕祖洞，传说是吕洞宾和汉钟离云游医巫闾山时的住所，下边还有藏经洞。上院的一对石柱完好无缺，石柱上刻有"按南辰定北斗开天辟地，立五行分八卦炼海烧山"。

雄奇俊秀的医巫闾山，自古以来，就有许多道教名士、佛教高僧云游至此，见到这里山奇水秀而流连忘返，所以，医巫闾山至今仍有许多动人的传说。

三清观下院

从医巫闾山大朝阳景区山门北行数百米，在群山环抱、青松翠柏的绿荫之中，就是三清观下院。三清观下院始建于清代乾隆七年（1738），在清代时，主建筑是供奉关羽的关帝殿。下院关帝殿未毁之时，美髯公关云长手捻长须，身披战袍，高坐于宝座之上，为关公持刀的周仓和关公的义子关平分立两旁，史书记载，这里香火极盛。

如今，大朝阳景区已修复三清观下院，主殿为三官殿，内供"天""地""水"三官，即尧、舜、禹，其右侧供奉慈航道人，左侧供奉关圣帝君。门殿为灵官殿，供奉王灵官，及青龙、白虎二位神君，门殿两侧建有钟、鼓二楼，侧殿另有护法殿，供奉胡三太爷、胡三太奶二位神像，下院还有供信士居住的道士房一座。

三清观中院

三清观中院地处大朝阳景区的中心位置，中院四周，群峰环抱，巨石嶙峋，千年古松遮天日。在苍茫的林海之中，有一座高50多米，宽近百米的悬崖峭壁坐北向南，犹如一道天然屏风，三清观中院就坐落在石壁脚下这块风水宝地之中。

恢复后的三清观中院，是由大朝阳景区在原三清观遗址基础上重修而成，其建筑风格样式基本上保持了原三清观的原貌。重修的三清观中院由三

大朝阳三清观中院

清殿、斗姆殿、隐仙宫、护法殿及配殿构成。面积为400多平方米，南面为峭壁之下的茂密松林，松树的枝梢接近中院的地平线。整个中院北侧依山，南面临渊，堪称道家尊神的福地洞天。

大朝阳三清观与全国各地道观一样，道观中供奉着道教尊崇的神仙。

隐仙宫 隐仙宫乃道教祖师张三丰在大朝阳出家修道的仙居。张三丰祖师的镀金铜像供奉在隐仙宫的正堂之上。这里原有福寿祠一座，现已毁。

三清殿 大朝阳的三清殿主建筑为重修的三清殿。三清殿地处三清观院落东西方向的正中，背靠北面的巨大石壁，坐北朝南。进入殿里，就可以看见高高端坐的道教尊奉的最高天神——三清天尊（或称道教"三清"）。殿内两侧墙上是工笔细描的壁画《朝元图》，道教诸神栩栩如生，整个三清殿雕梁彩绘，金碧辉煌，显示了道教宫观的至尊气派。

斗姆宫 三清殿东侧，顺回转的石阶盘旋而上，可到达建于石壁半腰阶台之上的斗姆宫，宫内供奉的八臂神像为斗姆元君，即圆明道母天尊。斗姆元君和西王母（王母娘娘）并称天宫之母，是道教诸神中地位最高，赐寿降福的天国女神。

三清观中院始建于明朝，具体年代无考。原来的三清观中院有三清殿、斗姆殿，殿宇为硬山式木架结构，气势恢宏，可惜在"文化大革命"期间被全部毁坏。

"福寿"奇字 进入三清观中院山门，向北侧石崖抬头望去，可以看到石崖上两个大字"福寿"。两个字既像"福寿"，而细看却又不是规范的"福寿"，原来这是道教祖师陈抟留下的墨宝，是两个多字合一的合体字。

三清观上院

陈抟老祖"福寿"奇字

三清观上院位于大朝阳中院北端约1公里处，处于大朝阳景区最茂密的一片千年油松林中。在这里，可以登高峰俯瞰，只见松林随山势起伏，如一片绿色的海洋。松涛阵阵，震人心弦，医巫闾山林海尽收眼底，令人心旷神怡。

　　三清观上院。原三清观上院的主建筑为玉皇阁，有殿宇3楹，始建年代无考，内供玉皇大帝。上院遗址较有研究价值是山门前的一副石柱楹联，上联题"按南辰定北斗开天辟地"，下联是"立五行分八卦炼海烧山"，这副对联气势宏大，有叱咤风云之气魄，而且对仗工整，平仄相间，读起来音韵铿锵，是我国道观中少见的佳联奇句。

大朝阳三清观上院大殿

　　吕祖洞　十八磴的上方是著名的医巫闾山吕祖洞。吕祖洞是石壁中开凿的石洞，地面近似方形，屋顶为半圆形状如窑洞，洞宽约4米，深约3米，顶高约2.5米。坚硬如铁的石壁之中，竟开凿出如此大的石洞，可以想象当年道士凿洞时工程之浩大。吕祖洞中，供奉着吕洞宾的神像，相传吕洞宾云游医巫闾山时，曾住过此洞，故称吕祖洞。

　　藏经洞　藏经洞内，供奉着道教名士张三丰祖师塑像，张三丰是道教武当派开山祖师,他的一生充满了扑朔迷离的传奇色彩,他行踪不定,来无影,去无踪,曾在医巫闾山修道多年。他主张生活随意,无拘无束,甚至道门的戒律也可以不管,只求逍遥自在,张三丰所创内家拳技,是一份珍贵的历史文化遗产。

希夷洞 藏经洞的右侧,又有一人工开凿的石洞,名为希夷洞,内供陈抟老祖塑像。

灵山寺

灵山寺位于医巫闾山中麓,东临国道102线,西与义县各景区相通,北连双峰山风景区,南通大芦花风景区,海拔678米,总覆盖面积为5000亩。这里景区、景点相连,交通十分便利。

灵山寺景区山门

灵山,历史悠久,自然景观和人文景观星罗棋布。古今传奇数不胜数。它孕育着三大古刹、六座奇峰、六大幽谷、六座古洞、六大奇绝、六大景点,其中有700年的古刹、800年的辽墓、900年的高句丽城遗址、1000年的唐代古井。灵山包含着48处景观景点，其中自然景观31处，人文景观17处。在这里流传着千百个美丽传说和动人故事。

灵山寺始建于唐代，几经战乱和沧桑，2004年获得重修，这里也是崩山老祖入道、修道和出道的佛门圣地。

灵山寺坐北朝南，建在山腰石砌平台之上，南北长70米，东西宽33米，占地面积2310米。原有山门、前殿、正殿、后殿、神堂等建筑。

山门，位于后殿前西侧，坐东朝西，面阔1间，进深1间，为四柱硬山顶。门北侧立有石碑1甬。

前殿，位于石砌平台的南端，面阔1间，进深1间，为硬山式建筑。殿前5米处建有防护墙。墙中部建影壁1座。殿西侧立有重修碑2甬。

正殿，面阔3间，10.85米，进深3间，8.1米，为硬山式建筑。殿前东南部有钟楼1座，风井1眼，石碑4甬。

灵山寺正殿

后殿，面阔3间，10.85米，进深3间，8.1米，为硬山式建筑。前檐柱为石造，高2.8米，前廊深1.1米。殿东侧建有禅堂3间，西侧建有禅堂

1间，均为囤顶式建筑。庙四周缭以垣墙。石砌平台下东南部有一用两块巨石叠压而成的石棚洞，称前佛洞。洞口用砖石砌筑，洞内原供奉有泥塑佛像。庙的东、西、北三面立有崩山石。

庙虽毁，但建筑基址尚存。遗址地面积有大量的砖瓦、石柱等建筑材料，并发现有部分残碑及瓷器碎片等遗物。

据明万历九年（1581）之《重修灵山寺记》碑载，灵山寺始建于唐元和年间，辽、金、元都曾重修或维修。灵山寺后又经明弘治十三年（1500）、正德七年（1512）、嘉靖十一年（1532）、万历七年（1579），清嘉庆十六年（1811）、道光二十九年（1849）及光绪九年（1883）等多次重修或维修，到20世纪80年代末已部分残损，1967年"文化大革命"中被当地群众拆除。

清道光五年"重修灵山寺碑"

高僧塔林是灵山寺由唐至今，历代长老的圆寂塔林。灵山寺先后历经10位长老，而现在塔林中只有8座圆寂塔，怎么还少了两位呢？原来智成长老的圆寂塔在这座山峰上，因此这座山峰就被后人称为老祖峰，另一位是灵山寺最后一位长老，在新中国成立后云游在外，至今下落不明。所以塔林中只有8座圆寂塔。

灵山寺塔林

接待寺

  接待寺是灵山风景区规模最大的寺庙。这座古刹始建于明太祖洪武年间。经多次战火劫难，原貌已荡然无存。今逢盛世，重修庙宇，再塑金身，2004年接待寺开展了庙宇修复工作。

  这座接待寺庙是刘伯温执监建造的。在接待寺两边的原碑文上，有这样的记载："明太祖洪武帝，东平外患，班师回朝，特遣军师伯温率众查江河疆土风韵脉象，至医巫闾山，观双龙环抱虎首，旨下拨库银造佛庙一座，镇之其脉。"刘伯温带着明朝皇帝的旨意，选中了医巫闾山中麓的灵山，相中了接待寺这块风水宝地。

  接待寺坐西朝东，建在灵山山口南侧的平整台地上，东西长70米，南北宽58米，占地面积4060平方米，有山门、玉皇阁、正殿、配殿、厢房等建筑50间，且由东向西排列。

  山门，面阔和进深各1间，为硬山式建筑，门前立有石狮一对，西侧建有囤顶式倒座耳房各 3 间。门后有甬道直通玉皇阁。

玉皇阁，面阔和进深各一间，为硬山式建筑。阁前两侧分别建有囤顶式厢房，北侧为 8 间，南侧为 5 间。北侧厢房后西北部建有囤顶式建筑 2 间，南侧厢房前西北部建有囤顶式建筑 1 间。

正殿，面阔 3 间，11 米，进深 3 间，8.3 米，为硬山式建筑。上覆灰瓦及吻兽。明柱高 2.48 米，前檐柱上浮雕有盘龙。殿内供奉有泥塑佛像，东西两壁有壁画，殿两侧分别建有囤顶式禅堂 6 间和 3 间。殿前左右各建有囤房式厢房 7 间。殿前立有重修接待寺碑 4 甬。寺虽毁，基址尚存。

接待寺有辽建之说，但无碑碣可考。据道光年间《重修接待寺碑记》载，明正德八年（1513）、清嘉庆十六年（1811）、清道光二十九年（1849）曾重修接待寺，清光绪九年（1883）曾进行过维修。据 1960 年文物普查档案资料记载，接待寺于 1960 年只存玉皇阁和大殿，其余建筑均塌毁。1967 年"文化大革命"中，大殿和玉皇阁被当地百姓拆除。1980 年，接待寺经北镇县人民政府公布为县级文物保护单位。

接待寺鱼池

接待寺鱼池，原摆放在灵山接待寺中，"文革"期间被生产队社员搬到高起村小队做喂牲畜的食槽，1979 年被本村村民韩殿文先生买回家中，鱼池在韩家院内存放 26 年。韩殿文先生得知辽宁医巫闾山旅游发展有限公司重修灵山接待寺，自愿将接待寺鱼池捐出，流失于民间 26 年的"宝贝"又重新回归接待寺。

接待寺鱼池呈长方形，用暗紫色沉积砂岩制成，宽 1.10 米，长 1.62 米，高 0.45 米。正面有文字款，右侧竖刻"大清光绪元年梅月"建造字样，左侧竖刻"钟溪勿池水"，其他字迹不详。

仙露泉

经过左盘右拐，举步维艰，就来到了灵山圣水泉的源头——仙露泉，仙露泉的泉水内含 27 种人体所需的氨基酸，这是辽宁省和锦州市卫生部门经过多次取样化验而得出来的结论，闾山地区的广大信士经常来仙露泉定期汲水，仙露泉的泉水对冠心病、高血压、胃肠等疾病有一定的预防和治疗作用。

传说这眼仙露泉是观音菩萨把净水瓶内的甘露洒入此泉中，才有现在这样的神奇功效。此井深三尺，水清如镜，喝一口清爽甘甜，回味无穷。它冬不结冰，夏不浑浊，堪比玉液琼浆。

洞尔寺

洞尔寺位于北镇市鲍家乡高起堡村西北2公里的山谷之中。西南隔山距接待寺庙址700米，东南为谷口，四面环山，地势十分险峻。洞尔寺有唐建之说，但无碑碣可考。清光绪年间曾重修，1967年被当地百姓拆除。

洞尔寺建在谷中的悬崖下石洞中，坐北朝南，南北宽20米，东西长31米，占地面积620平方米。洞尔寺原有3处建筑，分别建在石棚洞中的西部、中部和东部。西部建筑称佛殿，面阔1间，4.90米，进深1间，3.60米，为硬山式建筑。殿内原供奉有佛像，东西两壁有壁画，中部和东部两所建筑各为2间，通面阔3.40米，通进深4.40米，墙壁厚0.45米，为平房式建筑。石棚洞前有石砌的平台，南北宽20米，东西长30米，平台上四周缭以垣墙。东面墙北半部靠近悬崖建有山门1间，为四柱硬山顶式。庙虽毁，基址尚存。庙墙保存十分完整。

双峰寺

双峰寺位于北镇市罗罗堡镇双峰山景区。美丽的双峰山原名双凤山，位于医巫闾山南麓，相传这里是凤凰巢息翔鸣之所。其山势绵绕，宛如飞龙盘旋。这里山清水秀、花果繁茂，苍松翠柏，瀑布幽泉，历史悠久，人杰地灵，各种宗教文化遗址星罗棋布，历来是圣贤帝相、大德高僧、名人雅士朝山览胜之地。

这里风景优美，地貌殊特，景区内的两大景观更是旷世奇迹，罕异绝伦。一便是主峰双峰山，该山天然生成弥勒大佛坐像，远观近瞻均惟妙惟肖。该山有双峰，相倚相连，后峰即鹫峰，灵鹫本是佛祖护法金翅大鹏，而前峰则是弥勒大佛的天然头部石像，然而更为称绝的是在前峰弥勒大佛面部同时出现了太上老君、孔圣人的面像，形成佛、道、儒三教三圣主同显一峰的三圣峰，这天然生成的奇异组合，不禁令人对天地这一造化之母的鬼斧神工赞叹不已。其次围绕在主峰双峰四周的黑龙潭、卧虎岭、秃鹫峰、灵龟石，这些自然景观又组成另一奇迹，即青龙、白虎、朱雀、玄武共驻的风水宝地，同护圣峰圣主。这一奇妙组合怎能不说是大自然的创举！依山而驻的双峰寺建于1446年，至今已有570多年的历史，香火长盛不衰。

双峰寺坐北朝南，南北长90米，东西宽70米，占地面积6300平方米，依山势而建，坐落在3层石砌平台之上。第一层平台南北宽30米，东西长40米，平台表面散布有大量砖、瓦等建筑材料。平台中部尚存一长12.2米，宽7.2米的建筑基址，其为原大殿基址。原大殿为硬山式建筑，面阔3间，进深3间。殿顶四周覆瓦，中部覆芦苇。殿内有泥塑佛像和壁画。第二层平台南北宽25米，东西长30米。平台之上只发现有砖、瓦等遗物，并无基址。第三层平台建筑基址，北部居中基址长10.5米，宽6.5米。基础清

双峰寺大殿

楚，残存有高 0.5 米，厚 0.42 米的墙基。在该基址前东西侧各有一建筑基址，长 9.7 米，宽 5.5 米，当为厢房基础。平台地面有大面积砖瓦堆积，并发现有部分瓷器残片、柱础石、碎碑块等。庙建筑虽毁，但石砌平台保存十分完整。

考双峰寺始建年代，据《闾山双峰明公大空和尚行录》载，始建于明正统十一年（1446），弘治四年（1491）曾重修，清至 20 世纪初又曾多次维修。1956 年，双峰寺被当地群众拆毁，北镇县人民政府曾利用庙址建传染病院。传染病院搬迁后，庙址荒废。如今庙址已恢复，是北镇市著名的风景区之一。

大光明城

大光明城是双峰寺第一处景点，原双峰寺庙址曾分上下两院，大光明城就建在原下院的遗址上。建筑风格就是一个"方"字，天圆地方之意。三面山峦环抱，一面平坦开阔，通往光明。两座主殿雄踞并立，十分壮观。东大殿为三圣堂，里面供奉佛祖、孔子、太上老君的塑像。东西两壁的彩画描绘着诸仙、佛道、圣人打坐参禅、读经说法等情景，皆活灵活现、栩栩如生。殿下配有东西厢房和壮美的翠华门，都是青砖黛瓦、红油漆柱的仿古建筑。殿前还有一口井，已有五六百年历史，至今仍有水如初，甘甜可口。

三圣松

三圣松位于大光明城南面不远处，三棵苍松，伟岸挺拔，与大光明城和双峰山遥望呼应。传说，中间那棵粗大笔直的苍松为佛祖金钵所照而生；西面那棵苍松略弯，是太上老君拂尘所点生成；东面稍细挺直的那棵苍松是孔圣人用千秋笔点地而生。在松下放眼望去，双峰山之傲然雄姿，尽收眼底。故有人赞颂："双峰山、山双凤，双凤双峰；三棵松，松三圣，三圣三松。"

解脱门

过了聚仙亭便是解脱门。解脱门用石头垒就，呈方形，普普通通，然"解脱"二字却超凡脱俗。此门寓意为：红尘凡世，无论有多少烦忧浮躁，只要迈入此门即随风而去，令人大彻大悟。因此有诗云："双峰山前解脱门，两界分明度世人。劝君反观和内照，明心见性悟为本。"

金光阁

双峰寺庙宇分上下两院，金光阁建在上院遗址，即解脱门上方。据说，古时候这里曾是如来佛主修行的道场，所以常常发生金光闪烁、光芒四射的奇异景象，故得名金光阁。1998年，金光阁重新修复后，清晨云雾缭绕，傍晚彩霞满天。大凡心存善念，一心向佛，都愿在这里求得金光普照，得到佛祖的护佑。正如对联所云："无限悲心为度千般苦海，一片慈怀能化万种迷心。"

天书崖

白色的山石，远瞧近看，都呈一本书或多部书状，上有"天书崖"三字。传说唐僧师徒4人历尽千辛万苦，好不容易到了西天，如来佛祖给他一部无字真经。唐僧看不明白便去见佛祖，如来说："不是你看不明白，是人们的智慧不到。"便随手一挥，将书放到了双峰。

金刚塔

金刚塔始建于明代，清代后期曾有维修。传说原塔内有一本《妙法莲花经》和七颗镇塔宝珠，可惜在"文革"中全部毁坏遗失。

1999年重新修建的金刚塔，塔身为锥形，四面带棱塔，塔高为3.65米，寓意人们一年365天，天天如意，岁岁平安。塔是用花岗石雕刻而成，四面都是四方佛的雕像，姿态各异，栩栩如生。

华严塔

华严塔位于丁香沟主峰之上，始建于2002年10月。塔为14层佛塔，塔高18.9米，这是辽宁唯一的14层佛塔。此塔造型为八面佛，慈悲庄严，华严界为诸佛法身所在之境界，故此塔殊胜无比。

双峰山不但风景逸丽，水秀峰奇，而且四季分明。春天梨花飞雪，丁香溢紫，生机盎然；夏季山叠锦黛，谷布壑渊，瀑布幽泉；秋日，秋高气爽，硕果累累，枫叶满山；隆冬，漫山飘雪、古刹银装、白龙回旋。双峰山正以优美秀丽的自然风光和博大精深的历史宗教文化吸引着更多的游人。

2012年，双峰寺大雄宝殿复建竣工，佛像开光落座。

天仙观

天仙观位于北镇市大市镇，地处医巫闾山东麓。天仙观跻身东北四大名观，香火旺盛。

天仙观分为上、中、下三院。上院三霄娘娘殿，为三间布瓦青砖硬山式小木架结构建筑。内供有石雕三霄娘娘像，刀法流畅，肃穆慈祥，因此，该观被称天仙观。

天仙观三霄娘娘塑像

下院财神殿

下院财神殿内供奉的关羽坐像十分逼真，异常灵验。八方信士来天仙观朝佛览胜，首先要到财神殿拜关老爷，以求财源广进。

中院大殿

从下院大殿西侧门沿山间小路北上，可到达中院，也称腰院。中院有庙殿3间，也是砖瓦造房屋。原内塑元始天尊、灵宝天尊和道德天尊像，后毁于"文革"。中院大殿自成一个院落，起到上下两院的承上启下作用。中院大殿现改为佛殿，内供观音菩萨、普贤菩萨、文殊菩萨三尊铜像，铜像高大，十分壮观。

上院三霄娘娘殿。由中院盘旋曲折而进，有殿宇3间，同是瓦砖造硬山式小木架建筑。院内有千年古松一株，枝繁叶茂，遮盖全院，至远可见，被颂为"护庙神松"。此庙重修于明朝时期，为华山派所有。东山岗上松林之中，有羽化塔十多座，为该庙历代住持道士的埋葬地。

上院的雕像现已修复，殿宇和壁画保存完好，殿前三副楹联堪称医巫闾山楹联文化精品。中间楹联写的是："天人同一体修人道即是仙道；仙佛本合宗为仙心始为佛心。"两侧楹联，一副为："刻勒已精详不下瑶池金阙殿；琢磨更细致何须银河玉虚宫。"另一副楹联刻的是："神剪伏雄狮节烈至今垂宇宙；岐山演绝阵英灵自古贯乾坤。"

从腰院西北行，沿山间羊肠曲径，穿林越谷，可攀登医巫闾山最北高峰望海岩，海拔为611.87米。站立峰顶，群山皆在足下，昂首天外，可南望渤海，此景被称之为"北峰望海"。近观，可浏览附近山峰、河流、果园、田野风光，清心悦目。

天仙观景区山清水秀，风光旖旎，融历史文化、民族宗教、田园庭院、自然风光于一体，是游览北方主要原始自然风光的最佳选择地。

五佛寺

古刹五佛寺坐落于医巫闾山南麓，北镇市闾阳镇石堡子村水泉境内。它依山而建，风景秀丽、景色怡人，险峰怪岩，苍松成荫，险中有美，清幽静雅，是世人观光旅游、朝山礼佛的圣地。

五佛寺，原名片岩寺、黄岩寺，俗称五佛洞。据残留的碑文记载，该庙始建于隋炀帝时期，明英宗、清雍正年间相继修复。寺内现有的一座修复寺院的功德碑，清楚地记载着"大清康熙岁次甲寅年秋月立"，由此可见，此寺院自修复距今就已有300多年的历史了。

五佛寺分为上、下两院。下院的山门、天王殿、弥陀殿、三圣殿、慈悲泉、六角亭等古朴建筑，巍然耸立，错落有致，雕廊画栋，古色古香；上院的万佛洞、药师殿、文殊殿、钟楼、大雄宝殿、大马将军洞、望海寺等景观，以其惊、奇、险、峻等特点，让游人称奇叫绝。

整个寺院位于群山环抱之间，苍松翠柏，峰峦叠嶂，山势优美，绵延起伏，宛若游龙腾云而至；奇石妙景，古洞迭出，令游人美不胜收，常有忘归之感。

山巅的天然大佛最具特色，令人惊奇，堪称世界上稀有珍宝。与国内外天然佛像不同，此佛是一个完整的自然独立体，屹立于山巅，头型非常逼真，且不被群峦所挡，面部的天庭、眉骨、眼鼻、腮及下额部分，轮廓分明、布局合理；身子、肩臂、双膝，线条清晰，明显可见。迷雾环抱山间之时，此处好似神佛显圣，人们如同身临仙境一般。

古人云："山不在高，有仙则名。"每年的四月初八，五佛寺庙会时，善男信女、八方游客，往来穿梭，络绎不绝。

通往山上8公里长的柏油路宽阔笔直，外地游客可直接从闾阳坐车直达五佛寺景区车场。弥陀殿、天王殿、将军洞、望海寺、一线天等11处景点已全部修复。整个景区已初具规模，各项旅游及配套设施也正在规划实施中。

总之，五佛寺古洞石窟的天公造化、怪石奇峰的天然美景，以及佛祖显圣的古老传说和各景点的开发建设，一定会使这座古刹灵山，清幽美景之圣境，成为广大游人观光旅游的最佳去处。

双龙寺

双龙寺位于北镇广宁乡西南观音洞村，医巫闾山中部支脉旗架山由鹅头峰至望城岗一段中，与医巫闾山大观音阁、玉泉寺、大朝阳等风景区相邻。双龙寺四面环山，地势险要，风景秀丽，是辽宁省大型佛教活动场所之一。景区内有上下两座罕见的大型天然石洞，上洞之中供奉倒座观音，因灵验异常、有求必应而名扬冀北。据历代碑文记载，双龙寺的观音洞寺庙始建于唐初，兴于武后年间。辽初，辽太子东丹王耶律倍隐居望海堂后，曾于观音洞中藏兵，以防其弟太宗耶律德光加害，所以辽代始称双龙寺的观音洞为藏军洞。辽景宗乾亨四年（982）十一月在双龙寺附近建乾州城，遗址至今可寻。双龙寺的观音洞寺庙自唐初建立，经过辽、金、元、明、清及民国几代修建，至今已有1400余年的历史。现今，双龙寺景区已经恢复了观音洞上下两洞的古建筑和玉菩萨塑像，修建了山门、莲花池、禅墨斋居士林、财神殿、护法殿等。

观音两洞奇

双龙寺景区因上院两处天然古洞而称奇。上洞坐南面北，洞口高5米，宽15米，进深20米。洞中幽古生辉、飞冰流水、冬暖夏凉、百虫不扰，实是寻幽探奇之绝佳去处。洞内原有一半间房屋大小的斜洞，深不见底，古代传说，"前洞通后洞"，从此斜洞可直通大阁景区的道隐谷（大石棚），洞口已封堵无从考证。洞内原建有正殿3间，为硬山式木架结构，殿内供奉观世音菩萨像1尊，面北背南为全国罕见的倒座观音，殿内两侧墙壁上原有大型壁画。下洞坐西向东，与上洞相距仅70米，似如姐妹，遥相呼应。洞口高8米，宽20米，进深20米，洞呈喇叭形状，口阔内小，纳阳背风。洞前有一用花岗岩砌成的长25米、宽7米的平台，台上原长有古松3棵，两棵为大门对松，一棵为一炷香松，树木已毁于动乱年代。立于台上向东远眺，广宁古城尽收眼底；近瞰，果园连片，苍松为海。洞内曾建有正殿3间，面宽9米，进深6米，为单檐硬山式屋顶。殿内曾供有泥塑佛像，两壁有壁画，正殿北侧山崖石壁上有一拱形佛龛，内塑有一佛，今佛像已无，只留有底座。因为自唐初开始，在观音洞附近时常有观世音菩萨显圣的传说，所以双龙寺自建成后一直是北镇市香火较为旺盛的大型寺院之一。观音洞也与青岩寺老母洞齐名，人称"南有老母洞，北有观音洞"。为了圆广大信士的夙愿，双龙寺斥巨资从岫岩请来"送子观音"玉佛一尊，保佑一方百姓。如今，观音两洞正在全面恢复建设当中。

将军渡双龙

在双龙寺观音洞的上院崖壁之上镶嵌着明朝万历二十年（1592）的功

德碑。碑刻因悬于崖壁，免遭战争动乱劫掠，右上方遭步枪子弹袭击，留有一圆形弹孔。弹孔周围有炸裂的痕迹，致使一些字迹模糊不清。碑石为暗紫色沉积砂岩，共计210字。碑记描述了李姓将军"三十年不肯婚，志向释风，剃发入山寺，号双龙"的故事。这位高僧"苦修三十余年"修建了双龙寺，双龙寺因其法号而得名。由于碑文遭到了子弹的射击和400多年风雨的侵蚀，多字不可辨认。"德僧性本者，乃广宁□侯李□□伯也"，这段碑文丢了三个字，使这位双龙大和尚的真实身份变得扑朔迷离。

双龙寺旧址位于北镇市广宁乡观音洞村第一村民组村东部。东南距观音洞村500米，南临河沟，东为耕地，西距观音洞庙500米，北为菜园。

双龙寺坐北朝南，南北长60米，东西宽30米，占地面积1800平方米，有山门、前殿、后殿、禅堂、厢房等建筑。

山门，面阔1间，进深1间，为四柱硬山式顶。门前有石狮一对。

前殿，面阔3间，10.50米，进深3间，7.30米，廊深1.10米，为硬山式建筑。殿内供奉有弥勒和韦驮泥塑像，东西两壁有壁画。

后殿，面阔3间，10.50米，进深3间，6.20米，为硬山式建筑。殿内供奉有观世音等泥塑佛像。殿东侧建有囤顶式禅堂5间，通面阔16.80米，通井深6.20米。在禅堂前东侧建有东厢房3间，通面阔1.20米，通进深5.55米，为囤顶式建筑。

双龙寺山墙

庙四周缭以垣墙，东西两面墙保存完整，山门已无存，后殿、东厢房已倒塌，仅存基址。东禅堂倒塌2间，尚存3间。前殿保存完好，殿顶已改成囤顶，由村民居住。遗址地面散布有大量的砖瓦等建筑材料，并有石碑残块堆积。前殿及东禅堂3间由住户保管。1949年，双龙寺交由观间洞村管理，后被占用为村农会。村委会又将前殿和东禅堂卖给村民，作为民房使用至今。

辽代古石刻

北山梁下西北处仙人谷有保存完好的辽代石刻大佛5尊，像高约2米，宽约5米，三坐两立，分别为释迦牟尼佛（中）、阿弥陀佛（左一）、药师佛（右一）和阿难、迦叶两位尊者（分立释迦牟尼佛左右），雕刻精致、栩栩如生，色彩尚存，清晰可辨，这是我市境内保存最为完好的辽代摩崖石刻。

双龙寺辽代石刻

北镇庙

北镇庙坐落在医巫闾山东麓北起第六支脉上的东端南坡，海拔高度112

米。坐北朝南，占地5万平方米。其中轴线上建有殿阁七重，红墙绿树，映古道于层巅；桂殿兰宫，列岗峦之体势。自古以来，每有朝代更替、新帝登基，或天时不顺、地道欠宁，皇帝便会亲临或派大臣代祀，敬告祈祷山神，永保北土太平。历代朝廷也把政权巩固、社会安宁、经济繁荣、人民乐业，归功于各地名山大川（岳、镇、海、渎）主宰神的功劳。因此，五镇、五岳、四海、四渎不断被神化。医巫闾山亦是如此，由隋朝建庙设主，到后世的封公称王以至于称神，历代尊封之仪式，皆来北镇庙举行，并刻碑留念。

北镇庙创建年代久远。《隋书·礼仪二》卷七记载："隋文帝开皇十四年（594）闰十月诏……北镇医巫闾山……并就山立祠。"可以想象皇帝诏书下来，建设医巫闾山神祠必具一定规模。《沈故》载：周礼职方氏有"东北曰幽州，其山镇曰医巫闾"之语。唐玄宗天宝十载（751），玄宗封医巫闾山为广宁公，并遣范阳司马祭祀。

北镇庙全景

北镇庙不远处葬有耶律倍、耶律阮、耶律贤等帝王的显、乾二陵，为奉护二陵，辽代又在山下建了显州和乾州。大辽皇帝每次东巡东京辽阳时，必到医巫闾山祭祀山上二陵及镇庙中的山神。在1983年，北镇庙修建蓄水池和开挖上水管道时，发现了大量辽代的建筑砖瓦和饰件，由此证明，这时的神庙已有扩建。当时的规模和建筑格局暂无法考究。仅从发现的砖瓦和饰件中可辨其皮毛而已。《辽东志·卷二》北镇庙下有"辽金加王号"之说，可见辽代对医巫闾山的重视和崇敬。

宋代因燕云十六州以北为辽所据，所以每次祭祀北镇都在北岳庙（今河北曲阳）举行祀典。政和三年（1113），北宋加封广宁公为广宁王，定期遥拜。

金大定四年（1164），金世宗诏医巫闾山为北镇，重建北镇庙，称广宁神祠。王寂在《辽东行部志》记载："明昌元年（1190）春二月庚子……以簿书少隙，携香楮酒茗奠于广宁神祠。且讶栋宇庳漏，旁风上雨，无复有补完者。"此证明大定四年至明昌元年的36年中，北镇庙有较大损坏。

元大德二年（1298），成宗加封北镇医巫闾山为贞德广宁王，并对神庙重加扩建，称之为广宁王神祠。据大德二年到至正十七年的13甬告祭碑所载，皇帝曾多次遣官亲临广宁王神祠代祀医巫闾山，每次祭典都是由朝廷选派官员和地方各有关僚属，组成阵容庞大的祭祀团体。日昭和十二年存档的《北镇庙略记》资料中，详细地记载了元代祭祀碑的原始位置，此以三碑为例供参考。一为延祐四年（1317）的代祀碑，立于大殿东侧的僧房之北。再有至顺二年（1331）的御香碑立于大殿西侧的道房之北。三是大德二年（1298）的圣诏碑立于御香殿外的西南角。由此可证，元代立碑的区间南北相距足有60米之多，与明清两代占地面积大致相同。可想而知，当时广宁王神祠的规模已甚可观。另外再看历次碑刻所载的参加祭祀人员当中，多列出北镇庙的住持提点、住持提举、住庙、知庙、殿主以及道教的大师之名号。可知神祠中佛、道两教的首脑已获得朝廷封授的官阶称号。以上可以看出：其一，广宁王神祠的地位已与全国的岳镇海渎居于同列；其二，碑记的位置南起御香殿之南、北至大殿之北，可见当年的占地规模。可惜缺乏详细记载，到元顺帝至正末年，神祠的大多建筑毁于兵燹，只余大殿3间。

明洪武三年（1370）六月，朝廷诏定岳镇海渎神号，"各名神号……北镇医巫闾山之神"。此诏原文在东镇（沂山），庙址尚有碑刻，保存完好。碑全高5.1米，宽1.82米，厚0.54米，全文507字。因颁诏之时，北镇尚在蒙元残余势力纳哈出控制之下，故无碑刻。洪武二十三年（1390），明廷诏敕重修医巫闾山神祠，在元代的神祠正殿南重建瓦屋3间，左右司各1间，于庙东分别建宰牲亭（永乐时移建于山门后西侧）、神库、神橱各3间，并缭以垣墙，使庙稍具规模。永乐十九年（1421），朝廷下诏重修扩建神庙。撤其旧制，创建前殿5间、中殿3间、后殿7间。在后殿左右各建配殿5间，前殿东西各建左右司11间。在庙前增建山门，又称神马门。从此北镇庙的总体布局和规模奠定了。成化十九年（1483），因古庙破损，御马监太监韦朗曾予维修。弘治七年（1494）朝廷诏敕辽东指挥闵质再次扩建北镇庙，复铸铜像，创建钟鼓二楼及左右翼殿11间，在神马门前再建山门5间。山门前建木制牌楼1座，增展山门外台基，并以白石砌筑。后又经正德、万历各代的几次维修，目前，北镇庙已成为一座宏伟壮观的全国重点文物保护单位。

明末清初，庙貌虽巍然独存，而金粉零星，土木凋残。清康熙四十二年（1703）曾予维修。雍正元年（1723）进行历时七年的大规模整修：将原明代的木牌楼改建为石制牌楼；依次修建山门5间、神马殿（即明时的神马门）5间、御香殿5间、大殿7间、更衣殿3间、内香殿3间、寝宫5间；两侧由神马殿北依次建钟鼓楼各1座，神橱、神库各3间，左右配殿各13间；御香殿前，建碑亭3座；乾隆十九年（1754）增建碑亭1座。后又经乾隆年间两次维修，北镇庙的堂皇壮丽的雄姿更胜于前代。光绪十八年（1892），北镇庙因年久失修，部分破损，奉军统领高州镇总兵左宝贵请示清政府拨款，特命马晓仓主持监修，将庙内宫殿、廊庑、门阙、楼亭、寮舍之属130间房屋修缮一新，并建缭垣"三百四十丈"，改原大殿7间为5间，改山门5间为3间，从此确定了今日的北镇庙之格局和规模。1912年后，祭山活动停止，但庙貌依然，庙事仍有高僧连浦、德林等住持的管理，还有葛月潭精通老庄、擅长书画的道长的经营，北镇庙的亭楼殿阁仍完好无损，宗教活动不减当年。1948年年初，因时局动荡，庙内僧离道散，寺庙两侧的附属建筑及清帝的广宁行宫、万寿寺、观音堂、大仙堂的木料构件尽被偷走。北镇解放初期，为建造北镇县政府办公室及学校之需要，拆除了部分木料及砖瓦等建筑材料，致使千年的北镇庙又遭破坏。此后十余年中，狐兔窟深，庭阶草密；殿檐结黄鸟之巢，游客兴黍离之叹，令人感慨万千。

1963年，北镇庙成为辽宁省第一批重点文物保护单位，主要殿宇得以维修。1967年，"文化大革命"中，庙内的部分石碑、佛殿门窗均遭破坏。随后，沈阳音乐学院及辽宁省地震大队相继占驻庙内。在庙内建筑办公室及家属房，拆掉庙殿围栏砌筑猪舍，致使庙内瓦砾成堆，荒蒿障目，古碑卧地，花木萧疏，一片荒凉景象。1973年春，一场龙卷风刮倒庙前石坊，只存东稍间。1980年1月，北镇县文物保管所接管北镇庙，之后国家先后投资百万元拆除了违章建筑，清理院内垃圾 2000 多立方米，栽植花草树木，陆续修复了北镇庙山门、大殿、寝宫及围墙，重新修建了石坊，设置了全套的防火装置。1989~1990 年，北镇恢复了大殿和寝宫的泥塑像，1996 年恢复了庙东院的观音堂建筑，内奉观音菩萨塑像，西北角补天石侧修建了女娲娘娘殿，供奉女娲娘娘坐像。20 年间，经广大文物工作者的齐心努力，北镇庙展现了新姿。随着旅游事业的蓬勃发展，北镇庙已正式对外开放，供游人参观游览、访古寻幽。1988 年经国务院批准，北镇庙为全国重点文物保护单位。

北镇庙规模宏大，堂皇雄伟，为东北地区现存最为完整的一座大型古建筑群之一。其南北长 280 米，东西宽 178 米。这一庞大的建筑群宫殿楼亭主次分明，奇山古木参差错落。布局严整深邃，气势恢宏壮阔。中轴线上的主体建筑依次是石牌坊、山门、神马殿（又称神马门）、御香殿（又称龙亭）、大殿（又称北镇殿）、更衣殿、内香殿、寝宫。神马殿后东西两侧为钟鼓二楼。其他附属建筑则分布在中轴线两侧，布局规整，左右对称，形制相同。在神马殿南部阶下东西两侧各建朝房 5 间；神马殿正北 10 米处建碑亭 4 座，隔中间甬路东西横排一列。沿钟楼往北依次建有土地祠、真官祠、僧房、神库。沿鼓楼往北依次建有土地祠、城隍祠、道房、神橱等。寝宫西侧岩石台上，另建揽秀亭 1 座。各主体建筑有白石栏杆围绕，四面栏口设台阶上下相通。庙东墙外侧有清乾隆年间所建广宁行宫 1 座，计建筑 81 间，在钟楼东墙外侧有万寿寺及观音堂遗址。在鼓楼西侧有大仙堂遗址，现已恢复。这些附属建筑遗址经清理，清晰可辨，对考证北镇庙的原貌弥足珍贵。

石牌坊

北镇庙山门前是一块平整的台地，台地上明代弘治年间曾建木牌楼一座，清初改建为石坊。石坊正前方 1200 米处，即由郎家碑去观音洞的路北不远处，曾有一座底座 1 米、高 2.5 米的香亭一座，因过去入庙祭拜前可先在此拈香遥拜，故称遥参亭。其于 1960 年尚完好无损，后在"文革"期间被毁，今遗址无存。碑楼是祭山者必经的第一座建筑物。清代石坊建成后，经雍正、光绪年间的多次维修，但因石质较差，部分风化，1973 年 3 月，被一场龙卷风刮倒，今仅存东稍间一楼。1992 年国家拨款 20 万元，本着

"修旧如旧，修旧如古"的原则，尽可能采用原构件再以灰色沉积砂岩雕补破损构件。雕成后建竖在用花岗岩条石铺砌的平台基座之上。石坊高9.7米，宽14.2米，为六柱五楼单檐庑殿顶式仿木构牌楼建造。明间宽3.3米，次间宽2.67米，稍间宽1.78米，各柱径为面宽0.57米的方柱。各柱前后和边柱外侧均有夹柱抱鼓石。每间柱上均置平板枋、龙门枋、华板及额枋。平板枋上承庑顶楼盖。楼盖椽望、瓦垄、吻兽、剑把一如大木作。明间龙门枋上两面均有二龙戏珠浮雕。各间龙门枋下置华板。华板为三花如意透雕。华板下置额枋，枋下置浮雕雀替一对。石坊中楼高举，错落得体、造型雄伟、雕刻精细，为石雕艺术杰作。石坊前后置圆雕石狮两对，雕刻精美，神态各异，分别雕成喜怒哀惧四种神情，有较高的艺术价值。

山门

山门又称仪门，位于石坊北25米的第一层月台之上，为砖瓦式结构歇山顶，面阔3间17.45米，进深5.58米。山门为绿琉璃瓦盖顶，正脊两端饰吻兽，垂脊和戗脊上置走兽，檐下无斗拱，椽以琉璃砖代替，角梁为花岗岩雕造，底裙由四层条石砌筑，墙体由青砖砌筑。山门正面辟三券洞门，门高3.4米，宽2.8米。明间门额上嵌石匾额一方，横书双钩楷书"北镇庙"三个大字，传为明嘉靖时严嵩所书。山门两侧围墙亦如其色，墙顶砌两坡灰瓦。山门东西两侧各辟一角门。门前左右置花岗岩台阶，月台边缘有白石栏杆围绕，给人以明洁之感。

神马殿

神马殿又称神马门，位于山门后25米处的第二层月台之上。神马殿是古代向马神祈祷马政事业槽头兴旺之所，故又称马神殿。又一说神马殿是祭典时喂养御马之地。该殿为歇山式建筑，面阔5间，18.5米，进深3间，9.25米。顶覆灰瓦及吻兽，南侧置格扇式门窗。殿内梁架施以彩绘。东次间立有光绪十八年（1892）之敕修北镇庙碑1甬，西次间立无字碑一甬，今碑首、碑趺尚存，碑身于1968年修建万紫山烈士塔时移走，改作题写碑铭之用。现已恢复。殿内原塑有神马及马童二像，现已恢复。殿前月台有台阶上下相通，周围有石栏护绕。神马殿阶下两侧，原建有东西相对的硬山式朝房各 5 间，现基址可辨。神马殿东西两侧有东西横墙一道，墙体东西各辟一角门。行人通过角门可进入北面院落。

钟鼓二楼

钟鼓二楼位于神马殿东西两侧，进入角门北侧，即走近楼基之下。钟楼坐东朝西，为歇山重檐楼阁式建筑，楼基为方形石砌平台。楼体分上下两层，各呈方形。下层面阔、进深各 3 间，7 米，中辟一高 2.2 米、宽 0.9 米的券门，楼内置一胡梯，上通二楼。上层各面 5.6 米，四周环有回廊，每面置有格扇式望窗，前檐柱下装有木制栏板。顶覆灰瓦，吻兽及走兽俱全。檐檩、柱施以彩绘，整体建筑结构合理，形制美观大方。登上此楼，北镇庙北部的所有建筑或可一览无遗。钟楼脊檩上悬光绪十六年（1890）所铸大铁钟一口，钟高 1.8 米，口径 1.5 米，重 2 吨。钟面刻铸"风调雨顺，国泰民安，声垂千古，夜镇八方，累代威灵"及"奉重修北镇庙旨，大清光绪十六年岁次庚寅四月榖旦；副都统衔左翼协领程世荣监修，副将衔直隶升用参将马占鳌监修，遇缺题奏提督广东高州镇总兵鉴色巴图鲁奉左宝贵监修，钦加二品衔行巡抚事奉天府尹裕长，钦命盛京将军奉天总督庆裕，钦命盛京将军奉天总督裕禄，钦差大臣署盛京将军奉天总督安定，金火匠李明广"等字样。

鼓楼位于神马殿西侧，坐西朝东，建筑形制与钟楼相同。原二层楼上置大鼓一面，晨钟暮鼓之音远近徐闻，象征神奠一方，世间永远安宁。

钟鼓二楼始建于明代弘治年间，后于万历以及清康熙、乾隆、光绪年间多次重修或维修。1947 年年底钟楼一枋木被人卸走，其余保存完好。

碑亭

碑亭位于神马殿北甬路东西两侧，横列 4 座碑亭，除东边的一座为六角亭外，余者皆为四角攒尖式，亭已毁。东边两甬古碑在 1971 年省地震队的司机试验汽车拉力和人戏耍打赌，将其拉倒摔断，1980 年重新黏合立起。碑面的一些字迹受损难辨。4 甬碑由东向西分别为清康熙五十年（1711）的万寿碑、康熙四十七年（1708）的北镇庙碑、雍正五年（1727）的御制碑文、乾隆十九年（1754）的《御制并书·七言律诗》石碑。

御香殿

御香殿位于神马殿北 24.5 米的第三层月台上,古时用于贮藏朝廷祭典所用香火和供品、陈放朝廷诏书的庙宇,故又称龙亭。该殿面阔 5 间、进深 3 间,大木大式歇山式建筑,顶覆灰瓦及吻兽,檐下置斗拱作三踩。殿堂木架结构作五架梁,分别施以彩绘。殿前月台下东侧上层平台上建一石造歇山顶焚香亭一座,西侧对应的位置处原置石造日晷一座(基座犹存),同时,此层月台的东西两侧和石阶之下还立有清代皇帝的御祭、游山诗文碑 14 甬,均有较高的历史价值和书法艺术价值。

大殿

大殿又有正殿、北镇殿之称,位于御香殿北 24 米的等高台地上,是历代祭山举行大典之所。其面阔 5 间 25 米。进深 3 间为 18 米。形制是歇山式大木架结构,绿琉璃瓦顶,正脊两端有大吻兽。各垂脊装有瓦兽饰件。飞檐下置斗拱,按位置可分平身科、柱头科、转角科 3 种。

殿内梁枋上的彩绘为冷色的和玺式、旋子式花纹。墙壁的西、北、东三面彩绘有明代 32 位开国功臣图像。

北镇庙大殿

大殿内正中，有砖砌的须弥座神台，座上置一神龛，龛内供奉医巫闾山之神塑像一尊，其名丹朱。据《太平御览》载，丹朱，唐尧之子，不肖，漫游是好，故尧禅位于舜，封其子为北镇之神。另一传说元初耶律楚材死后，追封广宁王，而医巫闾山封为贞德广宁王，因此，耶律楚材理应享祀医巫闾山香火，故称耶律楚材为山神当之无愧。

据《辽西佛教》记载，明代主奉山神改为晨锷，他英勇神威震慑一切饕餮恶魔。龛顶原悬乾隆亲书"乾始坤枢"匾额一块，神台下塑文武神站像4尊。站像身后两侧各立元代御祭碑3甬，大殿檐前有清碑5甬，皆有较高的历史价值。

更衣殿

更衣殿又称更衣厅，位于大殿北12.2米处，是历代君王祭祀山神更换服饰的场所。其形制为小式大木歇山顶，面阔3间14.2米，进深1间5.2米，灰瓦盖顶，五架梁，梁架施以彩绘，山花壁上有白描图画，前檐下有格扇式门窗。

内香殿

内香殿位于更衣殿后11.5米处，是存放地方官员的祭品和香火之处。其形制为小式大木歇山顶五架梁，面阔3间14.2米，进深3间8.3米。内香殿上覆灰瓦及吻兽，前檐下装有格扇式门窗，殿内彩绘鲜明，原殿内有屏风，现已无存。

寝宫

寝宫又称寝殿、后殿，位于内香殿北17.5米处。寝宫意谓山神住宿之所。其中心龛内供奉山神与山神娘娘塑像。龛顶梁架上，原悬有清康熙皇帝亲书"郁葱佳气"横匾一块。该殿建筑形制为大木大式歇山顶七架梁，面阔5间22.15米，进深3间10.47米。寝宫为绿琉璃瓦顶，正脊两端大吻兽，各垂脊、戗脊均装有瓦兽饰件，飞檐下置七踩斗拱，柱头科、平身科、角科做法大致相同，下装格扇式门窗。殿内梁架彩绘如新，色彩鲜艳。东、西、北三面壁上原有壁画，现隐约可辨。殿内塑像早毁。1990年，寝宫修复后，重塑佛像，供游人观瞻。

北镇庙除去中轴线上的坊、门、宫、殿的主体建筑之外，还有一些附属建筑错落有致地巧布其间，这一规制恢宏的庞大建筑群因此益显壮观。现将庙内附属建筑之形制介绍如下。

土地祠

土地祠为北镇庙附属建筑之一，是供奉土地神位的场所。土地是中国古代传说中管理一个较小地面之神。《礼记》载有：共工氏之子勾龙，能平水土，祀之为社神。后人将能平水土、兴耕稼的领头人尊为社神。故历代皇帝十分崇敬土地，纷纷兴建土地祠庙。而且佛道两教都崇奉土地神，故北镇庙内的钟、鼓楼北侧，各建形制相同的土地祠三间。两座土地祠为厢房，东西相对，面阔3间11.5米，进深3间7.25米，为硬山式砖木结构；上覆青瓦及吻兽，前廊深1.1米；檐檩施彩绘，檐下装有格扇门窗。原祠内设土地神牌位。每当北镇庙举行祀典时，将土地牌位移于大殿，与山神一并合祀，祀毕再移归土地祠中供奉。该建筑毁于1948年，其墙基尚可辨认。

城隍祠与真官祠

城隍是古代城区居民崇拜的神灵。传说不仅能庇护城区的生灵免受天灾人祸之苦，还能协助地方政府维护社会治安。故上自周秦，下迄明清，历代王朝都重视敬奉城隍神位。明代，朱元璋钦定城隍封号颁示天下，随即敕封京师城隍为帝；开封、临濠、太平、和州、滁州为王；府城隍为威灵公，官秩二品；州城隍为灵佑侯，官秩三品；县城隍为显佑伯，官秩四品。此外还规定因城隍神的级别不同而服饰冠带亦各有差。每当新官上任，必须斋戒沐浴祭祀城隍神后，方可入衙理事。每月初一、十五，各府州县衙，都要组织有关人员"赤服趋祀城隍"。所以北镇庙内也必建城隍祠与山神同祭。北镇庙的城隍祠建在东侧土地祠北邻。面阔7间25.7米，进深3间9米，顶覆青瓦，脊端饰吻兽，前廊深1.1米，檐柱施以彩绘。

真官祠建在鼓楼以北的土地祠北邻，面阔7间，进深3间，形制与东侧的城隍祠相同。真宫祠内奉道家崇仙官。一说真官祠是祀奉五岳神位的场所，此说更为具体准确。城隍祠与真官祠俱毁于1948年，遗址尚存。

神橱与神库

神橱是制作祭祀供品食物的场所，为硬山式小木架结构，面阔3间13.6米，进深3间7.1米。前廊深1.1米，建在更衣殿以西的石阶之下，道房以北。与神橱位置对应的是建在更衣殿以东的神库，形制与神橱相同。神库是存放祭品和临时供奉神位的库房。以上神橱、神库两座祠宇均于1948年被毁。

僧房与道房

僧房建在东侧城隍祠之北，面阔3间，进深1间，为青砖灰瓦硬山式建筑，供寺内僧人住宿之用。与僧房位置对应的是建在大殿西侧真官祠北面的道房，面阔3间，形制与僧房相同。供庙内道人住宿之用。以上建筑均在1948年被毁，遗址尚存。

北镇庙东墙之外，还有万寿寺、观音堂、清帝行宫等建筑。几座建筑都是自成院落，雅静清幽。

万寿寺

万寿寺位于北镇庙东侧，西与土地祠、钟楼、东朝房仅一墙之隔，坐北朝南，南北60米，东西30米。寺内建有万寿寺正殿，又称大雄宝殿，面阔5间，两侧面南立清顺治十三年（1656）之北镇庙新建兴隆庵碑、康熙五十四年（1715）之重修北镇禅林碑、乾隆十一年（1746）之万寿寺香灯比丘尼传演碑及乾隆十六年（1751）之北镇万寿寺香灯碑。院内两侧建东西配殿各3间，前建韦驮殿和山门。院内桃李芬芳，绿茵如绣，颇为静谧庄严。

考其建筑年代，史无确切记载，仅《北镇庙新建兴隆庵碑记》载，其始建于顺治十二年（1655），时称兴隆庵。又据《盛京通志》载，乾隆四十三年（1778）曾重修。万寿寺在1941年又进行过维修，现存遗址。

观音堂

观音堂位于万寿寺东侧，建有观音殿、耳房、东西配房、韦驮殿、山门（又称东下院）及平房等建筑。观音堂创建年代无碑碣可考。其所有建筑尽毁于1948年。1996年，北镇市文物处筹资复建正殿7间，东一间为观音殿，往西依次是客厅、办公室、资料室；复建西配殿3间，为警卫室、办公室、文物库。其建筑为硬山式砖瓦造，南隅古槐，浓荫匝地，院中香火，紫气盈庭。游人至此，仿佛进入一处莲境禅林。

北镇庙不仅以历史悠久、规制恢宏而著称，而且庙内现存的古碑珍贵的历史、文学、书法艺术价值更是令人赞叹。经调查，庙内保存的有元、明、清各代祭山、封山、重修庙宇、皇帝游山的诗文、大臣祭山诗文碑共56甬。其中元代大德、皇庆、延祐、至顺、至正等年间的封山、祭山碑11甬；明永乐、成化、弘治、正德、隆庆、万历年间祭祀、修庙碑15甬；清代顺治、康熙、雍正、乾隆、道光、光绪年间祭山、修庙、游山诗文碑30甬。其数量之多可称得上是一个专题性碑林，因此地方百姓又将北镇庙俗称为"碑子庙"。

明正德八年（1513）御祭祝文碑拓片

崇兴寺及双塔

千年古刹崇兴禅寺位于辽宁省北镇市广宁古城东北隅，崇兴寺双塔为国家级重点文物保护单位。据考证，崇兴禅寺与双塔创建于辽代中晚期，后经金、元、明、清等几代重修。北镇广宁古城有民谚"唐修塔，朱修圈，大清一统造佛殿"流传已久。

崇兴禅寺内的两塔东西对峙，形制相同，为砖筑八角十三层实心密檐式。塔基为石条砌筑，高3米，每边长7.3米，是明代李成梁镇守辽东时，为增加塔身安全而包砌；又一说是清代光绪年间维修时所包砌。塔座上有砖砌斗拱、曲水万字栏板和仰莲。塔身八面多有供龛，中雕坐佛，龛外两旁各立一胁侍，上有宝盖、飞天等装饰图案，龛内每角刻一力士，作负重形态，另有腾龙、舞凤、伏狮、游鱼等纹饰。底层檐下有仿木砖雕斗拱，为双抄五铺作。往上为十三层塔檐，各层均用砖砌迭涩出檐，逐渐内收。在八角攒尖式的塔顶上建有莲座、宝瓶、刹杆，顶端装宝珠，是为风磨铜所制，色泽如金而其价贵于金。今广宁城内双塔的宝珠依然金光闪烁，光彩夺目，加之二

北镇崇兴寺双塔

塔高高耸立（东塔高43.85米，西塔高42.63米），十里之外即可见到双塔的雄姿。"禅塔双标"自古即为广宁八景之一。西登闾山绝顶东望城内双塔，在云雾中时隐时现，依稀可见，故又有"双标塔影"之称。

1988年1月，国务院颁发文件，将双塔定为国家级文物保护单位。

崇兴禅寺坐北朝南，南北长70米，东西宽42米，占地面积3640平方米，原有山门、前殿、大殿、配殿及僧房等建筑。

山门面阔、进深各1间，为硬山式建筑。山门东西两侧围墙各设一角门。

前殿，面阔3间9米，进深3间6米，为硬山式建筑，殿内塑有韦驮和弥勒、四大天王像6尊。

大殿，面阔5间18米，进深3间9米，为硬山式建筑，绿琉璃瓦及灰瓦顶，格扇门，花格棂窗。殿内有阿难、迦叶及菩萨塑像，东西两壁有壁画，殿前东侧建有厢房3间，殿东西两侧各建有配殿，东为3间，西为5间。

关于崇兴寺建筑年代，旧有几种观点，一根据康熙十七年《广宁双塔崇兴寺修造妆塑碑记》载：建于唐贞观十八年（644），《北镇县志》亦采用此说。《广宁崇兴寺复修记》："广宁有大寺二，其一为普慈寺，在城东南隅，一在城东北隅，即双塔崇兴寺是也。寺建于唐贞观十八年，太宗征高丽旋师，命尉迟敬德监修，并建浮屠二座。历经元朝皇庆，明朝宣德、嘉靖，屡经修葺，规制宏丽，故双塔幻影为八景之一，盖一方胜地也。"二是双塔是辽代的建筑，寺也是辽代的建筑。因塔是辽代寺院建筑的一部分，并已发现双塔有辽代建筑的砖瓦，由此推测崇兴寺为辽代建筑；三是根据明弘治七年（1494），《增修广宁崇兴寺碑记》载，创建于明洪武二十四年（1391）。据有关资料记载，明弘治七年（1494）及嘉靖年间屡次修葺。清顺治七年（1650）、乾隆四十二年（1777）及同治三年（1864）又曾重修，1915年再次大修。1967年3月，崇兴寺被拆毁，只保留大殿五间。而后北镇县公安局将看守所迁到此处，占用大殿及庙址，看守所迁出后，用做僧舍至今。

如今，历史悠久的崇兴寺是辽宁省北镇医巫闾山地区重要的佛教场所之一，香火旺盛，享誉华夏。

崇兴寺双塔的结构及建筑风格

崇兴寺双塔形制酷似，结构均由地宫、基座、塔身和塔刹四部分组成。

双塔均为正八边形、南向、十三级密檐式实心砖塔。东塔高43.85米，西塔高42.63米，两塔相距43米，一东一西相对而立。

基座 包括台基和基台两部分。台基均为砖筑，通高为5.65米，每面宽为5.05米，下为仰覆莲须弥座，后世重修时覆莲变成了花卉图案。每面束腰门柱和角柱都有雕饰，柱间设3个壶门，门中刻有伏狮。基台在基座的最底层，用长条花岗石包砌，每面长7.3米，高3米，据记载这是清光绪年间为保护塔身基座所施。

在须弥座上坊内收0.25米处，起勾栏平座、下置束腰，上作勾栏，中夹斗拱，束腰中每面3个壶门，门中雕使乐人，两侧雕供养人或祥云、宣瓶、行龙等；壶门柱上，西塔雕罗汉、东塔雕花卉；金刚柱均雕升龙，两侧雕力士。斗拱每面补间三朵，转角两朵，为双抄五铺作计心造。勾栏上面角柱两根，易柱3根，华板4块。华板雕万字及曲尺花纹。瘿项云拱两侧也装饰以小华板，并刻有莲花卷草等纹饰。上起大型仰覆莲平座承托华丽的塔身。基座每角刻一力士，作负重状。东塔上则有后世补添的游鱼、凤凰等雕饰。

塔身 圆形倚柱上有栏额、普柏枋，柱上有斗拱补间三朵、转角两朵，三抄七铺作计心造，上承塔檐。

塔身每面有拱形佛龛，内雕坐佛。龛内莲花座上坐佛后雕火焰式背光。东塔各佛皆着宝冠，西塔为螺髻，只有南面一佛着宝冠，拱楣上雕忍冬等缠枝莲花纹。

龛两侧胁侍菩萨，脚踏莲花、头戴宝冠，披带璎珞，头后有圆环背光。

佛龛以上有垂幛纹璎珞式宝盖各3块，飞天像各2尊，并嵌铜镜四面。斗拱上托撩檐枋，枋上木制檐椽、飞椽一层，每面24根，椽端均有风铎。

塔檐13层，每层用层砖叠涩出檐，檐下塔等高，每面均嵌铜镜，下5层为3面铜镜，以上各层为两面铜镜。塔身向上逐层略有收分。

塔刹 双塔塔顶为八角攒尖顶，塔刹用砖砌筑仰莲座两层，宝瓶1个，上立刹杆。两塔宝瓶的南面各设有一块门形石碑，东塔杆上形相轮 5 枚，西塔杆上有圆形相轮 3 枚，刹尖为铜制葫芦宝珠，刹杆用 8 条铁链连接角脊，在连接处置 1 枚较大带光的铁宝珠，受花也每面嵌 1 枚铜镜。

西塔东北面勾栏华板中间嵌有黄色长方形小石碑 1 块，字迹已风化，模糊不清，不可辨认。据历史文献记载，此碑为明万历二十八年（1599）之《重修崇兴寺塔记》碑，并刻有李成梁、李如梅等姓名。

地宫 据《中国古塔》记载，双塔的地宫应位于二塔正中基座之下，是用砖石砌成的八角形，里面安放一些经卷、佛像等陪葬物。

崇兴寺双塔建筑年代文献记载

清康熙十七年（公元 1678 年）《广宁双塔崇兴寺修造妆塑碑记》载："广宁有大寺二，其一为普慈寺，在城东南隅。一则在城东北隅，即双塔崇兴寺是也。寺建于唐贞观十八年，太宗征高丽旋师，命尉迟敬德监修，并建浮屠二座。"

《盛京通志》载："崇兴寺，城东北隅。相传唐贞观时建，寺虽毁而塔如新。"

《奉天通志》载："本城东北隅第四区，寺前有双塔，建自唐贞观十八年。太宗东征旋师，命尉迟敬德监修，宋元明清代有修葺。"

《东北名胜古迹轶闻》载，崇兴寺双塔"塔角均缀有风铃（即惊鸟铃）。每当微风鼓动，敲金振玉之声，不绝于耳。唯年久失修，铃多下坠。经人拾得，因见有唐时年号，乃索重价出售"。

《明代宦官与佛教》载，镇守辽东的太监王彦"在边三十多年"，多修建寺院，"曰普陀、端寂、兴福、天宁、仙宁五寺则重建者也。曰双峰、青田、玉泉、崇兴、普慈，则新创赐名者也"。

辽宁省文物专家组组长郭大顺先生在《辽西古塔寻踪》序言中说："辽宋时期的佛寺，正处于佛寺布局演变的一个关键阶段，即由北魏及此前的塔在中心或近于中心，以塔为主，殿堂出现，绕以回廊的布局，到唐宋辽时期殿堂的地位提高，塔的地位逐步让位于殿（甚至塔移寺院以外）、回廊加配殿的过渡阶段。这一演变反映的是古人对崇拜对象的转变，即由对塔的崇拜为主到以殿和佛像的崇拜为主，可见，这是佛教传入中国及东北亚以后一个十分重要的阶段性变化。"他进一步指出："北镇双塔则可能与宋辽时期塔移寺院以外，另设独立塔院的演变有关。"郭大顺先生的这一观点，值得我们认真领会。

《重修崇兴寺塔记》，双塔于元皇庆年间（1312～1313年）曾进行过维修。

《增修广宁崇兴寺碑记》载："郡城东北隅有招提曰崇兴寺。考志，乃建于我皇明洪武辛未。前有双塔对峙，中构正殿，后建慈云阁及禅堂、僧舍与山门，周垣罔不悉备。"

崇兴寺于明正统十年（1445）立大藏经赐谕碑。碑文中说，明英宗朱祁镇曾祖考明成祖朱棣生前愿望："刊印大藏经典，颁赐天下，用广流传。兹以一册，安置辽东双塔崇兴寺，听所在僧官、僧徒看颂赞扬。上为国家祝馨，下与生民祈福。"

明景泰七年（1456），对崇兴寺进行过维修。

崇兴寺于明弘治七年（1494）进行过修缮，有《增修广宁崇兴寺碑记》。此时，正是崇兴寺建寺100周年。

明万历二十八年（1600），崇兴寺再次进行修缮。西塔上镶有《重修崇兴寺碑记》小石碑，可证明此事。时李成梁任辽东总兵镇守辽东，主持维修崇兴寺双塔。

崇兴寺于清康熙十七年（1678）重建，有《广宁双塔崇兴寺修造妆塑碑记》。

清乾隆四十二年（1777）、嘉庆年间和同治三年（1864）都曾对崇兴寺进行过重修。

清光绪年间曾加固塔基，将双塔塔基用条石包砌。

1915年崇兴寺大修。

1963年9月30日，崇兴寺双塔经辽宁省人民政府公布为省级文物保护单位。

1971年，县公安局在崇兴寺建立了看守所，按监所布局的需要，在崇兴寺东侧让出924平方米归城内二队耕种。剩余之地修建监房26间，办公室28间，并修建了高3米、长240米的大墙和两个岗楼。此外又在大殿后建平房9间，作为公安局的家属房。

1981年12月，锦州杂剧团演员借助消防云梯登上东塔塔顶，锯掉塔顶的两棵黄菠萝树，并用硫酸对树根进行处理。

1985年，公安局看守所迁出崇兴寺。

1986年1月22日，县政府办公会议研究崇兴寺双塔的管理问题。

1988年1月30日，崇兴寺双塔经国务院公布为国家级重点文物保护单位。

1993年，省人民政府下发了《关于公布一百五十九处省级以上文物保护单位保护范围和建设控制地带的通知》。《通知》规定，崇兴寺双塔的保护范围是塔基中心连线以南50米，以北150米，东塔塔基中心以东150米，西塔塔基中心以西50米以内。建设控制地带为保护范围外，南250米，北100米，东南各150米。此为二类建设控制地带。

1995年年初，鉴于崇兴寺问题连续数年得不到解决，新一届北镇市委、市政府进一步加大了工作力度，先后两次组织有关部门到崇兴寺现场办公，3次召开会议进行研究，决定修建双塔公园。市政府连续下发了《关于加强崇兴寺双塔管理工作的通知》、《关于建设双塔公园和维修崇兴寺的通知》和《关于建设双塔公园、维修崇兴寺有关问题的会议纪要》等，对崇兴寺双塔及寺庙的维修保护工作提出了明确具体的意见，由此崇兴寺的维修和保护逐步走向正规。

1999年，国家拨款对东塔进行了历史上最大规模的维修。整个维修工程进行了两年时间，东塔焕然一新。

2012年4月15日，国家拨款对西塔进行维修。

崇兴寺碑刻

重修广宁崇兴禅寺并双塔之碑记 1999年9月26日，在维修东塔时，工作人员将塔刹南面镶嵌的石碑拆下，文物专业人员对此碑进行了考证。此碑用紫色沉积砂岩刻制，呈长方形，长0.48米，宽0.38米，厚0.08米。上刻楷书20行，题记"重修广宁崇兴禅寺并双塔之碑记"。此碑立于"大明宣德七年岁次壬子四月初八"。

重修崇兴寺碑记 1997年7月中旬，在修复崇兴寺的工程中，工人在挖地基时发现了此碑，此碑用紫色沉积砂岩刻制，呈长方形，长约1.2米，宽 0.72 米，厚 0.115 米。碑额及碑座无存，碑身断裂。此碑立于 1920 年四月初八日。

双塔崇兴寺修造妆塑碑　碑用暗紫色沉积砂岩刻制，方趺螭首。碑首上雕盘龙，碑额阴刻篆书"重修双塔寺记"二行四字。碑身高 1.85 米，宽 0.85 米，厚 0.125 米，四周浮雕云卷纹。碑座用花岗岩雕造，为须弥座。原立于广宁城内东北隅的崇兴寺庙内，1967 年丢失。

大藏经敕谕碑　此碑用暗紫色沉积砂岩刻制，为圆首须弥座。碑首浮雕蟠龙，正面偏下方为方形碑额，上题"敕谕"二字。碑身高 1.62 米，宽 0.95 米，厚 0.25 米。正面阴刻楷书 119 字。碑原立于崇兴寺院内，现已丢失无存。

北镇鼓楼胡仙大堂

鼓楼位于北镇城内南北大街中部，金代广宁府石坊北 70 米处。据说鼓楼是辽代显州山东县和金代广宁府城南门城楼。嘉靖四十二年（1563）都尉使王之诰扩筑里城时，修复了鼓楼，这里变成了城池的中心。鼓楼正南 40 米处有石拱桥一座，名通济桥。原有太慧泉之水引入文庙泮池，后再从桥下东流，水流淙淙有声，碧波如玉，景致颇为优美。明代称此景为"通桥绕玉"，为广宁八景之一。明英宗天顺年间，鼓楼作为旗纛庙，悬挂着军帅大旗。李成梁、马咏驻守广宁时，以鼓楼为点将台。故鼓楼在广宁八景中又称"鼓楼点将"。

鼓楼是建在大方形台基上的重楼式建筑。鼓楼坐北朝南，高 17.8 米，台基为砖石结构，南北 20 米，东西 24 米，高 8 米，正中辟南北拱洞通门。南面门楣匾额上题"幽州重镇"，北面门楣匾额上题"冀北严疆"。东北角有花岗岩踏跺 39 级，可沿此登上台基顶部。台基上，东南、西南二隅各有一根 6 米高的朱红旗杆竖立，中间陈设香亭 2 座及香炉 1 个。台基正中为 2 层鼓楼。下层为砖木结构，面阔 3 间，进深 1 间，四周有回廊，四壁各辟券门，4 根角柱直贯顶层。下层楼室内东南角设有木梯通向顶层。顶楼面阔 3 间，进深 1 间，为歇山小式大木架结构。内有大鼓 1 面，是帅帐击鼓点将时的必备之物。鼓楼高大恢宏，气势伟丽，远望异常威武壮观。此鼓楼现为国家级重点文物保护单位。当人们在这里想起它曾是明代总兵的点将台时，眼前犹似闪现出戏剧般的英武神威的大将在兵强马壮的教场操兵点将的场景。

清代，鼓楼失去了军事意义，再不是阅武点将高台了，随着建庙宇、崇宗教风气的大兴，鼓楼也染上了神秘的宗教色彩，世人把它视为胡仙的府地洞天。随着历史的推移，关于鼓楼的神话传说也逐渐增多，人们对鼓楼中仙道的信奉程度也逐年加深；送匾，进香，上供穿袍，顶礼膜拜者接踵而至。鼓楼成为远近闻名的宗教活动场所。新中国成立后，人民政府将鼓楼作为文物进行妥善保护和维修，1993年，进行过一次较大规模的重修。经此重修，翻新了楼脊、瓦盖及饰件，重补了遗落的匾额"化险为夷""感同再造""仙骨佛心""保卫桑梓""捍患御灾""威灵显耀""洞天福地"等匾额，又增挂了"有求必应""神灵显佑"两块匾额。并在楼室内重塑了6尊胡仙泥像，二楼补制了大鼓1面。此外，还立碑两座于鼓楼门洞之前，一是由余象乾先生撰文千余言以志其事，名修缮碑。另立一座赞助碑，将助此义举的单位和个人名字，列刻其上，以兹纪念。

滴水观音洞——灵圣寺

在著名的灵山风景区灵山湖正北有一条南北走向的筒子沟，两侧山岭余脉直插入水中，北面高山直接灵山寺和双峰寺，谷东山岭人称骆驼岭，西面那座山叫牛脊山。沟中间形成峡谷，在最窄处被拦腰斩断，形成沟中之绝壁，高十余丈，宽四五丈。每到雨季，水流自上而下，成为瀑布。在瀑布水帘石壁内，有一天然洞穴，洞内供奉着观世音三十二应身，有韦驮菩萨神像护佑。西洞供奉有千手观音佛像1尊，洞外中间供奉有白衣观世音佛像1尊。泉水从洞口滴落，经年不断，故此得名滴水观音洞。

传说观世音菩萨的三十二应身为说法需要，可变换性别，变换各种身份，凡求拜者，无不灵验，香火十分旺盛。该景区是由鲍家乡高起村投资开发建设的，到目前为止，是北镇唯一一家村办旅游景点。自古进入洞口只有东面蜿蜒小道，下临陡崖，非常险要，故称"一步险"。所登的斜面岩石上水浸一层苔藓，光滑至极，游客登临此处时十分困难，为了考虑游客的人身安全，高起村的管理人员在登临洞穴的山路上增设了台阶、护栏，为游客登临洞穴，求拜观音提供了便利和安全保障。

每到雨季，飞檐瀑布，倾泻而下，水气贯天，迷雾环绕。遥望洞口，若隐若现，滴水观音洞宛如飘渺之中的人间仙境，成为医巫闾山地区一处不可多得的府地洞天。随着景区的不断开发和建设，一些虔诚的信士纷至沓来，投资兴办旅游产业，先后有3座辽式古建筑拔地而起，十分壮观，洞中观世音三十二应身法像重塑一新，前来朝拜的人络绎不绝。

灵圣寺建筑群

张作霖家庙

张作霖家庙，位于北镇市高山子镇赵家村内东南隅。南、北、西三面为居民住宅，东为耕地，此是奉系军军阀张作霖的祭祖驻居之所。走进张作霖家庙，仿佛进入一座有着悠久历史的古城，它的占地规模之大，让人观后惊叹不已。

张作霖家庙式样是按北京"顺承王府"（张作霖入关进北京时曾住过）设计的。家庙坐北朝南，为一长方形的院落，南北长160米，东西宽113

米，占地面积18080平方米。其建筑规模宏大，布局严整。张作霖家庙由4个院落组成，南半部为家丁及护院人员住宅，北半部分东、中、西3个院落。东部为家庙，中部为张作霖住所，西部为随从人员住所。家庙为四合院式建筑，建有山门3间，为硬山式建筑。在院内普垫七尺之厚地基之上，3个建筑风格完全不同而又互不联系单独存在的四合院套，大有江南园林建筑的风采。据当地人描述：东西正门，是宫廷式门楼，红漆大门，笔直沙石路贯通东西。只有大帅、少帅、夫人进庙才开正门，一般兵丁、用人从两侧边门出入。进正门路北的第一个院落是张氏祠堂，有正殿3间，两厢配房和前殿各3间，别致的门楼青砖墙壁，绿色琉璃瓦，相映生辉，金碧辉煌。正殿内砌有神台，上有用檀香木雕成的神龛1座，高八尺宽五尺、龛内红绫幔帐两副，内供檀香木牌1尊，上写"供奉张氏门中先远各代宗亲考妣之主位"。两厢房内壁有"岳母刺字""孝子图"的壁画，非常引人注目。山门前立有石狮1对，竖有两个斗式旗杆，尖端是用风摩铜铸制，耀眼夺目。门的对面，路南建有一座长20米，高六七米的绿琉璃瓦压顶红漆面的影壁。山门后两侧立有石碑两甬。山门后建有正殿7间，为硬山式建筑，均雕梁画栋，气派非凡。殿内供奉有张氏祖先牌位。正殿前立有木制牌楼1座，楼前有石雕大香炉1顶。殿前东西两侧各建有配殿3间，均为硬山式建筑。庙的东北部还建有大仙堂3间，内供奉泥塑神像3尊。中部行宫及西院有建筑五十余间，为瓦房式建筑。据当年进过家庙的长者回忆，当时的家庙，雕梁画栋，精巧玲珑。院内是方砖铺地，十分考究。东西配房有名人书画，还有张作霖秘书谭国环题词祝联。正厅中间放有2米宽、3米长、1米高的方桌，在镶有水晶石桌面的里边装有"八仙"人物模型，扭动开关，人物自由活动。白玉石和檀香木雕刻的三国志人物画像装饰着两厢屋壁。门洞两壁用白灰雕刻"三顾茅庐""草船借箭"人物像，汉白玉雕塑的两只雄狮摆放门外左右。据说建筑的珍贵材料和石碑、石狮子是从北京顺承王府运来的。"斋庄忠正"四个醒目大字镶嵌在门上坎正中，显得庄严肃穆，恬静雄伟。院后是家庙花园，虽无奇花异草，倒有帅府门第的风格。家庙共有建筑99间，现均已无存，但家庙四周围墙、碑文、旗杆等保存仍很完整，2003年10月，省市文物部门出资维修了庙墙上的女儿墙、垛口和排水设施等。

庙墙为长方形，用砖石砌筑，一派万古千秋状，可以看出其主人的用意。庙墙周长546米，墙高3.6米，下宽1.2米，上宽1米。墙顶置有女儿墙及垛口。墙四隅各建有圆形角楼1座，角楼直径5米，均为砖石结构，角楼的外形很像日本侵华时建造的炮楼，守兵站在角楼上可以瞭望四面八方。当地人称其为双层炮台。墙的半腰处建有马道，守兵可以在上面自由走动，真正打起仗来，运动自如。墙东、南、西三面各开一门。庙墙的设置，显示了御敌防卫的功能需要。1986年在庙内清理出土张氏家庙碑及《张氏戒子孙文》碑两甬，为考证和研究张氏家族历史提供了可靠的文字资料，具有较高的历史价值。经过能工巧匠的黏合修补，两碑现在已重新立起，但碑文小部分已有残缺，实属遗憾。

张作霖家庙角楼

张作霖，字雨亭，奉天海城县人。生于清光绪元年（1875），卒于1928年6月4日。张作霖于1894年投入清军，参加了朝鲜战争，归国后，弃军从匪，与赵氏结婚。后因厌倦匪盗生活而脱离匪帮，回赵家村（今天的辽宁省北镇市高山子镇）组建保险队，不断扩充自己的武装力量，并逐渐发展壮大。之后，张作霖被清军招抚，充任清军营长、师长，结束了绿林生活。自1916年起，张作霖任奉天督军、东三省巡阅使等职。1924年，打败直系军队后，张作霖控制了北洋军政权，1926年冬，称安国军总司令。同年6月，安国军政府在北京成立，张作霖自称"大元帅"。1928年6月，张作霖同蒋介石作战失败，6月3日由北京乘火车回沈阳，在6月4日晨，经过皇姑屯车站两洞桥时，被日本关东军预埋炸弹炸死，终年53岁，1937年6月2日，葬于今辽宁省凌海市（原锦县）石山镇东八里的驿马坊村西（距北镇市高山子镇张氏家庙仅55公里）。

张作霖家庙是由张作霖亲自主持兴建的，始建于1925年8月，至1927年历时3年建成，距今已有90年历史。张作霖曾亲临建庙现场督察，家庙建成后，又先后两次亲临家庙祭祖。一次是破土动工，张作霖从奉天（沈阳）来到赵家村张氏家庙的施工现场，为家庙奠基剪彩，并指点修筑计划，没有兴师动众，打扰地方官府，在庙基地后边的五间草房住了一宿。一次来是1925年春末，祠堂与客厅已竣工，张作霖在前有马队探路，后有侍卫军护随下，乘坐轿车从奉天来到赵家村。张作霖为表示不忘乡亲父老，显耀"本大帅超人的风采"，扬言接待各屯乡老。据见到张作霖的人讲："张大帅个头不高，是个不胖的小老头，黑黝黝的脸膛，留着小胡子。他吩咐卫士赏给前来拜谒的百姓每人一张奉票（圆）。可惜，承情的人并不多，因为百姓畏惧那些横眉冷目腰挎盒子炮的大兵，有些犯难的情绪，便回避不见了。"张作霖不忘乡亲父老的主要原因，一是他的童年、少年、青年都在赵家村度过；二是建筑家庙除了技术人才从关内招聘，其力工、车工多半是当地佃户和村民尽的义务工。庙建成，共动用人工万人次以上，耗费奉票（有说是银圆）40万元。张作霖此次在行宫内驻居12天之久，也有史料说是驻居13天。家庙落成的一年后秋天，少帅张学良从奉天乘火车，到田家窝棚（此屯离赵家村1.5千米）下车，步入家庙。少帅此次亲临，一是瞻仰家庙，祭祀宗亲，二是探望奶母赵老太太，表达养育之恩。

张作霖家庙建于此地的原因，众说不一，归纳为三点：

其一，张作霖幼年因父（张有财）赌博被赌棍打死，家境艰难，遂随母从海城驾掌寺沿途乞讨，投奔黑山县二道沟子（今北镇市高山子镇赵家村）姑母赵天巨家。姑母也是一贫如洗，不能养活张家母子4人，无奈，十二三岁的张作霖光着脚跟母亲讨饭，长兄扛活挣钱。时间不长，张作霖就给本村财主赵老恒放小猪，艰难地维持四口之家。张作霖曾卖包子，做货郎，学兽医，出没赌场，直至投入绿林。这一段时间到张作霖降于清朝新民知府曾子固前均在赵家村一带生活。张氏把家庙建于此地，乃出于眷恋这段青春年华，感激赵家村乡土给予的恩泽。

其二，张作霖共有六位夫人，生八男六女，在北镇境内曾纳三位夫人。中日甲午战争爆发后，张作霖投靠营口号称宋四爷的部下当兵，于田庄台吃了败仗，于是只好身着军装，骑马回家。当时匪盗四起，赵老恒为保命守财，经开木匠铺的高老惠介绍，将次女赵春桂，绰号大斜匪子（眼斜腿大得名）嫁给张作霖，为第一夫人，生子学良、学铭、女冠英。婚后，张作霖赶回田庄台，可部队早已奉命回防旅顺，田庄台被日军占领了。他没有追赶部队，领着妻子到了黑山镇开了家小兽医庄子。为了生计，经土匪头领冯麟阁（北镇五峰人，奉军28师师长）介绍加入了土匪董大虎的绺子。之后他又投靠了程敬芳。后来，张作霖厌倦土匪生活，再加上妻子赵春桂的苦言相劝，他便脱离土匪队伍，回到赵家村。清光绪二十六年（1900）又纳窟窿台乡周家铺村卢德奎之女为妾。此女后称卢二夫人，生二女，名为怀英、怀卿。据调查张作霖身为东北军元帅时，其姨母王氏到女儿冯家之时，看中王绳武之女，回沈阳介绍给了张作霖。娶过门因五夫人寿氏失宠嫉妒为仇，趁张作霖赴北京议事，寿氏巧言将王氏打发回乡探亲。张作霖从京返沈，问及王氏之事。寿氏言六太太嫌元帅老，私逃不归了。张作霖怒，将王氏弃之。王氏曾改嫁几处，后嫁到黑山县蛇山子村郭家，1984年时，年已84岁。张将寿氏贴身丫鬟纳为六夫人，即马月清，人称马姨娘，生一女，名怀敏，张选择此地建祠堂，其用心是显示其权贵、助亲属之威。

其三，张作霖升为奉天督军、东北巡阅史、奉军大元帅时，为兴家创业，在北镇东部大肆掠夺耕地，先后建立刘家、东青堆子、赵家3个经营土地的窝铺，耕地万亩以上，全靠招揽当地佃户来耕种，又雇用大小管家，收租催贡，年终送往沈阳帅府，供养奉军。选择赵家窝铺建家庙，既是奠定家基，光宗耀祖，又是张作霖希望此地能成为"发家宝地"，让家族人丁兴旺。由此可见张作霖对建立此家庙，煞费苦心，用意至深。

张作霖家庙历史上遭受了三次劫难。据史料记载，张作霖在皇姑屯遇难后，1929年家庙完全被日本关东军占据。1930年，日本关东军拆除了部分庙内建筑，张作霖家庙成了日本关东军屯兵之所。与史料不同的是，据当地人讲，一个名叫四十万次郎的日本人霸占了张氏家庙，遂之将庙内的珍贵藏品和器皿等文物偷偷地运回日本，并把东西正门堵死，开个南门。张氏祠堂成了仓库，客厅为四十万次郎家眷住宅。西院除把一栋房留给少帅张学良的奶母外，其余是为四十万次郎经营庙产的雇工们的住处，有的也用于存放车马农具。整个家庙遭到严重破坏。1945年，日军投降后，国民党军队接收了家庙，家庙内名贵文物又一次惨遭抢掠，其建筑也遭到破坏，国民党军队扒掉全部房屋的木料，砖瓦石块被人抢走一空，名贵树木也遭到了砍伐。中华人民共和国成立后，赵家村利用庙址改建小学校和村委会办公室。1967年，家庙被拆除，石碑被推倒砸断，埋于地下。值得庆幸的是，四周庙墙及炮台完整地保留了下来，石碑、旗杆等文物也保存尚好。

现如今，张作霖家庙围墙部分段落已修缮一新，倒塌断裂的家庙碑已重新扶立黏合起来。

闾山小观音阁

北镇市的北镇庙西北1千米处，海拔180米的山梁上有天然巨石平稳卧于山巅之上，远看如一艘巨大的航船，故当地人称其为船山，城内人称为西船山。船山长20米，宽12米，高2.8米，从西面可踏人工修砌的石阶登至台顶。山顶上原建有古庙一座，内供菩萨神像，因称观音阁。为与西山的大观音阁相区别，故称小观音阁，俗称小阁。又取山形如船与观音菩萨普度众生的双关之意，故又名慈航寺。

庙宇建于何年，因历史资料缺乏，碑碣破坏，故无法考证。只能见到船山东岩下有凿出的立碑石窝痕迹。清代举人刘春烺有登慈航寺远眺诗一首。诗中可知当年古碑尚存。诗曰："瑶草琪花古洞天，藤萝百丈石如船。耳根寂后犹闻磬，目力穷时只辨烟。振袖恐随山影落，登高方识地形圆。摩挲断碣寻残篆，为访前朝创建年。"

走下船山石阶，在东北方向140米处的二级台地上，有一由天然巨石围成又人工稍加改造的长、宽、高各2米的石棚。石壁内侧尚留有头部损毁的观音雕像。石棚盖上，是经人工磨平又雕琢边框的祭坛，坛侧的巨石上凿有祭天杆的座孔。坛角上有一镂孔雕刻，应是祭祀时羁拴牺牲祭品的如意形石钮。祭坛北面4米的石壁上亦刻一人物站像。不知为谁。

小观音阁祭坛

船山西侧下临一条旱沟，沟西山边台地上，残留三面断墙。传为乾隆皇帝来医巫闾山游赏，人群忽然惊起一双彩凤，飞向船山一带。侍从随即跟踪，追到船山西侧，有一山家院落，见院内一貌美机灵的山姑，正在秋千架上荡秋千。可巧的是两只凤凰恰好落在姑娘身旁。侍从见状，叩问山家，乃知姓郎名希谱，夫妻二人膝下只此一女，世居此山中，素以磨豆腐度日。侍从随即回禀皇上，皇上颇觉蹊跷，顺步来到山家探看，果见山家为勤劳富庶之家，再看山姑心灵手巧，面带娇羞，壮年天子一见钟情，联想凤凰落此，必有前因。再经人说合，欲将此女娶回宫中，成为贵人，山家二老当然高兴，随女进京，永享荣华富贵自不必说。而慈航寺的山前山后，是皇上封过的"凤凰不落无宝之地"的好地方，此后真的成为一片乐土。庄稼瓜果，岁无水旱之忧；物阜民丰，时有管弦之乐。至今，山南沟边的平坦处，尚留有早年山民的碾盘和水井。船山崖下尚存凿于岩石上的石碑座。至今当地仍留有这一类似的传说，附近还有村名郎家碑和郎娘娘墓。

　　船山东200米处有一百米的陡崖，崖东原有财神庙一座，殿堂两重，青砖灰瓦建筑，早已夷为垄亩。西面海拔110米的山岩高耸半空，形如拇指，称拇指峰，台顶上，有佛殿1间，游人可借助开凿的22级石阶登陟殿前。佛殿为半坡式，坐西朝东，背靠天然石壁。石壁浮雕观音菩萨，左右为善财童子和龙女，故这里称为小观音阁，简称小阁，是慈航寺下院。该庙为砖石土木建筑，早毁。唯石壁上雕像，在饱享多年香火熏陶之后的"铁面"依然洞察人间世态，呵护山间植被。船山一带由于多年的风吹雨蚀，山体裸露较多，奇峰峭石随处可见。船山西侧山崖边奇石，神工鬼斧令人咋舌，巧状奇形为人赞羡。有一悬崖横插，凌空出世，如凤凰之彩羽，迎风振翻；如龙首之伸张，乘雾扬鳞。船山岭南坡地有石林巧布其间，如石狮，如玉犬如睹虎帐刀枪之架，如入龙宫虾蟹之营，呈奇献异不可名状。其中有一奇岩笔直挺立，如一比例匀称的美妇人。她身披绣氅，神韵可掬，默然而立，若有所思，人们称此为"萧太后医巫闾山下诏"。关于萧太后，辽史记载：保宁元年，萧燕燕被选入宫为贵妃，后被景宗封为睿智皇后，朝廷军政大事，多出奇略，上达圣意，下得民心。乾亨四年（982），景宗死，子耶律隆绪继位，是为圣宗，年号统和。因耶律隆绪年幼，军国大事皆由母亲萧燕燕处理，崇为"承天皇太后"。太后出于政治需要，辅佐圣宗20多年，"明达治道，善闻必从，心系农耕，身劳军政"，多次携幼皇来闾山显陵和乾陵，并从中考察官吏，暗访民情。

　　统和元年（983）十一月，圣宗继位一年后，太后与幼皇来医巫闾山谒陵。经途中访察，他们发现许多官场中之弊端，深感此弊不除，对新皇政权社稷大为不利。车驾行至医巫闾山时，萧太后决定以圣宗名义拟定诏书，并将诏书祭告于乾显二陵。诏书归纳四款："三京属官，当执公方，毋得阿顺；诸县令佐，如朝廷、州官妓朝使，非礼征求，不得畏徇；恒加采听，以为殿最；民间孝义者，旌其门闾。"此诏因在医巫闾山拟定，故史称医巫闾山下诏，并在各地广泛张贴。至今小观音阁石壁尚留当时颁诏祭祀的雕刻和祭祀的旗杆座。由于诏书的威力所及，层层贯彻执行，家喻户晓，举国称快。官员的上贪下贿、独断专行、鱼肉百姓，民间伤风败俗、孝悌沦丧、损人逐利之恶习为之一扫，从而出现了政治安定、人民乐业、国防强大、经济繁荣的好局面。尤其是统和二十二年（1004）与宋朝订立澶渊之盟以后，百余年中，两国人民未受战争之苦。可见医巫闾山下诏的历史作用不可低估。

萧太后死后，葬在医巫闾山的乾陵。对于她辅佐幼皇励精图治、提倡汉族文化、推动社会进步，医巫闾山人民永志不忘，或在茶余饭后，或在街头巷尾，到处都传说着她的故事。古老的慈航寺也留下了她的身影。

慈航寺坡北，有一条溪水潺潺东流。当流至坡缓处，又现一人工凿制的一把巨型石锁，东西1米，南北连同"锁梁"1.8米。溪水由锁下岩洞流过，曲折汇入玉泉湖。其锁刻于何时，无人知道。有传说很久以前，一南方术士来此，为防止观音阁山、北镇庙山、万紫山等这三道山跑掉，故雕制此锁将其锁住。另外还有"唐王锁五龙"之说。又据专家推断，此为辽代为锁住乾、显二陵的风水而雕凿。游人来此，俱个称奇。沿溪水上溯其源，在船山西面有古人类生活遗址，有石雕痕迹及生活残件，有石斧、鬲足之类遗物。由此观之，当属新石器时代所留，但尚需进一步考证。总体看来，慈航寺一带是一处开发较早的名胜区。

望海寺

望海山位于北镇城西北约20公里处，望海山主峰为医巫闾山最高峰，海拔887米，称望海寺。取晴日登峰，可远望渤海之意。因辽太子耶律倍酷爱医巫闾山之奇秀，购书万卷，置山之绝顶，筑书堂曰望海，故又称望海堂，通称为辽太子读书楼。

望海堂建筑在医巫闾山绝顶，原砌有高约5米的基台，并修建有两层殿宇，东西配房，即10间藏书库、3间居室、3间读书绘画室和10多间卫士房，四周峰顶都修有瞭望台，起保护望海堂的作用。这里就是耶律倍及爱妃高美人于辽太宗天显二年（927），从东京（今辽阳市）来闾山隐居生活的地方。绝顶峰下，原建有三层殿堂、数十间房屋的一个大院，正殿为绿琉璃瓦歇山式大木架结构，规模宏伟，金碧辉煌，专为藏书之用，冬季耶律倍便与高美人移此居住，故后世称此处为琉璃寺。这座望海堂，是辽代最大的私人藏书楼，也是我国当时北方少数民族地区藏书最多的地方。其中不少书籍是当时就已罕见的真本和善本图书，连后唐的汉人学者都称赞不已。闾山成为辽代主要文化中心区。

原望海堂建筑，早在金灭辽时被烧毁，但遗址尚存。从柱石、砖瓦构件考察，当时建筑规模十分巨大，气势宏伟。这在地势十分险要的悬岩高峰顶端进行建筑，在羊肠小路上搬运材料，可见工程之艰巨，用心之良苦，建筑工人之劳累，可谓是辽代建筑史上的一个奇迹。峰下的琉璃寺也早已不存，但遗址尚在。寺前的一口水井，是当年的食用水井，水质甘洌，天旱少雨时，井水也不干涸。此处还有一大石槽为辽代遗物，专家论证为显陵前的祭器。位于望海堂东北方向不远处的高美人行宫，如今也只剩下遗址。

望海寺建筑遗址

站在望海寺遗址上，居高临下，四望群山，千峰万壑，尽在脚下。苍松翠柏犹如草坪，使人眼界顿开，确有置身于天上之感。每当阴雨天气，白云绕山而行，云雾生于足下，风吹云动波涛万顷，浑如大海；峰峦错落，形如座座海岛，忽隐忽现，扑朔迷离，宛如一幅瑰丽的画卷。冬季群山披上银装，登峰远眺，一片银白世界，诚然是"银装素裹分外妖娆"。欣赏这北国风光，更有一番情趣。

古人有咏望海堂诗："黄云白日两茫茫，耶律移书此秘藏；安得读残十万卷，卧看东海自沧桑。"清人杨圻也有诗曰："北镇巫闾第一峰，但余樵牧说辽宫；当年耶律耽文史，不让昭明万卷风。"还有歌颂耶律倍"让国"的诗："武略文谋两擅长，储君何必握朝纲；一军扫荡扶余境，万卷珍藏望海堂。让国竟追吴太伯，浮家犹载越夷光；任教介弟承洪祚，孝友孤哀久自彰。"

石佛寺

北镇市富屯乡新立村丁家街的后山上，一座形态怪异、陡峭嶙峋的山峰矗立在闾山山脉中。在山峰的巨石上，用花岗岩垒砌着这座雄伟壮观的石头城。

在闾山几千年的历史进程中，曾有无数个王朝在医巫闾山地区修筑城堡，如汉代的无虑城，唐代的守捉城，辽代的显州城、乾州城，金代的钟秀城，明代的广宁城、马市城等，足有十几座。而医巫闾山新立村的这座石头城至今保存完好。

当地的老百姓管这座石头城叫狮子岩石头城。石头城朝南的山峰处有一凸出的"鹅头岩"，已被风化成一个个形态怪异的石洞，石洞像张着大口吞吃食物的狮子，半夜山风劲吹，石洞发出狮子般的怒吼，所以其得名"狮子岩石头城"。新中国成立前，宽敞的进城大道一直修到山门处，道路两侧生长着高大的松柏，朝圣者赶着马车可以直接到山上祭祀。如今通向城堡的羊肠小道上，仍然清晰可辨"大道"的痕迹。顺着石阶攀上石门时，人们会猛然发现这座石门原来是搭筑在两块并列的巨石之上。两根粗大的石柱顶起一块巨石成为门脸，两块刀削般的石壁相对着，构成门后窄窄长长的通道，真乃"一夫当关，万夫莫开"的巧妙构筑。当你攀上这条长长的通道，回过头再看，不禁会产生一种油然而生的敬佩之感，是什么人、什么时代、用什么样的工具把那几十吨重的巨石垒砌在两块经人工切割的巨石之上，在这高高耸立的山峰巨岩上，谁有这么大的力量才能把这些巨石托举于高高的岩峰之上，并一块块地将它们垒砌、叠放、搭筑成这等壮观无比的石门？石头城上面有巨石横立，奇怪的是，东西两个石壁从上至下都用花岗岩垒砌而成，城堡的"女儿墙"早已因人为的拆迁而损坏，但那深50多米的厚土层中到底埋藏着什么，仍不为人知晓，这就更隐藏着一种深不可测的神秘感了。

当参观的游人走上平台，发现整块的巨石壁立在平台上，组成了几间无顶的石屋，那巨石垒砌的石顶显然又是遭人为破坏，已坍塌多年。穿过人工切割的石孔，墙外是一块面向东南的巨石，巨石上雕凿着神龛，神龛上雕刻着五座一组（三主二胁侍）的石像，虽经风雨剥蚀，但面容仍依稀可辨，不知是人、是神还是佛。龛内的3尊坐像，头部作螺状髻，身着宽服而袒胸。中间大石像两侧各雕一立胁侍，作阿难像，像在祈祷什么。石像两侧的巨石上凿刻的是两尊护法神像，其中一尊已遭破坏，倒地后，埋在土层里。另一座已严重风化，两只凹陷的大眼凝视着前方，依旧忠于职守地保卫着自己的主人。面对着眼前这些不屈自然风霜雪雨的侵蚀和人为破坏的石人像，面对他们坚硬、冰冷、凝重的表情，游人不自觉地思索，他们在目视着什么？他们想要表达什么？这组石刻已经被锦州市人民政府列为市级文物保护单位。

慈圣寺

位于北镇市富屯乡龙岗子村中部的慈圣寺，是辽的一座名刹，有着千年的历史。

相传慈圣寺是辽国萧太后下诏建造，至今历经千年，当年萧太后携子圣宗及其他子孙来医巫闾山祭祀时都在此驻跸。从慈圣寺除可去琉璃寺显陵、龙岗子乾陵祭祀祖先外，还可瞻仰位于高山之巅的耶律倍与高美人行宫。据史料推测，历史上的慈圣寺应该规模宏大，富丽堂皇，占地广阔，不仅有可供众多官员扈从休息的配殿，还有储放香烛供品的库房及车辆粮草的停留地。寺内原有石碑两座，一为明朝复修庙宇时的碑记，一为康熙四十九年（1710）重建时所立。

20 世纪初的慈圣寺

清朝末年，北京有位监院老和尚，负责招待慈禧太后上香祈福。当他听说北方名山医巫闾山地区有座辽代皇家寺院——慈圣寺，便弃了京城的繁华，千里迢迢来到这里落脚，他喜欢上了这里的秀美山川，从此便终生在此修行，圆寂后魂栖闾山，葬于距寺院不远的辽墓北部。一些上年纪的老人记得寺中曾有两座珍贵的九眼透龙碑，雕工精湛，碑文字迹俊秀，言辞华美，其中有两句是"甘泉漱口，翠柏万株"，这两句碑文写出了闾山深处龙岗子自然风光，也道出了撰文者对闾山的喜爱之情。

在慈圣寺南有一天然石棚，为辽西著名才子、清末举人刘春烺读书堂。闾山深处，梨花满树，青石板上，青苔带露，闾山的美、梨花的空灵，让一代才子停下了漂泊的脚步，他晚年后不喜官职，在此吟诗作画，拥炉观雪，寄情于山水，写出了许多留传后世的佳句。

闾阳吕祖庙

进入北镇市境内，在 102 国道闾阳镇闾四村的大道北侧，耸立着一座古香古色的道教神祠——吕祖庙。

吕祖庙山门前两株皂角树巨大高耸，遮天蔽日，是一处纳凉避暑的好地方。东侧皂角树的顶梢已干枯成虬枝状,远望如一只平展羽翅的苍鹰,贴在苍翠的碧野上,黄树梢与绿树冠形成鲜明的对比,可谓是大自然造化的神工绝笔。

"闾阳有座吕祖庙,庙前两棵皂角树,殿内泥塑九神像,钟鼓二楼立两旁。"这句顺口溜,出自外乡人之口,去河北、河南等地做生意的闾阳人曾数次听到"关里人"在叨咕这段熟烂于心的顺口溜。这些吕祖的信奉者在关心吕祖庙的建设情况,特别令闾阳人惊奇的是一位河北的老者竟然能熟背大殿前的石刻楹联"道脉儒宗不作泥涂于世界,金台玉阁别开仙境非人间"。为什么"关里人"对吕祖庙如此情有独钟?翻开历史就不难发现,从1785年开始,这里便成了大清王朝皇帝东巡祭祖的驻跸之所。闾阳驿的繁荣直接促进了吕祖庙的香火旺盛,吕祖庙也就成了闾阳驿对外宣传的形象代表。随着时间的推移,吕祖庙的知名度远远超过了闾阳驿。可想而知,吕祖庙在闾阳驿历史上的地位是何等的重要。

吕祖庙的香火旺盛,一是因它处在交通军事要塞,也是广宁古城的前沿阵地。在唐朝,闾阳驿是唐太宗东征高句丽时屯兵集粮之所,《辽东志》载:"闾阳故乡西有高城,亦太宗屯兵之处。"由于地理环境的优越,商贾小贩云集于此。二因道教是中国的国教,八仙之一吕洞宾被列入道教的始祖,在民间人士的心目中威望很高,他乐善助施的高贵品质感动了一代代商人和信徒,来往经商路过吕祖庙者,必下马叩拜,捐些香火钱。有些虔诚的信徒从河北、山西等地长途跋涉至此,进行朝拜活动。吕祖庙在当时香火极其旺盛,时隔数里望吕祖庙青烟缭绕。

清乾隆五十年(1785),能工巧匠在闾阳驿的进关大道边修建了吕祖庙这座宏大的道教神祠。吕洞宾圣像背倚长剑,高高落座于庙堂之上。吕洞宾(798~?),号纯阳子,相传为唐京兆人,一作河中府(今山西永济)人,两举进士不第,浪游江湖,遇钟离权授以丹诀,时年64岁。他曾隐居终南山等地修道,后游历各地,自称回道人。小说、戏曲中写他的故事比较多,故事情节的传奇色彩也比较浓厚。元朝皇帝封他为"纯阳演正警化孚佑帝君"。

吕祖庙坐北朝南,南北长53米,东西宽23米,占地面积1219平方米,有山门、钟鼓楼、正殿、配殿、禅堂等建筑13间,由南向北排列。

山门，面阔 1 间，进深 1 间，为硬山式建筑。山门两侧各辟 1 角门。门前有石狮 1 对。山门后两侧建有钟、鼓楼各 1 座。东为钟楼，西为鼓楼，形制相同，左右对称，均为石造四角攒尖式顶。其四周设置石栏杆。钟楼内悬挂铁钟 1 口。钟通高 1.22 米，最大直径 1.50 米，重 1 吨。

正殿，面阔 3 间 10 米，进深 3 间 6 米，为硬山式建筑，明柱高 2.60 米。殿内供奉有泥塑佛像 9 尊。殿两侧各建有配殿 2 间，为硬山式建筑。东配殿东侧建有囤顶式禅堂 3 间。正殿前立有重修碑 2 甬。禅房前建有角门 1 个。庙墙东南部设角门 1 个。庙四周缭以垣墙。

吕祖庙始建于清乾隆五十年（1785），虽在道光、光绪年间多次重修和维修过，但到了 20 世纪 30 年代已破烂不堪。1967 年，庙被当地百姓拆除，基址被居民建房占用。2000 年正式修复吕祖庙，建筑质量一流，修复工程保持原有庙宇的遗风，堪称"修旧如旧"的典范。

吕祖庙大殿

永安寺

永安寺始建于辽代，距今已有1000多年的历史。明朝初年至清朝末年永安寺几经维修。新中国成立后，寺庙遭到不同程度的损毁，特别是"文革"期间，寺庙遭到严重破坏，庙产被瓜分占用，仅存一座破旧不堪的草庐古寺。

永安寺旧貌

正全法师担任永安寺住持之后，为重续永安寺香火，克服各种困难，先后投入1000万元，盖起了壮观的藏经楼，庄严气派的护法殿，宽敞明亮的居士房、斋堂，寺庙院中央铺上了坚固耐磨的花岗岩石板。

2013年，投资1000万元的大雄宝殿拔地而起，建筑面积900平方米，大殿中央供奉释迦牟尼佛、阿弥陀佛、药师佛，两侧供奉十八罗汉、六位菩萨。该工程于2014年5月竣工。

弥陀寺

弥陀寺位于辽宁省北镇市大屯乡车堡子村，是一座比丘尼庵堂。寺庙临近街道，但显得格外清静、幽雅。

弥陀寺的住持从圆彻、圆融、妙本到行悟已传至第四代。这个传递是漫长的，从寺庙的毁坏到重建，100年光阴匆匆而过，望着三位已故师太的照片，游客和参禅的信徒都可感觉到这座寺庙的恢复重建历经多少坎坷和磨难。

2007年，住持妙本，带着游人、信士参观庙宇庵堂。在女众进进出出、忙忙碌碌的世界里，游客更加感觉到浓厚的佛教氛围。

弥陀寺实乃一方小寺，但真诚地传递着佛家对信众的教化，信众们每每驱车路过此地，都要登临拜访。

弥陀寺的古迹已很难找寻，在旧址上重建的新寺已成为佛教徒活动的重要场所。来此参拜的善男信女想要找寻的是一方清静。清静是一剂包治百病的良药，前来参禅的人，都在清静的禅堂前等候。

弥陀寺大雄宝殿

千家寨圆通观

千家寨位于医巫闾山中南部，辽宁省北镇市罗罗堡镇境内，北镇城西南约15千米处，距鞍羊公路仅千米。据传明末清初有千家来此避难，皆获安全，因而得名。这里又是医巫闾山四大道观之一的圆通观故址。圆通观分上下两院。

下院在千家寨山谷入口处，占地面积为3200平方米，规模宏大，殿宇辉煌，僧道合居，财产颇丰。下院有3层殿堂。前殿5间，为神马殿，殿内两侧塑有马和马童。中为山门。山门外有石狮1对，高1.80米，长1.4米，宽0.40米，为半蹲式，雕工精湛，姿态威壮。神马殿两侧各有一便门，为平日通行之用。中殿3间，为泥塑佛像。后殿5间，也叫大殿，宽16.5米，进深8.8米。庙内所有殿宇均为布瓦青砖硬山式小木架结构，方砖铺地。大殿内有香柏木雕制的佛像13尊，工艺精致，造型生动，为少见的木雕佛像精品。两侧为山水壁画。殿外明柱上有两副楹联，一副写的是"圆满乾坤仍是佛光同皓月；通灵今古依然神气共丹心"，上下联头一个字，冠以"圆通"两字。另一副是"我愿指迷津须得正心全舍利；尔应拔苦海从献真性满菩提"。中殿也有一副楹联"苦海无边普济些善男信女；回头是岸惟拔那孝子贤孙"。前殿楹联是"物色迎眸到此地形神真静；山光满面入斯亭气象澄清"。大殿前还有石制佛龛2个，东殿有钟楼1座。前殿东西两侧各有砖平房两间，为守门护院道士用房。中殿两侧，从南往北东西相对，有道房各5间，为砖瓦房；隔半间过道，还有东西相对平房各3间，再隔过道，又有瓦顶道房各5间。西配殿1间。院中部两侧还有角门2个，看守门房各1间。整个院落分3层，有房屋43间。

  庙内有碑6座，为明万历年间，乾隆三十六年（1171）、道光三十年（1850）、光绪七年（1881）、1920年重修碑记。1920年有碑两座，一碑高3米，宽0.37米，厚0.24米，为龙门派第23代传人任宗所立，记载着这次维修工程历时5年的概况。另一碑，前书《医巫闾山千家寨圆通观记》，高3米，宽0.47米，厚0.23米，背面记献款人姓名和所献款数。两碑均为九眼透龙碑。山门外，还有一眼六角水井，直径为0.75米，深2米，水常年不涸，甘冽可口。据说是千家百姓来此处避难时所挖吃水用井，几千人饮用也不干涸，后来，为庙内道士食用水和灌溉农田、菜地、果树用。山半腰还遗留不少春米用的石臼、石碾等工具。

  上院在千家寨山顶，有殿堂3间、道房3间，均为布瓦青砖硬山式小木架建筑。殿内塑有三官（天官、水官、地官）大帝的塑像，道房为看山道士居室。

  上下院所有殿宇、道房、客房、钟楼等建筑，都毁于"文革"时期，但遗址还清晰可辨。现仅存20世纪初的两座断碑、一对残狮和食用井。

圆通观周围，群峰耸立，巍峨峥嵘，怪石横生，山势秀美，岩形奇特，变幻多姿。圆通观最高峰海拔666.7米。其山岩体纹理有的横向，有的纵向，有的与主峰相连一体；有的峰石突出高起，似与青天晤语；有的峰石排成一列，形如宏大的屏幕，如孔雀开屏；有的如俊秀的山水盆景；有的似猪猴对话；有的独石擎天，形如巨人；有的像蛤蟆，名"蛙石"；有的宛如仙鹤；有的形如老人盘膝而坐。还有一块巨石，宛似观世音形象，面南而立，活灵活现，人们称之为"观音望南海"。每块巨石皆独自成景，无不惟妙惟肖，引人入胜，令人拍手叫绝。特别是千家寨山口有一奇峰，人称"将军拜母峰"，远近驰名。从远处望去，山顶有一位坐北向南、脑后留着发髻的老太太，神态安详地坐在太师椅上，看着前面的儿子。老太太面前有一位将军，项盔穿甲，腰佩宝剑，右脚跨前一步，左腿跪在地上，脑袋低垂，双手抱拳，朝拜母亲。将军身边卧着一匹战马，回头凝视将军。这三块巨石，形象逼真，充满着人情味。

千家寨山上山下，林木繁茂，三四百年的古松，有数十株，生机盎然，与大面积的柞栎阔叶林，数千株果树，呼应成趣。河谷溪流，清莹碧透，与山石树木融为一体，构成了优美怡人的山野环境，是一处得天独厚的观光览胜理想之地。

龙潭宫

龙潭宫位于北镇市罗罗堡镇西部，坐落在吴屯村西北山中，这里千峰竞秀，万木葱茏，景色秀丽怡人。

龙潭宫分为上下两院。下院占地1369平方米，有两层殿宇。前殿3间，后殿3间，均为布瓦青砖、硬山式小木架建筑。后殿塑有关羽像，两壁绘有《三国演义》故事。前后殿共有塑像11尊。后殿木制楹联是"义勇贯三军大丈夫当如是也；英风昭万古非圣人能若是乎"。大殿两侧各有道房2间，大殿前有东西客房各5间，都是灰砖平房。清光绪二十六年（1900）重建。

上院，占地2400平方米，有3座殿堂。大殿3间，内塑关羽、关平、周仓像，关羽故事壁画7幅，艺术水平较高。前殿1间，后殿1间，有龙王塑像，还有壁画5幅，这些建筑均为布瓦青砖硬山式小木架结构。大殿两侧各建有道、客房2间。院内有石碑5座，为明万历以及清雍正、同治年间重修碑记。

上院北端岩壁下有一水池，长7米，宽9米，共63平方米。泉水从崖壁中流出，点点滴滴不断，水深1米多，水鱼交游，四时不涸，名"龙潭"，龙潭宫即由此得名。潭北岩壁上有清广宁知县琰广庆题写的"有龙则灵"、"二龙戏珠"、"漱玉池"及"闾山第一境"等摩崖石刻。潭西边即是龙王庙。潭东西各有一石洞穴，为守山道士居室，洞内冬暖夏凉。上院院内有一棵白果树，据说树龄已有千年；还有一株古松，可与大阁万年松相媲美。传说，明末有一官员，携家眷避难来此。一次女用人误在潭中洗衣，潭水立干。经道士用净水将潭洗刷，隔宿水乃如初。又传，乾隆年间，辽西地区久旱不雨，各地祷雨无灵，盛京将军饬有司取潭中水，建醮而雩，不三日甘霖立沛。因此，将军专折入奏，奉旨发帑银，乃重建北镇庙；并在潭西建龙王庙一座，以谢医巫闾山之神和龙王爷行雨之功。这件事在民间广为流传。道观已毁于"文革"时期，但龙潭、古树尚在，仍不失为医巫闾山中名胜之地。现如今，有善士将遗址清理干净，专心保护，东门尚好，西门重

龙潭宫西门

现，成为阜外画家的写生之地。龙潭宫乃辽西民主抗日联军指挥部，抗日联军以龙潭宫为中心，在医巫间山地区沉重地打击了日本侵略者。

圆觉寺

圆觉寺位于北镇市广宁城西南的鲍家乡圆觉寺村河南。寺庙坐北朝南，南33米，东南49米，占地面积1617平方米。原有山门、正殿、厢房禅堂等建筑。

山门，面阔1间，进深1间，为硬山式建筑。

正殿，面阔3间，9.65米，进深3间，6.2米，为硬山式建筑。屋顶覆瓦，置走兽。明柱高2.44米。殿内供奉有泥塑佛像10尊，东西两壁有壁画，殿前东西两侧各建有厢房1间，为囤顶式建筑。东厢房南侧有石造钟楼1座。殿前立有石碑2甬，石狮1对。石狮长0.32米，宽0.21米，高0.35米，用暗紫色沉积砂岩刻制。殿东侧5米处建有正房6间，为囤顶式建筑。庙四周獠以垣墙。

圆觉寺始建年代，史无明确记载，据《重修圆觉寺碑记》载，该寺创建于唐太宗东征凯旋之时，即唐贞观十八年（644）。明景泰四年（1453）经李呆主持重修。成化十九年（1483）、万历三十六年（1608）及清康熙十六年（1677）又曾多次重修或维修。"文化大革命"中，该寺被当地群众拆除。

圆觉寺的地名界碑坚立于村口，碑上刻着"元觉寺"三个大字，一些书籍中也有写成"元角寺"的。圆觉寺的葡萄远近闻名，以圆觉寺葡萄命名的商标早已被当地的农民注册，圆觉寺的农民靠种植葡萄、储藏葡萄发家致富。道路两侧的"北京平""小康楼"比比皆是，一家比一家盖的气派。每到入秋时节，圆觉寺村，藤蔓青青，硕果累累，别有一番田园诗意。进入村庄，向西南望去，圆觉寺的旧址尽现眼前，一座山岭之上，向阳背风，绿树成荫，乃佛家修行之宝地。寺院内的基础已经被40余年的耕种变了模样、换了一番天地。用碎石、片岩垒砌的围堰很是壮观，有点像大寨的梯田，层次感鲜明。梯田内生长着各类品种的葡萄苗木，呈环形将整座山覆盖。圆觉寺的庙址坐北朝南，是阶梯错落式的硬山式建筑，尽管风水流变，其形制却

圆觉寺遗址

如初。一座硕大的雕花柱础裸露在梯形的葡萄园内，如此庞然大物，可见历史上的圆觉寺大殿是多么的雄伟壮观。雕花柱础的刀工深藏着盛唐的文明，它特有的云螺纹图案，印证了明朝万历三十六年（1608）《重修圆觉寺碑记》中所载，创建于唐太宗东征凯旋之时，即唐贞观十八年（644年）。圆觉寺庙宇虽毁，而这座古老的村落仍然沿袭着"圆觉寺"的寺名，保留着山岭上那片沉甸甸的遗迹。

圆觉寺独特的小气候，丰盈了一方水土，养育了一方百姓，富庶了一个村落。庙址上丰收待摘的龙眼、玫瑰香、巨峰、马奶子葡萄压弯了葡萄架的横担，不用品尝，就已闻到果实透溢出的芬芳。

天齐庙

天齐庙又称东岳庙，位于北镇市城东1.5公里的山冈上。东南距汤屯村800米，西南距杨家村500米，西距龙王庙村500米，北距国道102线500米。天齐庙与广宁城西的北镇庙遥遥相对。

天齐庙坐北朝南，南北长 90 米，东西宽 50 米，占地面积 4500 平方米。据明弘治七年（1494）之《迁建东岳庙记》碑载，弘治七年重建后的东岳庙建筑规模宏大，分两个院落，有棂星门、钟鼓楼、神马殿、香殿、正殿、寝殿等建筑 113 间。主体建筑分布在东院由南向北的中轴线上，附属建筑则分布在主体建筑两侧或殿宇之西，由南向北依次排列。

　　棂星门，又称山门，面阔 3 间，进深 3 间，为宫门歇山式建筑。其上覆灰瓦及吻兽，正面设有 3 个拱形卷门，明间门额上镶嵌有石额 1 方，上书"天齐庙" 3 字。山门前两侧庙墙各辟 1 个拱形角门。

　　神马殿，又称神马门，位于棂星门后，神马殿面阔 3 间，进深 3 间，为歇山式建筑。神马殿后东西两侧建有钟鼓楼，东为钟楼，西为鼓楼，东西相对，左右对称，形制结构相同，均为重檐歇山顶阁楼式。钟鼓楼呈方形，建在石砌平台上，面阔 3 间，进深 3 间。下层中部内向设一拱形券门。神马殿前东侧建有江东太尉祠 1 间，西侧建土地祠 1 间，殿东西两侧围墙各辟 1 个拱形券门，连通香殿。

　　香殿，位于神马殿后，为贮藏香蜡祭品的场所。其面阔 3 间，进深 3 间，为硬山式建筑。

　　正殿，又称仁圣殿，位于香殿之后。面阔 3 间 18 米，进深 3 间 11 米，高 12 米，为单檐歇山式建筑。正殿两侧分别建有炳灵殿和司命殿各 3 间，均为硬山式建筑。正殿前东西两侧各建有廊房 20 间，东西相对，形制相同，均为硬山式建筑。

　　寝殿，又称寝宫，面阔 5 间，进深 3 间，高 15 米，为重檐歇山顶青砖拱造。明间为一拱形券门，两次间设有一圆形花格窗。殿东西两侧各建有硬山式的神橱 3 间。

　　天齐庙之西院，自南向北又建有宰牲亭、厨房各 3 间。房北建客厅 3 间、厨房 4 间。客厅之北建有斋堂 1 座、前后正堂各 3 间。又建有东厨房、庙祝房各 3 间，西房 5 间，库房、碾房各 2 间，均为硬山式建筑。庙前后植树 2000 多株。各主体建筑内均有泥塑神像和壁画。每年三月二十八日，附近百姓及官员均前往拜祭。

　　天齐庙的建筑年代，据明弘治七年（1494）之《迁建东岳庙记》载，东岳庙"在今郡城东南隅。考志，初建于郭外。永乐中，总兵官刘江增殿

天齐庙仁圣殿（20世纪40年代老照片）

郡城，庙居其内。弘治庚戌，总兵官都督李公杲膺来镇斯土，以敬勤民，振武保边为各，顾兹灾殄，即为迁建，以祈神之默佑。云城三里许，相于东望城岗上。厥地高爽清幽，宜为神居"。又据《重修广宁东岳庙记》碑载，其庙原"建在先年，后以开拓城池，其庙与居民杂处。弘治庚戌，总兵都督李公杲乃迁建于北东岗"。由此可知，东岳庙初建于广宁郡城郭外东南隅。明永乐年间，总兵官刘江扩展广宁城，使庙居其城内。弘治三年（1490），因庙与居民杂处，经辽东总兵官都督李杲迁于广宁城东三里的山冈上。明嘉靖三年（1524）及嘉靖十九年（1540）曾重修或维修。20世纪初，天齐庙已倾塌，1960年只存山门、仁圣殿及钟楼等，"文化大革命"中全部被毁。据《北镇县志》载，20世纪初，庙内原立有弘治年间重修碑2甬。碑与天齐庙建筑虽已毁，然遗址尚存。遗址地面仍散布有大量砖、板瓦、筒瓦、滴水及琉璃瓦等建筑材料。

旧时，有人在古玩小贩的手中购得一绿釉夔龙瓦当，做工十分精美。从龙的形态来看，它应该是明代的建筑构件。到专家对天齐庙遗址进行考察时人们才发现这夔龙瓦当乃天齐庙所有。从这些残片中可以看出，这座大庙曾经是多么的雄伟壮观。

三皇岭上有四座大庙，天齐庙、玉皇庙、农神庙、龙王庙。天齐庙的规模最大，占地面积就有4500平方米，建筑规模仅次于北镇庙。但它的军事位置却比任何一座古建筑都重要。辽东总兵李昊将天齐庙从广宁城东南隅迁到三皇岭的望昌岗之上，除保佑一方平安，主要还是从军事战略上考虑，天齐庙是广宁城的瞭望哨，是广宁城之眼。

在天齐庙寝殿墙外北边不远处有一高台耸立，古称镇东楼，天齐庙也有"镇东寺"之称。镇东楼高有数丈，自远可见，是明代拱卫广宁城的重要军警设施。若登台顶，可望10公里以外敌烽警报。在镇东楼的东面有一座烽火台，与镇东楼遥相呼应。如果有敌军进犯，烽火台上狼烟四起，镇东楼的红灯笼会点亮起来，向广宁城发出警报信号。明天启二年（1622），努尔哈赤由三叉关麾兵直指广宁，首先炮轰镇东楼，将东西北三面轰塌。著名学者阎崇年在《明亡清兴六十年》第十二讲"广宁迎降"中说到，努尔哈赤怀疑明朝总兵王化贞弃城逃跑是假，不敢贸然进城，站在望昌岗上向广宁城内观望。这个望昌岗所在的位置，就是天齐庙。

如今，站在天齐庙的遗址上感受到的是无尽的荒凉。庙址的基台已变为耕地，仅剩一块土堆，焚烧垃圾的烟尘已取代了历史的狼烟，四处弥漫。

琉璃寺

琉璃寺，位于北镇市广宁城西北的龙岗子村西山上，即201电视转播台农场所在地。琉璃寺西北距电视转播台0.5公里，西南距闾山望海峰2.5公里，东距山下慈圣寺庙址5公里。

琉璃寺坐西朝东，南北宽150米，东西长200米，占地面积3000平方米。遗址西部、北部及南部只存有石砌平台，平台高5米，上下散布有大量的辽代及明代砖瓦等建筑材料，尤以绿琉璃瓦和沟纹砖为多。遗址西部石砌平台中部，原有石造上屋1间，倚于石壁画东向。石屋前有石鼓式柱础石5块，排列整齐，当为原殿宇基础。石壁之上有一高3米、直径18米的大土堆，呈穹隆状。据当地百姓介绍，土堆下2米为石砌方形月台，月台四周置栏杆。土堆东侧出土了一件辽代的石狮。其他建筑基址已无存。

据考，琉璃寺是在辽人皇王耶律倍陵墓址上建起的，金毓黻在此考察曾发现残碑数块，得"原系大辽东丹让国皇帝"等字，由此认定琉璃寺庙址为耶律倍陵墓所在地。明代在其遗址上建琉璃寺。1937年以前庙已毁圮。

琉璃寺有一口八角琉璃井，井里有抽水机水管，井水很旺，抽上来的水，甘甜凉爽，沁人心脾。

看院子的人说，这口井深10米，淘井时他下去过，井底是圆的，有两块半圆形石板，石板一边一个眼，是淌泉水的，好像太极图，往上变成方形四块石板，再往上变成八卦形，有八八六十四块扇子面石头，一直砌到上面。说是一口井，还不如说成一个泉眼，千百年来，这股清泉养育了山里人家和灌溉了百亩良田。

娘娘庙

碧霞宫又称天元观，俗称娘娘庙，位于北镇市广宁城内西北隅的万紫山上（今革命烈士纪念塔所在地），东临电视台，南距驻军营房95米，西为供水站，北距城墙90米，是广宁城内著名的庙宇之一。

碧霞宫坐北朝南，南北45米，东西50米，占地面积2250平方米。据1960年文物调查档案载，庙原分东西两个院落，建有山门、关帝殿、观音殿、地藏殿、三霄殿、配殿、厢房等。

西院，建有一山门，为硬山式建筑，门额上题有"碧霞元君神祠"6字。山门后为关帝殿。

关帝殿，面阔3间，进深3间，为硬山式建筑。殿内供奉有铜佛像3尊，东西两壁有壁画，殿两侧墙壁各辟一角门。殿前立有重修碑11甬。

观音殿，位于关帝殿后，面阔3间12米，进深3间10米，为硬山式建筑，顶覆灰瓦及吻兽，明柱高2.93米，内柱高3.90米，殿内供奉有观世音等铜佛像7尊，东西两壁有壁画。殿西侧建有囤顶式禅堂3间，殿前东西两侧各建有厢房3间，均为硬山式建筑。东厢房南侧围墙中部辟一角门，由此可通东院。

东院建有一山门，为硬山顶式建筑。门后东侧有石造钟架 1 座。门后为地藏殿。

地藏殿，面阔 3 间，进深 3 间，为硬山式建筑。殿内供奉有地藏菩萨等塑像，东西两壁有壁画。

三霄殿，位于地藏殿后，面阔 3 间，进深 3 间，为硬山式建筑。殿内供奉碧霞元君、云霄、琼霄等塑像 20 尊。庙四周缭以垣墙。

碧霞宫建筑虽毁，但宫内铁钟尚存。铁钟铸于 1930 年，通高 1.50 米，最大直径 1.35 米，重 900 斤，钟上铸有二龙戏珠及莲花等图案，四周铸有铭文。其文曰：

覆践天光，呼吸育清。出玄入化，若亡若存。
绵绵不绝，固蒂深根。人各有精，精合其神。
无上玉皇，心印妙经。上乐三品，神与气精。
恍恍惚惚，杳杳冥冥。存无守有，顷刻而成。
诵诗万篇，妙理自明。无上玉皇，心印妙经。
天元观谨识。
一得永得，自然身轻。大和亢溢，骨散寒瑗。
得丹则灵，不得则倾。丹则身中，非白非青。
其聚则有，有散则零。七窍相通，窍之光明。
圣日圣月，照耀金庭。入水不溺，入火不焚。
神依形生，精依气盈。不凋残松，松柏青青。
三品一理，妙不可听。神合其气，所合体真。
不得其真，皆是强石。神能入右，神能飞形。
迥风混合，百日功灵。默朝上帝，二纪飞升。
如者易悟，昧者难行。
声韵悠扬，警醒迷觉。虔愿亚洲，海洋群岛。
一切众生，安多危少。党籍巩固，外侮静扫。
兵戈永休，雨顺风调。四兆同胞，□浮无期。
诚念即是，逃离幻境。拔妄想根，得常安□。
脱生死路，□无量寿。

是大佛寺主要建筑之一。

东方丈所，位于大佛殿后东半部，是寺内方丈住所，建有正房7间，正房左右各建厢房5间（僧房），均为硬山式建筑。

西方丈所，位于大佛殿后西半部，与东方丈所相邻。西方丈所有正房7间，东西厢房各5间，形制布局与东方丈所相同，均为方丈及僧人的住所。大佛寺四周缭以垣墙。寺虽毁，遗址尚存，石狮埋入地下，旧址被北镇市原体育运动委员会和广宁镇中心小学占用。

大佛寺始建年代史无明确记载，有辽建之说，但无碑碣可考。据清《广宁双塔崇兴寺修造妆塑碑记》载："广宁有大寺二，其一为普慈寺，在城东南隅，一则在城东北隅，即双塔崇兴寺是也。"由碑载普慈寺在城南隅，与大佛寺位置相符，普慈寺即大佛寺。另据《重修广宁普慈寺碑》记载："大普慈寺者，为使臣所有也。从来旧矣，日毁月侵，寺庙改色……经龙江高先生和建州王彦督工力役重修。"据碑载，在这次重修扩建中，建有佛殿7间、天王殿3间、山门2座、东配殿3间、东钟楼1座、东廊房13间、西祖师殿3间、西鼓楼1座、西廊房13间、藏经阁3间、东西更衣殿共6间、观音殿3间、东缀房5间、西禅堂5间、西缀房3间、东方丈所7间、东西厢房各5间、西方丈所7间、东西厢房各5间。《北镇县志》载："大佛寺在城内东南隅。正殿五楹、禅堂三楹。清乾隆八年依明水陆殿旧址改修大佛寺。"由上载可知，大佛寺最晚建于明万历十三年（1585）以前，初称普慈寺，清乾隆八年（1743）改建后，始称大佛寺。大佛寺历代维修情况无碑碣可考。20世纪30年代末，大佛寺建筑大都残毁。"文化大革命"期间，寺庙拆除。1972年，北镇县体育运动委员会利用庙址建体育场一座。现庙址被体育场、广宁镇中心小学、方圆广场占用。

龙凤寺

龙凤寺位于北镇市鲍家乡圆觉寺村西南龙宝峪山谷中，四面环山，风景十分秀丽。

龙凤寺坐北朝南，南北25米，东西30米，占地面积70平方米，有山门、正殿、正房等建筑。

山门，面阔 1 间，进深 1 间，为四柱式硬山顶建筑。山门后 23 米处建一月台，月台之上建有正殿，正殿面阔 3 间 10.50 米，进深 3 间 6.26 米，为硬山式建筑。明柱高 2.27 米。殿内供奉有释迦、弥勒、药师等泥塑佛像 7 尊，东西两壁有十八罗汉、花卉、山水壁画 16 幅。殿前月台下两侧各立有重修碑 4 甬。殿前东南部靠近东墙有石造钟架 1 座。殿东侧建有囤顶式禅堂 3 间。庙四周缭以垣墙。庙虽毁，基址尚在。

龙凤寺有唐建之说，但无碑碣可考。据《龙凤禅寺碑记》载，明万历三十九年（1611）曾重修。清光绪二十八年（1902）又次大修。20 世纪 30 年代末，该寺已残损。1967 年，寺被当地百姓拆除。

城隍庙

城隍庙，位于北镇市广宁城内北大街的市人民医院后院。东距北大街 80 米，南距太平路 100 米，西距万紫山 250 米，北距城墙 15 米，是广宁城内重要的庙宇之一。

城隍庙坐北朝南，南北长 80 米，东西宽 40 米，占地面积 3200 平方米，建有山门、正殿、后殿等建筑 16 间。

山门，面阔 3 间，进深 3 间，为硬山式建筑。门前两侧有石狮 1 对，西侧建有平安祠 1 间，为硬山式建筑。门后有石屏 1 座，浮雕狮子、鹿等图案。

前殿，面阔 3 间，进深 3 间，为硬山式建筑。殿内有塑像和壁画。

正殿，面阔 3 间 11.80 米，进深 3 间 7.69 米，为硬山式建筑。殿后山墙两次间各开一圆形窗。殿有泥塑像。

后殿，面阔 3 间，进深 3 间，为硬山式建筑。殿东侧建有祠堂 3 间，为硬山式建筑。庙四周有垣墙。庙内松柏成荫，清雅肃穆。庙内尚存正殿 3 间，屋顶由医院改为水泥瓦顶，作为汽车库使用。

城隍，在中国古代神话中，相传为守护城池的神，后为道教所信奉，最早见于记载的是芜湖城城隍，建于公元 239 年，唐宋以后，奉祀城隍的风俗遍于全国各地。

城隍庙始建年代史无记载，据碑文所记，始建于明代，清康熙五年

城隍庙（20 世纪 40 年代老照片）

（1666）重建，乾隆六年（1741）、乾隆七年（1742）、道光十八年（1838）、道光二十年（1840）、道光二十八年（1848）曾重修。1960 年，为建医院，经文化部门批准城隍庙被拆除，只保留有山门和正殿。1994 年，医院在庙址上建家属楼 1 栋。庙址被人民医院占用。现正殿仍保存完整，墙壁有壁画，被白灰遮盖。

关岳庙

关岳庙又称关帝庙，位于北镇市广宁城内鼓楼西侧的老爷庙市场所在地，东距鼓楼 40 米，南距老爷庙胡同 30 米，北与实验小学相接，地处繁华闹市区，是广宁城内最大的庙宇之一。

关岳庙坐北朝南，南北长 103.60 米，东西宽 41.90 米，占地面积 4341 平方米。关岳庙规模宏伟，布局深远，其主体建筑多分布在由南向北的中轴线上，依次为山门（马殿）、戏台、碑殿、大殿，马殿后东西两侧为钟、鼓楼。而附属建筑则分布于中轴线两侧，建有东西庑、配殿等。

山门，又称马殿，面阔3间，进深3间，为歇山式建筑，拱形门，圆形窗，前檐柱和檐檩有彩绘。殿两侧各设一拱形角门。殿前左右有石狮1对，用暗紫色沉积砂岩雕造。石狮为圆雕蹲狮，高1.80米，宽0.80米。"文化大革命"期间，石狮被砸后埋入地下，1993年经工商管理部门挖出，交给文物保管所，后经修复立于鼓楼前，山门前东西两侧各竖有旗杆1根。

戏台，位于马殿后，面阔3间，进深3间，为歇山式建筑。戏台各柱及檐檩有雕刻和彩绘。戏台前东侧建钟楼1座，西侧建鼓楼1座。钟鼓楼东西相对，左右对称，形制结构相同，均为重檐歇山顶阁楼式。钟鼓楼面阔3间，进深3间，分上、下两层，建在石砌的方形月台之上。下层内向各设一拱形门，内有胡梯可登上层。上层面阔3间，进深3间，四周置望窗，周围有回廊，檐檩及角柱有彩绘。

前殿，又称碑殿，面阔3间，进深3间，为硬山式建筑。殿内供奉有岳忠武王神牌位26位。正位供奉有关壮缪侯、岳忠武王。东配忠武将士12位，分别是张飞、王濬、韩擒虎、李靖、苏定方、郭子仪、曹彬、韩世忠、旭烈兀、冯胜、戚继光、周遇吉。西配忠武将士12位，分别是赵云、谢玄、

关岳庙大殿（20世纪40年代老照片）

贺若弼、李光弼、尉迟敬德、王彦章、狄青、刘琦、郭侃、徐达、常遇春、蓝玉。

后殿，又称大殿，面阔 3 间 12.7 米，进深 3 间 9.30 米，为硬山式建筑。殿内设神龛，龛内有塑像 1 尊，东西两壁有壁画，殿前建有石砌月台，四周有石栏杆。月台上建有卷棚 1 座，面阔 3 间，进深 2 间，为歇山卷棚顶，檐下置斗拱，各柱及檐檩有雕刻和彩绘。明间檐柱上有楹联 1 副。大殿东侧建有配殿五间，为硬山式建筑，殿前建东西庑各 3 间，为硬山式建筑。

关岳庙始建于清雍正十三年（1735）。据《北镇县志》载，此庙由山西商人王氏独捐巨资而建。1914 年，颁定"关岳"合祀，增设岳忠武王神像，改称"武庙"，每年春秋致祭。1953 年，北镇县人民委员会决定将其改为菜市场。1965 年，文化部门将鼓楼及钟楼拆除。1966 年，又拆除了碑殿、卷棚等建筑。1967 年，第二副食品商店将马殿拆除。1978 年，实验小学又将三义殿拆除，1990 年，工商管理局依庙旧址建轻工贸易大楼 1 栋，商贩在此交易买卖。如今的庙址被实验小学和老爷庙市场占用。

双泉寺

双泉寺，位于北镇市广宁城西北的龙岗子村双泉寺屯内，三面环山、背依山坡，南临山冈，面靠笔头山、四周为居民住宅（龙岗子慈圣寺中有介绍）。

该庙坐北朝南，依山势而建，南北长 50 米，东西宽 30 米，占地面积 1500 平方米，有山门、前殿、后殿、厢房、禅堂等建筑 19 间，由南向北排列。

山门，面阔 3 间 9 米，进深 2 间 4.50 米，为硬山式建筑；上覆灰瓦及吻兽；格扇门，花棂窗；门前有石狮 1 对。

前殿，面阔 3 间 9 米，进深 3 间 9 米，为单檐歇山式建筑。明柱高 3.50 米，内柱高 4 米。殿内有泥塑像及壁画。殿前西侧建有硬山式厢房 3 间。

后殿，又称正殿，面阔 5 间 15.50 米，进深 3 间 7 米，为硬山式建筑。前檐柱为石造，高 2.50 米。前檐檩上有浮雕和彩绘。内柱高 4.50 米。殿内有人物壁画。殿西侧建有禅堂2间。殿东侧建有硬山式厢房3间。庙内还立有重修碑3甬。这些建筑和碑均已无存，基址被居民建房占用。

双泉寺因庙前有两泉而著称，始建年代无碑碣可考。据载，清道光年间（1821~1850）、咸丰九年（1859）曾重修。1926年，再修。1967年，庙被当地百姓拆除，基址被居民住宅占用。

双泉寺遗址

历史上，北镇医巫闾山庙产最富有的，当属灵山的接待寺和龙岗子的双泉寺，北镇桥梁道路的维修，扶贫济困的施舍，多由这两座寺庙承担。所以北镇历史上有些桥梁的名字由僧人的法号命名，如"体慧桥"等。双泉寺的住持僧释笑尘是一位爱国僧人，为人正修、正念，弘扬佛法，主持正义，不结交权贵，生活简朴，把禅寺经营得很好，是典型的"富庙穷方丈"。双泉寺依山而建，错落有致，环境优雅，特别是门前的一对石狮子威风八面，乃笑尘和尚雇用石匠花了两年时间才雕凿而成的。相比海云观、龙潭宫、千家寨那些大型的庙宇，双泉寺的禅院略显寒酸了些。有一天，乾隆皇帝走进了这座清静的寺院，双泉寺的历史从此被改写。双泉寺的老僧战战兢兢跪卧在地上，向乾隆皇帝三叩首。乾隆被这群山环抱、鸟语花香的山居小寺幽幽景色所迷恋，欣然题诗一首，盖上龙印。乾隆皇帝的真迹流传到笑尘和尚的手中时，正值日寇入侵东三省，北镇沦陷。双泉寺的镇寺之宝——乾隆御笔，被汉奸透露给日本清水指挥官。清水几次登临双泉寺，假意拜会笑尘和尚，探讨佛学知识。笑尘深知日寇没安好心，为了不使国宝落入日寇手中，他利用自己深湛的书法功底，临摹了一幅乾隆御笔，送给清水，后被清水识破。清水以反满抗日的罪名，将笑尘和尚抓进沟帮子日伪警署，对其进行严刑拷打，笑尘拒不交出乾隆御笔，日寇清水恼羞成怒，将笑尘和尚扔进狼狗圈，被狼狗活活咬死。由此，双泉寺记录着日寇残酷的暴行，铭刻着民族仇恨，增铸了一分华夏英魂。国宝——乾隆皇帝的御笔最终没有落入日寇手中。有人说，这幅书卷被笑尘和尚一把火烧掉了，也有人说，他的徒弟将御笔藏匿了起来。

永宁寺

永宁寺，位于北镇市大市镇镇边堡城东北隅，东距镇边堡东城墙50米，南为居民住宅，西为居民区，北距城墙15米。

永宁寺坐北朝南，南北长60米，东西宽34.5米，占地面积2070平方米，有山门3间、天王殿1间、大殿4间、配殿3间、大仙堂1间、东厢房3间。

山门，面阔3间，进深3间，为硬山式建筑。天王殿，面阔1间，进深1间，为四柱攒尖亭式建筑，内有泥塑韦驮及弥勒佛等像。大殿面阔4间13.65米，进深3间6.40米，内塑有观音等泥塑像。东配殿3间，为草房式建筑。东配殿东侧建有大仙堂1间，为硬山式建筑，内供奉有胡三太爷泥塑像3尊。大殿前东侧建有囤顶式厢房3间。殿前立有重修碑2座。

现仅存大殿4间、东配殿3间，均已改为囤顶，由大市镇大一村村民委员会占用。大殿后有柏树30余株。

其寺建筑年代，因碑丢失，无从考证。

永宁寺就坐落在这城堡之中。永宁寺，不言而喻，大明王朝的总兵官希望所镇守的边疆永远安宁。可镇边堡总是处在战争的最前沿，外族势力蒙元残余部族的不断侵扰，打破了这里的宁静，辽东长城98座边堡之一的镇边堡成了兵家必争之地，永宁寺无宁日。

城堡是坚固的，但也是脆弱的。大明王朝腐败透顶、风雨飘摇之时，努尔哈赤已率领八旗子弟兵临广宁城下，贪生怕死的总兵官王化贞弃城逃跑，广宁城和镇边堡也就不攻自破，"冀北严疆"已名存实亡。永宁寺目睹了镇边堡城501名官兵的匆匆离去，永宁寺已是僧去寺空，广宁城的失守对于镇边堡来说，正应了古人那句话"唇亡齿寒"。

大清王朝统一中国后，镇边堡内外呈现出少有的和平景象，镇边堡和广宁城一样，彻底退出了历史军事舞台，成为一座散兵游勇、灾民混居的贫民城。

永宁寺遗址一侧的明代镇边堡角楼

永宁寺院落的银杏树已有400多年的历史，它和寺院后面的30余株柏树是永宁寺唯一幸存下来的庙产了。昔日的永宁寺已变成大市镇大一村的村部。村部檐下的老石条是老寺庙的原基础，规规矩矩，方方正正，和现有的建筑毫不匹配。

站在镇边堡的城墙上，西望蜿蜒于医巫闾山上的长城遗址，如一条长龙从魏家岭关隘凌空而至，气势雄壮，由此可见长城当年的雄姿。

药王庙

药王庙，位于北镇市广宁城内万紫山西南，现驻军大营内西北隅。西距西侧城墙30米，北距北侧城墙4.70米，南、东两面为部队营房。

药王庙坐北朝南，南北长66.10米，东西宽60.50米，占地面积为3999.05平方米，原有山门、前殿、正殿、后殿、禅堂、厢房、门房及胡仙堂等建筑19间。主体建筑分布在南北中轴线上，由南向北依次排列。

前殿，为五檩硬山式，面阔3间9.25米，进深3间6.15米。顶覆绿色琉璃瓦。殿内原有泥塑神像1尊，西侧三花板上绘有"八仙过海"白描图案。前殿东侧建有山门1间。山门两侧各建倒座耳房1间。前殿西侧围墙中部辟一角门。

正殿，位于前殿后29米处，为硬山式建筑，面阔3间10.50米，进深3间6.90米。1988年，药王庙正殿已残破不堪，屋顶覆混杂的绿色琉璃瓦及小灰瓦，整体房架已向东北方向倾斜，东山墙已倒塌，装饰部分遭破坏，仅两次间残存一窗。殿内原供奉有观音、善财童子龙女、张仙、吕祖等像。殿内3侧墙壁均有壁画，东墙为"求医图"，其他两侧壁画被纸覆盖，内容不详。正殿前东侧有重修碑1甬，为螭首龟跌座。碑通高2米，宽0.75米，厚0.22米，碑阳阴刻楷书"重修药王庙碑序"七字，碑阴落款为"大清乾隆二十年岁次已仲夏月建立"。正殿东侧有厢房两间，为囤顶式建筑。殿前西南部建有胡仙堂一间，为硬山式建筑，殿两侧庙墙各辟一角门，门高2.2米，宽1.4米。

后殿，位于正殿后9米处，为硬山式建筑，面阔3间9.50米，进深3间6.50米，灰瓦顶，置走兽和吻兽，前檐柱为石造，内柱高4米，明柱高3米，明间两前檐柱上镌刻有楹联，上联为"苦海本无边妙觉悟开归善念"，下联为"慈航皆可渡菩提随处见婆心"。后山墙已倒塌。后殿内中部原供奉有药王像，殿右边供奉有朱丹溪、李东垣、岐伯、刘守贞、张仲景塑像5尊；殿左边供奉有扁鹊、华佗、黄帝、王淑和、孙思邈塑像5尊，现已无存。殿内东西墙壁绘有"十八层地狱"彩画，山花墙绘有八仙图案。殿东侧建有囤顶式禅堂 4 间,通面阔 13.20 米,通进深 4.80 米,殿前东西两围墙中部各辟一角门,庙四周有垣墙。

现药王庙仅存的壁画:地狱图

据《北镇县志》载,药王庙始建于清代初,清乾隆二十年(1755)曾重修。1943 年维修,并重绘殿内壁画。

中华人民共和国成立后,药王庙被占用,庙墙、大门、门房、厢房及胡仙堂等建筑被拆除,殿宇成为仓库。1988 年,堆放在前殿内的柴草突然起火,因抢救不及,前殿被焚毁。1989~1990 年,后殿东侧四间禅房被拆除。

白衣庵

白衣庵,位于北镇市广宁城内西北隅的驻军营房内。东距法兴寺庙址 10 米,南北为部队营房,西距城墙 100 米。

白衣庵坐北朝南,南北长 39 米,东西宽 20 米,占地面积 1443 平方米。

据《北镇县志》载，白衣庵原有正殿3楹，前殿3楹、大门1座。据1960年文物普查档案记录，白衣庵有大门1座、山门1座、前殿3间、后殿3间、西禅堂6间、西厢房4间。

后殿，面阔3间13.50米，进深3间10.30米，内柱高4米，明柱系石造，高3米，为硬山式建筑。殿前东西两侧立有石碑2甬。殿西侧有禅堂6间，均为硬山式建筑，殿前西侧有厢房4间。庙内有明万历四年（1576）八月所铸铁钟一口。

前殿，面阔3间8.05米，进深3间5.08米。屋顶上覆青瓦与吻兽。殿内山花墙上绘有白描画。门窗已毁，西山墙被改成囤顶。殿前建有一山门。山门西侧建有一大门。庙四周缭以垣墙。庙已毁，只存前殿3间。后毁于1989年。

白衣庵始建年代无考，清康熙十一年（1672）及乾隆三十四年（1769）曾重修。中华人民共和国成立后，白衣庵被占用。1971年，占用单位扩建中，将庙殿拆除，只保留有前殿3间，作仓库使用。1980年，北镇县人民政府公布其为县级文物保护单位，并加以保护。

西佛寺

西佛寺建在北镇市富屯乡一座挺秀峻峭的闾山石峰之上，其规模与山形近似于新立辽代石头城、小观音阁石头城，但佛像要晚于新立石刻，人工开凿的痕迹清晰，修补粗糙的成分明显，专家推测其为清末遗陈。

寺内有石佛一尊，坐西朝东，佛家信士修建了半壁庙宇（酷似小亭），为石佛遮风挡雨。绘其重彩，是医巫闾山地区一种延续多年的风俗，为庙宇粉刷油彩，为佛像增容填色，描眉点睛，大红大绿，使得佛颜更为慈眉善目。田园子石人被人施以重彩，加快了腐蚀的速度，破坏了石佛的本色，好事变成了坏事。西佛古寺的石佛也被施以重彩，目光迥异，神情颇为怪异。西佛古寺门柱上的楹联取灵山古寺之文，上联为"寺庙无灯凭月照"，下联"山门不锁待云封"。石壁上的石联为后人刻录，取于护法殿胡三太爷庙楹联，只是在文字上稍加改动，对仗不工整。其上联为"坐烽山修身养性"，下联为"出神山佛法无边"。胡三太爷护法殿楹联的上联是"在深山修身养性"，下联为"出古洞四海扬名"。作者把道教与佛教文化相互融合，一片诚心，无须挑剔。从"佛光普照""大慈大悲"的两幅横批，可推测石佛可能是观世音菩萨三十二应身之一。虔诚信士捐舍红袍、黄袍为石佛披上，无奈石佛乃摩崖石刻，只好如帘布，为石佛遮胸护体。庙宇右上方有"西佛寺"三个摩崖大字，观其笔体，生硬僵直，乃后人信手刻来。顺石道向前右拐，攀阶而上，荆条封路，石头构件显露眼前。石门朝南，有一夫当关、万夫莫开之险。平台之上，原有石棚数间，现一切尽毁。瓦当、砖石散落于台基之上，可见平台之上石砌建筑之遗迹。在石壁之上有古人雕凿的石像，现已风化斑驳，只能依稀看出佛像的轮廓。主寺遗址风光无限，视野开阔，不仅可尽览北镇古城，而且有军事瞭望功能。有辽以来，医巫闾山地区近市巅峰多筑有军事瞭望所，在辽代担负着显、乾二陵的守卫任务，这些瞭望所多筑有石屋，一是为避寒，二是为防止野兽袭击。在这些遗址考察中，发现有舂米石臼、石碾子、石磨等生活器具存在。后历经朝代更迭，战乱损坏，这些古堡式的瞭望哨所多改为寺庙、道观。

西佛古寺虽小，但有特别之处。其坐卧之西山，乃峭拔摩空的万仞大山，大山怪石嶙峋，堪称医巫闾山自然景观一绝。大山犹如八百罗汉坐卧于

西佛寺遗址

山间，姿态无常，神情怪异，目睹此景，令人惊叹。在万翠丛中，石林峭拔，有站立，有蹲卧，有俯首，有伸拳踢腿，犹如八百罗汉显圣，各显神通。峰北有一奇石，独立于蓝天白云之中，犹如南海大士，向西天施礼，虔诚叩拜佛主。在其身旁，立有童男童女，形态逼真。

观音寺

观音寺位于北镇市廖屯镇102国道至元五路西行5里桥南500米处，占地1万平方米。观音寺西踞医巫闾山，东邻国道，寺庙历史悠久，院落古柏苍天，据出土的石柱铭文记载，观音寺已有1000多年历史，为医巫闾山辽代大型古建筑之一。

寺院大殿后侧古柏根茎达1.3米，根据林业部门专业人员勘测，树龄已有千年，如此粗壮的香柏，在医巫闾山地区甚为稀有。香柏至今郁郁葱葱，雄伟挺拔。在寺院恢复过程中，居士赵乃生和众工匠在泥土中发现石碑1座，乃观音寺乾隆二十三年维修碑记。碑文弥足珍贵，详细记载了观音寺在

观音寺大殿

高僧语印的住持下，寺院香火旺盛，十方信士云集，建筑规模宏大。在寺院遗址发现的大型青石柱础足可以证明观音寺的规模。其散落的构件多为明朝时期的建筑构件，有着十分珍贵的文物价值。

观音寺俗称廖家屯大庙，语印在乾隆十六年正月圆寂后，他的弟子法慧接任住持，开始对寺院进行大规模的维修。根据寺庙碑文记载，观音寺乃清王朝历代帝王回盛京祭祖的必经之路，他们多在此驻足打尖，朝山礼佛，碑文有"圣屯"之记载。

如今的观音寺已全面恢复，寺内的古柏、建筑构件、碑文得到了妥善保护。

观音堂

观音堂位于北镇市广宁城内鼓楼东侧的观音堂胡同中部，东北距天主教堂20米，南距甘石桥胡同30米，西距鼓楼150米，是广宁城内最早的寺庙之一。

观音堂坐北朝南，南北长25米，东西宽20米，占地面积为500平方米，为四合院式建筑。1960年前有山门、正殿及禅堂等建筑10间，由南向北排列。

山门，面阔及进深各1间，为四柱歇山顶青砖拱形门，门额上镶嵌有石匾额一方，上书"观音堂"3字。山门前东西两侧立有石狮3对。山门后为正殿。

正殿，面阔3间10米，进深3间8.50米，明柱高2.6米，内柱高3米，为硬山式建筑。殿内供奉有观世音等泥塑像11尊。殿两侧各建有囤顶式禅堂3间。殿前中间有石造香炉1鼎，两侧各立有石碑3甬，其中有明代嘉靖年间碑1甬，明万历年间碑2甬，清康熙、雍正、乾隆年间碑各1甬，庙四周缭以垣墙。

观音堂有唐建之说，但无碑碣可考。明嘉靖三十六年（1557）、万历四十一年（1613）、清康熙三十二年（1693）、雍正七年（1729）及乾隆五十三年（1788）曾依旧制重修或维修。20世纪初改设学校。1968年，北镇县文化馆将山门拆除。1979年，拆除庙殿，房产部门在庙址上建起两栋家属房。

观音堂山门（20世纪40年代老照片）

保安寺

保安寺，位于北镇市广宁城内西北隅的驻军大营内，东距白衣庵庙址5米，西距城墙80米，北距药王庙150米。

保安寺坐北朝南，南北长59米，东西宽33米，占地面积1947平方米，原有正殿、厢房等建筑25间。

山门为两重，第一层山门，面阔及进深各为1间，为硬山式建筑。第二层山门，形制与第一层山门相同。二门后东西两侧建有钟鼓楼各1座，东为钟楼，西为鼓楼，东西对峙，形制相同，均为六柱六角攒尖亭式建筑。二门后，建有石屏风1座，上雕有兽形图案，为须弥座，歇山式顶。殿后建韦驮殿1座。

韦驮殿，面阔及进深各1间，建在石砌的方形平台上，为四柱四角攒尖顶建筑。殿内供奉有泥塑韦驮像。韦驮殿后，有光绪十二年（1886）建造的石牌坊1座。石坊为四柱3间3楼庑殿顶，高5米，用青灰色沉积砂岩雕造。石坊前立有重修保安寺碑 4 甬，石造香炉 1 鼎。石碑后建正殿。

正殿，面阔 3 间 10.3 米，进深 3 间 9.4 米，为硬山式建筑。殿顶置正脊、重脊及吻兽，四周覆灰瓦，中部覆芦苇。明柱高 3 米，内柱高 3.5 米。殿内供奉有泥塑佛像，东西两墙有壁画。殿两侧各建有禅堂 3 间。殿前东西两侧各建厢房 3 间。正殿后原还建有后殿 5 间，20 世纪初只残存基址。后殿北部原有墓塔数座。

保安寺据碑志载，有唐建之说，但无史籍可考。据明万历三十八年（1610）之《新修保安寺》碑文记载，保安寺曾于万历三十八年重修。清康熙五年（1666）、乾隆四十二年（1777）及同治年间（1862~1874年）重修或维修。1966 年，寺庙建筑全部被拆除。

保安寺影壁（20 世纪 40 年代老照片）

兴隆寺

兴隆寺，位于北镇市广宁城内西大街道南的供销社车队院内。东南为居民住宅，西临西环城公路，北临西大街，是广宁城内庙宇之冠。

兴隆寺坐北朝南，南北长 67 米，东西宽 40 米，占地面积 2680 平方米，原有山门、前殿、大殿、配殿、禅堂等建筑 20 间。

山门，面阔 3 间，进深 3 间，为硬山式建筑。明间设一拱门，两次间各设一圆窗。山门两侧庙墙各辟一角门。山门前有石造屏风 1 座（2003 年出土后，存放在北镇庙内），为长方形须弥座庑脊式，其上浮雕有麒麟等图案。

前殿，面阔 3 间，进深 3 间，为硬山式建筑。殿前左右立有石狮 1 对、石碑 2 甬。石狮为圆雕，用暗紫色沉积砂岩雕造。石碑高 1.56 米，宽 0.6 米，碑前刻有"道光十三年桃月造"八字。底座为长方形须弥座，长 1.1 米，宽 0.7 米，高 0.5 米，现移存于崇兴寺庙前。石碑于 1966 年被打碎埋入地下，1992 年被挖出，得知为募捐赞助碑。殿两侧庙墙各辟一拱形角门。

大殿，又称正殿，面阔 5 间 17.1 米，进深 3 间 6.92 米，为硬山式建筑，顶覆灰瓦及吻兽，明柱高 3 米，内柱高 3.85 米。殿内有泥塑佛像 3 尊。殿明柱及檐檩有雕刻花纹。明柱刻有楹联一副。殿前设有一石砌月台，四周立有用暗紫色沉积砂岩雕造石栏杆，高 1 米。月台中部有台阶，台阶两则各立有重修兴隆寺碑 2 甬。殿西侧建有硬山式配殿 3 间，殿前东西两侧各建有厢房 3 间，东西相对，形制结构相同，为硬山式建筑。房内供奉有泥塑佛像 9 尊。东配殿两侧各设一角门，西配殿前设一角门。

兴隆寺有唐建之说，但无碑碣可考。据碑记载，清乾隆五十一年（1786）、五十九年（1794），道光十三年（1833）曾重修，1924 年重新修葺。1952 年，庙内僧人再次维修了前殿。1960 年，北镇县人民委

兴隆寺仅存的石狮子

员会公布其为县级文物保护单位。1966~1978 年，文化部门和供销社车队将庙拆除，庙址被占用。1992 年，庙址上盖起两栋家属楼，庙已无存。

兴隆寺的石狮子保存在北镇市崇兴寺门前，为暗紫色沉积砂岩雕刻而成。兴隆寺麒麟影壁残件摆放在北镇庙内。

文殊庵

文殊庵庙址，位于北镇市广宁城内东北隅的崇兴寺双塔东北方，东距东环城公路 50 米，西南距双塔 60 米，北距北环公路 10 米，为北镇城内的重要庙宇之一。

文殊庵坐北朝南，南北长 50 米，东西宽 40 米，占地面积 2000 平方米，原有山门 1 座，为硬山式建筑。山门两侧庙墙各辟一角门。门后建有前殿、正殿各 3 间，为硬山式建筑。正殿前东侧建有囤顶式厢房 3 间。庙四周缭以垣墙。

文殊庵始建年代，史无记载，有唐建之说，但无碑碣可考。据载，清康熙二十八年（1689）及光绪十六年（1890）均依旧制重修。1967 年，文殊庵被文化部门拆除。1979 年北镇县车辆厂在旧址建家属宿舍。

毗卢庵

毗卢庵，位于北镇市广宁城内东北隅的崇兴寺双塔西侧，东距西塔 25 米，西距北大街 250 米，北距城墙 120 米，南临双塔南胡同道口。

毗卢庵坐北朝南，南北长 68.55 米，东西宽 31.2 米，占地面积 2139 平方米，原有山门、正殿、后殿、禅堂等建筑 13 间，由南向北依次排列。

山门，面阔及进深各为 1 间，为四柱硬山顶式。山门两侧庙墙各有一拱形角门。

前殿，又称正殿，面阔 3 间 10.48 米，进深 3 间 6.75 米，为硬山式建筑，明柱高 2.95 米，内柱高 3.15 米。殿内有泥塑佛 3 尊，东西两壁有壁画，殿两侧各设一角门。

后殿，面阔 3 间 11.1 米，进深 3 间 7 米，为硬山式建筑，殿内有壁画

毗卢庵（20世纪40年代老照片）

和塑像。殿东西两侧各建禅堂3间，为囤顶式建筑。殿前立有重修碑2甬。

毗卢庵始建年代史无记载，有唐建之说，然无碑碣可考。据《北镇县志》载，清光绪二十九年（1903）曾重修。1967年，文化部门将该庙拆除。1971年北镇县公安局占用庙址用作拘留所。1984年拘留所迁出后，公安局以此建家属住房。

孔庙

孔庙即文庙，位于北镇市广宁城内鼓楼西侧的实验小学院内，东距鼓楼70米，南距老爷庙胡同25米，西距烧锅胡同50米，北距挂钟小庙胡同70米。

孔庙，是为祭祀春秋时期的大思想家、教育家孔子而建，坐北朝南，南北长120米，东西宽50米，占地面积6000平方米。中华人民共和国成立初期，孔庙有照壁1座、泮池1座、灵星门3间、戟门3间、大成殿5间、崇圣殿3间、明伦堂3间、尊经阁3间、魁星亭1座、忠义祠3间、节孝祠3

间、学署 30 间、学宅 11 间、东西庑各 3 间、牌坊两座。孔庙为三进院落，建筑整体规整，庄重华丽，以中轴线为基准，左右对称，布局严谨，层次分明，为宫殿式建筑。

大成殿，面阔 5 间 17 米，进深 3 间 6.92 米，为硬山式建筑。殿内供奉孔子的牌位。正位为至圣先师孔子；东侧为复圣颜子、述圣思子；西侧为宗智曾子、亚圣孟子；东序为先贤闵子、先贤冉子、先贤端木子、先贤仲子、先贤卜子、先贤有子；西序为先贤冉子、先贤宰子、先贤冉子、先贤言子、先贤颛孙子、先贤朱子。

东庑供奉 40 先贤牌位，有先贤蘧瑗、先贤澹台灭明、先贤原宪、先贤南宫适、先贤商瞿、先贤漆雕开、先贤司马耕、先贤梁鳣、先贤冉儒、先贤伯虔、先贤冉季、先贤漆雕徒父、先贤漆雕哆、先贤公西赤、先贤任不齐、先贤公良孺、先贤公肩定、先贤邹单、先贤罕父黑、先贤荣旗、先贤左人郢、先贤郑国、先贤原亢、先贤廉洁、先贤仲叔会、先贤公西舆如、先贤邦巽、先贤陈亢、先贤琴张、先贤步叔乘、先贤秦非、先贤颜哙、先贤颜何、先贤县亶、先贤乐正克、先贤万章、先贤周敦颐、先贤程颢、先贤邵雍，等等。

西庑供奉 39 先贤牌位，分别为：先贤公孙侨、先贤林放、先贤宓不齐、先贤公冶长、先贤公晳哀、先贤高柴、先贤樊须、先贤商泽、先贤巫马施、先贤颜辛、先贤曹恤、先贤公孙龙、先贤秦商、先贤颜高、先贤壤驷赤、先贤石作蜀、先贤公夏首、先贤后处、先贤奚容蒧、先贤颜祖、先贤勾井疆、先贤秦祖、先贤县成、先贤公祖句兹、先贤燕伋、先贤乐欬、先贤狄黑、先贤孔忠、先贤公西蒧、先贤颜之仆、先贤施之常、先贤申枨、先贤左丘明、先贤秦冉、先贤牧皮、先贤公都子、先贤公孙丑、先贤张载、先贤程颐。

东庑供奉 38 先儒牌位，有先儒公羊高、先儒伏胜、先儒毛亨、先儒董仲舒、先儒刘德、先儒许慎、先儒杜子春、先儒诸葛亮、先儒陆贽、先儒韩琦、先儒范仲淹、先儒欧阳修、先儒杨时、先儒谢良佐、先儒李侗、先儒吕祖谦、先儒蔡沈、先儒袁燮、先儒陈淳、先儒魏了翁、先儒王柏、先儒赵复、先儒许谦、先儒吴澄、先儒曹端、先儒胡居仁、先儒王守仁、先儒罗钦顺、先儒黄道周、先儒陆世仪、先儒汤斌、先儒黄宗羲、先儒顾炎武、先儒颜元、先儒王夫之，等等。

西庑供奉39先儒牌位，有先儒瑄梁赤、先儒高堂生、先儒孔安国、先儒毛苌、先儒赵岐、先儒范宁、先儒韩愈、先儒胡瑗、先儒司马光、先儒尹焞、先儒胡安国、先儒李纲、先儒张栻、先儒陆九渊、先儒游酢、先儒吕太临、先儒黄干、先儒辅广、先儒何基、先儒文天祥、先儒陆秀夫、先儒陈澔、先儒方孝孺、先儒金履祥、先儒许衡、先儒刘因、先儒薛瑄、先儒陈献章、先儒蔡清、先儒吕冉、先儒吕坤、先儒刘宗周、先儒孙奇峰、先儒张履祥、先儒李塨、先儒陆陇其，先儒张伯行，等等。

崇圣殿内供奉15牌位，其中正位有肇圣王木金父公、裕圣王祈父公、诒圣王防叔公、昌圣王伯夏公、启圣王叔梁公。东侧配享有先贤孔氏、先贤曾氏、先贤孟孙氏、先贤颜氏、先贤孔氏。西侧配享有先儒周氏、先儒程氏、先儒蔡氏、先儒张氏、先儒朱氏。

尊经阁，面阔3间，为二层硬山式建筑。尊经阁前有魁星亭1座，学署30间，学宅11间。孔庙原有建筑现均无存，庙址被北镇实验小学占用。

孔庙的建筑年代，辽、金以前无考，据《北镇县志》载，元置广宁府路儒学在广宁右卫西北，明初即旧址设学正。正统六年（1441），都御使王翱建孔庙于镇东堂之右（今孔庙遗址之地）。成化年间（1465～1487年），御使滕昭、彭谊，参政上郎中毛贵重修之，巡按御使李贡设乐器。嘉靖七年（1528），都御史潘珍凿泮池于灵星门外，长六丈，引大惠泉注入。清康熙初年，知县佟湘年于圣殿后建启圣祠。九年（1670），知县颜凤姿因旧址重修圣殿三间。十六年（1677），知事张文治建灵星门，砌缭垣。十七年（1678），改建启圣祠于殿东。二十五年（1686），奉颁御书"万世师表"匾额，立下马碑于学宫外。二十七年（1688），知县项蕙建东西庑各3间。三十二年（1693），训导王子挺修明伦堂3间，学署13间。三十九年（1700），知县王国柱重修。雍正元年（1723），追封五代王爵，改记启圣祠为崇圣祠。二年（1724），奉颁御书"生民未有"匾额。是年，灵星门东建忠义祠3间，灵星门西建节孝祠3间。乾隆元年（1736），奉颁御书"与天地参"匾额。五年（1740），知县钱学洙重修之，奉颁御书"先觉斯民"匾额。十四年（1749），奉颁法器礼乐之属。五十六年（1791），训导吴裕仁重修大成殿、东西庑、崇圣祠、戟门、棂星门、忠义节孝祠、东西两牌坊、照壁。嘉庆五年（1800），奉颁御书"圣集大成"匾额。十五年（1810），训导边志醇于大成殿后重建尊经阁 3 楹。道光三年（1823），奉颁御书"圣协时中"匾额。十六年（1836），训导纲兴于尊经阁前建魁星亭 1 座、学署 17 间、学宅 11 间。咸丰二年（1852），奉颁御书"德齐帱戴"匾额。同治三年（1864），奉颁御书"神圣天纵"匾额。光绪二年（1876），奉颁御书"斯文在兹"匾额。十七年（1891），知县李葆善聘宗室墨俊臣重修。宣统元年（1909），奉颁御书"位育中和"匾额。1914 年，改称孔庙为"文庙"。1924 年，县知事周子洁聘本邑万春喧、关振声，悉仍旧制重加修葺。

1962 年，为扩大老爷庙市场面积，文化部门将庙拆除，只保留尊经阁 1 座。1991 年，实验小学将其拆除，利用旧址修建教学楼一栋。

崇泉寺

崇泉寺，位于北镇市广宁城内西北隅的万紫山上，东距烈士塔 19 米，南距驻军营房 95 米，西距城墙 150 米，北距城墙 90 米。

崇泉寺坐北朝南，南北长 63 米，东西宽 45 米，占地面积 2835 平方米。据《北镇县志》载，崇泉寺原有正殿 3 楹、山门 1 楹、禅堂 3 楹。然据 1960 年文物普查档案资料记载，崇泉寺原有山门、正殿、门房、禅堂等建筑 22 间，由南向北排列。

山门，为石造拱形，两侧各设一角门。西角门西侧建有囤顶式门房 5 间。

正殿，面阔 3 间，进深 3 间。为硬山式建筑，殿内供奉有如来、释迦、护法诸像 8 尊。同时还供奉有明神宗生母慈圣宣文皇太后乃施宝幡、五大经 70 余部及金妆千叶宝莲像一尊。宝莲佛高六尺六寸。正殿西侧建有囤顶式禅堂 5 间，东侧建有囤顶式禅堂 4 间。殿前西侧建有囤顶式厢房 5 间。殿前左右有重修碑 4 甬。庙建筑现已无存。

崇泉寺始建年代，无早期史料可考。据碑载，明弘治十五年（1502）、嘉靖三十年（1551）、嘉靖三十九年（1560）、万历二十四年（1596），清康熙四十二年（1703）及乾隆四十七年（1782）均重加修葺。1967 年，庙宇被北镇县文化部门拆除，庙址现被市供水站占用。

马神庙

　　马神庙，位于北镇市广宁城南门外东侧的工商局家属楼南，东距清真寺200米，南为居民住宅，西距保险公司30米，北距南环城公路100米，是广宁著名的庙宇之一。

　　马神庙坐北朝南，南北长70米，东西宽60米，占地面积4200平方米，四周缭以垣墙。马神庙内建正殿3间、仪殿3间，皆涂丹绘碧，供奉神像。庙内设左右厢房各3间，皆朱漆门窗，以储籍茅。仪殿前左侧建旗杆1根，以壮威灵；右侧建褚楼1座；仪殿前为山门，以通神道。山门两侧各设一角门，门前左右各有一石狮。庙西侧另建一院，与庙相临，缭以垣墙，以区别神庙，东面开一门与庙相通。院内建前殿、后殿各3间，为南向，是为宴息之所。院内建偏殿3间，为东向，是为炊灶之所。院南设一门，以便出入。马神庙西侧还建有三官庙，现已无存。马神庙建筑布局规整严谨，为明代广宁重要庙宇之一。

　　据《广宁马神庙碑记》载，马神庙始建于明正德三年（1508）。马神庙旧为镇守内臣的蔬圃，因镇守辽东御马监太监岭章来镇辽东，以马实边镇重务，初割其地1/3为庙，以祀马神而建。马神庙历次维修情况无碑碣可考。20世纪30年代末，庙已荒废，只残留正殿基础，庙址后被民宅占用。

南关帝庙

　　关帝庙，位于北镇市广宁城南门外西侧的外贸大楼后院内，东距国道102线15米，南、西两面为锦州市床单厂，北距南环城公路10米。关帝庙是为纪念三国时期蜀汉关羽所建的庙宇，为广宁重要庙宇之一。

　　关帝庙坐北朝南，南北长65米，东西宽50米，占地面积3250平方米，有山门、卷棚、正殿、厢房、配殿等建筑。

　　山门，面阔3间，进深3间，为硬山式建筑。明间为一拱形券门，门额上有石匾额1块，上书"关帝庙"三字，现藏北镇市文物处。两次间各设一圆窗。山门两侧各设一角门，门前左右有石狮 1 对。

正殿，在山门后。面阔 3 间 11 米，进深 3 间 8 米，为硬山式建筑，上覆灰瓦及吻兽，明柱为石造，高 3.50 米，内檐柱高 5 米，柱头及檐檩有彩绘。殿内设平台及神龛，龛内供奉有关羽等泥塑像 8 尊。殿前设一月台，高 1 米，为长方形，有台阶可通其上，月台上建有四柱卷棚建筑 1 座，通面阔 10 米，通进深 5 米。卷棚各柱有浮雕，并施以彩画。月台四周置石柱栏，高 1 米，用暗紫色沉积砂岩雕制。正殿两侧建东、西禅堂各 3 间，均为硬山式建筑。东禅堂前方有石造屏风 1 座，长 1.9 米，高 0.9 米，厚 0.25 米，用暗紫色沉积砂岩雕造。屏风上浮雕有兽形图案。庙内原立有石造钟架 1

南关帝庙碑刻

座，悬挂有乾隆时期所铸大铁钟1口，重千斤。庙内还立有嘉靖二十八年（1549）《移武安王祠记》等碑5甬，北镇县民族事务管理委员会将其移立于崇兴寺内。

据明嘉靖二十八年（1549）之《移武安王祠记》碑载，关帝庙其旧址原在城南演武亭之右，始称武安王祠。每年五月十三日，附近信众均前往拜祭，香火十分旺盛。明嘉靖二十八年，钦差巡抚辽东地方赞理军务都察院右副都御史蒋应奎奉命抚巡兹土，因闻士女络绎于演武场中，不利于军旅演武，乃选城南隙地，命督官将祠迁建于此地，并又改称"关帝庙"。清康熙十年（1671）、康熙十二年（1673）、乾隆三十五年（1770）、嘉庆十年（1805）、嘉庆十一年（1806）及道光二十六年（1846），关帝庙屡次重修和维修。1956年，庙由北镇县房管所管理。西配殿、前殿及正殿被居民委员会占用，东配殿改建为居民住宅。1960年，北镇县人民委员会公布其为县级文物保护单位。1969年，北镇县修战备粮库，将东禅堂、马殿、卷棚拆除，庙址被广宁贸易货栈占用。1975年，因庙被毁，文物保护单位名号被撤销，北镇外贸局利用遗址建起贸易大楼1栋，关帝庙全部被毁。庙内碑文现保存在崇兴寺院内。

常兴店关帝庙

关帝庙，位于北镇市常兴店镇壮镇堡村的西南部。东、南、北三面为居民住宅，西为耕地。

关帝庙坐北朝南，南北长83米，东西宽42米，占地面积3486平方米，有山门、前殿、正殿、配殿、禅堂、厢房等建筑。

山门，面阔1间，进深1间，为四柱硬山顶式建筑。门两侧有石狮1对，门前建有砖筑歇山顶影壁1座。

前殿，面阔3间，进深3间，为硬山式建筑，上覆灰瓦及吻兽。殿内供奉有泥塑神像，东西两壁有壁画，殿后东侧有石造钟架1座。

正殿，面阔3间10.60米，进深3间9.15米，为硬山式建筑。上覆灰瓦及吻兽，明柱高2.43米。殿内供奉有关羽塑像，东西两壁有以山水及人物故事为主题的壁画。殿东侧建有配殿1间，配殿东侧建有囤顶式禅堂3

间，禅堂前东侧建有囤顶式厢房 6 间。殿前有重修关帝庙碑 4 甬。庙四周缭以垣墙。庙虽毁，基址尚在。

关帝庙始建于明正德年间（1506~1521 年）。明嘉靖元年（1522），清雍正二年（1724），乾隆三十五年（1770）、四十九年（1784）曾维修或重修。20 世纪 30 年代末，庙已残损严重。1960 年，关帝庙只保留有正殿 3 间、配殿 1 间、东禅堂 6 间。1967 年，庙被当地群众拆除，基址被居民建房占用。

大屯乡保安寺

保安寺庙址，位于北镇市大屯乡人民政府院内，四周为居民住宅，地处大屯村中心之地。

保安寺坐北朝南，南北长 50 米，东西宽 25 米，占地面积 1250 平方米，有天王殿、正殿、大雄宝殿等建筑，由南向北排列。

天王殿，面阔 3 间，进深 3 间，为硬山式建筑。殿内中部有泥塑弥勒和韦驮像 2 尊，东西供奉有东方持国天王、南方增长天王、西方广目天王、北方多闻天王泥塑像 4 尊。

正殿，面阔 3 间，进深 3 间，为硬山式建筑。殿内供奉有祖师等泥塑像，东西两壁有壁画。殿前东西两侧立有重修碑、赞助碑 4 甬。

大雄宝殿，又称后殿，面阔 3 间，进深 3 间，为硬山式建筑。殿内供奉有释迦牟尼、迦叶、阿难、普贤、文殊及十八罗汉等泥塑佛像。东西两墙有壁画。

庙内建筑虽无存，但仍保留有残碑 3 甬。最为重要的是《增修保安寺序》碑，用暗紫色沉积砂岩刻制，碑身高 1.40 米，宽 0.58 米，厚 19 厘米，记载了保安寺的维修情况，为了解保安寺的规模提供了史料依据。

保安寺始建年代无碑碣可考。据明天启元年（1621）之《增修保安寺序》碑载，明天启元年曾增修和维修。清乾隆、道光年间及 20 世纪初都曾重修保安寺。20 世纪 30 年代末，寺已残毁严重。

1967 年，寺被当地百姓拆除，大屯乡政府利用庙址改建办公室。

观音庵

观音庵，位于北镇市广宁城内小什字街，即今房产处所在地，东为市政府大楼，南临东大街，北为居民住宅，西为城建局大楼。

观音庵坐北朝南，南北长 25 米，东西宽 25 米，占地面积 625 平方米，原有山门、前殿、正殿、禅堂等建筑。

前殿，面阔 3 间 9 米，进深 3 间 6 米，为硬山式建筑。殿内供奉有泥塑佛像 2 尊，东西两墙有壁画。殿西侧设一门（即山门），为四柱硬山顶式。门西侧建有门房 3 间。

正殿，面阔 3 间 9 米；进深 3 间 6 米。明柱高 2.72 米，内柱高 3.1 米，为硬山式建筑。殿内供奉有泥塑佛像 9 尊，东西两墙有壁画。殿前东西两侧庙墙北部各设一角门。殿前月台下立有重修碑 4 甬。殿西侧建有囤顶式禅堂 2 间。庙内石碑于"文化大革命"期间丢失，下落不明。

观音庵始建于清康熙六年（1667），清乾隆十六年（1751）及嘉庆九年（1804）曾重修。1956 年前，庙尚存，并被公布为县级文物保护单位。1967 年，庙被拆除。

文昌宫

文昌宫，位于北镇市广宁城内鼓楼前的第二副食品商店院内，东距北大街 5 米，北距鼓楼 20 米，西临万顺当胡同，南临干石桥胡同，是广宁城内的重要庙宇之一。

文昌宫坐北朝南，南北长 50 米，东西宽 55 米，占地面积 2750 平方米，有山门、正殿、后殿、禅堂、文昌殿及附属建筑 48 间。据 1960 年文物调查档案记录，1960 年存有山门 3 间、正殿 3 间、后殿 6 间、禅堂 6 间、石碑 6 甬。

山门，又称前殿，面阔 3 间，进深 3 间，为硬山式建筑。殿内有泥塑像 2 尊、塑马 1 匹。殿前西侧设一角门。

正殿，面阔 3 间，进深 3 间，为硬山式建筑。殿内有泥塑文昌帝君像 1

尊，东西两壁有壁画。殿前立有重修碑6甬。殿西侧有一角门。1994年5月，在殿前地下出土《新建广宁文昌宫碑记》碑1甬，碑趺和碑首各2件。

后殿，面阔6间19.50米，进深3间6米，为硬山式建筑，明柱高2.75米。殿前有砖石砌筑的月台。殿内供奉有泥塑像4尊，东西两壁有壁画。正殿西侧另建一院，院内建有囤顶式禅堂6间。庙已无存。

文昌宫始建年代，史无明确记载，据《新建广宁文昌宫碑记》碑载，始建于清康熙十八年（1679）。清康熙四十三年（1704）、乾隆十七年（1752）及道光八年（1828）曾重修。1951年，文昌宫交由房管部门管理。1963年，房管部门将庙殿拆除，并依旧址改建新房，用为副食品商店。1994年，房管部门在庙址上重建3层商业楼1栋。

马岚寺

马岚寺，位于北镇市罗罗堡镇小沈屯村西500米的山坡上，西南距九龙口70米，背依山峰和鸽子洞，面临水库，这里三面环山，风景秀丽，海拔高度200米。

马岚寺坐西朝东，南北宽100米，东西长200米，占地面积20000平方米，建在人工砌筑的平台上。平台南北35米，东西60米，高2.30米，占地面积2100平方米，上有山门、前殿、正殿、禅堂等建筑。

山门，面阔1间，进深1间，为四柱硬山顶式。山门两侧各有一角门。山门后为前殿，面阔1间，进深1间，为歇山顶式。殿内有泥塑佛像1尊，四周墙壁有壁画。殿后山墙中部有一用青砖砌筑的拱形神龛，龛内有泥塑韦驮像1尊。殿后为正殿。

正殿，面阔3间，进深3间，为硬山式建筑。殿内有观音等泥塑像，两墙有壁画，殿左侧建有囤顶式禅堂2间，右侧建有囤顶式禅堂3间，左侧禅堂前立有重修碑1甬。正殿前有石碑1甬。庙四周缭以垣墙。前殿和正殿之间垣墙中部有一角门。

庙址下另有3个人工砌筑的平台，平台之上散布有大量辽代的沟纹砖、黄色琉璃瓦、白瓷残片等遗物。遗址南部雨淋沟之阴崖壁上，有一石砌的方洞，洞宽0.9米，高0.8米，保存完整。

马岚寺旧有辽建之说，但无碑碣可考。据碑载，清光绪和20世纪初曾重修和维修。1956年，庙被当地群众拆除，只存基址。

祖师庙

祖师庙，位于北镇市广宁城内西北隅的万紫山上，东距北大街350米，南距驻军营房95米，西距革命烈士纪念塔19米，北距城墙90米，是北镇城内重要的庙宇之一。

祖师庙坐北朝南，南北长48米，东西宽45米，占地面积960平方米，有大殿、配殿、厢房等建筑17间。

山门，面阔1间，进深1间，为四柱硬山顶式。山门东侧设一角门，门前有影壁1座。山门后为大殿，面阔3间11米，进深3间9米，明柱高2.80米，内柱高3.20米，为硬山式建筑。殿内有泥塑像5尊，东西两墙有壁画。殿前有石造香炉1鼎、重修碑10甬。殿两侧各建有配殿3间，均为硬山式建筑。东配殿有泥塑像6尊，西配殿有泥塑像5尊。东配殿东侧建有囤顶式僧房5间，东僧房前东侧建有东厢房6间，为囤顶式建筑。庙内有6个角门。1968年，建革命烈士纪念塔时，庙内石碑被劈成两截，用做台基踏跺。

祖师庙原与碧霞宫、崇泉寺相连。庙内供奉手工业者的祖师神像，每年春秋季节，各行各业的手工业者皆聚集庙内，拜祭祖师，相互交流技艺，商讨改良事宜。

祖师庙创建年代无考。据《北镇县志》载清雍正五年（1727）建有老君殿3间、禅堂3间、大门1间；雍正六年（1728）又增建祖师堂3间；雍正七年（1729）、雍正九年（1731）、乾隆四十五年（1780）、嘉庆九年（1804）、道光元年（1821）及咸丰元年（1851）曾重修或维修；1931年曾补修。"文化大革命"期间，文化部门将该庙拆除。1984年10月，广播电视局在其旧址上建电视转播台一座，庙址被电视台占用，现只存柏树数株。

济孤寺

济孤寺遗址，位于北镇市广宁城西北，原农业科学研究所南；东距广宁城 600 米，西距北镇庙 1300 米，北距广宁通往闾山的"北阁"公路 60 米，南为居民住宅。济孤寺是广宁城西重要的庙宇之一。

济孤寺坐北朝南，南北长 30 米，东西宽 25 米，占地面积 750 平方米，有大殿 3 间、东配殿 3 间、西配殿 3 间，为硬山式建筑。

济孤寺始建于清乾隆十二年（1746），清嘉庆、道光及光绪年间曾重修，20 世纪初曾维修。中华人民共和国成立后，东西配殿分给群众，只留有大殿 3 间。1951 年，北镇县农业科学研究所成立后，济孤寺交由农科所管理使用，后农科所将大殿改为住宅。

财神庙

财神庙，位于北镇市广宁城内西大街道北的文化馆院内，东距民族商场 10 米，南临西大街，西与广宁公安分局相邻，北为交通服装厂，地处城镇中心的繁华闹市区。

财神庙坐北朝南，南北长 60 米，东西宽 30 米，占地面积 1800 平方米，有山门 3 间、前殿 3 间、正殿 3 间、卷棚 1 座。

财神庙始建年代无考。清乾隆四十八年（1783）曾重修。光绪三十三年（1907），广宁县商会成立，设于庙内。中华人民共和国成立后，庙被北镇县文化馆占用。1971 年，文化馆将山门、前殿、卷棚等建筑拆除，只保留正殿 3 间。1984 年，文化馆在旧址上建办公楼 1 栋。1993 年，文化馆将正殿拆除，利用旧址建家属楼 1 栋。

农神庙

农神庙，位于北镇市广宁城东黄家街村西北部，东距广宁镇通往汪家坟村公路 300 米，南距 102 国道 450 米，西距东环城公路 500 米，北距刘家街村 150 米。

农神庙坐北朝南，南北长 30 米，东西宽 35 米，占地面积 1050 平方米，有山门、正殿、禅堂等建筑。

山门，面阔 1 间，进深 1 间，为四柱硬山式建筑。正殿，面阔 3 间 11 米，进深 3 间 7.20 米，为硬山式建筑。殿内供奉有泥塑佛像。殿东西两侧分别建有禅堂 4 间和 3 间，均为囤顶式建筑。院内有柳树多株。庙四周缭以垣墙。庙虽无存，基址尚在。

农神庙始建年代，史无明确记载。据《北镇县志》载，清光绪十八年（1892）曾重修，1924 年由农务副会长龙作源募款再次重修。中华人民共和国成立后，杨家村小学设于庙内。庙已毁，无存。

玉皇庙

玉皇庙，位于北镇市广宁城东南 2.2 公里的山冈上，东距汤屯村 1 公里，东距河屯村 0.75 公里，北距广宁镇至中安镇公路 1 公里。

玉皇庙（20 世纪 40 年代老照片）

玉皇庙坐北朝南，南北长50米，东西宽35米，占地面积1750平方米，有山门、前殿、正殿、配殿、厢房、耳房等建筑45间。据1960年文物调查档案记载，1960年，玉皇庙仅存有山门3间、正殿5间。

山门，面阔3间9米，进深3间6.20米。为硬山式建筑。门前月台下有石狮1对。正殿面阔3间18米，进深3间11米，高12米，为歇山式建筑。殿前立有重修碑2甬、石屏1座。玉皇庙虽毁，但基址尚存。遗址地面尚有大面积砖瓦等建筑材料堆积，并发现有部分瓷器残片等遗物。

玉皇庙是医巫闾山地区圆寂塔最多的寺庙。玉皇庙创建年代，无资料可考。据碑载，清道光五年（1825）曾重修，20世纪30年代末，庙已破烂不堪，至1960年，仅存山门3间、正殿5间、石碑2甬、石屏1座。"文化大革命"期间，玉皇庙仅存建筑被拆毁。

地藏寺

地藏寺，位于北镇市富屯乡新立村北的山坡上，南距北镇通往望海峰的乡道60米，东为居民住宅，西坡下为樱桃沟，北依新立石头城。

地藏寺北山的辽代摩崖佛造像

地藏寺坐北朝南，建在平坦山坡的台地上，南北长32米，东西宽26米，占地面积832平方米，1960年以前有山门、正殿和禅堂等建筑10间。

山门，面阔1间，进深1间，为四柱歇山式青砖拱形门。门额上镶嵌有石匾额1方，上题"地藏寺"三字。山门两侧各辟一角门。门后为二门，门两侧砌有花墙，西侧设一角门。二门后有甬道直通正殿。

正殿，面阔3间10.10米，进深3间7.60米，为硬山式建筑。殿内供奉有地藏王等泥塑像，东西两壁有壁画。殿前有砖石砌筑的月台，3面有踏跺。殿两侧各建有硬山式禅堂一间半。殿前月台下立有石碑1甬。庙四周缭以垣墙。庙虽毁，基址尚存，有残碑1块。

法兴寺

法兴寺，位于北镇市广宁城内西北隅的驻军营房内，西距白衣庵10米，南为驻军营房，北距北城墙300米。

法兴寺大殿坐北朝南，面阔5间17.30米，进深3间9.30米，为硬山式建筑，上覆灰瓦及吻兽。戗檐上有砖雕的"真常"二字，内柱高4米，明柱高3米。殿内原有3尊泥塑佛像（已无存）。殿前设有月台，月台下立有石碑座。庙殿保存完好。

法兴寺始建年代无存，仅知1931年曾重修。据1960年文物普查档案载，法兴寺原南北长48米，东西宽23米，原有山门1间、东西耳房各2间、正殿5间、东厢房3间、西厢房3间，共有建筑16间。1960年，庙保存完好无损。1971年，部队在扩建营房时，将庙拆除，只保留正殿（大殿）5间。1983年，北镇县人民政府公布其为县级文物保护单位，2014年对其进行了维修。

法兴寺大殿

第三节　凌海市古刹塔窟

茶山寺

茶山历史悠久，佛教、道教、儒教各有信仰礼仪。明朝万历年间曾重修茶山寺。清朝早期，茶山寺最为兴盛。康熙、乾隆、嘉庆皇帝回故里拜祖，途中均来茶山寺朝拜。这里也是清朝屯兵积粮、骑射习武的练兵场。军阀混战时期这里是张作霖骑兵团的驻扎地。解放战争时期，这里是人民解放军攻克锦州的后勤供给之地。在这片土地上，曾发生过"3·11"民众抗击日寇的战役，许多为国捐躯的英魂烈骨埋葬在茶山苍松翠柏花木丛中。

茶山旅游风景区，位于凌海中北部，与义县毗邻，距锦州市区15公里，距凌海市30公里，距锦州电厂只有5公里。

茶山风景区由西北走向东南，长4.5公里，宽3.5公里，周边16公里。整个风景区由茶山、石虎山、望城山、关山组成。山脚下有一条季节性河流——夹板河。据考证，茶山风景区为远古退海之地，亿万年前的海底火山爆发，地下岩浆喷发堆积而成茶山。因此茶山山色呈虎皮色，每当艳阳高照，则金光熠熠，光彩夺目。茶山山势挺拔险峻，气势恢宏。山石裸露，日久天长，风雕雨蚀，造就了大量的变形石，有如奇珍异兽，栩栩如生。山间苍松翠柏，山中泉水潺潺，别具山之灵气。

茶山原有自然景点20余处，古遗迹有公元250年北魏时期开凿的北魏佛像1座，高10米。

1993年3月，中国作家协会中国纪实文学研究会刘守家开赴锦州茶山，与当地800多劳动大军进行了一场声势浩大的大会战。他们首先对1、2、3区进行绿化，栽植花草树木，清理废墟，先后修复"药王庙""圣母庙""观音庙""北魏石窟"，对重点文物、人文景观进行立牌保护，修建了围墙（宽1.5米，高3.2米），号称"东北小长城"。他们还修复了800米长（宽1.2米，高2.8米，白灰色）的"华夏巨龙"及高而险的"攀岩书法"。在秃石多、陡坡大的荒丘修建了"五环墙"、十二道梯田式栏坝，既保持了水土，又美化了环境，举目眺望，气势恢宏。他们又先后修建通往各个景点的山道8条，在荒沙滩涂地挖掘"龙潭湖""放生湖"，展现出山水倒映、碧波荡漾的秀美河山。在2号区修建了"六角塔""女神像""神水洞""古城堡""龙凤亭"，给人以对古朴而悠久历史的遐思忆想。16座造型各异、仿古彩绘的八角亭、六角亭、四角亭阁分布在山巅、岭坳，为人们提供了旅游览胜和漫语憩歇之地。

茶山风景区位于北纬45.5度、东经76.5度处，坐落于文化古城锦州市城北18公里处的凌海市余积镇，距锦阜公路5公里，界于闻名遐迩的医巫闾山与翠岩山相接之处。受渤海气候影响，茶山无酷暑、霜期短、春秋季长、温暖怡人。《祖国颂》《青山恋》等影片也摄有茶山秀美风光。

朝阳寺

朝阳洞山，又名小洞山，地处凌海市温滴楼满族乡石厂村北，距锦州市区 7 公里，在锦朝公路北 1 公里处。该风景区由后山（南）、尼姑庵山（西）、朝阳洞山（北）组成，景点多集中在朝阳洞山上，其中自然景观较多且较有特点，人文景观主要有两处，历史较为悠久。每到春夏之交，山下梨花飘香，蜂蝶齐舞，山中苍松翠柏，百花争艳，山间巉岩怪石，千姿百态，景色怡人。山上的庙宇殿堂以及流传至今的民间神话传说，又为这里增添了几分神秘色彩。其主要景点有：朝阳寺、石门、朝阳洞、龟石、青蛙石、尼姑庵、镇山石、鹞子翻身、海眼、怪石、手摇石、老道观等，约 20 处。另外，距朝阳洞山 1.5 公里处有一朝阳湖水库，与朝阳洞山相随相伴，交融一体。因此，朝阳洞山风景区被人们称为锦州八景之外的又一景，是不可多得的消暑度假的胜地，极具开发价值。其主要景点介绍如下。

朝阳寺

朝阳寺又名老爷庙，始建于何时无法考证，据说当时锦州城内的火神庙日趋兴旺，便分派道士在城外选建新寺观。在选址时，分派的道士被朝阳洞山的山势巍峨、松柏苍绿、怪石林立所吸引，后又听到许多神奇传说，遂以为此处是圣灵宝地，便建朝阳寺于此。朝阳寺昔有下殿 3 间、东西配房 6 间、山门 3 间。后殿供奉 3 尊佛像：刘备、关羽、张飞。庙前有一千年古柏，现树干直径已达 0.5 米，树冠遮天蔽日，宛如伞盖，树旁水井清澈透明，水质甘甜，下殿前有一株锦州地区罕见的罗汉松。整个大殿近 1000 平方米。

石门

沿山而上，在通往朝阳洞必经处，有两块高七八米的巨石搭就而成的天然石门，仅容 1 人通过，据有关人员介绍，此门过去曾有两扇石门可关合。

朝阳洞

朝阳洞又名小洞、石棚，朝阳洞山、小洞山因此得名。朝阳洞有大小 3 个岩洞，两边稍小，中间岩洞如石棚。洞高 2 米，宽 10 米，纵深近 30 米。依洞而建庙宇 3 间，其上题字已遭损坏，但依稀可辨"一洞天""义足千古""××仙府"字样。过去，此大小 3 个洞曾供奉观音菩萨、吕洞宾、十八罗汉等塑像，并有壁画。在大洞中，相传还有一个不知深度的岩洞，被人称为洞中洞，清朝末期，有人进去始终未能出来。此传说为朝阳洞增添了几分神秘色彩。站在朝阳洞外，每当天朗气清时，举目远眺，可观锦州市区全景。

青蛙石、乌龟石、海眼

青蛙石位于朝阳洞陡岩上端，乌龟石位于小洞石西南的山顶上，海眼位于朝阳洞的左下方。这三处景点有一相关联的传说：在很久以前，此处多旱灾、虫灾，观音菩萨令龙、蛙二将到此驱灾灭祸，真龙不易现身，青蛙乃水中之物，菩萨仙指一划，就沟通了一条直通朝阳洞山的地下海流，龙蛙二将由此而出，登上朝阳洞山，海眼由此而得名。多少年来，一汪"海水"四季不干、不冻、不溢，堪称一奇观。传说，小龙生性懒惰，不思为百姓播撒甘霖，被菩萨点化为一只大乌龟，放逐南山，面西而卧；青蛙尽职尽责，自愿在朝阳洞山岩上镇虫驱灾。日久天长，他俩都演变成了石头。

夹扁石

夹扁石也叫鹞子翻身。在青蛙石附近有一长二三米的窄缝，游人上下须翻身才能通过，极是险峻。

猴石

青蛙石上方有一巨石，状如顽猴，栩栩如生，石猴脚下有一居室大小之地，每当冬季热气腾腾，双足触及暖意异常，而每年夏季则凉气习习，传说是顽猴练功之地。此处堪称朝阳洞山风景中的一怪。

道观

在海眼下方有一巨石，传说当年有一老道在此坐化升天，此巨石之上寸草不生，却独有一棵碗口粗细的小树屹立其上。

朝阳湖

朝阳湖距朝阳洞山 1.5 公里，距翠岩山 3 公里。朝阳湖三面环山，一面为坝，是一座人工湖。湖面南北长 1.5 公里，东西宽 0.5 公里，水深 1~9 米，雨季蓄水 20000 多立方米。每到春夏秋季，明亮如镜的湖水，碧波粼郯，碧绿如染，垂钓者三五成群，布满湖边。湖上渔船荡漾，掀起阵阵涟漪，令游人流连忘返。

翠岩山寺

翠岩山，国家 AAA 级旅游景区，原名叫嵯岈山，因主峰两侧有两座小峰，形如两个丫八，故当地人称之为丫八石山。明朝正统年间，锦州左屯卫都指挥李贞，一日狩猎至此，见群山苍翠，堪称关东一奇，信口说："真乃翠岩山也！"从此便把嵯岈山改名为翠岩山。山之东侧有寺庙两座，一在山脚下，一在半山腰，人们称之为上下院（殿）。下院名翠岩山寺，上院名玉皇阁，两院之间有依山开凿的小径蜿蜒相通。

翠岩山寺

由于翠岩山空旷幽静，风景秀美，历为修真炼气之士所瞩目，因而成为僧道修建寺庙、潜心修炼的好场所。早在汉代就有佃人于山之东麓建立寺庙，后屡遭兵燹，寺院俱毁。唐宋时代经修葺，寺院香火连年不断，逐渐兴旺。至辽道宗初年，又连年战火，岁无宁日，寺庙因之多年失修，已破烂不堪。辽道宗大康十年（1084），锦州大广济寺志训老和尚又在山下重修庙宇，命名为清净寺，即后来的翠岩山寺。

志训和尚原是契丹的著名伶官赵惟一，辽西京大同人，自幼随父在辽王宫充乐工。斯人容貌俊秀，于宫中受宠。辽道宗大康元年，耶律乙辛趁道宗不在临潢府（辽上京），诬陷宣懿皇后与伶官赵惟一私通，遂差东平王涅古多追杀赵惟一。涅古多与赵惟一相交莫逆，便纵其逃走。赵惟一逃奔到锦州，因人地两生，举目无亲，无以为生，方欲投水自尽，恰被锦州大广济寺住持潜心和尚所救。赵随潜心到大广济寺剃度出家，法名志训。某次东平王涅古多至锦州，在大广济寺偶遇志训，十分同情他的遭遇，便赠他白银千两，让他在嵯岈山修庙。东平王走后，志训依照涅古多所嘱，决心到嵯岈山兴建一座庙宇，并得到恩师潜心老和尚的支持，又获赠白银二百两。辽道宗大康十年，志训和尚在嵯岈山肇建清净寺一座，共建正殿3楹，僧舍1楹，山门1楹。正殿内塑一尊女像（按志训和尚所画宣懿皇后肖像塑造），从此志训和尚在寺中潜心修炼，很少出山。

辽乾统元年（1101年），天祚帝耶律延禧为祖母宣懿太后及父亲大孝顺圣皇帝昭雪，又得知赵惟一没死而在嵯岈山出家的消息，遂率轻骑前往嵯岈山清净寺会见了志训老和尚。天祚非常感激志训和尚为其祖母蒙冤受屈，又想到嵯岈山是承天太后（即萧太后）常住的圣地，上面还有承天太后的梳妆台。于是下谕重修清净寺，塑承天太后、宣懿太后、洪德太后（天祚帝的生母）3座雕像。并册封承天太后为无敌圣母神威娘娘，宣懿太后为贞洁圣母佑国娘娘，洪德太后为慈莲圣母护国娘娘，四时享祭。殿前增建钟鼓楼，开凿石栈道，直通承天太后梳妆台，梳妆台上建一亭，名曰神威亭。辽天祚帝天庆十年（1120年）志训圆寂，师弟志璋在志训圆寂之地为志训和尚建一法幢，其幢历经800多年的风雨侵蚀，至今仍屹立在翠岩山上。

明正统年间，嵯岈山改为翠岩山后，清净寺也改名为翠岩山寺了。明成化十二年（1476），翠岩山寺住持僧沙昆请儒将都指挥王锴手书七尺见方的"翠岩山寺"四个大字，命石工刻制在山崖上，时至今日仍依稀可见；又命石工在山崖上雕4尊佛像。

明清战争期间，寺僧四出逃散，寺院已人去楼空。翠岩山寺因多年无人问津，寺庙倾圮，破烂不堪。至清代雍正、乾隆、嘉庆、光绪年间经多次重修。乾隆年间，曾依原式两次重新修建翠岩山寺，重塑3尊女像，并称三霄（云霄、碧霄、琼霄）娘娘像。曾立石碑两座，以为纪念（现存一座）。从此，人们便称之为"娘娘庙"。嘉庆年间又先后两次重新修复翠岩山寺，该寺香火极盛。每到庙会之时，数万名远近各地男女老少，拜佛朝山汇集于此，盛况空前。此外，五峰之巅还肇建5座小庙。按方位，东方光明普照为东岳庙，南方茫茫大海为天河娘娘庙，西方极乐世界为雷音寺，北方娑婆世界为慈济庙，中为万乘之尊为玉皇庙。五峰之巅有石碑1座，现存完好。

清朝末期，匪患猖獗，侵扰寺庙，危害僧侣。辽西有一个心狠手黑的惯匪周贯五，他看翠岩山是锦州通往"边外"的要道，进可攻退可守，山中又有一个幽静的古寺可居。于是他便杀死了寺庙住持宪宁和尚，赶走僧众，霸占了这座深山古寺。之后周匪被除灭，改住了道士，便成为道士修炼的场所。

在翠岩山寺西北角的半山腰上有一座寺庙，名曰玉皇阁，为翠岩山寺住持长老高明文用自己多年私蓄的钱财肇建。

高明文，号月波，当地人称之为高老道。原籍锦州市女儿河，出家于翠岩山寺。他于光绪二十年（1894）甲午入庙，苦志修炼，拒绝荤酒；耕作则披星戴月，诵经则暮鼓晨钟；知识渊博，通晓经史，心地善良，与众道徒相处和睦。1913年春季，高明文在燕京白云观受戒，严守规律，心志益坚。他早有扩建翠岩山寺的打算。翠岩山寺原有下院一处，前殿是岳王庙，后殿是娘娘宫，他想在下院的西北角山腰处修建一座上院（殿）。于是从清末开始，他便在锦州西关古塔寺（租用的）设立经箱子，先后率领戴至昶、包真性等徒子徒孙及临时招雇的道侣，为人诵经祈福。由于省吃俭用，日积月累，存有所余。经过40年的时间，共积蓄存款15000多银圆。1936年，高道长拿出全部积蓄，在翠岩山寺东侧山腰上修建上院一处，命名玉皇阁。当时翠岩山寺有师徒十余人，有土地数十亩，还有一台两套骡子的铁轱辘大车。全寺道徒除了诵经外，还要种地、栽树等。兴建玉皇阁主要由寺内道侣自己动手修建而成，只雇少数能工巧匠。他们用大车从锦州运来木料及白灰等建筑材料，雇人在山下打石头，所建殿阁，全是灰石结构。

玉皇阁分三级台基，第一级台基为山门，门楣上有"玉皇阁"三个大字；第二级台基有一个六角石鼎；第三级台基是玉皇阁正殿。大殿3楹，内奉太上老君、玉皇大帝、释迦牟尼三圣。大殿东侧有一耳房，是高道长的卧室。翠岩山寺至玉皇阁的栈道右侧用砖砌了一道矮墙，栈道中有一中门。这样翠岩寺又增添了新的建筑，以偿高明文道长的夙愿。

　　解放战争时期，辽沈战役硝烟弥漫下的翠岩山寺还曾住过解放军的伤病员，并没有遭到破坏。新中国成立后的十几年中，这里由道士居住，一直保存完好。"文化大革命"期间，翠岩寺基本上变成了废墟。现在仅存有下院的石碑两座及上院的玉皇阁大殿外壳。两座石碑通体完好，碑文清晰可辨。其一为乾隆三十六年立，其二为嘉庆八年立。玉皇阁大殿左右两侧墙内壁上各有建阁碑一块，保存完好，字迹清晰。

十三峰古刹

　　十三峰因康熙皇帝《十三峰》诗而闻名。

　　十三峰旅游风景区坐落在凌海市石山镇境内，距凌海市城区25千米。风景区面积近百平方千米，主要由13座山峰和张作霖墓园组成，共有各种景点近20处，其中13座山峰绵延起伏，群山相拥，长达20千米，宽达4千米。

　　十三峰属医巫闾山余脉自古以来就被看作是"风水宝地"。当年显赫一时的东北王张作霖正是看中了这里的"风水"，而把祖坟迁至于此。关于石山峰的一些神话传说在民间更是流传甚广。据说玉皇大帝派二郎神到人间布山，二郎神挑山至北方，见不远处祥云缭绕，大喜过望，遂从担子里掀下几块小石头来，落在人间，便成了13座山峰。而十三峰的名字据说是出自乾隆皇帝。有一年乾隆东巡祭祖途经此处，见此山峰峦叠嶂，云缠雾绕，风景如画，不禁诗兴大发，遂吟诗一首："巍峨天外见芙蓉，夜雨新添罗黛呈，自是间山行尽处，画图云拥十三峰。"十三峰因此得名。十三峰分别是天罗井山、望海寺山、金牛洞山、印山、猴山、南大梁山、鹰嘴山、白玉石山、平顶山、玉石盖山、兔儿洞山、大葫芦山、二葫芦山。其中天罗井山为十三峰中的最高峰，海拔254米。十三峰主要风景多集中在天罗井山和金牛洞山上。

天罗井

　　天罗井又称龙潭，位于距山顶40余米处一开阔地上，为10平方米一锥形石窟，潭内常年清泉不断，潭水荡漾，潭边有一直径约 0.8 米的石梁横空立于崖边，实为天然奇观。据当地人介绍，40 年前曾有一巨大铁链锁于石梁之上，垂于天罗井中。在天罗井上方有古人石刻 3 处，清晰可见，其中"天水石泉"刻于明万历六年，并存诗一首"先天生水石为泉，一饮清凉思爽然，却愈征夫消渴甚，谁能汲取到山边"。峭壁之上还有巨大石刻"翠崖绝壁"，每字长、宽均达 1 米。

金牛洞

此洞为一天然石洞，洞口高约 7 米，洞内宽阔处有 40 余平方米，深不可测，据说洞内原藏有一头金牛，因此被称为金牛洞。

望海寺

望海寺位于天罗井山山脚下，始建于明朝万历年间，占地约 1 万平方米，有药王殿、地藏殿、西大殿。望海寺鼎盛时期香火不断，常住僧人 10 余名。每年四月二十日，香客云集，场面宏大。药王庙原供奉南宋药王王太和神像，塑像逼真，神采飞动。

关帝庙

此庙为砖木结构，占地约 50 平方米，庙内供奉关云长坐像，左侧身后为周仓捧刀像。殿内墙壁有大型壁画，描绘了"千里走单骑""古城会"等传说故事。

魁星阁

此阁位于药王庙东侧，为木制 3 层阁楼，阁中塑魁星泥像 1 座，其姿态为右手悬笔，单脚着地，谓之"魁星点状元"。

张作霖墓园

此墓园修建于 1913 年，为张作霖、其妻赵氏（张学良之母）、其母王氏 3 人墓园。墓园位于十三峰山脚下驿马坊村北侧，占地约 1 万平方米。据说当年张作霖请风水先生择茔地，笃信此处是"两山夹一岗，辈辈出皇上"

的风水宝地，而十三峰中有猴山、印山两座山峰，正符合封侯挂印之意，故坟茔西向面猴、印二山而建。墓园原有巨大牌坊一座，上刻"绪赞清河"四个大字，两边各书"报本反始""完前谷后"。茔地门前立有两根粗大石柱子，石柱顶上镌有石狮子，柱面上镌刻"佳兆千秋开驿马，孝思百世仰慈乌"的墓联。坟前有两甫巨座碑，其一为宣统二年皇帝赐张学良祖母王氏的诰命碑；另一为张作霖为其母于1916年立。1984年，锦州市人民政府将张作霖墓园列为重点文物保护单位。张家后代及张作霖旧部好友曾多次来此凭吊祭灵。

此外，十三峰风景区，还有"天峰远眺""清风亭址""二郎劈""天山疑是""古阶佛龛""梨花掩翠""天峰险壁"等处景观。

十三峰巍峨险峻、雄伟壮观，与闾山遥遥相对，是在平原之中徒然拔起的十三座山峰。从不同方向望去，如笔架、如云楼、如长龙、如驼峰、如猴、如虎，每个山峰都各具特色。

岩井寺

岩井寺动植物园风景区，地处凌海市温滴楼满族乡西北4公里处，距锦州市城区8公里，是市级自然保护区，占地近170万平方米。

岩井寺，又称石洞庙。此庙建在石棚之下，曾供奉菩萨塑像。现庙宇破烂不堪，石棚内东西长15米，纵深20米，高3米，可纳百人。据传说石洞内还有一暗洞，由此可直通三四十里以外的余积镇，清朝时有一僧人听说后，决计要探个究竟，便长住下来，于是便兴建了此庙。

岩井寺庙前有棵上百年黑松，大树直径在0.6米上下，高约20米，直入云天，挺拔壮观。一线天，又称登天路，在岩井寺庙洞内的西上方，从寺洞中朝西一望，可见青天，石缝近1人高、1人宽，俗称一线天，躬身而行可登上高山。龙汲水，又称岩井。岩井是在山腰巨石上凿成，井壁、井底皆岩石，井直径0.2米，井深0.25米，井虽小，水却终年不断。此井距岩井寺庙约40米，据说寺中和尚全都饮用此水。小井前有一棵龙盘杉，相传有一条龙盘在树上，头向小井汲水蓄水，天旱时杉龙从天河借水蓄入井中，涝时从井中把水汲走，因此这个小井不管春夏秋冬从来不干不溢。

在接近岩井寺山顶处独立一块巨石，其状如玉兔，有耳、有鼻、有眼，头向东，目望蓝天，颇有跃跃欲试、登天闯宫之势。

平安寺

平安寺，俗称西山庙，建于清代前期。它位于锦州城东 22.5 公里的凌海市（原锦县）大凌河镇西部。

平安寺是砖石结构的三楹殿堂，除门窗外，无一木料。殿中有泥塑涂金释迦牟尼坐像，左为观世音菩萨，右为大势至菩萨泥塑涂金坐像。东西两侧为瘟神、娘娘、文武判官等彩绘泥像。

每年四月十八日是庙会。每当这个时候，远近各村，男女老少，逛庙焚香，摩肩接踵，各种小摊贩挤满寺院内外，传统风味小吃、各种手工艺品等，深受游人赞赏。

新中国成立初期，平安寺曾一度作为疗养院。1952 年，平安寺被拆毁。现在这里是连成一片的居民住宅。

观音寺

在凌海市新庄子乡北 1 公里处，有一座古庙，名为观音寺。因为它坐落在屯西头的最高处，所以人们都称之为"高庙子"。这个小村庄也因此而得名。

观音寺肇建于清朝道光年间，坐北朝南，原为三层殿：山门、中殿、后殿。1924 年改修后的庙宇为硬山式建筑，有正殿 3 楹，东西配殿各两楹。正殿供奉的佛像，从左至右分别为：文殊广法天尊、观音菩萨、普贤真人。观音菩萨一手伸出五指，竖立胸前颔下，半睁慧眼，坐在兽背上的莲花座上，温和慈祥。观音像下有一尊韦驮小像，双手捧着用绶带衬托的降魔杵。两侧神台上塑有十八罗汉坐像，均以赤金粉刷全身。西侧第二尊是手持破扇的济公。姿态各异的罗汉像后面的墙壁上，画有十八层地狱。十殿阎王号令小鬼用割舌头、剜眼、铁锯分身等办法惩处曾在人间作恶者。东侧墙上画的是《三皇姑出家》的连环画，色彩鲜艳。

庭庭内栽植苍松翠柏，正殿至山门用鹅卵石铺成甬道，两侧各竖石碑两座。山门耸立，四周围墙，具有中国古代庙宇的特点。每年二月十九日，这里便举行盛大庙会，商贾云集，拜佛还愿者，接踵而至。

1958 年，此庙被改作中学，佛像被毁。

三霄娘娘宫

凌海市娘娘宫乡位于渤海北岸，距锦州市 20 公里。这里面对大海，地处渤海滩涂，土沃物丰，是个鱼米之乡。早在 1300 年前，这里还是个荆棘丛生的蛮荒之地，隋唐时被称作"临海顿"，仅有十几处渔人的窝棚和晒网的木杆，时常有东突厥人和高丽人来此围狩垂钓。

这样的荒僻之地，却有了一个世代沿袭的传闻，而这传闻竟然与唐代著名诗人联系着，为这方土地增添了神秘色彩。这位诗人就是初唐四杰之一的骆宾王。

骆宾王原本是浙江义乌人，出身寒门，7 岁便能作诗，早年做过临海县丞（在今浙江省）。他因为不满武则天政权，曾于唐睿宗文明元年（684）跟随开国元勋徐勋（即徐茂功）之孙徐敬业在扬州起兵讨伐武则天。骆宾王写的《讨武曌檄》，一时传为名篇。据说这篇檄文传到宫中，武则天读后，不仅没有生气，反而大赞骆宾王的才华。她读到"入宫见妒，蛾眉不肯让人；掩袖工谗，狐媚偏能惑主"时，竟淡然一笑，问"宰相安得失此人"，责备宰相没有把如此人才留住。后来徐敬业兵败被杀，骆宾王也作为钦犯遭通缉捉拿。

据传说，骆宾王在兵败之后乔装改扮成富商模样，在丹徒（今江苏镇江）登上一只军船沿长江出海，逃亡高丽，因风暴所阻，大船竟北漂进入渤海，浮荡至渤海湾。此时已是樯倾楫摧，帆篷破裂，眼看就要船毁人亡，却见天空瑞云长起，风息浪平，破船搁浅在荒海滩头。古人极其迷信，尤其危难惊恐中人，更相信有神灵庇佑。绝处逢生的骆宾王及其随从，如梦初醒，恍然大悟，猜想一定是元始天尊的三位女弟子，即琼霄、碧霄、云霄"三霄娘娘"显圣相救。于是顶礼叩拜，感谢仙子救命之德，并发誓要在此处登岸，修建宫观，塑娘娘金身，以报再生恩德。骆宾王登岸之处就是临海顿，即现在的娘娘宫。

后来骆宾王在塞外行商发了大财，几年之后，他装扮成东突厥贵人，来临海顿实现夙愿，耗巨资修造一座恢宏的三霄娘娘宫。据说骆宾王在殿前碑文记事中，写下他渡海遇险，被三位神仙搭救之事，并作隐文落下自己的名姓。直到明代有个教馆的先生来游览，方从碑文隐语中得知建庙者便是唐初大名鼎鼎的诗人骆宾王。

关于骆宾王落难辽西海滩之事，史文中没有明确记述。

经过几百年的风雨剥蚀，三霄娘娘宫已遭到毁坏。明代根据传说又重新修复娘娘宫并重塑三霄娘娘像，而后香火不断，其周围户数增多，人丁兴旺，村落、乡镇皆以此宫为名。新中国成立后，娘娘宫庙宇基本完好，只可惜，"文化大革命"中宫毁碑飞，庙宇被夷为平地。值得欣慰的是，20世纪90年代后，当地村民在村子北头，重新雕塑了汉白玉三霄娘娘像，并且在其周围植树建亭，使之成为渤海近岸一处新景观。

班吉塔

班吉塔位于凌海市班吉塔镇盘古山脚下；南距小凌河0.5公里，西北距锦朝公路4.5公里，东南距锦州市区50余公里；2003年3月被辽宁省人民政府公布为省级文物保护单位。

班吉塔始建于辽道宗清宁四年（1058），为青砖砌筑八角实心花塔，通高11.25米，由基座、塔身、塔顶三部分组成。塔身分为八面，由底向上渐收，每面底座宽1.44米，转角设八边形倚柱，塔身四隅面下部各置砖雕直棂窗，之上为砖枋。砖制阑额、普柏枋上每面出双抄五铺作偷心造斗拱3朵。撩檐砖上承塔檐，上覆筒板瓦，让再置平座，再上每面出单抄四铺作斗拱3朵，上饰仰莲两层。由此向上塔身由八角转为圆台形，上面布满砖雕佛龛，龛前镶嵌有仰莲花瓣，上面端坐1尊汉白玉佛造像，塔身顶部出现明显束腰，再上恢复八角形承托塔顶，用叠砌法制出塔顶，塔顶为二层仰莲，上托砖砌圆形塔钵。

关于班吉塔名称的来历，有多种说法。第一种说法是"斑鸠和尚"说。以前这里有个叫斑鸠和尚，这个塔是斑鸠和尚建的，后来，大家为了纪念这

班吉塔

个和尚，就把这个塔叫斑鸠塔了，慢慢地，大家为了好说，就把"鸠"字说成吉祥的"吉"字了。第二种说法是"斑鸠说"。传说这个塔建成后，有好多斑鸠在那里筑巢，塔上空总盘旋着成群的斑鸠，所以把这座塔叫作斑鸠塔，后来就演化成班吉塔了。第三种说法是"半截塔"的谐音。传说当时塔修到一半时，就修不上去了，因为经常有斑鸠在上面搭窝，捐助修建的人不想把窝弄坏，就没有再修，于是就叫"半截塔"，后来又演变成"班吉塔"。

又有人说，因该地叫班吉塔乡，或公社，因此，该塔因地名而来，再问，为什么地名叫班吉塔乡或公社，他们便说，地名因塔而来。还有人说，当年在塔上曾发现有铭刻"班吉"二字，于是叫班吉塔。

宝灵宫

宝灵宫始创于清光绪末年，位于凌海市石山镇望山铺村。传说山前下铁厂有一位姜氏村民，许愿出家为道，始建宝灵宫，人称姜道人。宝灵宫建有正殿1间，内奉观音菩萨及左右胁侍，另有住宅2间。宝灵宫，集道、释二教于一堂。

姜道人死后，桃仙洞马道人买下此地，并迁此管理宝灵宫庙事，初定二月十九为庙会，因与山北的北镇青岩寺同日，故改为二月十五。

宝灵宫山门

1931年，马道人收徒弟赵宗全。二人艰苦创业、心系丛林，拴车买马，置田栽果。不久，附近的三合子庙、牟毛的天齐庙、小二台子的石桥沟庙纷纷来归。继而，二人对宝灵宫翻新扩建，改为正殿3间、住宅2间、厢房2间，占地780平方米。殿内供奉观音、关公、吕洞宾、丘祖、鸿钧老祖、元始天尊、太上老君等11尊神像，雕塑精美，比例匀称，栩栩如生。正殿前建一亭式钟楼，楼侧立石碑1甬。庙殿外围缭以垣墙。南墙东西两端各建石造飞檐角楼1座。山门外置两块上马石，门前辟出40平方米的开阔地，建筑格局颇具规模。这时二人又添置骡马车辆，置田栽果，养羊，开豆腐坊，庙产丰富。

住持道人赵宗全品德高尚，在承前启后的庙务活动中，恪守"爱教爱国、尊师爱徒、济困扶危、助人为乐"之宗旨，赢得社会各界的赞许。赵宗全在新中国成立以后，受到政府的保护和人民的拥护，被选为辽西省人民代表。1956年，73岁的赵宗全羽化于宝灵宫，并罐葬于庙前50米处。

宝灵宫庙宇已在"文革"中毁掉，但自然景观依然如故。改革开放之后，信士贾高发变卖房产，重修宝灵宫，使之焕然一新。

宝灵宫东北部5公里处的吊阳寺山海拔330.4米，景色怡人。明代有古寺吊崖寺（与吊阳寺谐音），古佛殿画壁犹存，今已毁。

第四节　义县古刹塔窟

奉国寺

义县奉国寺，俗称大佛寺，坐落在义县城内，始建于辽开泰九年（1020），是辽圣宗耶律隆绪在母亲萧太后故里所建的皇家寺院。

奉国寺遗存有中国古代佛教寺院最古老、最大的大雄宝殿，世界最古老、最大、最精美的彩塑佛像群。1961年，奉国寺被国务院公布为第一批全国重点文物保护单位，2007年被评为国家AAAA级旅游景区，2005年由辽宁省人民政府提名，申报中国世界文化遗产预备名录。

建筑学家梁思成曾发表学术报告，称辽代寺院为"千年国宝、无上国宝、罕有的宝物"，称奉国寺"盖辽代佛殿最大者也"。文物专家杜仙州在调查报告中赞誉"奉国寺大雄殿木构建筑，千年仍平直挺健，是我国建筑史一项极为光辉的成就。辽代七佛像高大庄严，权衡匀整，柔逸俊秀，神态慈祥，极为壮丽。梁架上飞天面相丰颐美悦，色调鲜明绚丽，是国内极为罕见的辽代建筑彩画实例"。鉴赏家、书画家杨仁恺在《中国书画》一书中评价辽代彩绘时指出"奉国寺大雄殿梁架上彩绘依然保存很好，光彩夺目，其中的飞天造型特佳，犹存唐代风标，甚为稀见"。主持过奉国寺维修工程的高级工程师杨烈，曾评价奉国寺大雄宝殿为"中国古代辽（宋）以前保存至今最为宏大和最为完整的单檐四阿顶木构建筑，建筑规模是中国第一大雄宝殿"。古建筑史学家曹汛说："大殿九间是佛教建筑顶了天的极限，奉国寺七佛殿九间,全国古刹千百座,奉国寺大雄殿是穷极伟丽的。"学者周德仓发表文章对奉国寺给予极高的赞誉:"在相当长的历史时期,中国东北地区并不是中华文化中心,但是,奉国寺却以它突出的特色和完美的遗存,使辉煌的中华文化通过建筑、雕塑、彩绘等艺术形式展现给世人。"

奉国寺始建时建筑规模宏大,金明昌三年(1192)、元大德七年(1303)碑刻记载:"宝殿穹临,高堂双峙,隆楼杰阁,金碧辉焕,潭潭大厦,楹以千计。非独甲于东营,视佗郡亦为甲。宝殿崔嵬,俨居七佛,法堂宏敞,可纳千僧。飞楼曜日以高撑,危阁倚云而对峙。旁架长廊二百间,中塑一百贰拾贤圣。可谓天东胜事。"

护国寺现保存完好的有外山门(重建),清代内山门,牌坊,东西宫禅院,钟亭,碑亭,无量殿。辽代大雄殿是寺院主体建筑,面阔9间通长55米,进深5间通宽33米,总高度24米,建筑面积1800多平方米,是中国古代木构建筑遗存最大者。"过去七佛"(毗婆尸、尸弃、毗舍浮、拘留孙、拘那含牟尼、迦叶、释迦牟尼)并列一堂,千年来仍然保存完好。古代艺术品不仅有无与伦比精美绝伦的辽代七佛塑像(高度均在9米以上),14尊胁侍菩萨(高2.5米以上),2尊天王,21套石雕供器,更有国内极为罕见的中国最古老建筑彩画实例,梁架上有42幅辽代彩绘飞天,及元、明两代所绘的精美壁画十佛、八菩萨、十一面观音、十八罗汉。奉国寺内有明代所塑国内唯一的男像倒坐观音(高3.8米),明代木雕韦驮。寺中留有金、元、明、清各代所建碑记17甬,清代牌匾数十块,其中清乾隆五年所立的大雄殿(高3.1米,宽1.52米)匾额、"法轮天地"、"滋润山河"(高2.8米,宽1.78米)是中国最大的透雕牌匾,被誉为中华名匾。奉国寺集佛教、古建筑、雕塑、绘画、考古等历史科学文化艺术价值于一体,其独具特色、绝美天下的古代艺术品,被专家学者称为艺术珍品中的极品。古寺古佛、佛祖道场是佛教信众心中的圣地。

历经千载,中国古代著名的佛教寺院原始建筑无一不遭破坏毁灭,唯独供奉列尊佛祖的奉国寺不可思议地避过了5次历史上的劫难,而雄姿依然。

一劫:金灭辽战争。

二劫:元灭金战争。元大德七年(1303)碑刻记载:"兵起,辽金遗刹,一炬列殆尽,独奉国寺孑然而在,抑神明有以维持耶,人力有所保

义县奉国寺七尊大佛

佑耶。"

三劫：元代大地震。元代武平（今宁城）发生强烈地震，地震波及奉国寺，周边房屋均坍塌，而奉国寺殿宇仍巍然屹立。

四劫：辽沈战役义县攻坚战。1948年10月1日，奉国寺大雄殿殿顶被一枚炸弹击穿，炮弹落在佛祖释迦牟尼佛双手之中，有惊无险的是，炮弹没能爆炸，只是损伤了佛像右手（1950年，辽西省拨专款派文物专家刘谦对其修复）。神奇的是另有两枚炸弹落在寺院中也成了哑弹。

五劫："文化大革命"。"文化大革命"期间，许多庙宇被拆毁，奉国寺因为是国务院公布的全国重点文物保护单位，又一次被完好地保存了下来。

北魏万佛堂石窟

北魏万佛堂石窟建在大凌河北岸福山的悬崖峭壁上，位于义县城西北9

公里处。石窟分东西两区,现存大小洞窟 16 个,石刻造像 430 余尊。石窟面临一片开阔的平滩,远处山峦起伏、近处绿树成荫,石窟内法相威严、塔林高矗,亭阁林立,人文景观与自然景观融为一体,营造出一派佛家氛围。

据史料记载,万佛堂西区开凿于北魏太和二十三年(499),是当时营州刺使元景为皇帝祈福时开凿的。东区开凿于北魏景明三年(502),是当时员外散骑侍昌黎韩贞建造的私窟。两区石窟距今已有 1500 余年,是我国东北地区年代最久、规模最大的石窟群,具有珍贵的历史价值、宗教价值和艺术价值,为全国重点文物保护单位。

西区共有 9 窟,分上下两层,上层有 3 小窟,窟内佛像均已风化无存,下层有 6 大窟,由东向西依次排列。第一窟洞门上刻有"佛光普照"四个大字,窟内平顶方形,高约 5 米,面积约 60 平方米,中央有一方形石柱,通连窟顶。石柱上,有雕镂精细的盘柱玉龙,奋目振须。

20 世纪初的万佛堂石窟

第五窟为大型窟,高约 5 米,东西宽 7 米,前半部分已经崩塌,余下的后半部分深 6 米多,残存的雕刻有莲花、飞天等,最有历史和文化价值。被称为国宝的"元景造像碑"就坐落在此,整个碑刻雕凿在岩石上,碑的下半部分已经风化,上半部分还存有 304 字,记述了造窟的经过。碑刻的文字遒劲挺秀、笔力极工、方圆兼备、结构严谨,曾被梁启超评价为"天骨开张,光芒闪溢",康有为则称其为"元魏诸碑之极品",中国大百科全书也称其为"书法精美,堪称魏碑之上乘"。

第六窟最大，东西长约8米，现存一尊高3.2米的叉脚弥勒佛，其面容慈祥丰满，神态端庄，充分体现出北魏时期的造像特点，具有极高的艺术价值、宗教价值。

东区现存共有7窟，所存原始造像不多，最为引人注目的就是明代所建的千手观音神像。其为泥塑金身，端坐于莲花宝座之上，有46只手臂从周身向外伸展，左右各有文殊、普贤菩萨神像。第五窟中留有《韩贞造像碑记》，现存269字，是研究我国北方民族历史、边疆历史极为珍贵的资料。

1994年和1999年，义县群众两次捐资对万佛堂进行了全面修缮。

万佛堂佛造像

广胜寺与广胜寺佛塔

广胜寺位于义县义州镇南街，义县奉国寺的西南方向。1930《义县志》义县城区图，中心为奉国寺，西南隅为广胜寺塔。1988年12月，广胜寺被省政府公布为省级重点文物保护单位。

义县，在辽代时为宜州，属辽中京兴中府所辖。《辽史·兴宗本纪》

广胜寺佛塔

载,"统和八年三月置宜州"。《辽史·地理志》载:"统和中,制置建、霸、宜、锦、白川等五州,寻落制置,隶积庆宫,后属兴圣宫……宜州,崇义军,上,节度。本辽西棃县地。东丹王每秋畋于此。兴宗以定州俘户建州。有坟山,松柏连互百余里,禁樵采;凌河累石为堤。隶积庆宫。统县二。弘政县,世宗以定州俘户置。民工织纴,多技巧。闻义县,世宗置,初隶海北州,后来属。"通过上述记载,可以看出,此地原来是东丹王秋狩的猎场,在辽圣宗统和八年(990)所建头下州,规模不大,并未纳入辽代政府的行政序列,到了辽兴宗时,为安置定州(今河北定州市)居民,正式建州。

辽代宜州晚期的佛教信仰,是一个以华严为显圆,以诸部陀罗尼为密圆,平等无异,显密双修的信仰。正如《显密圆通成佛心要集》中所说:"如来一代圣教,不出显密两门,于显教中虽五教不同,而《华严》一经最尊最妙,是诸佛之髓、菩萨之心,具包三藏,总含五教。于密部中虽五部有异,而准提一咒最灵最胜,是诸佛之母,菩萨之命,具包三密,总含五部。"

收藏于义县文物管理所院内辽天庆十年（1120）《佛说佛顶尊胜陀罗尼经幢》刻写的内容，充分体现了当地辽代晚期显密圆通的信仰形式。

广胜寺塔正是在这种时代背景和佛教信仰背景下修建的，广胜寺塔在义县古城的西南隅。1980年以前广胜寺塔被称为嘉福寺塔，因清顺治年间在塔下建寺庙名嘉福寺，所以塔因寺名，寺已毁坏，塔则巍然独存。

宝林楼

宝林楼坐落在义县张家堡乡境内，医巫闾山北麓，距县城35公里。宝林楼建筑群分为两部分。首先是山下的宝林禅寺，其寺宇建在半山腰突出的岩石平台上，正殿3间，殿内有释迦牟尼金身塑像一尊，其神态慈祥而又庄严；两旁塑有胁侍弟子两尊，四周列坐十八罗汉。这些佛家弟子雕塑得神采各异，妙趣横生。前殿有韦驮雕像一尊，寺院内外并有历代断碣残碑20余块。出宝林禅寺过东角门，沿狭窄陡峭的石阶拾级而上，攀十余丈，便到了山上的宝林楼，这楼非一般佛家楼宇可比，它凭依石壁上天然石穴建成，主楼四层建于上下各高两丈、宽两丈的两个洞穴内。主楼东西两侧亦有一穴，分别建楼阁两层，是为配楼。主楼距配楼均相距约一丈，设有走廊，并层层设有楼梯，左右相接、上下相通。

宝林楼主配楼泥塑铜铸佛像颇多，其大小形态各异，而楼内最具艺术魅力的还当属壁画。那些壁画所画图面多为大唐的文臣武将，所绘内容通俗易懂，其人物眉飞色舞，栩栩如生，可谓绘画极品。主楼嵌石匾一帧，匾文刻篆文"炎汉古刹"四字。

据记载，宝林楼始建于公元前202年。现在的宝林楼，或叫宝林古刹，是唐代重修的。

1900年以前，古刹还保存完好，主要因古刹建筑在完全遮风避雨的石洞之中。洞内供奉大小佛像32尊，居中一尊便是炎帝神农氏。西面依次是盘古氏及三皇五帝，东面依次是风神、火神、龙王、谷神、虫王、雷公、雷母等。

西晋初，宝林楼由无味空道人主持，民间称其为三无道人。此人姓刘名文，字继业，后改名刘径，字另途，河南许都人，传说为汉室皇族后裔，曹魏时曾做过县令。晋统一中原后，其年已五旬，后追随祖宗，来宝林楼出

宝林楼

家，著有《古风·辞》四十三篇，其中《炎汉古刹说》，是最早记载古刹来龙去脉的文献。

几乎历朝历代都在宝林楼重建或扩建过寺庙，它们是：东晋时所建的三义庙，前燕王慕容建于公元345年的三清观，北魏太和元年（477）修建的三霄殿，隋开皇八年修的娘娘宫，唐初武德二年建的药王庙，唐贞观十七年修的尉迟国公家堂庙，元朝中叶修的五岳庙。此外，还有山神庙、龙王庙、火神庙、土地祠、蛇仙堂、狐仙堂、无名庵和清初所建关帝庙等共53座，共有碑碣48方。

从格局上看，宝林楼建筑群，佛教道教并举，单层高层建筑相兼。其高层建筑比西方出现楼房（约1460年）要早1600多年，加上墓葬四景，当属世界之最。

清代皇帝乾隆曾多次驾幸宝林楼，在宝林楼留下《宝林八景》和《四景回文》二诗。其《宝林八景》曰：

宝林古刹不知年，山在楼头寺在前。
画阁不因风雨朽，老僧长伴孤松眠。
砥柱险托千仞阁，翻身独步几重天。
井扳水倒将军马，石立高山国公鞭。
兔儿山头云渺渺，孤佛顶峰雾漫漫。
棋盘曾见僧游迹，仙人桥留马蹄牵。
金鸡顶峰南海近，宝林楼居闾山巅。
诗情共美凌河景，古时香火塞北烟。

因乾隆帝的这段夙缘，宝林楼自清代中叶出现了八景。第一景是鞭打石门，第二景是扳倒井，第三景是棋盘山，第四景是孤佛顶，第五景为金鸡石，第六景是兔儿岭，第七景为仙人桥，以上七景加上宝林古刹是为乾隆钦定的"宝林八景"。

2004年5月1日，锦州佛教协会会长释道极大和尚与众弟子募集善款，修葺宝林古刹，使得千年古刹焕然一新。

圣清宫

圣清宫位于义县大榆树堡镇的老爷岭风景区，历代高士贤人辈出。抗日战争时期，田信斋道长燃起抗日烽火，被日寇抓捕后，高歌《满江红》在沟帮子敌营慷慨就义。新中国成立后，圣清宫道长岳崇岱当选中国道教协会第一任会长。

传说，因关老爷（关羽）在这里救过唐太宗，故而得名老爷岭。

大唐贞观十九年，唐太宗李世民带兵巡游辽东遇敌，大队人马退至怀远镇（今北镇）时，被敌大军围困后被迫向西南突围。危急时刻，忽然狂风大作，松涛呼啸，只见一形似鹰嘴的山峰上竖起一面赭红色锦旗，一位五绺长髯面如重枣的大将立于旗中，厉声喝退敌兵。

待敌军逃尽，太宗君臣再看鹰嘴峰顶，哪里还有锦旗和关公的踪影。太宗却坚持认为是关老爷显圣救驾，救自己脱险，因而赐此处大岭为老爷岭，赐这座形似鹰嘴的山峰为鹰嘴峰，并在距此不远的一天然石洞内留一圣旨，此洞后称圣旨洞。后来,唐玄宗派人在此建圣清宫,塑了汉寿亭侯关云长出巡的金身。从此,老爷岭便成了四季香火不绝、宫殿成群的道教圣地。

乾隆皇帝也来过老爷岭。据说,乾隆帝途经圣清宫下院山门时,见山道南侧有一虬枝古松横卧路旁,觉得奇怪,便问随行大臣纪晓岚此树的来历。纪晓岚说,这是当年唐玄宗来此困倦,将头与背靠在树干上睡觉,将树压弯导致的。乾隆听罢龙颜大悦,夸赞此树福分不浅,将此松赐名为卧龙松,此名一直沿袭至今。

圣清宫下院山门

老爷岭景区历史悠久,道教宫殿金碧辉煌,兼及几十处自然景观,1000多年来吸引着历朝历代的名人高士。老爷岭圣清宫出巡殿前的石坎西侧,立有一块灰色石碑,石碑正面横刻四个大字"道气长存",横额下边是小字碑文,记述道士李崇宣站化圣旨洞之事。李崇宣是江苏太安人,一生求道,圆寂时竟是站立于圣旨洞中无疾而终的,站化道士碑由此而来,令人称奇。

1931年"九一八"事变爆发,外敌入侵,国土沦丧,每一个正直的中国人都义愤填膺。义县与北镇一带,从古至今都是交通要道,又背临医巫闾山，地势险峻，进可攻，退可守，是用兵的理想之地。从锦州沦陷之日起，十几路义勇军趁日军立足未稳，争夺攻击铁路沿线的重要城镇，令日伪军闻风丧胆，惶惶不可终日。

国难当头之际，义县老爷岭的出家道人也按捺不住满腔义愤，直面国难，圣清宫道士个个铁血丹心。日军攻占锦州后，义县老爷岭圣清宫的监院道士王子仁毅然组织起抗日武装，活动在牵马岭一带，打击日寇、杀富济贫，一时声名大噪。当过县长的周姓恶霸，在义县小籽粒屯拉起了汉奸武装，勾结日寇，对抗抗日武装，将王监院杀害，从此龙门派第25代传人田信斋担任抗日武装首领。

田信斋又名田信良、田杏村，山东人，生于清末，20世纪初来到义县间山老爷岭圣清宫，任监院道士。1927年前后，田信斋曾先后在北镇城的南街及金家胡同暂住，行医舍药、收徒练武。田信斋身材魁梧，精通武艺，才智出众，道行高洁，办事干练，他关心民间疾苦，自信有兴邦济世之才，与张海涛共同筹划创建起义勇军第3纵队。

此后，田信斋与各路义勇军联手集中千余兵力，攻打北镇县城，虽然日伪军凭借工事和建筑物固守，义勇军未能如愿破城，却使守敌大为恐慌，但闻田信斋大名便心惊肉跳，并悬赏5万元缉拿田信斋、张海涛。

1932年2月，当地的抗日救国会以第3纵队为基础，成立了义勇军第12路军，田信斋自然成为东北第12路抗日义勇军和后来成立的第37路抗日义勇军的创始人之一。在12路军的军旗上，绣有一行金边大字：不扰民、真爱民、时时救国。

1932年3月，田信斋率部南下，第12路军一旅在盘山县西北与"扫荡"日军遭遇，双方立即抢占有利地形，展开了激战。这场昏天黑地的厮杀，从午后2时，一直持续到日暮时分，日军死伤30余人，狼狈逃窜。与此同时，第12路军3旅在北镇县东南也与日军的"扫荡队"接火。一架敌机赶来助战，自恃有空中优势，对3旅反复俯冲扫射，义勇军集中火力将其射中击落。日军的飞行员一名随机摔死，一名跳伞被生俘，待日军增援部队赶来时，义勇军已将飞机残骸掩藏在大桥下面，押解着俘虏安全转移了。

一个月后，田信斋又派遣200名义勇军，趁着月色直趋肖家屯，将杀害王子仁监院的周姓恶霸的宅院团团围住。周姓恶霸指挥100多人的武装，凭借高墙和炮楼顽抗。义勇军有备而来,不达目的决不收兵。激战数小时后,周家宅院终被攻破,恶贯满盈、勾结日寇的周姓恶霸被当场处决,王子仁大仇得报。

不久,在日伪警察队长徐某的配合下,义勇军掌握了日军守备队出发的准确时间。义勇军第12路军派出40多人,埋伏在日军守备队汽车队的必经之地西河套,发动群众挖好陷坑。第二天,日军4辆汽车按预知的时间开过来,头车栽入陷坑里,义勇军立即开火攻击,紧接的两辆来不及刹车,也紧跟着掉了下去。义勇军的火力打得守备队一行人仰车翻,县城的日军闻讯火速赶来解围,仅将最后面的那辆残破的汽车救回。次日,日军实施报复,杀群众、烧房屋,可连义勇军的影子也没看到。

田信斋还曾以东北第12路抗日义勇军联络官的身份,多次赴北平与救亡团体联络,为抗日武装筹集武器弹药、被服、电台等军用物资。1932年7月,田信斋风尘仆仆地由北平返回,在沟帮子火车站被捕,日军从他的道袍衣领中搜查出抗日义勇军的文件及证件。被捕后,田信斋遭到两个多月惨无人道的严刑逼供,年已半百的田信斋宁死不屈,他自信、持重、平静地对待侵略者的残害,心中默念:"欲做精金义玉的人品,定从烈火中煅来;思立掀天揭地的事功,须向薄冰上履过。"拷打逼问无效,凶狠残暴的日寇恼羞成怒,于1932年10月19日将田信斋扔进狼狗圈喂了狼狗。还有一种民间说法是,田信斋被日军活埋。临终前,田信斋高歌南宋抗金名将岳飞的传世名篇《满江红》慷慨就义。

义县老爷岭的道士勇赴国难、敢为人先,充满扶困救弱的济世情怀,在当地百姓心中声望颇高。花子坟与官粥锅的故事流传至今。

在老爷岭景区,有一处景点叫"花子坟"。这花子坟是由71座土冢组成的,这些土冢里埋的是当年死在这官粥棚里的乞丐们。官粥棚就在花子坟的上边,棚里是两架大锅台和两口巨大的官粥锅。两口官粥锅均由铸铁特制,每口锅都能盛两石八斗黄豆。

清代,老爷岭的圣清宫香火更盛了,寺庙地产扩大,道众多达上百人,而且年年粮食丰收,积蓄颇丰。至清末,老爷岭外连年遭灾,难民沦为乞丐的很多,苦不堪言。当时,圣清宫内的住持云升道长见民间遭此大难,心怀不忍,便对道众说:"现在民间疾苦,我们圣清宫积粮甚多,出家人慈悲为怀，面对生灵受难，怎可见死不救？我提议，在南梁下设一官粥棚，造口大锅，每日三餐向饥民舍官粥，不知大家意下如何？"

云升道长的话得到众道士的热烈支持，于是大家动手，散出部分香资，备料的备料，建棚的建棚，造锅的造锅，一切安顿好后，便告诉大家，凡不能自济的难民，每日三餐可听庙里的钟响，来官粥棚充饥。

从开粥之日始，每餐来食官粥的不下 200 人。后来，远处的乞丐也闻讯来老爷岭，人越聚越多，一口锅根本不够用，便又造了一口，施粥的房子也增至 15 间。乞丐们不但来喝粥，而且住处远的，晚上便留宿在这里。年头长了，乞丐就有病死或老死在老爷岭的，人去世后，圣清宫负责制备棺椁，葬在官粥棚附近。这两口官粥锅一直支到 20 世纪初军阀混战时，历时半个世纪，而埋葬乞丐的坟冢也积到 71 座。

一座圣清宫，救了老爷岭方圆百里的落难百姓，云升道长对贫苦民众的恩德令后人至今追思感戴、念念不忘。

在清代，老爷岭的圣清宫香火鼎盛，是与沈阳的太清宫、北京的白云观齐名的道观。清代的圣清宫占地广阔、庙产积蓄丰饶，香客络绎不绝。每逢传统佳节，圣清宫内外人山人海，圣清宫被云遮雾绕，钟磬齐鸣传音几公里之外，堪称一大奇观。

老爷岭的圣清宫分上下两院，上院栖身于林海深处。圣清宫下院里外三进，院落宽阔，庙宇虽年久失修，但依然不失当年的堂皇气派，树龄有几十年的松柏随处可见，现存的庙宇外院套里院，匾牌高挂，斗拱飞檐。站在背依青山的清净庭院内，遥思圣清宫当年的富丽堂皇与辈出的高士前贤，心中便生岁月沧桑感。

新中国成立前，庙里还有 4 名道士：黄高盼、王高恩、李高殿、胡四权。

八塔子

辽代八塔子位于义县城南，距县城 10 公里。八座辽代建筑的砖塔分别立于酷似飞腾的龙形山上的 8 个凸起的山峰上。据考证，八塔子建筑年代和奉国寺建造年代一致，是辽圣宗为纪念佛祖一生八个阶段而建。八塔子是中国唯一纪念佛祖一生八个阶段的塔林，现为省级文物保护单位。八塔子塔高在 1.91 至 3.45 米之间不等。八塔建筑造型有所创新，为塔建特有形式，样式新颖多变，有正方形、五角形、八角形与十面形等，座座形体朴素，挺拔秀丽，浑厚大方。这种建造风格实属罕见。

八塔子

一号塔为"净饭王宫生处塔"。据查，净饭王宫即公元前 6～公元前 5 世纪时印度北部迦毗罗卫国王宫，净饭王即迦毗罗卫国王，乃释迦牟尼之父。此塔铭明确指出释迦牟尼生于迦毗罗卫国王宫，是净饭王的王储，是这一古老国家的王位继承人。但是，这位王储在 29 岁时，痛感人世生老病死的各种烦恼，又不满当时婆罗门的神权统治及其梵天创世说教，竟然舍弃了王族生活，出家修道，遍访名师，几近周折，经 6 年苦行，终于在菩提迦耶城的菩提树下悟到世间无常和缘记诸理，随之而成道。

二号塔为"菩提树下成佛塔"。二号塔铭源于菩提迦耶城。因其城被传为释迦牟尼成道之地，所以北宋前期游印度的中国僧人在此立碑，共有汉文碑刻 5 方，其中最早者立于公元 10 世纪 80 年代，最晚一方立于宋明道二年（1033）。由于佛道故事讲释迦牟尼于菩提树下成道，因而"菩提"二字便成了佛教的专用名词，有了"觉""智""道"的意义，以指豁然开悟、如人睡醒、旭日开朗的彻悟境界，还可指觉悟的智慧和觉悟的途径。

三号塔为"鹿野苑中法轮塔"。此塔是纪念释迦牟尼在鹿野苑中开始传教,为乔陈如等人说"四谛"以及"八正道",佛经称为"初转法轮"。关于鹿野苑,唐代高僧玄奘所撰《大唐三藏圣教序》中载言:"双林八水,味道列风,鹿苑鹫峰,瞻奇仰异。"佛经载鹿野苑乃波罗奈国。佛教神话说,佛之前身为波罗奈国国王,有林地养鹿,每日以一鹿供王充膳。有孕鹿垂产,鹿王菩萨告王愿以身代。王感菩萨仁慈,悉放群鹿,因名施鹿林,故有鹿野苑之称。

四号塔为"给孤园中名称塔"。其中"给孤园",即"给孤独园"的简称,也称为"祇树给孤独园"或"祇园",乃佛家园林名,为古中印度侨萨罗国舍卫城长者给孤独所购置,为佛说法地。《金刚般若波罗蜜经》说:"一时佛在舍卫国祇树给孤园。"初为释迦牟尼去舍卫国说法时与僧徒等停居之处,后业演化成僧寺的泛称。八塔中造此塔,实为辽末统治集团欲借大兴佛寺、浮屠之举,用以挽救没落衰亡之势。据传,造塔同时,并于四号塔南坡中间平台上造有佛寺,可惜如今已荡然无存。

五号塔为"曲女城边宝积塔"。玄奘旅居印度时,目睹了曲女城人烟稠密、繁盛富饶、佛教寺院林立的盛况。据玄奘所记,可知曲女城为当时北印度大城。查曲女城亦作羯若鞠堵,《佛国记》作蜀饶夷城,公元7世纪上半叶为印度戒日王的都城,在今北方郡境内之卡瑙季。可惜此城在11世纪初,伽色尼王朝马默德入侵时被毁。佛教中之所以将曲女城也列为释迦牟尼一生中的一个阶段,大概就是因那里佛教繁盛而以代表释氏所创佛教广为流传的阶段吧。

六号塔为"耆堵崛山般若塔"。其中"耆堵崛山",乃梵文音译山名。"耆堵"义译为鹫,"崛"为头,以同顶形如鹫而名。其山又名鹫峰山或灵鹫山,相传为释迦牟尼说法处,在印度阿耨达王舍城东北,省称为"耆山"或"耆堵"。铭中之"般若",乃梵语"智慧"一词,佛教用此,意为脱离妄想,归于清净。筑塔记佛祖八段之一,是言佛法无所不在。

七号塔为"庵罗卫林维摩塔"中之"庵罗卫林"即庵罗园。其园在古天竺毗耶离,佛教传说为佛说《维摩诘经》处。高僧法显《记传》载曰:"毗舍离城城北大林重阁精舍……城南三里道西,安婆罗女以园施佛作讲经处。"铭中之"维摩"是指维摩诘,乃释迦同时人,也作毗摩罗诘,意译作"无垢"或"净名"。其人曾向佛弟子舍利弗、弥勒、文殊师利等讲说大乘教义。

八号塔为"婆罗林中圆寂塔",释迦牟尼于鹿野苑中完成"初转法轮"

之后的45年间，在各地游行教化，获信很多，人们尊其为佛陀，于80岁时，在拘尸那城附近的婆罗双树下涅槃。

花尔楼寺

在义县境内的医巫闾山脚下有个村庄叫花尔楼，因花尔楼而得名。花尔楼，明代称安兰敌楼。该楼位于村庄中央的高坎上，全村人都看得见。此楼是用大青砖砌成的，为正方形，长宽大约10米，楼高相当于现在的3层楼。

20世纪初期，楼的北面损毁严重，楼南面保存完好，大门可进马车，门上镶嵌匾额，刻写"安兰敌楼"繁体字。门窗使用花岗岩起拱，四面有窗，窗台上可坐4人，墙体厚度在1米以上。楼是空的，没有楼顶，人在楼中，如置身天井之中，抬头见蓝天，地下长苔藓，阴暗潮湿。后人在楼内盖了个小庙，供奉天神。

花尔楼是明朝辽东长城经过之地，显然此楼是长城的建筑物。署名华夏子的人所写的书《明长城考实》也提到花尔楼，该书是这样写的："义县稍户营子镇花尔楼村东，原有一座保存很好的空心敌楼，'文革'中被拆毁。"

花尔楼邻近有大台子、五台子、双台子、白台子、北台子等，这些"台子"是烽火台，由土石堆积而成，位于高岗山岭之上。在诸多台子中间修座敌楼，说明花尔楼在明朝边境地位是很重要的，可能是御敌的军事据点，有驻军把守。

明朝在辽宁修筑长城主要是防止元朝复兴，胡人再起。到了清朝，又在明长城基础上，改造为"柳条边"，至今柳条边遗址仍断续可见。

辽河西长城修建于明朝早期，因此安兰敌楼至少已有500年历史，它能保留到新中国成立以后，已经很不容易。然而遗憾的是，这么个乡村古迹，在"文革"中被拆毁。

花尔楼村是比较大的村庄，历史悠久，在村南发现的商周时期的多件青铜器，至今保存在辽宁省锦州市博物馆。

花尔楼村也曾有座庙，位于安兰敌楼之南，王八盖子山附近，与小学处于同一大院落。只是庙堂另有小院，学校在前，庙宇在后，平时庙门紧闭。

该庙分前后两个殿，前殿为老爷庙，供奉关公坐像，面如红枣，长髯垂胸，严肃端庄。两侧是周仓等4位立像，双目圆睁，面目漆黑，法相庄严。粉白墙上的绘画是三国故事。老爷殿背面，面对后门是站立的岳飞神像，身披铠甲，手持宝剑，威武英俊。

后殿是娘娘殿，供奉菩萨等神像，有8尊。墙壁上画的是阴曹地府的故事。此外，在娘娘殿西侧，还有一个龙王庙。

前后殿之间有甬道相连，院内碑石很多，有蟠龙碑、赑屃碑等，庙内树木以松柏为主，有的树木已有上百年树龄。

僧房在庙宇旁边，新中国成立初期有十来位僧人，庙有庙产，僧人平日种粮种菜，自给自足。前后殿的天井之中，悬挂一口大钟，每逢初一、十五的清晨，十里八村的人都能听到钟声。乡村文物古迹惨遭破坏，唯有这口大钟得以保存，在没有广播的年代，钟声就是呼唤，钟声就是命令，乡村召集开会都要敲钟，村干部认为它有点儿用，所以才没有毁掉。钟的铭文很清楚，捐款铸钟的乡绅姓名都刻之其上，当时花费有千两白银。该钟现在保存

花尔楼古钟

于花尔楼水库堤坝之上。

该庙毁于新中国成立初期，一个姓王的小学教师带领一些大一点儿的学生，以破除迷信为由，推倒神像并将其砸毁。他们发现佛的心脏竟然是用银元宝代替，于是这些人疯狂起来，将所有的佛像全部捣毁，淘金盗宝特别积极，而后将众多佛像肢体丢到河里，石碑也都砸毁扔掉，庙堂被拆毁，全部改建为校舍。

庙前曾有一棵九龙松，有上百年树龄，龙爪伸向四方，郁郁葱葱形成个大伞盖，树下砌有石台。可惜这棵古松不知毁于何年。

现在，寺庙部分已恢复。古井与古钟仍保留。

地藏寺

地藏寺位于义县地藏寺村屯中酾山脚下，东距义县县城约 30 公里，南距锦州市区约 40 公里，东南与留龙沟乡毗连，西与凌海市沈家台镇、北票市三宝营子乡接壤，北邻义县刘龙台镇，平均海拔 110 米，属典型松岭丘陵山区。历史上这里曾是锦州西通朝阳，北通科尔沁草原古商道上的一处重要驿站，从古至今人烟稠密，境内有大帽山、平顶山，及两处青铜文化遗址，一处汉郡文化遗址。汉代阳乐郡治所就在古寺北 5 公里古城山的山顶上。

地藏寺村的名字因古寺而来。村前、村东、村西各有一条季节河，汇入地干河注入小凌河。这里四面环山，山上植被茂密，花草缤纷。

地藏寺供奉的是佛教四大菩萨之一地藏王菩萨。据《地藏菩萨本愿经》说，地藏菩萨曾受释迦牟尼佛的嘱托，要在释迦灭度后、弥勒佛降诞前的无佛之世留在世间，教化众生，度脱沉沦于地狱、饿鬼、畜生、阿修罗、人、天诸道中的众生。而且他发誓"地狱未空，誓不成佛"。有情众生只要念诵其名号，礼拜供奉其像，就能得到无量功德的救济。地藏寺历史上是辽西地区佛教道场中地藏菩萨的主要道场，其信众遍布辽西各地。据地藏寺最后一位小和尚同智（王俊福）讲，新中国成立前百八十里的大小户人家做超度，祭祀亡灵，全到地藏寺来，寺院香火不断，鼎盛时期每天要做几次道场。

地藏寺始建于何时已无据可考。据传说，辽开泰年间，皇帝耶律隆绪在凌水右畔修了一皇家佛祖道场，即今义县义州镇东街路北奉国寺。按佛教三世说，还应有一处地藏菩萨道场作为阴世亡灵的超度场所，与阳世佛祖道场互为补充。奉国寺住持释道善大和尚受皇帝之命，寻找建寺地址。按佛教教义，这一场所只能在佛祖道场的西方。道善大和尚餐风饮露，一路西行，没有找到理想的位置。地藏菩萨又称大愿菩萨，是大孝的化身，是掌管阴间的菩萨，道场必须是阴阳相向的宝地。

一天，道善来到一处山清水秀的地方，他抬眼一望，只见周围的山似九龙逶迤扣住九条山间溪流，形成一块山间盆地，这正是九阴九阳相伴相生之地，便奏请皇帝恩准，在醨山脚下建起了一座地藏寺。这虽然是民间传说，但到过这里的人都会发现古寺遗址周边确实有九道山岭，九条沟，而且都有人家居住。这九道沟是：老虎洞沟，柳树沟，山泉沟，娄家沟，周家沟，西黄水沟，东黄水沟，小柳树沟，三宝屯沟。每条沟都有小河流出，汇集到地藏寺前的河里向南流向小凌河。九条山脊夹着九条沟，形成了这里的独特地貌。

历代地藏寺的住持都由奉国寺委派。地藏寺最后一任住持介陂亦是奉国寺的和尚。1946年，国民党占据地藏寺寺院作为维持会的会址。这时寺院里的住持就是介陂和尚。他有两个徒弟，一个是烧火僧同成，其姓赵，义县留龙沟乡东尖山子村人，1954年随师傅介陂从地藏寺庙到奉国寺，后一直在奉国寺，1997年在奉国寺圆寂。另一个姓王，法名同智，义县杨树沟村李家沟人，1954年还俗，1964年因病在老家去世。新中国成立以后，地藏寺香火逐渐清冷。后奉国寺住持故去，介陂受命带着同成和尚回到奉国寺当住持。因无僧人看管，地藏寺更加破败。1957年，佛像被毁，寺院改为地藏寺人民公社社址，后其建筑也逐年被改造成现代建筑。

地藏寺古刹虽然消失了，但它的沧桑历史依然留下了痕迹，当年介陂法师回奉国寺时带去地藏寺两件佛家文物，现在奉国寺留存。一件是塔式铁铸香炉，一件是铁铸经钟，上面都留有铭文，经钟所铸年代为清嘉庆十六年（1811），而香炉年代为清乾隆四十八年（1783），距今已有200多年的历史。

从整个香炉铭文看，地藏寺的历史较长，铭文写道："义县西关地藏寺开功德院传示戒律，佛殿前缺宝鼎一座，虔心以备化炼，流资为爱为铭曰：地藏古刹创建百年，中经荒废颇显，有僧法成修理安然，规模宏敞气象万

地藏寺香炉铭文

千,传佛戒律开示迷顽,内缺宝鼎法物未全,内虔铸之用结夙愿,宏兴佛教万古永传。"这两件供做佛事的器物由佛家俗门弟子所献,且说明了地藏寺历史的悠久和佛教在这一地区的影响。

青塔寺与佛塔

  青塔寺位于义县七里河镇松林堡村平房屯西北,锦承铁路(西后台站)西侧30米处,北距县城17.5公里。寺内有塔有殿,四周砌有围墙,东西长72米,南北宽50米,占地面积3600平方米。

  青塔寺因寺内有一青砖小塔而得名。塔高14.42米,为实心密檐十三级八角形砖塔,由基座、塔身、檐、顶等几部分构成。塔基圆形,周长8.2米,高1.5米,石头砌筑,后世曾加固。塔基上部建有一个1.5米高的八柱形塔座,从形式上看类似塔身,就位置来看仍是塔座部分。柱头之上有联络枋,形成一个束腰式素面。塔座上面有一层束腰式座。在八角形的转角处,建有一根短柱，八面上下嵌条石边框，内砌青砖。塔身为八面，八角为砖雕半圆形角柱，柱两端雕一道、中间雕二道凹弦纹。八面各雕龛门一座和八大金刚像，"文化大革命"期间佛像被毁，现仅剩八个龛门。每转角处，各有倚柱一根，柱头之上仍有栏额及普枋等联络材。普柏枋之上不设斗拱而加两层砖枋作叠涩法向外伸出，上承檐部。塔檐，计13层，各层做法如第一层，逐渐上升，塔檐不设短矮的塔身，只用叠涩砖枋二层，饰兽面文后，比之辽塔，金塔确又密集多了，现在来看还是孤例。塔顶有座，馒头状，上有宝珠，顶部扣一口铸铁钟，钟面铸有修塔捐资者花名。

青塔寺佛塔

  塔后建有硬山小式前殿和硬山小式后殿，前殿面阔3间8米，进深2间6.50米；后殿面阔3间9.50米，进深2间6.50米。前殿顶部建有歇山式顶楼1间，后殿东侧建有大仙堂二部，西侧建有僧舍3间，均为平房建筑。殿内供有佛像，后殿东西内壁绘有古松、奇峰、小桥、流水和仙人讲经、作法等壁画。寺内原置有明清碑刻8甬，今已毁坏无存。

  新中国成立后，寺僧还俗，寺庙无人管理，遭到人为破坏。1960年3月25日，青塔寺被义县人民委员会公布为县级文物保护单位，逐渐引起人们重视。1983年、1984年，青塔寺进行两次大的修缮，其面貌为之一新。1998年，义县文管所通过招商，吸引北镇市沟帮子镇刘志利先生投资70万元，维修了硬山小式前殿3间、硬山小式后殿3间、西配殿3间，新建了东西殿3间、仿古僧舍东西各7间、小山门1间，青塔寺形成了一个较完整的寺院建筑布局。1998年6月5日，锦州市人民政府公布其为市级文物保护单位。

关于青塔寺的建筑年代，尚未发现可靠的文字资料和遗物依据。据当地群众讲，寺内曾有一通明朝嘉靖三十一年石碑，记有建筑年代，但石碑已毁，无法查考。如从嘉靖年算起，青塔寺应有近500年的历史。

三圣寺

驱车驶过义县花尔楼，在北镇市和义县交界之处，远远望去，便能看见丘陵松林中耸立的关羽花岗岩立身石像。在关圣人石像的前方便是供奉东方三圣——药师佛、日光、月光三位菩萨的三圣寺。

三圣寺坐西朝东，与关圣人石像隔花丛相望，途经此地的锦阜广义的商人都要停车驻足，去朝拜关圣人石像，以求财运亨通。三圣寺的特别之处除了关公像的高大威武之外，那就是这里乃菊花的世界。三圣寺的住持僧对寺院环境的美化技艺已达到园艺师的水准，从上山路的两侧到寺院的前后，花路、花堤、花墙、花亭随处可见。闻着沁人的花香，带着一心的虔诚，在蜂和蝶的引领下，佛教徒们三三两两聚集于此，在木鱼的敲击声中，许下一个心愿，种下一片福田。在三圣寺的浮雕前，分别摆设的两对大水缸内，种植着纤瘦的莲花，莲花已开放殆尽，翠绿的莲叶把青瓦红檐的禅寺装扮得更加幽雅闲静。莲花在这里只不过是佛寺佛像前的点缀而已，你看那菊花亭前的菊花才称得上是三圣寺的花主。医巫闾山的九月是菊花盛开的季节，坐在菊花亭中神情悠闲地品上一杯茗茶，方能领略一番四君子之一菊的芳香，这是朝拜览胜者的一大幸事。

三圣寺的住持僧说，这菊花亭的菊花还是一味上好的草药，每当花一结蕾，就可采摘，晒干收藏，可与茶叶同泡，也可以单泡，它具有清热、明目、消炎的作用。住持僧为客人沏上一杯茶，丢进去几颗菊豆，随着袅袅水气升腾，就有一股菊花特有芬芳溢出，客人呷之微苦，似是清贫的生活，口中淡淡，心情逸然。

双龙寺

双龙寺位于义县城东大榆树堡镇西沟村七家子屯，该寺西临细河，东靠稍石公路，寺庙占地4000余平方米，始建于唐朝武忠年间，明朝洪武十三年再次重修。从唐朝至今，历代均有僧人住持双龙禅寺佛教活动。

双龙寺建筑群

　　该寺庙有大雄宝殿、地藏殿、天王殿、念佛堂4间，诵经堂5间，五观堂5间，并有寮房22间，寺庙供有三如来、观世音、文殊、普贤、地藏王、四大天王、弥勒、韦驮、西方三圣、伽蓝佛。

　　双龙寺是一座驰名的古刹。双龙寺的历史不仅悠久，而且辉煌，现存乾隆皇帝亲赐大磬一个，及"佛光普照""药王圣会"等牌匾。当地众生，在佛教的救度下，同沾法喜，受益匪浅，极为殊胜。

　　新中国成立后双龙寺一直有僧人居住，著名的旭明老和尚从"文革"后至今一直生活居住在双龙寺。"文革"期间各地的寺院均遭到严重的拆毁和破坏，旭明老和尚竭尽全力保住了双龙寺，过着清贫、艰苦的生活，深受佛教界和广大信众的爱戴。2002年，应广大信众的要求，全体僧众至诚发心，在居士们的资助下，双龙寺广大僧众投资70余万元修复了双龙寺。现在全国各地来双龙寺参禅、礼佛的僧人、居士络绎不绝。2008年9月25日双龙寺举行了盛大的佛像落成及开光仪式。

双龙寺住持传法，1980年2月6日生于义县高台子镇靠山屯村，17岁在千山龙泉寺剃度出家，26岁出任双龙寺住持。有一次传法住持到县宗教局办事，听说城西保圣庵有一位年近90岁的尼姑，法名宝法，年迈体弱，行动不便，生活困难，就上门把她请到双龙寺居住，每天无微不至地照顾她的寝食。宝法非常感动，带着传法回到自己的小庙，在一僻静处挖出几本佛家典籍和5件法器，送给了传法。这些东西是她"文革"时埋藏的，已经20多年了。这些藏品中就有一本《北方经韵》音韵本。回来后，老法师不但一句句教传法唱熟了音韵本上64首呗赞，而且传授传法和尚操作各种法器，使他也达到得心应手、运用自由的程度。传法为了报答恩师的情义，也为了传承这项文化遗产，特意为师父举办了一场演唱经韵的法会，并请来录像师做了光碟，把师父演唱时珍贵的音像资料保存下来。

龙圣寺

　　从义县古城沿鞍羊线西行20分钟，就到了龙圣禅寺的所在地——义县刘龙台镇。

　　寺院坐落在村北的山脚下，拐过山弯，一座错落有致、古香古色的庙宇建筑群映入你的眼帘。寺院的山门是一间硬山式仿古建筑，门楣上方悬一匾额，上刻"龙圣禅寺"四个大字。前檐柱有楹联，上联"晨钟暮鼓惊醒世间名利客"，下联"佛号经声唤回苦海迷路人"。初临佛门，就给人一种庄严肃穆的感觉。

　　山门西侧辟一便门，从此入内，眼前又是一翻景象，依山而上，建有前殿、大雄殿、亭台、法堂、禅房、僧人寝房、饭堂等。院为两层平台，清一色彩砖铺地，宽阔整洁，令人耳目一新。

　　这里原来就是古寺院，"文化大革命"期间被破坏，只有前殿幸免。2005年，刘龙台村郭秀庭先生在外经商多年，回乡发展慈善事业，大兴土木，恢复了古寺原貌。前殿在原有的基础上翻建，保留了原来的精美石雕、画柱。殿内神台上新塑有三尊彩绘泥佛，正位是伽蓝菩萨像（关公），左右为周仓、关平神像。墙壁新绘制的彩绘，是《三国演义》里关羽的生平故事。

大雄殿面阔 4 间，内供镏金三佛，正中佛祖释迦牟尼，左右为弥勒、药师二佛。东西两旁排列有十八罗汉神像，神态各异，栩栩如生。墙壁上的彩绘，描绘的是佛经里的传说。据寺里和尚彗明介绍，大雄殿里所有的彩绘泥佛，均为附近一民间画匠所作。

刘龙台是辽西故道上一处重要的驿站，古代中原文化走出长城，沿大凌河传入东北，这里是必经之地。汉代，朝廷在东北设立的第一个地方行政治所——阳乐郡遗址，就在镇南 1 公里的古城山上。遗址文化堆积层厚达 6 米，为研究汉文化在中国北方的影响提供了实物资料。

刘龙台又是蒙古草原农牧民族与汉农耕民族相互碰撞、融合的交汇点，这里北离科尔沁草原仅 150 公里，600 年前明王朝在边关开放马市，刘龙台是明辽东总兵李成梁批准的马市之一，不仅延续至今，而且成为辽宁全省三大农贸市场之一。

龙圣禅寺始建于何时没有文字记载，但从前殿留下的精美石雕、画柱考察应为明代遗物。

2008 年被列入锦州市非物质文化遗产名录的刘龙台"单氏接骨中药秘方"，就是一位关内僧人沿故道云游病困至此，留给挽救他生命的单氏先人的。

牛角寺

义县冷家沟乡二道沟村东北有一奇峰，远望状如牛角，名牛角山，峰高 701.2 米。《全辽志》记载：牛角山，广宁城西二十里，山下有古寺，因山得名，称牛角寺。为元代广宁十秀之一，有诗歌为证："牛角青岩堪入画。"古寺虽毁，但这一带风光十分秀丽，大石湖瀑布的传说非常动人。

诗人苏雨智赋诗云："牛角凌云冲碧霄，江山指点古风遥。魏公李氏兵攻寨，宋帅杨家火战辽。野径斑斑通老岭，松风飒飒起新潮。石湖飞瀑梨花雪，复建双龙戏彩桥。"

隆峰寺

闾山西侧最南的一条支脉，主峰烟囱山海拔 304 米。这条支脉由石山北面向西延伸，成为白台子、高峰两乡界岭。在位于义县白台子乡辖境的孙家峪沟内，有一座古刹，名曰隆峰寺。

隆峰寺北倚雾灵峰，南俯孙家峪季节河，自然景观幽静怡人。寺庙一带，高下有幽峰罗列，东西有高树周环，坡前碧草蒙茸，谷中山花掩映。这里四季风光有明显差异。春来，山风入谷，万物复苏，山容增绿，柳眼舒青，黄莺并语，紫燕双飞，一派全新气象；盛夏，山雨初晴，虹消云敛，千峰叠翠，一片鸣蝉，涧水横溪，山泉流韵，俨然妙手丹青；凉秋，金风送爽，玉露生凉，果园满谷飘香，红叶层林尽染，峰峦静而翠微新，烟光凝而暮山紫，眼前是历历晴川；冬日，寒凝大地，雪漫辽天，冻岭银妆，禅林玉砌，尽是琉璃世界。因自然风光静妙幽奇，故这里成了僧家的首选之地。"天下名山僧占多"的说法似乎自古便有。很早以前这里就修建了这座禅林古刹——隆峰寺。

隆峰寺创建何年，史料无准确记载。从《重修雾灵山隆峰寺碑记》中知道，904～907年几经兵燹，片瓦皆无。明孝宗弘治年间（1488～1505年）隆峰寺曾重修一次，后在明末清初的时局动荡中又遭兵燹，其时，"虽有善者，莫之肯举"。延至清康熙初年，时有戒衲普奇发愿创立草庐3间，以承香火。"不意野火焚煨，倾覆如故"。值得庆幸的是有通麻、通庆二徒继承先师之志，发奋募捐，操劳不息，时间不长，便重建大殿3间、方丈室2间、静室2间、伽蓝殿3间、韦驮殿3间、伙房3间，山门围墙加固了墙基，垒砌了坝台，山门外修砌了台阶，隆峰寺焕然一新。隆峰寺大殿楹联为："金鼎篆烟笼宝殿；莲合灯火照神坛。"庙前东侧原立有明代弘治年间红色绵石重修碑1座，西侧新立清康熙五十一年青色石料雕制的重修碑1座。山门悬挂楹联："胜迹长留钟磬绕；山门不锁雾云封。"由此，隆峰寺古刹周围青山更加多彩，绿树尤显葱茏，妙相甚感庄严，香烟复为兴盛。隆峰寺成为闾山西南一隅的著名佛刹。1950年，寺中的佛教活动停止，寺颓僧散。1980年除两甬古碑仍立于绿林坡前外，其余只有瓦砾堆积而已。如今地方政府已落实责任，将庙前的两甬古碑妥善保护。其余胜迹逐渐恢复。

孙家峪村西南烟囱山余脉西端尽头，直抵大凌河岸边。滚滚凌河日夜浣洗着东岸的山崖。沿山路登其崖上，一片宽阔的疏林台地已被开垦，河谷吹来的强风也时常剥蚀垄上的疏松土壤。就在这片耕耘过的地表上，曾发现一枚长 12 厘米、宽 4 厘米磨制精细的钻孔古代石镰，继而发现刮削器、红陶绳纹的陶器残件。有关专家考证，这属商周之际的魏营子类型的古代文化遗存。可见，隆峰寺的周边文物古迹众多，有早期人类发展足迹。

开州净胜寺

古开州位于义县城南 25 公里处的七里河镇开州村，又称砖城子，据考为辽代的海北州，初属宜州，后属乾州，名开义县，金代沿用为开义县城。城内有古寺净胜寺，又称净水寺。

据《义县志》载，静水寺，金泰和元年（1201）建，明万历四十四年（1616）重修。据金泰和元年的《静胜寺志》碑记载，改称为"净胜寺正名也"。寺的历史，由碑中得知：早建于辽王朝时期，寺的位置在辽海北州开义县城之南，后因水灾而迁移至县城之北，即今之位置。当辽王朝覆灭之后，寺亦因之而废。金王朝建立后，皇统中僧常立在旧基址上建起修讲堂及山门 3 间，至明万历四十四年又加以重修。寺有山门 3 间，正殿 5 间，僧房若干。根据现存建筑特征，该寺不是明代的建筑，乃清代的建筑。寺的山门前有金泰和元年碑 1 座，寺南还有辽、金时期的古城 1 座。

金义州开义县城，按《金史·地理志》记载："义州开义县，辽海北州广化军故名，熙宗皇统三年废州来属，镇一，饶庆。"

《辽史·地理志》海北州条记载："海北州，广化军中刺史，世宗以所俘汉户置，地在闾山之西，南海之北，初隶宜州后属乾州，统县一，开义县。"说明开义县即辽城也，为金时期的县城。城的位置，在辽宁省北镇市的医巫闾山之西，渤海（辽东湾）的北部。锦州考古专家刘谦先生在 1955 年考察时发现其城址的地点在今锦州北 25 公里，义县城南 25 公里，医巫闾山西南部，大凌河西岸的义县七里河乡开州村所在地的开州古城。古城上层为明代开州铺驿城址，下层才是辽、金时代的城址，城为方形，残长约 250 米，文化层很厚，最厚达 1.80 米，出土的遗物有辽、金时期的瓷器和金代的黑彩花纹磁州窑瓷器残片以及铁器，特别多的是辽、金时期建筑上用过的残砖碎瓦。这个城址中出土的遗物和城址附近的八间房村清理、发掘的金代村落遗址出土的大批农具、金大定通宝铜钱以及瓷器片等遗物相一致，这也证明开州城是金代古城址。

在调查古城时，还发现了金泰和元年《维大金国开义县净胜寺志钟之碑》1甬，更进一步证实开州古城，为金代开义县城址，即辽海北州开义县城址。

五代的后晋皇帝石重贵，被辽太宗耶律德光俘虏后，也曾经过此地。"自幽州行十余日，过平州（卢龙），出榆关，行沙碛中，饥不得食，遣宫女，从官，采木实野蔬食。又行七八日过锦州，迫帝与太后拜阿保机像。帝不胜其辱，泣而呼曰，薛超误我，不令我死。又行五六日过海北州。"即此开义县城也。根据以上文献的记载，结合实地勘察，兹确定开义县城址，就是今辽宁省义县七里河镇开州村的开州城址。

义县古刹拾珍

义县，古称宜州，为千年古县。除上文所叙义县古刹之外，广大乡村也曾有过许多寺庙建筑。经千载沧桑巨变，这些寺庙或与劫灰而同灭，或经丧乱而幸存，兹记录如下。

显光寺 城东北30公里车坊乡鸡关山，有唐建显光佛寺，明嘉靖年重修。无存。

云梯寺 城东北22.5公里白砖寺屯东北沟，有唐建云梯寺，宋、元、明、清历代重修，今无存。

常兴寺 位于城东南聚粮屯。明代建，清道光、同治重修。又一座在城北车坊村。始建年代不详，此二处皆无存。

茶山寺 位于城东闾山满家沟，明万历年建。今无存。

永宁寺 位于城东12.5公里白旗堡。明万历年建。今无存。

观音寺 义县境内共有9处。一在城北6公里的上姑屯，明万历四十四年建，今无存；二在城东高台堡；三在城北杏树台；四在城南石佛堡乡大凌河岸边王民屯；五在城东北稍户营子镇花尔楼村；六在冯家屯；七在北砖城子；八在城东北冷家沟，早毁；九在城南大榆树堡小籽粒屯。

白云寺　　位于城东 12.5 公里星星屯。

太平寺　　县内两处：城东 25 公里黑背屯一处，城南 20 公里车家屯一处。今二处皆无。

祥云寺　　位于城东 4 公里三沟屯。

清水寺　　位于城东北小榆树堡。

地藏寺　　县内有 4 处：一在城东 14 公里，大铁场；二在城西 20 公里侯家岭；三在城南 15 公里团山子；四在城西南地藏寺屯。庙址皆无存。

朝阳寺　　位于城东碾盘沟。

青龙寺　　县内有两处：其一在城东北 15 公里老爷庙；其二在城东细河堡。

琉璃寺　　位于城东 15 公里羊圈子屯。

余庆寺　　位于城东北车坊屯。

石佛寺　　县内有两处：一处位于城东北 17.5 公里的石佛寺屯；另一处位于城南开州屯。

保君寺　　在城西四方台屯。

兴隆寺　　县内有两处：一处位于城东北岳王庙屯；另一处位于城北 35 公里稍户营子屯。

广通寺　　位于城东南闾山中下宝林屯。

双龙寺　　县内有 5 处：一在城北稍户营子；二在城东北树林子屯；三在城东 15 公里的双井子；四在城南洪家屯；五在城东北闾山中碾盘沟，今已修复。

弥勒寺　　在城南 10 公里之大岭屯。

弥陀寺　　在城西南大籽粒屯。

迎水寺　　在城北 1.5 公里处。

十方寺　　在城西 20 公里千金寨。1961 年尚存。今存遗址。

毗卢寺　　在城西 12.5 公里许家沟。

青云寺　　在城南泥河子屯。

天仙寺　　在城南 15 公里团山子。

向阳寺　　在城南双塔子。

莲花寺　　在城东 20 公里之官场沟。

兴福寺　　在城西石方寺。

永丰寺　　在城西大康堡。

大 典 寺　在城南 15 公里刘温屯。

保 安 寺　在城西南地藏寺乡南保安寺屯。

圣 水 寺　县内有两处：一处在城东 30 公里银钱堡；另一处在城北 2 公里头沟屯。

金 山 寺　在城东 25 公里黑背。

双 泉 寺　在城东北羊房。

普 安 寺　在西北五台沟，今属阜新蒙古族自治县大板乡。

陀 岩 寺　在城东松山沟。

福 寂 寺　在城西后邹家屯。

驼 鞍 寺　在城西南 17.5 公里金刚山东。

黄 山 寺　在城西南 17.5 公里金刚山东。

全 佛 寺　在城西全善堡南山。

释 平 寺　即城北 15 公里旧陵之喇嘛庙。

贤 烈 庵　位于城东北 25 公里大籽粒屯。清代建。

白 衣 庵　位于城南开州。

娘 娘 庙　县内乡村有 7 处：城北砖城子一处；城北 24 公里碴子山一处；城北 25 公里柳河沟一处；城北 10 公里上姑堂一处；城东北 43.5 公里娘娘庙屯一处；城东北 17.5 公里高家屯一处；城北柳家梁子一处。

菩 萨 庙　县内两处：一在城北上姑堂；一在城东北 27.5 公里大铁厂。此庙为清代所修。

三 官 庙　县内两处：一为城东北 25 公里大籽粒屯；一为城东北 30 公里之细河堡。

药 王 庙　县内乡下 5 处。一在前杨乡八塔子村；一在城东北 15 公里齐家子；一在城东北 17.5 公里石佛堡；一在城南 17.5 公里松林堡；一在西南 30 公里班吉塔（今属凌海市）。

关 帝 庙　乡村计 17 座：一在细河堡；二在四方台凌河堡；三在清河堡；四在城东 17.5 公里白旗堡；五在城北 9 公里庙沟；六在城东北 7.5 公里孙柏屯；七在七里河村；八在城南 15 公里萧家屯；九在万佛堂；十在城南景家堡；十一在北砖城；十二在城北 6 公里上姑堂；十三在清河门风摩口；十四在城南 22.5 公里齐家堡；十五在城北稍户营子；十六在城南 10 公里大岭

屯；十七在城东北 20 公里小籽粒屯。

财神庙 在城北 23 公里六台屯，由原五圣祠改。

雹神庙 县内有 4 处：一在城东北 21 公里雹神屯；二在城西南 6 公里沙河子；三在清河门；四在城北。

玉泉庙 在城北 20 公里北砖城子。

如来殿 在城北 20 公里北砖城子。

三教圣人殿 城北头沟。村内还有菩萨殿。

观音堂 在城北 20 公里台子山。

以上所载，经历代沧桑变化，或仅存遗址，或踪迹无存，今依次选录，以求存史。

第五节　黑山县古刹塔窟

善德寺

新立屯镇善德寺，又称老爷庙、关帝庙，位于黑山县新立屯镇中街，是一座道教庙宇。山门前和北墙外为街道，东、西两侧墙外均为胡同和居民住宅。

据碑文所载：此庙始建于清同治八年（1869）。原建筑规模不大，是座仅有部分殿堂的简陋寺院。从光绪三年（1877）开始，重建该庙，光绪七年（1881）完成，自此该庙初具规模，形成了完整的古代小建筑群。"文化大革命"期间，山门、钟鼓楼被毁，原石碑、石狮亦荡然无存，只保留了主体建筑。1981~1996 年进行了多次修葺，完成山门和月洞门的修建、卷棚彩绘、正殿换瓦彩绘等工程。2005 年，该寺完成了钟鼓楼重新修建工程。自此基本上恢复了原貌。

善德寺坐北朝南，占地面积约 900 平方米，有山门、马童殿、钟楼、鼓楼、中殿、后殿等。现主要介绍以下几部分。

前壁和山门

善德寺坐北朝南，前壁迎面临街，宽 14.5 米，山门是拱门，在对开的

善德寺山门

朱漆门上各有一个兽头铜环。山门里外，均有两级条石铺垫。壁墙为条石基础，青砖垒砌。所用条石规模方正，青砖研磨对缝，施以白灰填抹。墙顶为顶脊两坡瓦垄，小檐伸头，均挂滴水瓦当。在山门前的石阶下，左右各有1尊石狮，雄踞两旁。于山门两侧，各有一脊硬山式角门。在山门之后，东、西各有1座十字顶脊、四角飞檐的楼亭，左为钟楼，右为鼓楼。距鼓楼北不远处建有庙碑1座，位于东墙壁前。

正殿

进山门后东西两侧是十字脊四脚飞檐的钟楼和鼓楼。通过中轴线上15米长的甬路便到正殿，正殿为一殿一卷后出抱厦式，即前卷棚，后正殿，再后为抱厦。正殿为歇山式山门殿，即关公马童殿，为主体建筑。殿内供奉关圣帝君，两边站立的是关平、周仓神像。塑像魁伟尊严。殿前的匾亭中，高悬醒目横额，如"义高千秋""气壮山河""智仁勇"等；在正殿檐下的中间悬有"忠义参天""配义与道"；东边有"至大至刚""允文允武"；西边有"文光射斗""义高才足"。殿堂内，宫灯高悬，雕梁画栋、庄严肃穆。

正殿的建筑由前卷棚、正殿、后厦（亦称后卷棚）组成。入山门，过甬道，便是前卷棚，横阔3楹，四柱3间。明间为2.65米，两次间为1.92米，进深两间，两山之间，各有1柱，前后分别为1.85米，建筑形式为小式大木结构，歇山卷棚顶，四周明漆柱，无墙壁。内顶梁坨、檩、枋、椽、垛、花墩错落有序，衔接巧妙，天衣无缝，且不用一钉一楔。四面檐下，密排斗拱，回首龙象一斗三跳三层相叠相托，细腻精致，巧夺天工。梁檩华板，绘有以《三国演义》故事为内容的彩绘，甚是考究。

前卷棚后连正殿，中间有条小水沟（俗称一线天），上有盖板。正殿3楹，比前卷棚东西略窄，南北较长，建筑形式为硬山庑殿顶，小式大木结构。明间为2.94米，两次间为2.2米。前廊大柱两排，相隔0.95米，前后两间相对，进深7.20米。正殿两翼贴山前后，分开花脊园月便门四洞，可入中庭，门的里外均以两级条石铺垫。

正殿连有后厦（亦称后卷棚），外出两柱成单间，东西长4.10米，南北宽2.7米，建筑形式为歇山卷棚亭阁式，小巧玲珑，特点突出。其斗拱华板等构件的雕刻，彩绘、花纹、图案之工艺，更胜前卷棚和正殿一筹。

禅堂

后厦北面4米，就是禅堂。这里由青砖木石结构的平房3间组成。前出小廊，但无廊柱，东西10.62米，南北7.0米，中间供奉神像，东西两边为道士住所，门前悬有"已不凡心"的匾额。

后殿

禅堂后1.70米，有1983年所建花墙一道。花墙北4.0米处为后殿，自成小院，开西角门，为硬山庑殿顶瓦房，青砖木石结构，3大间，每间宽3.95米，内糊纸棚。

善德寺虽规模不大，却是完整的古代小建筑群体，是一座古老、历史悠久、富有民族特点和中国古代寺院优点的殿宇。无论从整体到局部，从造型到结构，都具有鲜明的宗教特点和民族风格，充分反映了我国古代劳动人民的智慧与才能。

1984年9月，新立屯镇善德寺被锦州市人民政府公布为市级文物保护单位。

　　黑山名儒浦昆（前清拔贡），读书而不慕名利，工诗文书法，一生好游名山古刹，广结僧人道士，号称"飞龙先生"。光绪二十一年（1895）腊月，他来到善德寺，道长崔诚真知其能诗善书，便将寺内收藏的一轴绘有渔樵耕读的寿山图取出，求其题诗。现将原诗及序言照录如下：

　　　　题新立屯关帝庙一轴寿山图，中画渔樵耕读。道士崔诚真，指画为题。光绪二十一年嘉平月中旬清晨，可以赏斋。叶口而作，即笔未稿。

　　　　　　　　寿山依常在，楼阁密松封。
　　　　　　　　渔舟方寸止，樵归路下空。
　　　　　　　　耕田风雨细，书声韵野东。
　　　　　　　　竹篱多士集，只有此间中。

蛇盘山古刹

　　蛇盘山位于黑山县城北25公里处的芳山镇境内，山上有清代名胜古迹——多宝塔及摩崖造像，还有望海寺、清风洞、二郎宫、卧凤桥、卧龙沟、站班松、魁星楼、石林、碑林等文物和景点。山门上"蛇盘山旅游区"六个大字，是我国著名艺术家张仃大师所题。

　　蛇盘山占地16万平方米，主峰海拔302米，因山中有蛇，而称蛇山，又叫蛇盘山。山中绿树成荫，鸟语花香，登山南视，龙湾水库一碧千顷，北望群岗宛如长龙，东连无边沃野，西接闾山雄峰，流传着许多美丽的传说。

　　相传很久以前，这里曾是一片沼泽，杂草丛生。天神杨二郎担着两座山路过这里，由于泥泞难行，便放下担子休息，谁知一觉醒来，两座山已深陷下去（另一座山是薛屯乡的九朵莲花山），再也担不起来了，他把扁担化作一条长蛇，看守此山，蛇盘山由此得名。

　　蛇盘山南部低洼，东是平原，西部和北部是丘陵漫岗，它的主峰海拔虽然只有302米，但因其平地拔空，故显得陡峭异常。山头三峰矗立，中峰鹰石砬子，怪石嶙峋，峭壁悬崖，是兀鹰繁衍生息之所。民间流传一首歌谣："青山白塔仙人洞，卧凤桥下万年松。双泉寺内千斤鼎，蛇盘山上一老僧。"生动地描述了蛇盘山上的3个主要观光景点。

双泉寺（天龙寺）

走进蛇盘山的山门，踏上玲珑的石拱桥，首先映入眼帘的是重修后的双泉寺庙门，红墙碧瓦，古柏苍松，更显出这里的幽静与清宁。传说双泉寺是在咸丰初年，由开山和尚恒玺募化修成，因山中有两道清泉而得名。恒玺和尚出身铁匠，是个游方僧人，身背枷子，披着破衲僧衣，手持铲杖，落脚蛇盘山上。他见这里风水甚好，立志募化四方，修建庙宇。当时芳山镇叫荒山子，山村破落，居民稀少。东大山更是树木参差，杂草丛生，一片荒凉。然而这里山高草深，山坡之上多生草药。恒玺和尚利用这一方便条件，为四方居民施舍药材，诊治疾病，募化香资。经过多年努力，他历尽艰辛，终于修成大殿。数年后，在同治年间又铸铁鼎1座，重有千余斤。鼎上有亭子，各角有惊雀铃（名为香亭），中节圆形，有鼎文，下节为鼎座，花纹非常细致。此鼎在"文革"中被毁。恒玺年届80高龄时，在庙内无疾而终。后人

山门

称赞他:"修庙募化走四方,释于沙门佛道昌。双泉寺院亲建造,恒玺大师志如钢。"并将此书于后殿墙上。

双泉寺有正殿5间,东西每边3间殿堂。正殿供奉释迦牟尼大佛,两边是日、月二神。庙前有匾额书"大雄宝殿"四个大字。门柱楹联云:"有缘可达三宝地,无缘难入大乘门。"西边3间为禅堂;东边3间有民国年间塑造的孔子像,颜回、曾子两边站立。前殿5间,是由道尘和尚募化九屯而建成。前殿中间供奉协天大帝,关平、周仓两边站立。东边供奉财神、药王,两边有托金马驹和药王童子;西边供奉三霄娘娘,两边有送子娘娘和豆哥。前殿前边左右有钟、鼓二楼,画栋雕梁,金碧辉煌。大雄宝殿的院中原有古柏两棵,树龄已有300年之久,尚存1株。后殿有石碑4座,为咸丰年间所立,殿前有赑屃碑两座,是光绪年间所立。

寺前山门是一高两低的牌楼形式。起脊各角有惊鸟铃,中间有3块砖匾,中间高匾为"古刹禅林",左右匾书"莺歌燕语,虎啸猿啼"。门前有一对刻有回龙头的旗杆,每逢庙会,黄旗高悬,上书"风调雨顺,国泰民安"。此寺每年四月十八、二十八为庙会,善男信女、游人香客摩肩接踵,络绎不绝。

双泉寺的古碑散落在寺庙东南,数量众多,是锦州地区除北镇庙之外保留古碑最多的寺庙,应该得到妥善保护。一些碑首散落弃于地上,甚是可惜。

多宝塔

多宝塔和摩崖石刻,坐落在距黑山县城北25公里的芳山镇东大山南坡山腰处、双泉寺的北山之上。多宝塔东、北、西三面环山,南面开阔,山下有一处果园。多宝塔南距龙湾水库8公里,西距大郑铁路2公里。

多宝塔为清代建筑,全部用花岗岩石料砌成,现在基本完好,只有塔座的北角掉石一块,已完全修复。多宝塔和千山无量殿的葛月潭羽化塔有相似之处。

多宝塔是由花岗岩打磨预制,雕石镶嵌,叠砌而成,始建于清道光年间(1821~1850年),塔高12米,塔座为须弥式,六角形,每边长1.86米,高2米。座上由四级石条逐渐收缩为阶梯式,上面叠砌连接第一层塔身,上粗下细，为鼓形，高约3米，直径约2米。南面有一佛龛，龛中有一尊铜佛，新中国成立前被人盗走，现在龛中无物，现用水泥封存，有阳刻"多宝塔"三字。多宝塔塔顶装有铁质三叉戟形塔刹，直刺天空。从多宝塔的建造上看，不论是整体到局部，还是造型到结构，都雄浑得体，严谨坚固，具有鲜明的佛教特色和完美的艺术风格。

多宝塔东侧，有两处摩岩石造像和一处石刻。稍上者为"菩提达摩"造像，其两侧有"善才""龙女"侍立。两处造像都是利用天然陡峭崖壁雕刻而成。其造像慈眉善目，服饰飘逸自如，线条流畅，刻工精细，造意深刻。上刻佛光普照，下雕莲花宝座，造型艺术完美，塑造到悬崖之上，给香客以仰慕崇敬之感。此造像为清道光二十一年（1841）刻制。多宝塔的背后有"南无阿弥陀佛"六字阴刻隶书，笔锋苍劲有力，错落大方，雕工也十分精细得当。落款是"大清同治丁卯年六月，邑庠生李标九薰沐敬书，石工张自发刻"。

多宝塔

山的阳坡，在青色的花岗岩上，有阳刻楷书"灵分泰岱"四个大字，笔法遒劲有力。其石高1.55米，宽3米，四周刻有边框，每字高0.8米，宽0.4米。题款为"大清道光二十二年，贾兆和施工刊造"。

1984年8月，多宝塔被锦州市人民政府公布为市级文物保护单位。

蛇盘山顶峰

蛇盘山顶由三峰组成，怪石嵯峨，草木丛生，山间清泉流水，潺潺有声。山顶有块长10米、宽6米的平地，上面残留石柱柱脚眼4孔，还有残存的缸碗碎片和古砖。从山顶向西北走不到百步乃下山之坡。传说在明末清初有姐妹二人见此山峰峦叠嶂，易守难攻，便带领 1000 多人啸聚山林，杀富济贫，除暴安良。

张三丰祠

距黑山县城东部约 20 公里的姜屯镇是中国全真派道教创始人张三丰的出生地，张三丰祠就坐落在风景秀丽的莲花湖畔。

姜屯土城子东南有千亩莲花湖，每当莲花开放时节，游人如织，赏荷品藕。为进一步开发名人资源，促进当地旅游事业的发展，2000 年 4 月，在莲花湖旁恢复修建了张三丰祠。

张三丰祠总占地面积 1900 平方米，四周为东西宽 38 米、南北长 50 米、高 2 米的围墙。正南方设有角门两座。院内主体建筑为一座 3 间硬山式仿古建筑，面积 109.12 平方米。主殿顶脊为青砖烧制的二龙戏珠图，两端为 1.80 米高的吻兽，所有彩绘完全采用先进的丙烯原料，殿正中建有 2 米长、1.2 米宽、0.8 米高的须弥宝座，座顶上端坐 2.3 米高的张三丰塑像，其像完全仿武当山遇真宫的三丰坐像，通体为玻璃钢制，为半拉门人李健所做。东、西、北墙画有 10 幅壁画：奉旨灵霄殿；转世粮渔务；宝地诞三丰；拜师习文武；仗义救朝官；博陵理积案；悬壶济世人；结庵玉虚宫；惠心创太极；诈死避天使。这些故事大部分取材于当地的民间传说。殿内地面为青色方砖铺就，主殿南端建有前廊，前廊正中悬挂李硕夫先生书写的横匾"张三丰祠"。

殿前有用花岗岩条石铺设的四级台阶，台阶下为六边形的八卦图，图中为黑白两色的阴阳鱼，在八卦图东西两侧分别立有 1.8 米高的花岗岩石碑，东侧碑南面为李树基先生撰写的《张公碑》，北面为明朝皇帝《英宗之制》；西侧碑南面为《张三丰祠堂记》，北面为《张三丰筹建委员会人员名单》。碑文为方秀明先生所书写。

由八卦图向南为板石铺就的 27 米长的甬道，甬道两边为花岗岩条石，在甬道最南端东西两侧又立有两块高约 2.4 米的白绵石碑，东侧为自称武当派弟子张奇等人所立的纪念碑；西侧为锦州魏金国先生所书的"张三丰故

张三丰祠大殿

里"碑。正南面建有角门两座。主殿西侧建有一座 24 平方米的更房，亦为青砖黛瓦的仿古建筑。

祠外正南面有一个人工修筑的长 40 米、宽 6 米、深 4.12 米的荷花池，池面四周用花岗岩剁面石砌成。在荷花池正中，有一南北走向的、用花岗岩抛光石砌成的拱形桥，桥长 8 米，宽 4 米。

上帝庙

上帝庙又称真武庙，早称望云寺，释道更迭在康熙二年（1663）。上帝庙位于黑山县城以北的小山坡上，占地 4950 平方米，始建于唐朝末年，明弘治三年（1490）修复，乾隆十五年（1750）又重修。

黑山县在明代名为镇远堡，清初又叫小河山、小黑山。县城东北隅有小黑山，上帝庙建于其巅。该山虽不甚高，但登临其上，远望群山，近瞻县街，如在足下。黑山之名系依此山而得。

距镇远堡城 0.5 公里处，有明正德十年（1515）《重修镇远堡上帝庙碑》一座，通高 2.27 米，宽 0.77 米，趺座高 0.56 米，碑身高 1.64 米。

镇远堡城北城墙中部的上帝庙遗址仍然存在。据《黑山县志古迹》条记载："小黑山废堡，在广宁城东六十里，周二里六十八步，南一门，今废。堡南门在县署工商会院内。城南至甜水井胡同南，有上帝庙半截碑。"

上帝庙始建于唐朝，是望平古城最早的庙宇。上帝庙四周缭墙，院内正殿、中殿、配殿排列有序。殿内有铜铸的真武大帝神像，威风凛凛。1948年上帝庙被拆除，遗址被北关实验小学占用。

上帝庙的楹联很有名气。一是正殿联：高敞快登临，看万水千山都归眼底；迷途谁唤醒，听晨钟暮鼓忽觉心头。二是中殿联：西吕祖东文昌神灵四佑；南奎星北真武威镇八方。三是胡仙堂联：胡天胡地胡不反求诸己；仙丹仙药仙岂妄给于人。

《重修镇安堡上帝庙碑》有拓片传世。

马鞍山塔

《黑山县志·古迹》载："马鞍山废塔，县城北三十五里，小烟沟马鞍山山巅，塔基尚存。"马鞍山在黑山县芳山镇公敖村西。又据金人王寂所著《辽东行部志》云，金章宗元年，他曾借宿天龙寺："寺中有窣堵波（塔）"。对照有关资料，王寂所表述的天龙寺塔，即县志所记的马鞍山塔。这样，该塔始建年代最晚当为金章宗年间。

马鞍山塔在金代，名气颇盛。天龙寺是天子自辽去燕落脚之地。马鞍山塔上曾留存皇族大员的题字。

另据《金史·地理志》记载，金曾设望平县。20世纪50年代初，在芳山镇公敖村发现的方形古城址，高10米，墙基厚4米，其所处方位，与史书所载望平县完全一致。专家们推断，发现的这座古城遗址就是金代望平县城遗址。如此看来，马鞍山塔以及天龙寺，当建于金所设之望平城中。

塔毁于何时，如望平县城不知毁废年代一样，亦已无从查考。

第六节　锦州古刹塔窟楹联集萃

一、青岩寺楹联

（一）青岩寺联：

　　　　古寺隐云中，遥向钟声寻胜概；
　　　　仙桥通嶂顶，直登鸟道寄幽情。

（二）登善亭联：

　　　　善德要求真，举步须登千级路；
　　　　利名终是幻，洗心且看一亭云。

（三）比翼亭联：

　　　　1. 向云外遐思，山元为媒，松元为侣；
　　　　　 当亭中小坐，人也有意，物也有情。
　　　　2. 翠盖护双亭，我欲凭栏寻旧梦；
　　　　　 凉涛回万壑，君堪邀月叙温情。

（四）老母洞联：

　　　　紫气护灵岩，风雨千秋香未冷；
　　　　善缘结古洞，云山万重客犹来。

（五）观音殿联：

　　　　贝叶演真如，万劫尘埃开觉路；
　　　　莲花生妙相，九天云水焕慈光。

（六）韦驮殿开光联：

　　　　佛法护青岩，直使人寰无苦海；
　　　　观音度众生，方知世上有慈航。

（七）引水上山工程联：

　　　　踏遍神州五岳难酬施法雨；
　　　　拜朝老母六根清净展宏图。

（八）状元牌楼联：

　　　　耕获在心田播撒读书种子；
　　　　品题归天籁赢来仰斗文章。

（九）吉祥亭联：

　　槛外修禅心九品莲花登法座；

　　关前悟正果十方善士出天台。

（十）听经阁联：

　　闲翻贝叶添新藏；自剪白云写佛经。

（十一）望佛亭联：

　　千峰翠绿云忽霁；百丈祥光天乍晴。

（十二）如意亭联：

　　白鹤苍松福禄寿圆他旧梦；

　　慈航老母佛法僧度我新生。

（十三）文殊院联：

　　龙树植根慧万相皆师觉大智；

　　金旌著名芳千秋永帙好文章。

（十四）中院进香殿联：

　　观空有色莲花九品香三界；

　　听世无音杨柳千条渡万民。

（十五）药师殿联：

　　寿延东方，医从理化超凡类；

　　灾消心界，药以情通度众生。

（十六）圣水殿联：

　　一滴甘露载慈航渡你渡他渡我；

　　千朵青莲藏慧眼观音观色观心。

（十七）老母洞联：

　　白莲台上慈悲主；紫竹林中自在佛。

（十八）圣水殿联：

　　为众生开智慧；依正教转法轮。（释本悟）

（十九）歪脖老母联：

　　莫笑我头歪，只因鬼蜮人情岂容正视；

　　应钦君意肃，能对奸回世态不作同观。（张冷石）

（二十）丁字瀑联：

素幔垂千尺，每于岩壑凌风雨；

玉泉落九天，犹带银涛入画图。

二、广宁县衙署原楹联

（一）大堂联：

眼前百姓即儿孙，休说百姓可欺，且留下儿孙地步；

堂上一官称父母，莫谓一官好做，须尽些父母恩情。（李景祥）

（二）大门联：

不听情，不爱钱，一副冷面皮，但知执法；

勿矜才，勿使气，满腔热心血，总期无刑。（徐庆璋）

徐庆璋，浙江山阴人，光绪初年任广宁知县。

三、崇兴寺楹联

（一）东角门联：

晨钟暮鼓惊醒世间名利客；

经声佛号唤回苦海迷路人。

（二）西角门联：

法道幽深直入圆通妙境；

如门广大全彰寂照真宗。

（三）正门天王殿联：

笑颜普度芸芸众生脱苦海；

宽量能诲济济群子回觉阵。

（四）韦驮殿联：

菩萨化身辅正摧邪弘圣教；

童真入道安邦护国渡群迷。

（五）大雄宝殿联：

崇释崇佛抛开诸缘赴净土；

兴经兴法悟得真谛皈西天。

（六）地藏王殿联：

报应无私善恶从来难隐昧；

轮回有道是非道理自分明。

（七）观音殿联：

誓愿宏深处处现身说法；

慈悲广大时时救苦寻声。

（八）万佛殿联：

教演偏圆统九界而齐度；

德全福慧超十地以独尊。

（九）达摩殿联：

漂阔海来华夏悟道弘法；

涉大江去嵩山面壁修禅。

（十）伽蓝殿联：

浩气冲天仰效义天之覆庇；

精忠贯日常随佛日以昭彰。

（十一）双塔联：

金铎荡云风，婉转清音飘山谷；

银檐辉日月，玲珑俪影映天河。（徐长鸿）

四、李成梁石坊楹联

铁马镇辽东，总兵豪气摧山岳；

金牌驰冀北，虎帐悲歌绕石坊。（徐长鸿）

五、鼓楼楹联

（一）东联：

天地此登临，看郭外青山都归眼底；

繁华谁唤醒，听楼中钟鼓顿觉心头。

（二）北联：

神机默佑危机，变态静风云百里河山兹保障；

仙道显为善道，重光昭日月卅年笔墨证前缘。（民国时期万益三）

（三）南联：

古镇起烟霞，纵目皆开新市井；

关山埋断戟，登楼每忆故将军。（徐长鸿文，邵秉仁书）

（四）西联：

炉香缥缈祥云绕，神仙训尔，洗心革面多行善；

宝鼎醍醐玉露垂，圣哲常云，爱国兴家做完人。

六、药王庙楹联

苦海本无边，妙觉悟开归善念；

慈航皆可渡，菩提随处见佛心。（清·无名氏）

七、孔庙楹联

帝德覃敷，芹藻香分新壁水；

圣功广被，鲁邹风到古医闾。（清·吴裕仁）

八、老爷庙（关岳庙）楹联

赤面秉赤心，骑赤兔追风，驰驱时不忘赤帝；

青灯观青史，仗青龙偃月，隐微处不愧青天。（清·无名氏）

九、大观音阁楹联

（一）北镇医巫闾山长联：

八百米奇峰崔巍绝顶，乘浩浩天风著屐登临，望东腾渤澥，西结凌川，南驰沃野，北锁孤城，指点螺堆嶂叠，披几番暮霭朝霞，莫放过桃涧寻花，石棚探壑，且听得苍松谡谡，圣水潺潺，问古今游客，谁堪妙笔传真，描画这雄浑气象；

数千年胜迹缥缈灵踪，对茫茫塞月凭栏缅溯，想虞肇神封，隋颁祀典，明戍岩疆，清巡翠辇，思量谷转陵移，历多少硝烟劫火，尚留下崇坊破雾，宝塔穿云，更传来琴韵幽幽，铎声隐隐，唤远近骚人，自可抒怀遣兴，啸歌那锦绣河山。（徐长鸿）

（二）北镇医巫闾山长联：

胜迹肇虞封，数千年阅尽沧桑，葱茏依旧，漫徒夸泰岱峥嵘，武夷缭曲，应记取石盆飞瀑，玉女洗头，嶂岸呈奇，金仙幻影，问涧底青松，松间宿雾，送迎过多少风流人物；

灵峰峙辽域，作六叠形成掩抱，气象维新，且凭吊藏书耶律，驻辇君王，最堪闻高阁钟鸣，浮屠呗赞，悬崖水落，墨客吟声，看城中白塔，塔外朝霞，点缀出无边锦绣江山。

（三）医巫闾山联：

圣地由来称胜地；闾山自古属名山。

又　闾山雨洗无尘垢；幽谷云开有洞天。

又　望海寺前能望海；旷观亭上可旷观。

又　无管来寻道隐谷；有人皆上旷观亭。

又　怪石嶙峋，山首云根皆夺笔；奇峰突兀，雨峦晴嶂共登台。（张冷石）

（四）医巫闾山联：

醉卧梨花山入梦；轻弹松韵塔迎宾。（黑山高允贵）

（五）闾山辽太子望海藏书楼长联：

八百米登楼望海，看碣石茫茫，三山渺渺，凌水弯弯，孤城历历，缅想契丹崛起，女真复兴，几经沧桑递变，只剩下白鸟飘飘，片帆点点；

两千年吊古怀今，听松涛谡谡，溪涧潺潺，寺钟隐隐，尘世嚣嚣，相传舜典初封，离骚向往，无奈岁月迁流，何处寻缥缃累累，卷帙重重。（佘象乾）

（六）兔耳峰联：

听静夜之钟声唤醒梦中之梦；

观寒潭之月影窥见身外之身。　　（同心方丈）

（七）观艺亭联：

地静避凡尘问景堂深山曲抱；

处幽宏造化旷观峰矗水飞流。（张冷石文，沈延毅书）

（八）望海峰长联：

绝顶拂晨星，骋怀宇宙，问海曙红霞，林泉晓月，云巢栖鹤，峻岭雄风，可知太子读书楼几经兴废；

南峰衔落日，漫演古今，想朝中让国，谷内留图，堂上啸歌，船头吟咏，堪叹东丹流誉事尽付沧桑。（邱德富）

邱德富，字至仁，又字遵道，号践知。1939 年出生于北镇市鲍家乡，著有《医巫闾山志》。

（九）大石棚联：

玉女洗头；金仙幻影。（李维桢）

李维桢（1873～1946 年），字子栋，号朴园居士，北镇市中安堡人，进士，先后补任安徽候补七品知府、吉林候补知府，奉系 28 师师部秘书，张作霖府上高等秘书。著有《戊戌文存》。

（十）闾山索道门联：

　　渡壑岂无方，看我飞车穿鸟道；

　　游仙非是梦，凭君展翼过云峦。

（十一）闾山风光摄影馆联：

　　摄一山景物堪供画眼；

　　放万壑烟霞好洗尘心。　　（徐长鸿）

（十二）闾山观音阁胡仙堂长联：

　　闾山圣水古今流，看大难将临，大灾将起，尔官绅坚忍回头，藉檐前圣水，洗洗私心，登登彼岸，感应有变机，我仙家救些苦难；

　　瑞霭祥云南北绕，仰天理勿亏，天良勿昧，愿诸君争强爱国，托洞里祥云，生生民智，阜阜民财，刻薄无久享，汝党会积点阴功。（杜恩波）

杜恩波（1844～1917年），自盼麟，又作泮林，别号清醒山人，广宁县小黑山镇人，北镇县增生。

（十三）大雄宝殿联：

　　1. 苦海无边谁为你救苦救难；

　　　　回头是岸除非我大慈大悲。

　　2. 苦难幸无边妙觉悟开归善念；

　　　　慈航皆可渡菩提随处见婆心。

（十四）弥勒佛像侧联：

　　大腹能容容天下难容之事；

　　开口便笑笑世间可笑之人。

（十五）旷观亭联：

　　旷代号称名胜地；

　　观光重到帝王亭。（王文璞）

王文璞，自晦庵，清光绪二十六年（1900）生于黑龙江省拜泉县。其人思想进步，学识渊博，1926年出任北镇县知事。

（十六）望仙亭联：

　　览胜憩游踪有玉女洗头金神幻影；

凭高舒望远看青天似笠渤海如杯。

（清末李维桢文，万寿延书）

（十七）古佛龛联：

人世阅沧桑，山应有恨；

龛中坐寂寞，佛亦无聊。

（十八）大石棚瀑布联：

胜地著千秋，可侔泰岱；

天绅垂万丈，应媲庐山。

（十九）观音阁联：

1. 政策爱民，无须我救苦救难；

  勤劳兴国，何必他大慈大悲。

2. 利锁名缰，应礼慈天登道岸；

  钩心斗角，休来圣地拜观音。（许少文）

许少文（1914~1991年），自赞博，生于大屯乡车堡子村。书法家、诗人、楹联艺术家。

（二十）耶律楚材蜡像馆联：

1. 堂貌肃庄庄如睹名臣陛见时垂绅正笏；

  松声鸣谡谡似闻贤士读书处诵易吟诗。（张冷石文，冯月庵书）

2. 怪石伸头如见完人开卷帙；

  松涛步韵似和高士读书声。（张冷石文，姚哲成书）

3. 奇峰怪石各伸头，如见完人开卷帙；

  泉水松涛齐步韵，似闻贤士读书声。（张冷石）

4. 一代贤臣青史永垂勋业绩；

  万重翠色碧峰环抱读书堂。（许少文撰文，聂成文书）

5. 馨千秋史册，做一代名臣。（许少文撰文，奔甫书）

6. 馨千秋俎豆，复馨千秋史册；

  作一代通儒，又作一代名臣。

7. 一代名儒，国策规章参造化；

  三朝元老，天文历法识玄机。

8. 晋用楚材，武略文韬永垂青史；

元臣辽裔，音容笑貌犹在人间。（许少文）

(二十一) 白云关联：

上我慈航休错念；救人苦海即回头。

指我迷航真金色；何等庙貌无比论。

(二十二) 大观音阁客堂联：

1. 扫除魔贼；降伏其心。（万寿延书）

2. 本悟一言可说法；能如世降明悲心。

(二十三) 赠闾山联：

高标北镇；秀耸辽西。（赵朴初）

(二十四) 萧太后蜡像馆联：

盟主英风辽疆汉塞承恩共；

台铉气概花木峰峦仰止同。（邱德富）

(二十五) 霞古洞联：

鸟声山路静；花影洞门深。

(二十六) 文殊院联：

骑狮自性净随染欲自然；

世事皆学问人情即文章。

(二十七) 天王殿联：

佛光普照六道轮回；

善结善缘三世因果。

(二十八) 弘法利生堂联：

般若明灯破群迷；

照空五蕴皈觉地。

(二十九) 索道门新联：

曲径通幽玉泉古刹接远客；

凌云览胜闾山林海迎宾朋。（张岩）

十、玉泉寺楹联

(一) 关公勒马望玉泉联：

鱼跃池中隐约浮沉停赤兔；

泉生海底光明活泼照青龙。

（二）玉皇阁联：

亭峻凌空统观四境云林水；

帝尊盖世总领三才天地人。（张冷石）

（三）玉泉寺长廊联：

诗酒可怡情，我欲穿廊觅丽句；

峰峦堪入画，君须缓步慢凭栏。（王贺良书）

（四）玉泉寺双亭联：

丽景天开，阁映玉泉泉映阁；

画图地设，山对幽亭亭对山。（孙德州书）

（五）玉泉寺游览区联：

胜迹可徜徉他山何有间山好；

长廊堪小憩别处应无此处凉。（许少文撰文，宋慧莹书）

（六）放眼亭周看碧落茫茫宇宙大；

抒怀峰顶汇蔚波渺渺海天宽。（许少文撰文，侯耀青书）

（七）泉水一泓捉来无限溪山都归眼底；

峰峦万叠收拾有情风月尽入诗囊。

（八）玉泉长廊联：

1. 碧峰插云中翠辇游回何日返；

   玉泉通海底宝壶失去又归来。

2. 胜地境幽深只赢得达摩飞锡关侯驻马；

   玉泉景缱绻定胜它卢沟月上渤海来潮。（张冷石文，李仲元书）

3. 胜迹著宸章堪称冀北无双处；

   奇峰垂祀典不愧关东第一山。

（九）玉泉寺联：

玉泉通海，翠嶂穿云，五百仙阶迎远客；

名士挥毫，将军驻马，三千古树撼雄涛。（徐长鸿）

（十）长廊联：

倚槛涤尘襟，四面凉风吹短袖；

凭栏舒望眼，满山绿色上长廊。

（十一）双亭联：

一涧溪流穿石去；满山翠色上亭来。（许少文）

十一、龙潭宫楹联

义勇贯三军大丈夫当如是也；
英风昭万古非圣人能若是乎。

十二、千家寨圆通观楹联

（一）圆满乾坤仍是佛光同皓月；
通灵今古依然神气共丹心。

（二）我愿指迷津须得正心全舍利；
尔应拔苦海从献真性满菩提。

（三）中殿联：
苦海无边普济些善男信女；
回头是岸惟拔那孝子贤孙。

（四）前殿联：
物色迎眸到此地形神真静；
山光满面入斯亭气象澄清。

十三、天仙观楹联

（一）中联：
天人同一体修人道即是仙道；
仙佛本合宗为仙心始为佛心。

（二）两侧联：
1. 刻勒已精详不下瑶池金阙殿；
琢磨更细致何须银河玉虚宫。
2. 神剪伏雄狮节烈至今垂宇宙；
岐山演绝阵英灵自古贯乾坤。

（三）闲人免进贤人进；盗者莫来道者来。（汪兴文，魏金国书）

（四）善人拜佛佛必佑；恶人拜佛佛难心。（汪兴文，魏金国书）

（五）进士亭联：遗迹何寻，剩有苍烟迷汉垒；
英风尚在，来随古月照吴钩。（徐长鸿）

（六）天台亭联：
采药餐霞长寿侣；清风明月大罗天。（徐长鸿）

十四、大芦花楹联

（一）功德门联：

访千山览胜惟医间与西岳岱宗当甲；

观万景觅雄只芦花和大阁玉泉堪奇。

（二）古佛殿联：

福至诚心修古刹，佛临宝地佑芦花。（金又学）

金又学，笔名金墨，1948年出生于辽宁凌海，诗人，书法家。主要作品有《金又学诗文书法》等。

十五、三清观楹联

（一）上院玉皇阁：

按南辰定北斗开天辟地，

立五行分八卦炼海烧山。

（二）中院护法殿：

仰霞观云楼，岂上东瀛众仙岛；

瞻灵岩圣境，是真医间大名山。

（三）中院三清殿：

境入上清，半点红尘飞不到；

坛开无垢，满天花雨散香来。

（四）中院斗姆宫：

宝像庄严恩浩荡；香烟缥缈法玄微。

（五）中院福寿堂：

本能忘我寿自高；善吃亏苦福必长。

（六）题森林公园：

峻岭布重阴，云气深藏仙鹤影；

幽林深万壑，松风高振海潮声。（徐长鸿）

十六、双峰寺楹联

（一）古岚遗凤联：

不二法门善呈诸般妙相；

归一宗本方体大化玄音。

（二）三圣堂联：

涅槃妙心有相即是无相方知万教同尊；
玄音大道心性显示真性才悟众生平等。

(三) 五佛殿联：
天呈五色尽为佛光普照；
地运五行皆是圣德流芳。

(四) 佛母殿联：
降妖伏魔巾帼证圣为佛母；
骑鸾跨凤红颜成道冠群仙。

(五) 双峰寺弥勒殿联：
有容乃大天下无难为之事；
能笑是得世间尽做佛之人。

(六) 财神殿联：
秉烛春秋照日月；
忠义英风振纲常。

(七) 观音殿联：
南海扬波大士慈心渡北国；
西天送莲菩萨悲愿救东土。

(八) 双峰中殿联：
金莲圣殿暗付正法眼藏；
宝鼎神炉炼就奇药仙丹。

(九) 地藏王殿联：
幽冥振金锡深心遍尘刹；
忉利承佛旨大愿救三途。

(十) 药师佛殿联：
舍利宝光化菩萨日月圆相；
东方世界显佛主琉璃金容。

(十一) 药王殿联：
以妙手施灵药悬壶治病苦；
用人心和正法济世解悲哀。

(十二) 金光阁联：

　　　　金光万丈立佛国；莲台九品度群迷。

（十三）聚仙亭联：

　　　　山奇水秀，登临者皆当驻足；

　　　　道广德深，济世仙自会流连。（王晓宁）

（十四）解脱门联：

　　　　普度群黎，慈云永护；

　　　　广传佛典，法宇宏开。（邱德富）

十七、五佛寺楹联

　　　　五佛法雨布施十方众生；闾山慈云遍散三千世界。（释恩忍）

十八、永安寺楹联

（一）护法殿韦驮像联：

　　　　护国安民鬼祟闻名降伏；

　　　　法强力大邪魔见面惊藏。

（二）弥勒像联：

　　　　大肚能容了却人间多少事；

　　　　满腔欢喜笑那天下古今愁。

（三）楹柱联：

　　　　鹤傍松烟养道心；龙归法座听禅偈。（释正全）

十九、闾阳吕祖庙楹联

　　　　道脉儒宗不作泥涂于世界；金台至阁别开仙境非人间。

二十、奉国寺楹联

（一）奉国寺山门前楹柱联：

　　　　宝相庄严悉出众智；

　　　　雄堂辉焕重耀千秋。（康殷）

（二）奉国寺前山门后楹柱联：

　　　　七尊列坐祈愿众生平等；

　　　　人民当家创造极乐天堂。（邵秉仁）

邵秉仁，男，汉族，1945年12月生，吉林省四平市人。中国书法家协会副主席。

（三）大雄殿门前联：

1. 倡大教于西方，不生不灭，迄今数千年后金殿中永存香火；
传法门于东土，无假无真，但愿一切众生红尘内普入慈云。
2. 生于周，入于汉，盛极五代，任世态迁移，收拾来尽是百千色相；
尊于道，埒于儒，并称三教，统宗门广大，归根处惟存一点婆心。
3. 合掌拜如来，来也不必，只需向天理人欲辨得清就登彼岸；
澄心参大道，道在性存，但愿尔善男信女回头处便是阿弥。（贺钦）

贺钦，明义州卫东街人，广宁后屯卫学武庠生，景泰七年（1456）山东乡试第二名文举人，成化二年（1466）进士，官户科给事中，人称医间先生，有医间集九卷行世，列《四库全书》集部别集中，子四，长子士谘，弘治五年（1492）举人，余详义县志氏族。

（四）大雄殿后门联：
苦海本无边，惟其于紫竹林中，挽迷人登临彼岸；
慈航原普度，更愿于潮音洞里，救众生径往西天。

（五）无量殿前门联：
祇园垂荫翠色半含兜率院；
优昙散霭孔云飞入梵王宫。

（六）无量殿后门联：
菩萨低眉所以慈悲六道；
金刚怒目盖惟降伏四魔。

（七）西宫前殿前门联：
无时不在，现身说法随方便；
有感遂通，救苦寻声听自然。

（八）西宫前殿后门联：
片杵指登于十地；斗龛笼纳乎三洲。

（九）西宫后殿门中联：
五千言道德衍中国之秘；
三十种妙相显西土之灵。

（十）西宫后殿门东联：

大慈悲千百世常昭宇宙；

广福德亿万年永护生灵。

（十一）西宫后殿中柱外方联：

宝殿辉煌启大云之教；

天香缥缈结甘露之音。

（十二）西宫后殿中柱外方联：

慈雨沾濡溉云门五百；

飞花翻布照耆树三千。

（十三）西宫仪门联：

转大法越三祇之海；

便菩提开六度之门。

（十四）倒座观音联：

问观音如何倒座；

叹世人不肯回头。

二十一、万佛堂联

（一）极品堪称，魏碑千字经风雨；

敦煌可拟，造像万尊阅古今。（义县崔家瑞）

（二）壮义郡之大观，东望闾峰，西临凌水，南连峻岭，北枕荒边，想前朝留胜迹，安排这无忧上境；

接福山之一脉，高吞旭日，低压平沙，远对孤城，近瞻宝塔，登古洞仰佛光，仿佛到极乐西方。（清·李奎麟）

二十二、老爷岭景观楹联

（一）山门外联：

横亘辽西联锦宁阜义同描洞天欢迎来者；

纵贯胜地挽花草松石共饰崴岭吸引流光。

（二）山门内联：

回头望胜地东岭松涛连海气；

放眼观长天西城烟浪印霞光。

（三）山门侧联：

登峰驭"鹰嘴"夜啄南箕北斗；

驾岭挥"草帽"昼敛东日西霞。

(四) 仙人桥联：

桥小岭大过去便入仙境；

水浅山深回来复归人间。

(五) 鸳鸯井联：

前后八步双井长积八方水；

上下四合二目广纳四海情。

(六) 草帽山联：

初览云姿好似玉女拨迷雾；

细睨山势犹如笠翁垂钓钩。

(七) 兔蛙石联一：

嫦娥沿岭斜舞玉兔横看；

药桂倾天倒泻蟾蜍仰收。

(八) 兔蛙石联二：

两石兔蛙一段锦；四时风月半山云。

(九) 鹰嘴峰联：

云峰古木枯藤攀缘缠鹰嘴；

风雨山石岩穴鼓荡舞流溪。

(十) 圣清宫外门联：

儒释道三教三源流风光古郡三鼻祖；

殿观宫一脉一捧轻颂唱关东一名山。

(十一) 出巡殿联：

近借白云扬义气；遥凭赤兔振威声。

(十二) 武圣殿联：

皓月凝眸拨开松影赡义表；

白云倾耳透过岩隙聆威声。

(十三) 三清殿联：

凌霄峦岫托起一围三清地；

干云劲松绕成半壁七彩图。

(十四) 卧龙松联：

威震南方赫赫英灵昭帝德；
星居离位炎炎光烈耀文明。

（二）正殿楹联：

大千界尽放辉光盛德在火；
亿万年永深锻炼精益入神。

（三）东配殿楹联：

音亦可观方信聪明无二用；
佛可称士须知儒释有同源。

（四）西配殿楹联：

赫声濯灵无师保如临父母；
天覆地载有血气莫不尊亲。（锦州知府奎华）

三十一、锦州三才寺楹联：

（一）中间楹联：

位镇九天宫燮理阴阳好似太公施妙算；
明照万方国权衡善恶犹如诸葛运奇谋。

（二）偏殿楹联：

居南海普度群迷救苦济灾总是慈心一片；
镇东厨一家司命惩恶赏善何曾姑息半分。

三十二、玉佛寺楹联：

（一）大殿楹联：

执杖持珠照灵台司地府；
度冥救世了佛愿体天心。

（二）韦驮殿楹联：

护法全凭一杵诀，澄心普照万家春。

（三）僧舍楹联：

夜来补衲剪秋叶，晓起烹茶拾落枝。

三十三、锦州清真寺楹联：

朔主宰之本然，无始无终无形无象，荡荡乎默运阴阳真造化；
思圣道之中正，不偏不倚不争不党，洋洋乎维持宇庙大纲常。

三十四、锦州天后宫楹联：

(一) 巨幅长联：

　　俎豆重辽西，舞德颂功，鸾凤恍从天际下；

　　歌播如山海，扬帆鼓掉，舳舻如在镜中行。（李鸿章）

(二) 大殿题楹联：

　　仙籍列九天，踵楼西池王母；

　　慈航周中池，心同南海菩提。（李善之）

(三) 戏楼题楹联：

　　此曲只应天上有，斯人莫通世间无。（李景隆）

三十五、钢屯关帝庙楹联：

　　儒称圣释称佛道称天尊，

　　汉封侯明封王清封大帝。（锦州知府傅赉）

三十六、锦州周将军庙楹联：

　　豹死尚留皮，愿芸史永垂名将传；

　　鹤归应有语，看梓乡蔚起国民兵。

三十七、义县隆峰寺大殿楹联：

　　金鼎篆烟笼宝殿；莲合灯火照神坛。

　　胜迹长留钟磬绕；山门不锁雾云封。

辽西古刹塔窟 | **葫芦岛篇**

第一章　葫芦岛古刹塔窟历史沿革

《锦州市志》载：元太祖二十二年十二月，丘处机去世后，全真教第六代掌门人尹志平遵师命，命弟子萧道然出长城去东京路（辽阳市）传道。萧道然经来宾（绥中县）、兴中（兴城市）、江屯（连山区），往东北走直奔锦州。这在尹志平的诗中"渡辽水，看闾山"得以证实。由此，道教初入葫芦岛地区。

1310年，道教李玄久来葫芦岛境内建昌县游天一大洞（云山洞），后又乘兴去云溪观，并在此创建三清宝殿。明代，嘉靖皇帝排挤佛教，崇信道教，由此道教在本地逐渐兴盛。清代，道教全真派支派龙门宗第八代祖师郭守真及其弟子在辽宁地区传道，使道教在葫芦岛地区进入全盛时期。葫芦岛地区道教宗派大都属于全真派，其中尤以全真派支派龙门宗（北龙门）最为兴盛。

道教在兴城、绥中等地也广泛传布。至清代，本地区道教已有相当规模，并在全地区产生较大影响。一些俗家道士也纷纷募钱修庙，大虹螺山顶玉皇阁、下堂子五母宫、凉水井子灵山寺、网户屯三官庙等道教建筑，都是俗家道士所建。中华人民共和国成立前，葫芦岛地区共有大小宫观200余座，出家道士100余人，信教群众超过万人。中华人民共和国成立后，本地区没有人再出家当道士，原有道士、道姑多数还俗，寺院多数闲置。"文化大革命"期间，道教受到严重破坏，道士几乎全部还俗。国家落实宗教政策后，道教建筑大部分已无法恢复，政府对个别道观给予修复，对年老的道士、道姑由当地政府按"五保户"安置照顾。

道宫、道观是道教的主要活动场所。自道教传入葫芦岛地区，便在境内发展较快，最兴盛时，本地区共有各种宫、观200余座。20世纪40年代以后，绝大部分遭到破坏，至2005年年底，留存宫观已很少。

据资料显示，中华人民共和国成立前部分宫观如下。

绥中县有东关帝庙、西关帝庙、三皇庙、娘娘庙、城隍庙、药王庙、上帝庙、天齐庙、财神庙、文昌宫、火神庙、龙王庙、姜女庙、三霄庙、南龙王庙、南娘娘庙、东娘娘庙、斗姆宫、门庙等近50处。

兴城市有关岳庙、土地祠、忠义孝悌祠、姜女祠、上帝庙、财神庙、祖师庙、城隍庙、三关庙、马神庙、玉皇阁、东岳庙、娘娘庙、药王庙、三义庙、娘娘宫、圣宗庙、龙王庙、天后宫、三皇庙、火神庙、真武庙、老母庙、太阳宫、圣清宫、龙泉宫等近60处。

连山区有武庙、关帝庙、娘娘庙、药王庙、财神庙、城隍庙、老母庙、三圣庙、龙凤宫、朝阳宫、青云观、三义庙、龙王庙、马神庙、真武庙、火神庙、圣宗庙、太阳宫等50余处。

佛寺是佛教活动的主要场所，葫芦岛地区自佛教传入至1949年止，在1000年左右的发展过程中，共建佛寺300余座。主要分布在兴城市、绥中县、建昌县境内。现著录历史上影响较大的佛寺如下。

连山区（9个）：石塔寺、静觉寺、圣水寺、灵山寺、关帝庙、二佛庙、卧佛寺、清泉寺、慈母庵。

兴城市（8个）：海云寺、汤泉寺、龙宫寺、归心寺、白衣庵、文书庵、弥勒院、将军庙。

绥中县（9个）：妙峰寺、孟姜女庙、地藏寺、望海寺、释迦庵、三义庙、普贤庙、药王庙、关岳庙。

2005年，葫芦岛各地主要佛寺如下。

连山区（12个）：龙泉禅寺、清福寺、平安寺、洪福寺、灵隐寺、双龙寺、卧佛寺、吉祥寺、接佛寺、龙泉禅庵、天真寺、保安寺。

龙港区（1个）：望海寺。

南票区（2个）：青龙寺、云水洞寺。

兴城市（7个）：石龙寺、望海寺、三教寺、药王禅寺、正觉寺、中天寺、大龙宫寺。

绥中县（6个）：天龙寺、慈恩寺、关帝庙、普济寺、文殊院念佛堂、四众念佛堂。

建昌县（17个）：清泉寺、平安寺、经法寺、圣泉寺、祥云寺、慈航寺、兴隆寺、风云寺、同心寺、天化寺、顺天寺、三圣寺、慈圣寺、保安寺、妙音念佛堂、法藏寺、法华寺。

第二章 葫芦岛市古刹塔窟

第一节 葫芦岛市区古刹塔窟

安昌岘舍利塔

葫芦岛南票区安昌岘村，古为安昌县城。舍利塔，就建在此村的东北方，女儿河北岸的小山上。舍利塔南览女儿河清流如带，俯视安昌岘农舍错落。每日晨雾夕霞之时，古塔显得分外妖娆。塔因山高，山以塔奇，相对协调多姿，为辽西一大名胜。塔旁依山原有寺庙，当时名为讲院。据史料记载：讲院之佛殿、僧房、斋堂、厨舍整齐排设。今已倾圮，只遗旧迹。

舍利塔，始建于金代。据《锦州安昌岘重修舍利塔碑铭》（金代王庭圭）记载："其先虽有一普通砖塔，因风雨剥蚀，已坍塌不堪。"

至金天德年间，经安国节度使李鸿倡议，由净觉寺僧善冲和讲院首座僧誓隆主持建塔，金天德三年四月十四日破土动工，同年八月十四日竣工，乃兴废起旧于其址重建新塔，并于邻庄崔金吾家，求得佛牙修筑于塔中。从此，舍利塔便闻名于世。所谓舍利，梵语称释迦牟尼涅槃时，焚烧遗体后，结成珠状物质，名为舍利。其后，德高名僧圆寂后烧剩之骨头亦称舍利。

舍利塔乃青砖垒砌，为八角形实心密檐式，高18米。塔座须弥式，上枋有砖雕仰莲，并刻"卐"字形条纹，在梵文中有"吉祥"之意。塔身7层，每层8面，东西南北都有拱形龛门，龛内有砖刻菩萨像，跌坐于莲台。左右方各有宝盖和飞天浮雕，两位天仙相对翱翔，锦衣彩带随之漫舞，那生动的神态好像破壁欲飞，表现了我国古代雕刻艺术之精湛。其他四面东南、西南、东北、西北各有胁侍，身披袈裟，足踏莲花，双手合十，神态安谧自然。塔上各层檐部都是砖雕仿木斗拱，每面3朵，各朵两跳五铺作。斗拱上以圆木铺成，各层都以密檐间隔，逐层内收。塔身四面有佛像，并都有砖檐衬托，逐渐形成挺丽锥形体。塔顶有刹座封尖，今已年久失修模糊不清。

安昌岘舍利塔

南票区明性寺

南票区缸窑岭镇缸窑岭村的明性寺，是辽西著名的寺庙建筑群之一，其结构形式之巧妙，艺术之华美，布局之规整，设计之严谨均可称辽西一绝。

明性寺门前除了两根 10 余米高的青石旗杆外,最显眼的还要属在山门前台阶处分列两旁的一对石狮,它们分别坐落在与台阶等高的石砌墩上。石狮昂头挺胸蹲坐,右边石狮是一只雌狮,它仰天远眺,左脚轻抚幼狮,而身下的小幼狮憨态可掬,看上去似乎在感受着来自母狮的爱抚,又似乎想趁母狮不注意就溜出去看看,传神之处,妙不可言。左边石狮是一只雄狮,其动作则是右脚踏一彩球,狮态威武雄壮。两只大狮子的面目表情特别丰富,而且区别于常见的一些脸谱化的狮子,表情夸张而不过分,身体装饰部分也是恰到好处而不浮华,整个身体线条特别流畅,把动作表现得惟妙惟肖,仔细去品味,似有呼之欲出的感觉。

明性寺位于南票区缸窑岭镇东街路北,依缸窑岭北山而建,始建于清光绪二十七年(1901),坐北朝南。据《朝阳县志》(缸窑岭原属朝阳辖地,1961 年 7 月划入锦西)记载:"明性寺建于光绪二十七年(1901),在县南(指朝阳)一百六十里缸窑岭镇,为该处宣讲堂诸善士捐募修筑。寺基颇宽敞,前后共五层殿宇,内释迦佛、太上老君、真武大帝、关圣帝君、张桓侯及十八明医等像。"又根据《重修明性寺碑文》记载,1923 年四月,明性寺在北堂慈善会会长主持下重修,至今日规模。

明性寺布局规整,设计合理,五层殿宇建在同一条中轴线上,气势宏伟。其建筑艺术继承了清代华丽的风格,又具有 20 世纪初的新式做法,集新旧风格于一体,是古代建筑向现代建筑过渡的典型代表,是葫芦岛地区晚清时期有代表性的古建筑群,具有较高的历史价值和艺术价值。明性寺1963 年被列为县级文保单位,1990 年被列为市级文保单位,2007 年被列为省级文物保护单位。

第一层建筑——山门佛殿。山门两边各有 1 小石狮、3 间门房,中间一间是大门通道,两边供奉四大金刚。在山门东西各有角门,山门、角门以墙相连,两角门样式相同,各有木门两扇。

第二层建筑——牌楼和钟鼓楼。这是一座三门重楼式水泥牌楼,东西建有鼓楼和钟楼,鼓楼东、钟楼西又各有一月洞门,前面塞满了柴火一类的障碍物。牌楼由四根四棱水泥柱支撑着,中间的两根柱子上写着一副对联,字迹不清;两边翼柱上塑有龙珠图。牌楼中还有题写"超凡入圣"的大匾,两边的小匾和圆形浮雕图案都已看不清楚。

明性寺

第三层建筑是这里的第二层佛殿。半圆形过道拱门，拱券处磨砖凸凹数层，还有花纹图案。在这层建筑的顶部还有一个呈方形的平台，台上再起一阁，砖雕上刻着"天马祝寿云龙图"和"松鹤延年"的图案，阁内还供有岳飞等塑像，十分逼真。在这几间殿阁中，雕刻着精美的砖雕花鸟图案，比如鲤鱼浮莲等。

第四层建筑就是第三层佛殿了。这也是拱式门洞，在门洞两侧前后还有侧门，沿着侧门石阶还可登上平台。由于小殿的门窗几乎是堵着的，游客看不真切里面的样子，只能依稀辨认出里面有佛像，还有几根房梁和柱子，在墙壁一侧好像还有壁画，内容看不清。门洞顶上，有一个铁顶香炉，上面有"明性寺"和"中华民国十九年九月九日立"的字样。

第五层建筑即第四层佛殿，游客能看到门洞里的屏风石碑，两块石碑分别记载着重修明性寺的始末和修庙时捐助者的名字及数目，但上面抹上的石灰表明"文革"时期已遭到破坏了，原有的碑文只能模模糊糊辨认出一部分。

第六层建筑即第五层佛殿。这层佛殿建在有两层楼高的多层高台基上，沿着通道和石阶梯，登上高楼，只见二层阁内供奉着"真武大帝"的佛像，很威武。

这里共有七层建筑，可站在第六层建筑上，看到后面再没有什么寺庙建筑了，都是农家的住房。但从最后一道砖墙上却开有一扇小门，门前石阶上摆着一些供果。这恰恰表明这里确实还有一层建筑的。一位老叟证实说，原来这后面的一排平房都是佛殿，很长也很多，只是现在都变成了老百姓居住的房子了。

明性寺里有一口大钟，钟上有铭文，记载了钟和寺的创建时间。铭文为："直隶省朝阳府城东南缸窑岭明性寺敬铸钟一口，重有一千余钧，众善士募化，名列于圖，恒善学堂经理，光绪三十二年菊月榖旦。"钟上的纹饰设计和别的寺院清代的大钟差不多，无外乎是一些法器和花卉、佛教符号等图案再加上"风调雨顺、国泰民安"等文字。

1947年以前，明性寺有20多名和尚，院内每日晨钟暮鼓，香烟缭绕。而且，每年农历三月初三明性寺的庙会，赶会的人特别多，最远的还有来自山东、河南、河北的。庙会几天之前，这里就会热闹非凡，人们搭台唱戏、做买卖、烧香、许愿、求神拜佛的达几千人之多。三月初三这天，钟声、鼓声更会震荡十几里，各处来的僧人都由明性寺供膳。这一天庙里大加施舍，向赶会人供食一天。

1947年后，明性寺曾为中共锦西县委、县政府所在地，后来一些佛像又被扒掉，又办起了小学。再后来，乡政府把最后的佛殿扒掉，盖成了住房，也就是游客找不到的那第七层建筑了。到了"文革"时期，这里的各处对联及铜香炉均被砸掉，后小学搬出，明性寺就处于无人管理状态了，各殿门窗被毁，方砖小瓦被砸坏。现在的明性寺已年久失修，砖石被风化剥蚀，壁走檐垂、木朽瓦落，六层殿现存五层半。2009年，文物部门开始对其进行维修。

2014年4月2日，农历三月初三。南票区缸窑岭镇内的明性寺门前早早地聚集了很多人，一年一度的庙会盛大开场。这是明性寺经过5年维修之后，首次以全新的面貌迎接来自各地的游客。

当初建这个寺庙的时候，是光绪皇帝口头御批的，起名明性寺，意在教导当地百姓知晓做人的道理。当年缸窑岭一带出现过"道德会"，跟朝廷对抗，为了从思想上压制当地百姓，光绪下旨建立明性寺，教导百姓从善。先期这里建的是恒善堂，类似于今天的学校，主要以教书育人为主，后来建成了明性寺。

20世纪90年代，北京来了一位文物方面的专家。这位专家在寺庙里参观了很久，对寺庙的建筑风格给予了很高的评价。专家评价，明性寺的建筑属于中西结合的风格，寺庙内的砖雕、石雕、木雕等具有很高的艺术价值。像明性寺这样的寺庙，在全国很少见。专家叮嘱缸窑岭镇政府，一定要好好保护这座寺庙，千万不要再使之遭到任何破坏了。2009年，省文物局出资590万元对明性寺进行大规模的修复：重整院墙，扒除杂建，再复山门，更换檩木，翻修庙堂，彩绘门窗，增添楼阁吐水嘴，新修排水设施。

明性寺如今已经成为缸窑岭镇的标志性风景，吸引着来自全国各地的游客。

砂锅屯石塔

砂锅屯石塔建于金代泰和六年（1206），位于葫芦岛市北部48公里的南票区砂锅屯，该塔是辽宁省级文物保护单位。

葫芦岛市南票区砂锅屯村的东面龙山有一道小山梁，山脊岩石外露，像一条游龙俯卧在山梁上，山梁的西端有一块巨大的岩石高高突起，像昂起的龙头。石塔就建在龙头上。相传古时有一道士云游至此，见到山上的卧龙，担心会危及当今天子的地位，导致天下大乱，于是便在龙头建塔镇压。

砂锅屯石塔全部用褐色花岗岩雕筑，高4.6米，为六角密檐式。分为基座、塔身、密檐、塔刹4部分。基座高0.95米，须弥式，座下有方涩，方涩上面的束腰每面刻有1个壸门，每个壸门内雕有1头狮子。束腰的上面有叠涩枋层，枋上有个直径0.5米、雕有仰莲的圆盘。圆盘之上为塔身，塔身有6面，每面雕有1个尖券式佛龛，龛内各雕有1尊端坐于莲花宝座之上神态各异的佛像。塔身的转角之处隐刻倚柱。塔身之上是5层塔檐，每层塔檐由下至上逐层内收。塔檐上刻有瓦垄，转角处雕有垂脊。塔刹部分现存露盘和两颗宝珠。

砂锅屯石塔

砂锅屯石塔是迄今为止我国所发现的最古老的石塔之一，对研究金代的佛教建筑有一定的历史价值。

莲花山圣水寺

莲花山原名尖山，在葫芦岛连山区杨家杖子镇东南1公里处，海拔203米，主峰奇岩怪石，耸入云端，远望如莲花初绽。70年前，有一马姓僧人，在此出家，想到佛教成佛为"登莲境"，而此山形近似，故将尖山改称莲花山。

山南坡有清泉，细流静谧，冬夏不竭，颇为奇异，俗称圣水，又称圣水泉。

圣水寺建在莲花山上，因依山傍水而得名，创建于清康熙五十九年（1702），其后不断扩建，至1938年已成为具有相当规模的古建筑群。其寺范围，东西宽96米，南北长104米，占地10000平方米，周围形成约4平方千米的风景区。

葫芦岛篇·第二章 葫芦岛市古刹塔窟

莲花山圣水寺

  圣水寺建筑设计吸取了南方造景手法，善于利用地形，巧于布局，饶有园林景观的特色。圣水寺建筑结构新颖，富于变化，飞檐走角，大鹏展翅彩绘姹紫嫣红，如彩凤凌空。墙垣砖瓦参差，木架结构巧妙，整个工程无一钉相加，完全符合力学原理，经得了多次大小地震冲击，充分表现了我国劳动人民的高超技术和卓越才能。国家文化部两位古建筑工程师看后甚为赞赏，谓莲花山圣水寺，是中国古建筑的什锦小品。

  圣水寺，从前至后，由天元宫、钟鼓楼、明心楼、碧云宫、后殿和跨院组成，整个造型建筑富有道教色彩。

  天元宫正面是山门楼，为3层建筑，上圆下方，源于"天圆地方"之说。底层为青砖砌的方形楼座，中间是券形门洞，两侧各有两室，有木梯登二楼。二层是带回廊的方形楼室，中立一粗大木柱，直达三楼顶，圆石盘柱基，承托着擎天柱，盘上刻阴阳鱼和八卦图。三楼柱上刻有"东西南北"四方位的字样。这符合道教太极主宰世界，五行八卦，包罗万象的哲学观点。楼檐额板，雕刻精细。三层是12面小楼，各面为木雕窗，中心为佛台。最上面是用青瓦铺成的12面坡，顶端是鼓形座，上有宝珠装饰。

  钟鼓楼在门里，东西对峙，形制相同，为方形大式大木重楼。东鼓楼，西钟楼，鼓已不存，铁钟尚在。两楼4个侧面的山墙，各砌1块八卦，自东而西分别为天、地、水、火，与建在东西院的64间平房（为招待远来香客食宿之所）配合一起，表示《易经》八八六十四卦之数。

明心楼在钟楼西侧，为方形大式大木架歇山式重楼。其四周带回廊，楼檐有七踩斗拱，坐斗为龙首形，升子呈瑞云状。正脊中央原有主体"金鸡报晓"的楼饰，雄鸡向东啼鸣，形象生动逼真。

碧云宫又称万仙楼，在钟鼓楼北，为四层塔形大式大木架结构。第一层为青砖砌成的方形城楼式基座，四面开圆券门，成十字甬路。周围无檐，有矮墙垛口，四面各有两个龙首形石刻流水槽。第二层，平台四角各建一座歇山式小阁，中间为八角形楼室，小阁陪衬次楼，别具风格。八角楼檐柱在外，支撑围廊。门额镶嵌汉白玉石板，上刻莲花图案。第三层为八角形楼室，围栏带扶手。正面有匾额"碧云宫"。第四层为方形大式大木架歇山式。楼顶九脊，正脊前后镶方形镜，正中塑金色莲坐尖顶，阳光照耀，格外生辉。碧云宫是主体建筑，雕刻精细，雀脊为云形透雕，横额雕龙凤，枋上彩绘美丽，原宫内供奉玉皇大帝、无极老母、千手千眼佛。

后殿分前后两院。前院两侧是真武殿和魁星殿，东西各3间。后院正殿5间，东西偏殿各2间，配殿各3间。后殿原供有观音、文殊、普贤等菩萨。

跨院有东西两跨院。东跨院有正殿和东西配殿各3间，均为硬山式无梁殿，供奉眼光娘娘、子孙娘娘、山神土地等。西跨院有建寺石碑，高台上有石窟，深4米，外建门，人称"狐仙洞"。

圣水泉在两跨院墙下，泉从地里涌出，四季不竭，日流量最多达1500吨，水温保持在14℃，冬暖夏凉，清澈甘洌。泉口用水泥塑成水龙头，水从龙嘴喷出，增添了神秘气氛。水引至钟鼓楼间的莲花池，池中养鱼栽花，池周栏板刻"二十四孝图"，中间有玉带桥相连。

圣水寺从1917年开始，用5年时间进行了扩建。1923年，圣水寺被当局以莲花山邪教惑众为由查封。据《奉天全省警甲报告书》记载，兴城县莲花山，受兴城佛教督理张麟阁的指使，在寺内设讲堂，传布邪说：时至末运，天塌地陷，有十大劫至。警察所派视察员乔装信徒，住寺5日密查，上报奉天省警务厅。省公署指令："邪教传布……最足摇惑人心，妨害治安……按名严拿，务获惩办，产业查封充公。"兴城县遵令查封莲花山庙宇，没收的物品估价拍卖，之后改其名为"返性寺"，新中国成立后，又改回圣水寺。

圣水寺依山傍水，景致清幽，真如人世蓬莱。自建寺以来，无数善男信女，来到这里求神拜佛，香火不断，远近闻名。

凉水井子灵山寺

灵山寺顶棚横梁悬挂钟鼓，钟上铭文有："锦州省朝阳县十二区凉水井子灵山寺，康德五年十月二日吉立。"

现在的葫芦岛连山区山神庙乡凉水井子村，西南山脚下有泉涌出，清澈寒冽，村名由此而得。附近山清水秀，林木茂密，岩石奇异多姿，被称为灵山。山坳里隐藏着一颗耀眼的明珠，即富有民族特色的一片古建筑群——灵山寺，其寺由山得名，故称灵山寺。

灵山寺始建于清嘉庆十一年（1806），后经20世纪初两次大规模扩建，前后共有楼亭殿阁29座，佛像俱全，金碧辉煌，栩栩如生。全寺分上下

灵山寺建筑群

两院。

上院，沿南坡山路向上攀登，围墙下角有34级石阶入门，台上是八角亭，台下是座硬山式佛殿。登石阶而上是地母楼，大式大木歇山式三层，是上院的主体建筑。下一层为正方形基座，上两层为八角形，装饰彩绘华丽，檐部斗拱精细秀巧，柱角有透雕雀替。出楼迎面是陡坡，高约18米，修50台阶，上去是一片台地。外侧为5间硬山前廊式的"玉皇殿"，内侧是歇山式方形"重楼"，四周带围廊。

楼旁有32级石阶通向"无底洞"，洞里可容千人，冬暖夏凉，洞口有正殿5间，供奉南极教主，是大木大式硬山卷棚式，七踩斗拱，装饰小巧，有透雕雀替。顶上是洞口的外沿，右边是供奉姜太公的硬山式小庙，还有六角形的"都天殿"，左边是金母、王母、瑶池的硬山式小殿。靠外是进洞的门，额匾上有"无极洞"三字。洞口内有十八尊罗汉塑像排列左右。洞中央方形高台之上有座"无生殿"，佛像是由铜箔精制而成。殿后洞室宽阔，顶棚岩隙经常有滴水下流，汇集而出，人称天河，洁净清爽，传说如用此水洗眼眼睛明亮，故游人多用以洗眼。上院附近还有水流洞、大仙洞，对面有一座透光的山叫南天门。山坡开阔，称为点将台，传说是古代蒙古土默特王子练兵之处。

下院按地势又分为东西两院。东院是天齐庙，建在东山坡，有围墙，墙上塑坐兽，自成体系。东院有正殿5间，建在石条围边的台上，大木小式硬山式。檐柱与金柱之间是前廊，西边墙垛灰刻有楹联一副："爵施天齐主，功同地藏王。"

正殿台下是东西两配殿，规格一致，大木小式硬山式。檐檩枋心有风景画和八卦图。院中有石子铺阶甬路和两排柏树。下石阶，钟鼓楼南北对峙，均为正方形小式大木歇式两层。底层一门无窗，有石阶至二楼，顶棚横梁悬挂钟鼓。

站在楼上，凭栏可望全寺。山门1间，两边有小山门陪衬。山门外耸立一对石旗杆，旗杆是水泥制的高大方台，并塑有"千秋福地，万古洞天"楷书八字。旗杆中段水泥塑"金龙蟠玉柱"，龙鳞凸起，口大目圆，细钢丝的龙须微微颤动，形象逼真。旗杆上部是4面银镜子方斗，旗杆尖为葫芦形的金属顶。天齐庙外两侧有3座小庙，北一座南两座，皆为硬山式，三壁一门正方形。

西院，地处山坳，许多建筑用石板甬桥与天齐庙连成一片，显得整齐美观，气派雄伟。石板甬桥被人们称为"天桥"。庙前原是顺水沟，对面是山，扩建时在沟上建楼阁，与甬桥结为一体。桥高6.5米，宽2.4米。桥两侧是水泥方柱和花岗岩围栏。十字亭在天齐庙前12米处，桥上建方形亭，亭在十字桥中心，四面开门，通向四面的建筑物，顶盖为八角攒尖。

太阳楼和太阴楼，是大木小式九脊歇山式两层方楼。两楼面内相对，形制相同。下层一门两窗，上层从天桥入内，是一间有门无窗的小殿。太阳楼在南，太阴楼在北，两楼外壁各有6块白灰墙，每块有两幅水墨画，计24幅，为带有标题的二十四孝图。

慈航楼，在天桥中段，是灵山寺主体建筑，共3层，底层在桥下，为12面体的实心台，高6.5米，直径9.2米，石砌，外塑彩龙和瑞云。红、黄、紫、绿等色的巨龙，在白云中飞舞，气氛庄严神秘。桥上两层是青砖砌的六面体形楼阁。顺"天桥"东西方向开圆券门。正面东有佛堂，西有石阶通最上层，顶盖是六面坡形，尖有木桩，木骨架灰塑大鹏，大鹏口啄一串佛珠，振翼俯视。入山游人望蓝天白鹏，在幽谷高空，栩栩如生，给人印象颇深。

天君楼、金刚楼，在天桥两侧，独立存在，均为长方形大木小式九脊歇山式重楼。底层四面开圆券门，正面有灰塑楹联，一有石阶通二楼。上层四面围廊，窗为圆洞形。顶盖正脊当中，灰塑楷书"天君楼"和"金刚楼"。万佛楼，在天桥西端，楼后靠山，小式大木歇山两层。第一层面阔19.5米，进深13米，通堂7间，两侧有石阶通二楼，天桥的尽头在二楼门前。第二层5间，四周有围廊，前后有门，窗为圆洞形，室内木板铺地，有几百块佛牌，牌上写有捐款施主姓名，故称万佛楼，又称升仙楼。

灵山寺共有大小佛像197尊。上自玉皇、王母、观音、无极、三皇、九圣、十八罗汉，下至阎罗、城隍、牛头、马面、山神、土地、狐仙、小鬼一应俱全。灵山寺佛道两教混杂不分。殿堂繁多，香火不绝，初创规模不大。1925年左右，有张、耿、韩三位善人，自吉林、黑龙江慕名而来，常住寺内，主持庙务，人称道主。三位道主多次派人，带泉水、山土赴东三省各地传教化缘，并以"登上灵山土，万年不受苦"的祝语吸引香客，朝山拜佛。几年间灵山寺信徒云集，施舍甚丰，于是大兴土木，前后20多年，扩建工程方告完竣。

灵山寺规模宏大，建筑雄伟，别具风格，是我国劳动人民智慧的结晶，对研究辽西地区建筑艺术有一定参考价值。灵山周围，群山奇险，风景幽美，是旅游胜地。

钢屯关帝庙

钢屯关帝庙，原为满族神庙——堂子，建于清朝顺治元年（1644）。清初，旗人开始在各庄建堂子，当时钢屯的堂子是辽西各大庄头中最大、最有影响的满族神庙。相传其庙内壁画是当时著名的画匠阿敏所作。此庙曾一度由杜氏代管。

据民间传说，雍正第四子宝亲王弘历未继皇位前，常到辽西围猎。一次在钢屯围猎中，突被群虎围困，危在旦夕，幸得一位绿袍、赤面、美髯的汉将用刀一挥，群虎掉头散去才得脱险，弘历刚要上前拜谢，汉将却掉转马头向林中跑去，他紧追不舍，只见汉将绕过堂子就不见了。弘历在堂子骑马转了三圈，仍未见其踪影。

雍正十三年（1735）世宗死，弘历继位。他上朝时，常听后面有乘马銮铃响，便暗问侍臣，侍臣对曰："陛下上朝再闻此声，可问何人保驾。"乾隆皇帝如其言，空中似有答曰："二弟云长。"弘历遂迷信自己是刘备转生。于是下诏敕封关羽为"关圣帝君"，天下建关帝庙奉祀。乾隆又微服到辽西，出巨资把钢屯庄头的堂子改建成关帝庙，由锦州知府傅赉，协领乔哥、敦布督建，使之成为辽西54座关帝庙中规模最大的一座。据圆通法师编著的《锦州古刹》一书记载：钢屯关帝庙有山门3楹，马殿1楹，前殿3楹，后殿5楹，关圣帝君左手捋髯，右手托《春秋》，栩栩如生。

锦州知府傅赉亲手书写了前殿楹联："儒称圣释称佛道称天尊，汉封侯明封王清封大帝。"

关帝庙所在地钢屯是沟通边里边外的大镇，是葫芦岛的老县城。关帝庙那对出名的石狮子，现在钢屯中学门口，一左一右，一雌一雄，常引得外地人前来观赏。关于这对石狮子的来历，当地有不少传说。此对石狮高1.78米，宽0.95米，长1.55米，是钢屯关帝庙庙前护庙石狮。锦州地区有一句谚语："义州佛、锦州塔、宁远牌楼，钢屯狮子一对俩。"可见此对狮子在辽西是十分著名的，它不仅大，而且雕刻得威中有温，静中有动，堪称辽西地区的石雕珍品。

钢屯关帝庙石狮子

灵山寺

灵山寺位于葫芦岛市西北35公里处的连山区山神庙乡凉水井子村西灵山中。该寺分上下两院，有八角亭、地母楼、玉皇殿、重楼、无底洞、都天殿等29座殿阁。下院建在山谷中，为20世纪初所建。下院又分东西两院，东院依山而起，有钟鼓两楼；西院建于山脚下，与东院以石砌天桥相连。下院的中心亭旁有两座石雕及旗杆，旗杆高22米，刻有龙形图案。

出下院沿蜿蜒的石径可至上院。其间有1处天然的大石棚，棚顶怪石嶙峋。上院坐落在天然的棚洞中，分上下两层，建于清嘉庆九年（1804）。

龙泉寺

龙泉寺位于小虹螺山主峰东偏北 3 公里处的山沟中，属石灰窑乡三台子村。该庙的西山根有一股泉水，质优味甘，四季不竭，故此寺称为龙泉寺。该寺在连山区北 24 公里处，在石灰窑乡西偏南 6 公里处；清朝初期创建；清嘉庆十六年（1811）重修；1839 年增建藏经阁 3 间，收藏大藏经 674 部。1947 年，国民党地方武装占据龙泉寺，锦西县武工队围剿时，藏经阁起火焚毁。新中国成立后，寺庙和泉水被占用，历经酒厂、养鹿场、罐头厂等。该古建筑几经拆改，现已面目皆非。

大红螺山灵隐寺

大虹螺山灵隐寺位于葫芦岛市北 37 公里处的连山区钢屯镇。该山辽代称胡僧山，元代为红罗山，明代开始用现名。这里的山势远看挺拔俊秀，近看峭壁悬崖。其主峰海拔 900.8 米，以山顶为轴，如扇形层层错落，从四面观赏都呈巍峨之势，素有"八面威风"之美誉。

大红螺山有辽西地区比较著名的灵隐寺，山顶上有玉皇顶。来到这里的游人都把登上玉皇顶作为一项文化活动，很早以前就有民歌描述观景的体会："东看锦郡玲珑塔、西视长城山海关，南望宁远一片海，北览朝阳万里烟。偶尔闲游真可慕，八面威风不虚传。"

在大红螺山的北面，有一个非常有名的地方，叫暖池塘，那里住着一家姓李的手艺人，他家祖辈是修塑佛像的。在清朝末年，老艺人在修北镇庙时，得到了菩萨托梦，指点他在大红螺山修建庙宇，于是他尊菩萨的法旨来到大红螺山。当时的大红螺山杂草丛生，野兽横行，狼非常多。老艺人来到此地一看就发愁了，也没办法，就先挖个地窨子住下了。晚上，漫山遍野都是狼嚎，吓得他不敢睡觉，到了后半夜才迷迷糊糊地睡了。在梦中菩萨告诉他：你不要着急，修庙宇要钱来钱，要人来人。他非常高兴，醒来一看天已经大亮。他从地窨子里爬出来一看吓坏了，围着地窨子里圈趴着一群牛，外圈趴着一群狼，是牛救了他的命。这之后来了很多善男信女，其中也有很多人捐了善款。他们经历千辛万苦，最后建成了现在的庙宇。

之后，历任住持广筹善款对寺庙进行了维修，形成了现在的规模。四柱三间抱鼓牌楼，枋木构造气宇轩昂。上面雕刻有八仙、三阳开泰、牡丹、葡萄等图案，生动逼真。雕刻的楹联"座分五行山分八卦，虹飞百尺螺绕千重"书法飘逸有力，堪称上品。5间大雄宝殿建在高台上，石雕立柱盘绕巨龙，柱上刻的楹联体现了该寺的宗旨："弘扬佛法贯春秋雷音醒世界，慧日高升登莲台慈雨润众生。"殿里7尊檀香木雕刻的佛像外贴金箔，危坐莲台金光闪烁。两侧分列十八罗汉，气氛肃穆庄严。

龙华寺

龙华寺坐落于辽宁葫芦岛杨家杖子经济开发区境内。龙华寺（双龙寺）始建于清雍正年间，几经毁建。2004年，葫芦岛市宗教局批准复建龙华寺，并于2004年初，在原址奠基扩建，由道弘大和尚、大智法师四方唱缘并主持修建，十方四众、护法居士竭力施德，于2007年5月开光。

龙华寺禅源千载，历尽沧桑，然众善同愿、佛缘慈会，古刹重辉。全寺占地9900平方米，建筑面积2600平方米，前后依次有落山门、大雄宝殿，其左右两厢筑有护法殿、伽蓝殿、安养堂、往生堂，大殿内供奉释迦牟尼佛祖、观世音菩萨及十八罗汉等贴金佛像，金身灵光，耀眼照神，形象逼真，栩栩如生。

各殿门楣上悬挂着由著名书法家姚俊卿、王梦庚等书写的匾额，楹柱上悬挂着赵序初、张鸿宾等撰写的金字禅联。院中央鼎炉熏香，风铃响动，禅境悠然。五观堂为僧人、居士受斋之所。念佛堂为僧人、居士念佛的佛堂，佛音禅曲昼夜绕梁，洗耳清心。

第二节　兴城市古刹塔窟

白塔峪塔

　　白塔峪塔坐落于兴城市白塔乡塔沟村，辽金时建有空通山（九龙山别名）悟寂院下院，它是辽代佛教圣地觉华岛大龙宫寺的墓地。当时悟寂院香火旺盛，佛事繁忙。元代该寺院改名翠峰寺，清代为中天寺。寺院原有前殿、腰殿、后殿，塔在前殿与腰殿之间。相传此塔为龙宫寺住持僧圆融大师的徒弟郎思孝所造。由于粉刷了白灰，故称此塔为白塔；每层塔上多挂惊鸟铃，亦称玲珑塔；因塔在沟峪中，人们又称之为白塔峪塔。古塔脚下的塔沟村也因此塔而得名。从塔前的石碑上可以了解到，兴城白塔峪塔建于辽大安八年（1092），距今已有千年的历史。1979年它被列为辽宁省文物保护单位。

　　白塔峪塔塔高43米，为砖筑八角十三级实心密檐式。须弥座的转角处有砖雕天王力士作承托状，塔身八角各嵌有石刻倚柱，刻有八大灵塔的塔名，从南面左柱起，依次为：净饭王宫生处塔、鹿野园中法轮塔、菩提树下成佛塔、阇崛山般若塔、庵罗卫林维摩塔、曲女城边宝皆塔、给孤园中名称塔、婆罗林中圆寂塔。八角依柱的柱头上有柏木枋等，柏木枋上置转角、补间斗拱七铺作，转角铺作为缠柱造，在拱眼间有绿釉镜式装饰，斗拱上有方形的撩檐枋，承托一层塔檐。

白塔峪塔

塔身各立面正中砌有佛龛，龛门呈圆形，上面雕有卷草花纹，里面有佛雕像。左右侧各立一胁侍，与龛顶等高。各龛上部雕有佛名，东为如来佛，佛下座雕有3头大象；南为宝生如来，佛下座雕有3匹马；西为无量寿佛，佛下座雕有3只孔雀；北为不空如来，佛下座雕有3只金翅鸟。佛像与鸟兽的雕工都非常精美，活灵活现。佛龛上左右各有5个小佛，坐云朵之上，每个上面都有宝盖。在四隅面，塔身为砖碑，碑首一龙缠绕，旁边有卷草花纹。每块石碑都刻有一句佛语。东南碑上刻有"寂灭为乐"四个大字，其余各碑依次刻有"诸行无常""是生灭法""生灭已已"，刻法皆为阴刻，文字端正，雄浑有力。如今古塔上的文字仍依稀可见。碑两侧各立一比丘僧，上部雕有宝盖、飞天。二层塔身为素面，上面有叠涩砌起的塔檐，檐上铺成瓦垄。三层以上逐层内收成锥体。现在塔顶坍毁，塔檐大都脱落，仅存几十根椽木。

1972年7月，当地居民在古塔东墙外取土时，从古井中挖出两块石刻，一块为"掩藏记"碑碣，乃辽大安八年（1092）建塔时所埋。另一块为元大德六年（1302）翠峰寺地产碑碣。这两块石刻现在由兴城市文化局文物科保管。1978年在对该塔进行维修时，人们发现在塔下中央12米深处有17块青砂岩碑砌成的地宫一座。地宫为八角石藏，中间容空五尺，里面有水晶塔、银菩提树、石佛像、瓷器等供具。正面放着一个石匣，石匣里依次为铁匣、银匣、金匣。金匣内面有金罐、银罐各一只，罐中分别藏有舍利。这些遗物早年被盗，只遗有石匣和诸供具的残片。地宫石碑上刻有造塔记、八大灵塔塔名、偈语、陀罗尼造塔功德经，九圣八明王、一百二十贤圣、五佛七佛名号，其中八大灵塔塔名、偈语与塔身所刻相同。最为珍贵处是碑文中记有明确的建塔时间、缘由、经过以及掩藏物。

三教寺

三教寺位于兴城市药王庙乡叶家村五股泉村子五顶山第三峰里。三教寺将释、道、儒集中在一个寺院。该寺建于1931年，是由当地绅士王少三、王濮翎、郭兰田、刘永成等人经办修建，当地称讲堂子或堂子，是兴城市重点文物保护单位。

三教寺周围梨树、桃树、杏树环绕，每当早春三月，山下的所有花木还在寒气里休眠的时候，三教寺的四周已是繁花似锦，蜂蝶乱飞。如今三教寺在古槐鲜花的掩映下，更显得巍峨雄伟。三教寺北倚山岩，西临深涧，殿台亭全部依山就势，建筑布局别具一格。整座寺院为四进，五座寺门构筑奇巧，风格不凡。寺院有正殿6楹，首殿3楹，原存的殿台、亭院基本完整，可分为西、中、东三院，中院正南为高大的山门，一大二小，门前石狮、旗杆东西各一，院内是天王殿，往北是高大的大雄宝殿，内供释迦牟尼佛、药师佛、阿弥陀佛，最后是观音菩萨殿。西院是山门、真武殿、伽蓝殿、地藏殿。

　　此寺尚存的碑文记载："试观五顶山五股泉善地一所，以上奇峰环列，迤西泉水抱流，地界凌兴，阔此胜境，天然美景真一大奇观。"由此可见此寺奇峰排列，"泉水抱流""地界凌兴"，形象地描绘了实际情况。碑文中刻有"善士同心会议鸠工，大兴土木，建立佛堂。寺名三教：曰释、曰道、曰儒。创修刹宇，雕塑庄严。大殿六层（楹）。全是雕楹刻桷，岑楼四座，亦皆鸟革虫飞。山门三座，四周垣墙百有余丈"，可知此寺当时之盛状。碑文署款，知此寺是由当地士绅王少三、王濮翎、郭兰田、刘永成等人经办修建的，年款为1931年。

　　新落成的配殿和大雄宝殿，集众家所长，愈发显得气势恢宏。最引人注目的是寺院两廊的四角钟亭，内悬一口650公斤、高约2米的古钟，以槌弹击，声震数里而经久不息。新中国成立后，这里一直是小学校舍。1984年，文物部门进行一次维修，基本恢复了原貌。故事片《吉鸿昌》中谈判一场戏就是在该寺拍摄的。

　　该寺全为无梁结构，内外无一梁、檩、椽，内部为拱式，四墙较厚，稳重而坚固，无火患之忧。近90年来，虽几经地震，均安然无恙。该寺建筑风格古朴，除山门和钟亭为木架结构外，其他建筑全为无木结构，青砖砌厚壁，拱顶筑瓦，风格古朴，艺术特点突出，是辽西地区现存少有的、规模较大的无木砖拱古建筑群，为研究我国古代建筑艺术提供了较为典型的无木砖拱砌造法的实物参考，同时也是研究释、道、儒三教合一古寺的证物。

　　该寺的山门、钟亭及另外四座殿外部的砖雕非常精美，正脊南面的4条龙之龙头探出脊外，凌空欲飞；北面有凤凰展翅，牡丹绽放。垂脊、戗脊龙的姿态殊异，花卉点缀其间；渔、樵、耕、读图案和琴、棋、书、画图案形象逼真，分置于山墙上部。这些精美的砖雕，古朴庄严，充分体现了古代工匠们的高超技艺，具有很高的艺术价值。

三教寺题壁诗颇有情趣。山门亭内两侧，白灰抹的墙壁上，题着一首白话诗，颇有些情趣。诗曰："这皮囊，多挂碍，与我灵台为祸害。随行逐步设机谋，左右叫我不自在。筋一团，肉一块，纠合形骸成四大。有饥有寒有贫穷，有病有灾有败坏。要饭吃，要衣盖，又要荣华贪世态。为你结下冤家债。细思量，真叵耐，招引群魔难尽戒。无常速远急早修，莫言明日还可待。"

诗的落款为1933年六月二十二日。全诗用墨饱满，显得庄严厚重，笔法老练、流畅、遒劲有力。虽经岁月的剥蚀，但一字一句仍清晰可辨。

这首诗的作者韩晋侯是山东章丘人，是一位比较开明的乡绅，与兴城市药王乡黄土村的韩姓是同宗。据《章丘县志》载，1927~1928年间，韩晋侯与孟洛川、辛铸九等人参与刘昭一在章丘组织的"七县十三团"剿灭大土匪张鸣九的义举。战斗持续三天两夜，打得二进二出，打死匪徒百余人，但章丘城久攻不下。在不得已的情况下，他们只好借助有"东陵大盗"之称的军阀孙殿英之手，在1929年正月十八日攻城，火并了张鸣九。韩晋侯经过这次剿匪后，灵魂受到震撼，从此大彻大悟，无意仕途，四处云游，后来到五股泉三教寺，而此时正是该寺修建之初。

据说，当时修三教寺所集的钱款，按计划是足够的，但被一些承办人贪污而未完成。因此，韩晋侯到三教寺时见到这些情况，颇有感慨，于是写了这首诗。

从这首题壁诗的内容看，是劝人向善，及早修行。皮囊指人的肉体，灵台指人的灵魂。全诗意在讽喻世人追名逐利，道德败坏，劝诫人们多行善事，莫让贪欲成为毒害心灵的恶魔。全诗通俗易懂又不落俗套，文笔自然洗练，融释、道、儒三教思想精髓于一体，为这座独具特色的古寺增添了色彩。

关于三教寺，民间还有另外一种传说。巾帼英雄秦良玉嫁与宣抚使马千乘为妻。因开矿之事，马千乘得罪了权贵，被害死于狱中，在此期间，秦良玉四处逃难，到处迁徙，后来定居于酉阳龚滩。跟随秦良玉征战有功的僧兵回到石柱、酉阳等地之后，仍然削发为僧，照常当和尚。据说，他们与别的和尚不同的是，可以娶妻，可以吃肉。他们既信奉佛教，也信奉道教，同时对于儒家的学说，也非常尊崇。因此，他们所在的寺庙，就称为三教寺。在兴城，最有名的三教寺有两处，一处在药王庙乡，就是五股泉三教寺；另一处在大寨乡，称为溯本堂三教寺。这两处的三教寺，现都是旅游景区。

把不同的宗教偶像放在一起来供奉，必然有着深刻的历史、地理、文化的原因。据史料记载，宋朝以后，尤其是明清两代，这种现象在我国是常见的。庙里供奉不仅有佛、菩萨，还有玉皇、圣母、文昌、关公。释、道、儒三教的偶像，济济一堂，反映出明清时期释、道、儒三教融合、和谐相处的状况。

石龙寺

石龙寺始建于清雍正十二年（1734），清乾隆元年（1736）重修，位于兴城市拣金乡团山子、东沟两村之间的一山丘上。石龙寺原有前、中、后殿各3楹，东西廊庑各3楹，山门1座，共有房屋99间，寺庙附近还有耕地近26700平方米，1948年，有僧人6名，詹明清为住持僧，是该寺第九代传人。1953年，僧人全部还俗，村小学搬入寺内，1991年，小学迁出后，始有外来僧人入寺。1993年10月，石龙寺被批准为正式宗教活动场所，僧人果然任住持，并开始修复庙宇：建山门1座，天王殿3楹，东西配殿各5楹。天王殿正中供奉1尊泥塑镀金的弥勒佛坐像，弥勒佛背后是1尊手持金刚杵护法天神韦驮站像。天王殿两侧供奉四大天王像，东面第一尊是手持琵琶、身着白衣的东方持国天王；第二尊是身着青衣、手握宝剑的南方增长大王；西面第一尊是身着红衣、手执青蛇的西方广目天王；第二尊是身着绿衣、手持宝幡的北方多闻天王。大雄宝殿建在寺院中间最高处，殿前两侧各有1棵约有60年树龄的椿树，大雄宝殿供奉释迦牟尼佛、阿弥陀佛、药师佛。在大雄宝殿西侧是3楹地藏殿，东侧是3楹观音殿，观音殿东是6间客房，前左方8间斋堂是僧人香客用斋之所。整个寺院总建筑面积为750平方米，占地面积为8030平方米。1995年，在大雄宝殿院西新建2层大殿，前殿3楹，塑云、碧、琼（三霄）娘娘像，后殿6楹，西面3楹塑玉皇大帝像1尊，东面有3间为僧人居室，总建筑面积为168平方米，总占地面积为4400平方米。每年四月十八为三霄娘娘庙会。

药王禅寺

药王禅寺始建于清康熙五十年（1711），乾隆六年（1741）、十三年（1748），光绪二十四年（1898）重修；初建时为正殿3楹，主供药王，有东西耳房3间，香亭1座，石碑3座，山门1座，占地1200平方米。新中国成立后，由于年久失修，加之常年风吹雨冲，大殿倾颓，只剩殿基，其住持为比丘尼盖亿，"文化大革命"期间，僧人还俗。

1994年11月，尼姑盖亿回寺。该寺庙被辟为简易宗教活动场所，盖亿任住持。同年，在大雄宝殿旧址建3楹大雄宝殿和1楹观音殿，占地约96平方米，大雄宝殿正中供奉释迦牟尼佛，西奉阿弥陀佛，东奉药师佛。1997年5月，在大雄宝殿、观音殿东建2间48平方米的配房，供僧人办公和做客房用。寺院东侧有4间厢房、60平方米库房。大雄宝殿后面建4间共90平方米寮房，供挂单僧人用。同年，重修山门1座，为红墙青瓦，并修院墙皆为红色。整个寺院总建筑面积为300平方米，总占地面积为900平方米。

仙灵寺

兴城仙灵寺遗址，在距县城西南24公里的文家乡仙灵寺村西面的小丘上，烟台河从遗址的西南约1公里处流过。遗址周围是平展的旱田和水田，整个地势明显突出。

据《兴城县志》卷十古迹二十四记载："在城西南四十里仙灵寺村，石佛高四尺五寸，形态宛肖。乡人以祈祷多应，故名其寺曰仙灵。"按《盛京通志》所载："仙灵寺内，有古石佛三。相传明万历三十二年出自海中。又清同治七年，邑绅李鹏、杨撰重修仙灵寺碑记亦谓建自明万历三十二年。内有石佛三尊，相传出自海中。他处谋共舁之，百夫莫能举。我处以十余人前往叩请，轻如漂木，遂奉以还而建寺焉。"仙灵寺清嘉庆道光年间两经修葺，同治七年（1868）又重修正殿3楹，东西廊庑各3楹，古碑1座，山门1楹，庙后有真武阁1楹。至新中国成立前后，殿毁无存，沦为一片废墟。

遗址于1982年文物普查时发现，遗址地表暴露有大量遗物和明显的遗迹，文化层比较清晰，最深处达2米。流散在地表的残陶和石器俯拾皆是，文化内涵极为丰富。遗址的范围也比较大，东西宽100米，南北长200米。经1984年文化部文物局批准，同年5月、9月，省、市、县组成的联合考古队对遗址进行了两次发掘，清理了500多平方米，获得了大批出土文物。仙灵寺现已被公布为市级重点文物保护单位。

这一遗址经两次发掘，获得了大批资料，从商周至金元各时期的遗物均有发现，主要有：商周时期的房址5座，石砌排水沟1条，灰坑4个，出土较典型的各种器物700多件，可复原的有50多件。其中，陶器有：南瓦鬲、罐、杯、盒等；生产工具有：大量的各类石器、骨器、纺轮、网坠等；还发现了铜簇、铜耳环、玉饰、贝币等商早期珍品。

文庙

文庙位于兴城城内东南隅。明朝宣德五年（1430）始建，后经历代多次维修。文庙即孔庙。庙内建筑布局严整，左右对称，殿庑皆为硬山式小式木结构。自前至后建有照壁、棂星门、泮水桥、戟门、大成殿，最后为崇圣祠。以此为中轴，其他建筑左右对称，现保存基本完好。

照壁开拱门，为后世所改建。两旁各有碑亭1座，碑已无存。

棂星门式如牌楼，为木结构，四柱三间三楼，两旁各设1角门。

泮水桥1座，分左中右3路，周建白石栏杆，下有拱形桥孔。桥南、东为更衣亭，西为祭器库，皆为3楹。

戟门3间，西为乡贤祠，东为名宦祠，皆为3楹。

大成殿3楹，东西庑各为5楹。

崇圣祠3楹，东西房舍为后世所建。棂星门、大成殿、泮水桥等，于1982年进行了维修，门窗恢复原貌。东偏殿已维修五楹。

兴城文庙系与古城同时期创建，距今已550多年，历经明、清、20世纪初及新中国9次维修，基本保持了原貌。此庙的建筑格局和体制与各地的文庙基本一致。文庙建筑在雕刻、绘画等方面的工艺特点尤为突出。院内的苍松、翠柏、梧桐已参天成林。幸存的康熙年间"万世师表"匾额，有较

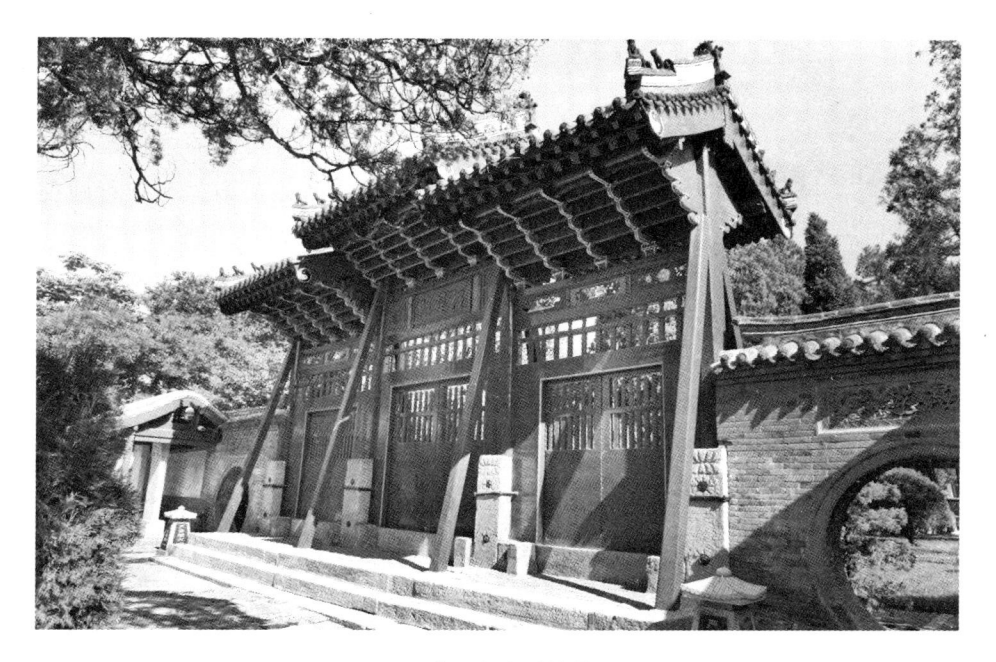

兴城文庙木质牌坊

高的历史价值。整个文庙所有建筑体制、格局、园林规范等方面的特点也很突出，为研究明清建筑、园林、雕刻、绘画、彩绘、书法等艺术，提供了可靠的实物资料。

磨石沟塔

　　磨石沟塔位于兴城红崖子乡二道边村磨石沟屯，距兴城西北约13公里，南距沈山铁路白庙子车站5公里。

　　塔建在地势如袋形山谷之上。塔为八角形空心密檐式，高17.04米。塔的基台根部外围全部被毁，1963年4月、1977年8月曾两次复修。塔座原形已不见，仅存须弥座的上枭及上枋。上枭是灰色砖雕的仰莲面涂白灰，上枋的上下边沿是砖雕的鼓钉，角部雕有瑞云纹，在须弥座束腰部分的残砖砌迹上，仍可见到横立砖砌成的枋心和藻头的形象。塔座的正东、东北、西南三面各被凿开一洞，塔心已被挖空（现已用水泥填堵）。

塔身建在塔座上枋的一层仰莲上，塔身八面，每面边长2米，各角有一圆柱，各正面的中部有一砖雕圆卷门，门分两扇，上下有圆门钉，两扇皆有门环，雕有兽面纹。门外两旁，各立一名胁侍，长袍垂膝，两手合成拱式，一头部不存。门上有砖雕宝盖，盖帘及丝穗清晰。塔身的东面砖门处被凿一大洞，是一个年代较久的盗掘痕迹。侧面（东南、东北、西南、西北）中部都有一砖雕碑，碑首由两条降龙组成。中间一块方面碑上并无文字及刻纹，碑座为龟跌式，龟头已不存。碑的侧面上部有一砖雕飞天，单手举莲，面目俊秀，体态轻盈，此飞天与义县嘉福寺（广胜寺）塔等处的飞天相似。塔身上部有砖雕斗拱，每面有转角铺作二拱及补间铺作一拱，均每两跳五铺作。

磨石沟塔

塔檐从塔身上数可达九层，每层高约1米。塔檐是用砖叠砌伸出的，中间镶有"绿釉瓦镜"两面，周围表面涂白灰一层。塔檐砖瓦各层都有不同程度的脱落。

塔顶部的刹座相轮、宝瓶及刹杆均已不存。

塔心的内壁为六角形，底部较宽，直径为3.06米，顶部较窄，直径约为1.05米，是一个六角锥体，各面中部有突出的麻面灰迹。从角和面上看，好似筑塔时垫的木板痕迹。凿开的3处洞口和残破的形迹表明，塔心的木构架等，均被后人挖空，现维修后已全部堵实。

根据县志记载，该塔"创建年月无考"，但从它的建筑形式结构上看，该塔与安昌岘的金代舍利塔极为相似，因此可断其为金塔。

此塔构造雄伟秀丽，形式少见，特别是有异形文字的碑偈，可作为研究辽西民族史、地方史的参考。

白衣庵

白衣庵坐落于兴城市西南,即今之兴城南街,为明总兵祖大寿诰命夫人出资兴修的。

白衣庵为四合院,由大殿、东西廊庑、韦驮殿、山门组成。大殿面阔3间,进深2间,大木小式硬山建筑。东西廊庑各3间,亦为大木小式硬山建筑。山门1间,前后四柱皆为垂柱,谓"悬柱式"。白衣庵始建于明崇祯元年(1628),历时3年竣工,殿前立崇祯三年碑以记之。落成之日,全城欢腾,书载"随喜者填衢,瞻仰者不远百里"。

殿内塑像备极工巧。中尊白衣观音,左右配以文殊、普贤,两旁立十八罗汉。

祖氏四代为明将。"宁远""宁锦"之战后,祖大寿晋封总兵。崇祯嘉其战功,在白衣庵巷东先后建祖氏牌坊两座。但明军在松山战役失利后,祖大寿却拱手降清。后来乾隆帝见祖氏石坊,作诗嘲讽道:"若非华表留名姓,谁识元戎事两朝",看来清王室也并不欣赏这位临危变节的将军。

望海寺

望海寺位于兴城红崖子乡老驸马村的杂木岭,是一座明代建筑。据乡志记载,清乾隆二十三年(1758)曾重修此庙。新中国成立前,只有3间正殿,4间耳房,3间厢房,1座古碑,1个铁香炉(于1966年被砸铁盗卖)。正殿内供有药王塑像。新中国成立后,寺庙改成了学校,后又改建,为果树队所用。

1992年,经兴城民委批准,重修此庙。现在的望海寺寺院,东西宽80米,南北长120米,庙内有山门、龙王殿、天王殿、大雄宝殿、观音殿、玉泉殿、念佛殿、斋堂和3个香炉、1个宝鼎。

该庙坐落在山林之中,背靠青山,面对水库,可谓位处山水之间,松柏之中。逢春夏季节山花烂漫时,松柏翠绿,到此一游,如进仙境一般。每逢农历初一、十五多有善男信女来庙烧香、拜佛。

据了解，这是座历史久远的寺庙，在变迁中曾被烧毁，后又重建，寺中还能看到一些烧过的痕迹。寺庙被酷似莲花的群山所环抱，是辽西地区建筑较早的一座寺庙。它始建于明代永乐年间。清代乾隆年间，祭天祭地风靡一时，大兴土木、修建庙宇，扩建了药王殿，又新修3间三霄娘娘殿，均为青砖、青瓦木质结构，这时该寺改名为望海寺。清道光年间，朝廷盛行东巡祭祀，以光大佛法，炫示皇威，一些乡绅牵头集资，开始复修寺院，其中修复山门1楹，打井1眼，建碾坊1间、马厩1间，扩大了寺院。20世纪初，又修建了佛祖殿3间、禅房2间。解放战争期间，各殿佛像均被毁掉，"文革"时期，望海寺被毁。

城隍庙

明宣德年间修筑了宁远卫城即今天的兴城古城后，为加强防御蒙古部落入侵，朝廷很注重用城隍信仰来巩固守城将士及家属的心理防线。明正统七年（1442），在宁远城修竣12年后，城隍庙在城内威远街（北街）西胡同建成。城隍庙初建时的规模已不可考，以后历经明清两代的5次重修、增建，到清末趋于鼎盛。据说，当时城隍庙香火旺盛，人们纷纷来此膜拜城隍神，祈求平安吉祥。

20世纪初，兴城城隍庙尚存房屋25间，其规模在辽西地区堪居首位。遗憾的是，由于清代以后，全国很多地方的城隍庙在修缮时将城隍神形象笼统化，因此兴城城隍庙中的城隍神原型变得模糊。由于历史资料的缺乏，我们已经很难考证明代这座庙宇中供奉的是哪位英雄人物的化身。

兴城古城里的老人们至今仍记得，新中国成立前城隍庙内供奉泥塑城隍一尊，长相眉清目秀，白面，五缕胡须，显得比较儒雅。还有一尊城隍像是用藤条编织为身、檀香木塑头，专供每年正月十四、十五、十六三天城隍出巡时用。"城隍爷出巡"一般走四街、八个胡同，城内居民沿路跪拜、焚香，成为当时小城的一个风俗。

新中国成立后，城隍庙曾先后被兴城县教师进修学校、兴城市第二幼儿园等占用。1984年4月13日城隍庙被列为县级文物保护单位，2001年9月14日升格为葫芦岛市文物保护单位。2002年，辽宁省文物专家组成员、省

城隍庙

考古所原所长辛占山和省文化厅原副厅长郭大顺来兴城考察，当他们看到城隍庙古香古色的建筑时，不约而同地说："兴城城隍庙保存如此完好，在东北地区当属独一无二。"在辛占山等文物专家的呼吁下，2003年3月20日，城隍庙被公布为省级文物保护单位。

2003年7月15日，兴城市第二幼儿园从城隍庙内迁出，城隍庙房屋产权移交至兴城市文物管理所。很快，投资方根据历史资料和专家论证，聘请建筑设计人员编制了修缮规划。8月初，城隍庙古建筑群内的10余间平房被拆除，修缮工程进入了实质阶段。

2004年6月9日，兴城古城的重要古迹城隍庙经过修缮向游人开放。展现在游人面前的城隍庙占地3000多平方米，共有15间古建筑。步入山门，首先映入眼帘的是灵官殿，供奉道教护法神王善；灵官殿其后是城隍殿，是寺庙的中心建筑，殿中有城隍神、黑白无常、牛头马面等传说中神灵的泥塑像；城隍殿后面是后殿即斗姆殿，又称斗姥殿，供奉传说中的北斗七星之母；斗姆殿东侧建有吕祖殿，供奉吕洞宾等。

菊花岛大龙宫寺

兴城菊花岛不仅有迷人的风光，众多的古迹，有史以来，它还是一个远近闻名的佛教圣地。据有关史料记载，辽金时代，有位名僧叫觉华，曾在岛上修建了多座庙宇，并有僧侣逾千人。当时的岛上佛光普照，香火缭绕。

菊花岛上曾有大龙宫寺、大悲阁、海云寺、石佛寺、朝阳寺、山神庙、海云观、普门寺、娘娘庙、妈祖庙、狐仙庙、关帝庙（即财神庙）、观音阁、四海龙王庙，令人惋惜的是，这些庙宇大都毁于战火，只留下了遗址。

927年，辽太宗耶律德光攻陷渤海国，迁徙当地崇文等50僧众，安置他们到特建的天雄寺，宣传佛教。崇文和尚等僧众曾谏议皇帝说桃花岛的美景是"海外仙山"，一是有景美，二是有神仙。

辽圣宗在位（982~1031年）期间，曾在觉华岛大量增建佛寺。

据考证，当时的大龙宫寺每块柱础石都是1立方米，0.7米厚，每根立柱直径约有0.7米。大龙宫寺东西长30米，南北宽19米，其建筑面积近600平方米，大龙宫寺成了仙山琼阁。觉华之名很快闻名于辽国各地，千里迢迢来龙宫寺朝拜者络绎不绝，觉华岛逐渐人烟繁盛。

大龙宫寺建成时当为990年之后。因为桃花岛是兴城县治所，这里受觉华大师的名望影响，信仰僧徒众多，官民反响甚好。因有辽圣宗耶律隆绪赐岛名——觉华岛，所以，首先从佛教界开始，然后到民间，大都称桃花岛为觉华岛了（1046年已有碑文记载）。200多年后的1260年，忽必烈上岛，元朝廷曾给予海云寺33平方千米土地。为追念觉华大师开岛之功，1270年，元废兴城县，将桃花岛正式更名为觉华岛。觉华岛地域属元大宁路锦州管辖。觉华大师得到了辽金元三个朝代的认可，颇具历史性意义。

八角井是觉华所建。八角井人工砌筑的井壁高11米，是使用石条自下而上砌成八角形。下蓄水部位是椭圆形。人工砌筑井壁以下，在岩石上往下凿了7米深，略呈瓮状，上井口直径2.4米，井下椭圆形部分最大直径4米。井底西北部有清凉泉水涌出，蓄水100多吨。井边耸立着高10米的菩提树，一些树根如佛手般拥入井内。千年间，经过数次飓风狂袭，数次地震，井体却没有丝毫损坏。菩提树也依旧气定淡然地枝繁叶茂。井与树在千年间的缠绕中，同生同息。

因为辽金时代觉华岛是著名的佛教圣地，到了金中期，诗人王寂于1175年亲自到觉华岛一游，王寂在《觉华岛并引》中称："予自少时，即闻辽东觉华岛为人间佳绝处。凡道经海上，未尝不驻鞍极望，久不能去；第简书有期，不得一到为恨。大定乙未之秋仲十有四日，予审理冤狱归，投宿龙宫下院，谋诸老宿，期一往焉。"王寂登岛后，即兴作了《觉华岛》《留题觉华岛龙宫寺》两首诗，流传至今。

明天顺四年（1460）《重修大悲阁碑记》中有关于大龙宫寺、觉华和千人邑碑的记载，可惜千人邑碑没有保存下来。

朝阳宫

朝阳宫原名朝阳寺，位于兴城境内首山上，具体建筑年代无考，1921年重修，有正殿3楹，东西耳房各2间，厅房3间，山门1座。"文化大革命"期间，朝阳宫被毁，1985年重修，1986年竣工，全部恢复原貌，规模为前后二重大殿，各3楹。前殿供奉太上老君、元始天尊、灵宝天尊，前殿与后殿有甬道成瓮形，上下连通。1994年3月经兴城市宗教部门批准，为本市道教活动场所，道士石怀珠任住持，改朝阳寺为朝阳宫。1996年，住持石怀珠羽化，由道姑黄清威（辽宁省沈阳市人）住持该道宫。1997年，在后殿前左方建成2间客房。

第三节　绥中市古刹塔窟

妙峰寺双塔

妙峰寺双塔位于绥中永安乡塔子沟村北妙峰山上，因早年塔下有一妙峰寺，故名曰妙峰寺双塔。

妙峰寺双塔建于辽乾统年间，距今已有900多年的历史。该塔设计巧妙，造型美观大方，虽历尽沧桑，至今仍保持其雄姿。

妙峰寺双塔

双塔一大一小，肃穆雄伟，巍然屹立于妙峰山上。大塔为砖石造八角九级，高20.44米，每边宽2米。下级座高约2.3米，周围饰有各种花纹。八面各塑小佛像2尊。八角各塑砖刻八大金刚，各用肩扛一角。第一级塔身约占全塔1/3。塔檐下砖雕平拱，以上八层为迭式密檐，造型优美。塔身每面各塑砖刻大佛像1尊，坐于莲花之上，头上"飞天"仙女，手托净盘，悠悠然。八面为正南、正北、正东、正西、东南、东北、西南、西北。正南菩萨项戴串珠，一手抚膝，一手抚靠前胸；左上肩侧雕有"宣赐舍利塔"五个大字。正东菩萨双手护前胸，两腿盘坐于莲花之上，右肩侧上雕"辽天祚皇帝"五个大字。其他面佛像姿态各有千秋，雕刻极为精湛、细腻，栩栩如生。上九级，每层高约1.4米，各面向外翘檐，檐下挂铜铃若干，风吹作响（现檐已风化损坏，铃已不存）。顶凸起，现已生草木。

小塔位于距大塔54米处，高9.19米，为砖造6角5级。结构、造型、雕刻均与大塔相同。现今塔身雕刻保存基本完好，佛像逼真，图案鲜明、花纹清晰、形象如初，观后使人流连忘返。

辽代建塔很多，仅辽宁就有61座，但在塔身刻有"皇帝宣赐"字样的为数不多。妙峰寺双塔保存至今，颇为珍贵罕见，对研究辽代文化发展有重要价值。1979年3月1日，双塔被列为市级文物保护单位。

天性寺

绥中境内的"东岐山"原名"三山"，东岐山之名是在修庙时经人改称的。在东岐山北面山腰间脉梁凸起土包上，从前曾有一座倒坐的无名小庙，在20世纪初整地扩修时，称名为天性寺。

过去外地游人参观天性寺时，都称三山为东岐山，但附近人因此山有三座山峰仍沿习惯称之为"三山"。

天性寺庙宇除正殿外，还有一座小庙宇，叫作"金丝圣母庙"。另有5个石刻的土地庙，排列在山下路旁。山顶建有一座3层楼，名为六密楼，矗立在峰顶。楼内中层是汉白玉石弥勒佛像，当时其他佛像也想改换玉石佛像，有的雕刻半成，有的将成形，各种工程均未结束，于1938年前被迫停止了。

从山上到山顶修有一条108磴崎岖路，便于行人来往行走。天性寺四时风光美丽，景色幽雅怡人，近城镇，处乡村，春花开时，风来飘香，满山红绿，蝉鸣枝头，鸟语林荫。

寺门外西北深谷岩上洼处，凿有一井，供人饮用，每年结冰，入伏时渐渐消尽。山梁南面，形成一条深谷，梁下面露出土面半截，形同棒槌，附近的人叫它棒槌砬。又一种传说，早先砬子上有人参，人们上去挖取，就下不来，如果上去不挖参才能下来。东北人把人参叫棒槌，因为这一传说，故此地称为棒槌砬，也属于天性寺内景致之一。天性寺庙宇，在"文化大革命"时，已被破坏成墟，只有六密楼存在峻顶，楼梯损缺，岌岌可危。

绥中斜塔

绥中斜塔坐落在绥中县城西南27公里的前卫镇内,古称瑞州歪塔,有怪塔之称。古塔建于辽代,现存塔高约10米,石筑塔基,砖砌塔身,实心三级呈八角形。塔身有砖刻图案,佛龛中的佛像、顶盖、飞天已无存。绥中县的前卫歪塔不仅比意大利比萨斜塔早建成300多年,而且倾斜度超过中外任何一座斜塔。

相对于同一时期的其他石塔,前卫歪塔的规模并不算大。它是一座实心密檐式砖塔,石筑塔基,砖砌塔身,分三级呈八角形,塔身有砖刻佛像、花纹、狮子头等图案,刀法精湛,线条极其清晰。歪塔为单顶,顶部原有顶盖,现已塌陷残缺。塔身上原有的飞天砖雕和塔身佛龛中的佛像都已经被盗毁无存。前卫歪塔现存塔高约10米(顶部残缺),据《绥中县志》介绍,早在30多年前的测量结果是,塔身向东北方向倾斜12度,塔尖移位1.7米。数百年来,虽然几经地震与洪水侵袭,该塔始终斜而不坠、歪而不倒,因而素有"怪塔"之称。如今当人们站在塔旁仰视,会感觉斜塔似乎要迎面倒下,着实让人惊心动魄。

九门台庙

该庙始建于辽代,有石碑纪念。该庙知名度较高,影响较远,西至山海关、秦皇岛,东至锦州、沈阳,均有善男信女专程赶来朝拜,是辽西著名的道观之一。九门台庙曾有石圆山、胡明然两位道长在庙中修真。"文化大革命"期间，庙宇被毁，两位道长依然居住在庙中简陋的房中修行，道心不改，没有离开庙宇，直至最后羽化。庙中香火从未间断。老道长所居住的房屋被信徒修缮，保留下来。

第四节 建昌县古刹塔窟

云溪观

云溪观位于建昌县大屯乡苇子沟村张屯西北约0.5公里处的瑞云山山腰。该寺原分上下两院，各院皆有山门。大殿和塔碑，傍水而立，依山而上，重檐飞脊，画栋雕梁。石级平台，回栏曲径，连接着瑞云山中的洞岩沟壑。山中的9个大洞，洞口参差上下，分别为天桥洞、莲花洞、井洞、烟筒洞、滚龙洞、牛心洞、八宝水帘洞、小楼洞和白娘子洞。洞洞都有美丽的传说和神奇的故事，洞洞都有巧夺天工的格局，或大套小，或小间大，或曲而上，或滚而下。洞内的钟乳石更是千奇百怪，形态各异，下垂者如瓜，如果，如人之五脏六腑；上长者如花，如树，如山中飞禽走兽。这些洞与这些殿宇回廊穿插交错，连带间隔，又有满山花草树木的掩映遮隐，确属是人间仙境，塞外天堂。

相传战国时代王禅老祖就是在这里修炼得道、羽化升天的。据碑文记载，云溪观乃李元久于元至大三年（1310）来游斯洞，凿石兴工，至顺六年（1340）初建三清宝殿，云房斋厨焕然一新。故当以是年为此观建成之时。

云溪观旁还有三泉相伴，东面的称白泉，泉水清澈见底；前面的称黑泉，其水墨绿；东南面的大泉称南泉，流水不断。三泉水飞花溅玉，瀑帘相映，穿堂过院，入洞出岫，时聚时散，时隐时现，弯曲回环，绕岩落壑，东注六股河而奔渤海。

云溪观是建昌县最古老的寺庙之一，但历经600余年的沧桑，已大部毁坏，现仅存山门3间，石碑1甬，为锦西市（今葫芦市）重点文物保护单位。

圣泉寺

圣泉寺坐落在建昌县巴什罕乡水泉沟村胡头沟屯西南1公里的山腰上。

它背靠海拔1140米高的黑山主峰,前临川流不息的圣泉溪水,四周绿草茵茵,院内桑槐点缀,远离村舍,很是幽雅僻静。

圣泉寺原名老爷坑。相传,有好佛事者数人,请一尊佛像路经此地,因山高路险,累得气喘吁吁,于是,他们不顾请佛路上不得落地的戒规,放下大佛稍事休息。这个行动惹怒了佛祖,等这几个不按戒规办事的莽汉喘定之后,欲抬大佛继续赶路时,佛像运用了定身法,凭他们用出浑身力气,大佛纹丝不动。他们长吁短叹,无计可施。正在这时,一白发老人从天降落,广袖一展,使原本寸草皆无的黑山,顿时长出密密麻麻的苍松、榆柳。微风吹拂,绿浪千顷,又有满山遍野的红杜鹃映衬其间,阵阵花香,沁人心脾;那干涸的山谷,涌出清泉,形成潺潺溪流。于是,人们转忧为喜,当即决定在此安营扎寨,动土兴工,修建神庙,并定名为圣泉寺。

其实,圣泉寺始建于清代。该寺层墙叠院,拾级梯台,直通院后大殿。大殿是3间硬山式建筑,砖石墙体,灰瓦盖顶,朱门红窗。殿内供奉着3尊高2.5米的汉白玉大佛,从东至西分别是观世音菩萨、大肚弥勒佛和吴吉老母。三尊佛像雕工精湛,无垢无瑕,光滑洁净;它们虽神态有异,然则个个慈眉善目,笑容可掬,大有救苦救难、普度众生之胸怀。

过去,因种种原因,殿宇及佛像遭到一定程度的破坏,只剩下破损的3尊大佛,在旷野中经风历雨,日晒月蚀。1987年,退休干部李宪君捐款1000元人民币,从海城请来玉雕师傅,将破损的佛像修复如初。1989年,在李宪君和喀左县的圣时法师的倡导下,当地群众集资、献工,重新修复了倒塌的大殿。至此,圣泉寺的香火又缭绕升起,以它迷人的魅力吸引着四方游人。1990年,锦西市人民政府将此寺列为市级重点文物保护单位。

清泉寺

柏山,这座鲜为人知的山,位于建昌县谷杖子乡喇嘛洞沟屯西北约1.5公里处。山中怪石嶙峋,此起彼伏;四时花木,递开递落。在山的南麓,有一块马蹄形的山坳,这里坐落着县内驰名的古寺——清泉寺。

清泉寺建于清代乾隆二十四年(1759),占地1000平方米,有正殿3间,东西配殿各1间,均为坐北朝南的硬山式建筑。殿宇后面的悬崖上有上下两个天然岩洞。下洞约有房门大小，深有 3.3 米多；上洞阔似一间大屋，纵深达 10 余米。两洞石壁斑驳，坎坷错落。洞内钟乳石千姿百态，十分离奇古怪。游人每至此处，都为之惊叹不已，流连忘返。远望此寺，石阶、殿宇、岩洞参差有致，层次鲜明。加上院内 33 米多高的一株笔直的巨松和周山翠柏的映衬，寺院显得更加古朴典雅、秀美幽静。

清泉寺殿内塑有释迦牟尼、关羽、药师佛、阿弥陀佛、千手千眼佛等塑像。四壁有重彩工笔和水墨丹青壁画 40 余幅，叙述了释迦牟尼诞生、成长的故事，具有浓郁的民间艺术特点。画面上的人物、花鸟栩栩如生，技艺达到了炉火纯青的地步。

农历四月十二至十五日，是清泉寺的庙会，虔诚的善男信女从县内外蜂拥而至，每日可达二三千人。他们烧香拜佛，祈求神灵保佑，事事如意，岁岁平安。这些香客的祈祷声和小贩的叫卖声相杂其间，仿佛是一首绝妙的大合唱，平日寂静的山沟骤然沸腾了起来。

清泉寺曾遭破坏，殿内佛像基本被毁，寺院也曾被占用。1984 年，建昌县人民政府公布其为县级重点文物保护单位，1986 年，经县文物管理部门拨出专款，在当地人民的大力协助下，清泉寺又进行了全面的整理维修，翻修了 3 间正殿，垒起了阶台甬道，重塑了 5 尊佛像，吸引来更多的远近游人。1990 年锦西市政府公布其为市级重点文物保护单位。

祥云寺

祥云寺又名立龙山庙，1997 年 8 月 1 日登记，位于建昌县西北部 6 公里、扎兰营子西北 1 公里的立龙山中间和山根，分上庙、下庙。该寺 1932 年始建，1938 年竣工，上庙有佛殿 3 间（大仙堂），住房 5 间，下庙有佛殿 10 间，住房 5 间。祥云寺活动主要有：正月十五花灯会，三月初三蟠桃会，九月初九仙家会。

经法寺

经法寺又名白塔庙，1995 年登记，位于建昌县北的梅力营子屯，建于清朝，具体年份不详。经法寺有正殿 5 间，供释迦牟尼佛；楼殿 1 座；白塔 1 座，塔内供观音；住房 12 间；伙房、仓房等 20 余间。每年正月、六月的初十至十五，经法寺各举行 5～6 天庙会活动。

三圣寺

三圣寺又名兴隆庙；2002 年 9 月 27 日登记；位于建昌县西南 75 公里、老大仗子西南 10 公里的贾仗子南龟石岭头；建于清同治四年（1865）四月，1929 年重修。每年四月十八、二十八为庙会。

法藏寺

法藏寺又名凤凰山庙；2002 年 8 月 15 日登记；位于建昌县西南 38 公里、头道营子西南 3 公里的山湾子凤凰山腰；建于清朝乾隆年间，具体年份不祥；清光绪十八年（1892）重修。法藏寺分为两殿，前殿供奉关公，匾为"亘古一人"，后殿供奉观音，匾为"慈航普济"。每年四月十八为庙会。

平安寺

平安寺又名莲花山庙；1997 年 8 月 1 日登记；位于建昌县东北 50 公里、小德子营东北 5 公里的杜丈子西莲花山朝阳洞沟；建于清乾隆八年（1743），有正殿 3 间；1927 年被烧毁，当年重建正殿 3 间，偏殿 1 间，住房 3 间。每年四月十八为庙会。寺内有清朝立的石碑，碑上记载："平安寺始建于乾隆八年六月十五日"；有 1 石钟架，上刻"光绪二十九年十二月二十七日立"。

顺天寺

顺天寺又名喇叭山庙；1995 年登记；位于建昌县东 37.5 公里、二道湾子北 3.5 公里的高丈子喇叭山脚下；建于清朝同治年间，只 1 间庙堂，1914 年扩建为 3 间正殿。每年五月十八为庙会。

慈航寺

慈航寺又名长生观，俗称娘娘庙；2000 年 12 月 30 日登记；位于建昌东北 35 公里的娘娘庙本街；建于清雍正年间，具体年份不详；清嘉庆十年（1805）四月十二日，经梁成卫重修，共 3 层殿。山门为马殿，正殿供娘娘，后殿供奉关公、药王。

每年四月十八为庙会。清光绪二十八年（1902）经梁国庆等 3 人立为集市。

保安寺

保安寺又名三皇庙；1995 年登记；位于建昌县东北 32 公里、丈子乡西南 3 公里的草戏楼屯；清乾隆年间始建，具体年份不详；清同治九年（1870）重修。庙中供奉伏羲、神农、轩辕，东奉药王、西奉药圣。

兴隆寺

兴隆寺又名山清庙，俗称坝沟庙；1995 年登记；位于建昌县东北 38 公里、谷丈子乡北 3 公里的坝沟屯；碑文记载，建于清乾隆八年（1743），道光三十年（1850）六月十四重修。因供奉关公，又叫老爷庙。

天化寺

天化寺又名天后宫，谷称五道岭娘娘庙，市级文物保护单位，1999 年 6 月 8 日登记。天化寺位于建昌县东北 20 公里、玲珑塔乡西北 5 公里的高丈子北山；始建于清朝，具体年份不详；有正殿五间，偏房 3 间；20 世纪初，重新雕刻汉白玉石像。每年四月初一为庙会。

峰云寺

峰云寺又名兴隆山庙；1995年登记；位于建昌县东33公里、玲珑塔乡东南3公里的白塔子西山上；建于明朝，具体年份不祥；清朝乾隆年间重修，有3间正殿。每年四月十八为庙会。

同心寺

同心寺又称讲善堂，谷称五云山庙；1999年6月登记；位于建昌县东30公里、巴什罕乡西北4公里的五云山上；清光绪年间，由项永顺、李文德、郭振京等人修建。同心寺分前中后三层殿，前殿供孔夫子、地藏王、五殿阎君；中殿供真武大帝；后殿供弥勒佛。每年三月初三、九月初九为庙会，逢时有"降金章"（在地藏王殿内于纸上写金字，视为神仙话语）活动，20世纪初兴盛。

法华寺

法华寺又名金花洞；2002年5月20日登记；始建于清同治年间，具体年份不祥；原建有大殿5间，配殿8间，占地20000平方米。

慈圣寺

慈圣寺俗称大黑山庙（庙台沟古庙遗址）；2002年9月27日登记；位于建昌县东12公里处。庙已无存。

妙音念佛堂

妙音念佛堂2002年6月30日登记；坐落在建昌街西沟轿顶山南山坡半山腰中；占地560平方米，主堂130平方米，厢房42平方米。每月初七、十七、二十七打佛七。

辽西古刹塔窟 | **阜新篇**

第一章 阜新古刹塔窟历史沿革

考古证明，阜新地区的菩提路始于辽代。当时，阜新地区为大辽国的腹地和稳固的后方，生活在这里的主要是契丹人和汉族人。辽代社会思想文化方面最显著的特征就是佛学盛行，唐代贵族化的经院佛学被契丹王朝继承，并获得了空前发展。至今矗立在阜新蒙古族自治县塔营子镇塔营子村、十家子镇塔子屯、红帽子乡两家子村的3座辽塔，是辽代阜新地区契丹人和汉人信仰佛教的见证。

塔营子塔位于塔营子古城址内，为8角13级密檐式砖塔，现塔残高约31.5米，塔座由2层须弥座组成，一层须弥座束腰部分雕有壸门，内有伎乐人，转角有力士；二层须弥座束腰部分壸门内雕菩萨等。塔身各面当中辟有佛龛，内有坐佛，龛外两侧各有1尊胁侍像。该塔的形制具有典型的辽代佛塔特点，体量宏大，做工精细，砖雕精美，应属辽塔等级较高的佛塔。该塔建在辽太平三年（1023）以后至辽清宁之间。

塔营子古城就是辽代著名的懿州。懿州系辽太平三年（1023）越国公主以从嫁户建的私城。越国公主为辽圣宗与钦哀皇后所生，名槊古，为圣宗第三女。公主逝世后，清宁七年（1061），其女宣懿皇后萧观音将懿州献给朝廷，成为行政州。

2001~2002年，辽宁省文物考古研究所在阜新蒙古族自治县大巴镇关山种畜场内的王坟沟和马掌沟发现萧和的家族墓。萧和妻耶律氏被封为秦国太妃，五子四女，萧和的女儿耨斤嫁给了辽代赫赫有名的契丹萧太后（萧绰）的儿子圣宗，被立为钦哀皇后。萧和家族"一门生于三后，四世出于十王",所谓"三后",即指辽圣宗钦哀皇后、辽兴宗仁懿皇后、辽道宗宣懿皇后。这样一个显贵的契丹萧氏家族,也是一个笃信佛教的家族。槊古公主儿子萧志智,幼年时就出家当了和尚。清宁五年(1059)槊古公主随女婿辽道宗幸临燕京,首参妙行大师,表示愿以自己所居宅第为施,请法师建寺。不久,槊古公主病逝,其女宣懿皇后萧观音为母酬愿,施钱三十万贯,特为奏闻,专管建寺。由此可见,槊古公主是一个虔诚的佛教徒。

据金代王寂《辽东行部志》记载,他过懿州时住宿宝严寺,"饭罢登阁,上有炽圣佛坛,四壁画二十八宿,皆辽待诏田承制笔",便问溥公,"此寺额宝严,人复呼为药师院者,何故"。溥曰:"尝闻老宿相传,此辽药师公主之旧宅也。其后施宅为寺人,犹以公主之名呼之。今佛屋昔之正寝也,经阁昔之梳洗楼也。"通过这段记载,可以得知,辽圣宗之女槊古公主小名药师,民间通称她为药师公主,崇信炽圣佛。炽圣佛又称炽盛光如来,和药师佛一样,都是佛号。

关于懿州萧氏后族崇信佛教,在阜新关山萧和家族墓地出土的文物和墓志中也有反映。在萧和墓中出土了一件镏金铜佛像饰片,镏金铜片上一坐佛,结跏趺坐(坐法之一,即互交二足,将右脚盘放于左脚上,左脚盘放于右腿上的坐姿)于莲台上,左手施降魔印,右手施无畏印。这件文物的出土,说明萧和或其妻秦国太妃崇信佛教。

明朝中期,修筑辽西长城,阜新地区被隔于长城之外,汉人全被迁于辽西长城以里,佛教(汉传)遂在阜新地区消失了。

中国佛教主要有汉传、藏传和南传佛教三大派别。南传佛教流行于云南的傣族、布朗族、德昂族生活的一带地区,藏传佛教主要流行于西藏、青海、内蒙古、新疆、甘肃等省、自治区。

喇嘛教是藏传佛教的另一种称谓。蒙古民族信仰喇嘛教始于元朝。元世祖忽必烈曾封当时藏传佛教萨迦派首领八思巴为国师。由于皇室和上层统治阶层对喇嘛教的信仰和推崇,在元朝统治地区包括当时的辽阳行省境内的蒙古族人中发生影响并开始传播。14世纪末,宗喀巴创立了格鲁教派,并成为喇嘛教的主要派别。此派喇嘛因穿黄衣戴黄帽,被称为"黄帽派",简称"黄教"。在明代,黄帽派喇嘛教受到明廷的鼓励和蒙古封建领主的极力提倡,很快成为蒙古族的唯一宗教。

明末，统治辽西北地区的是蒙古最后一位可汗林丹汗，汗府白城子（今属阜新蒙古族自治县泡子镇）府上供奉嘛哈噶喇金佛（大黑天神，传说护佑成吉思汗征战天下）。后来林丹汗挥师西进，转而信仰噶举派（白教）。深受藏传佛教影响的蒙古贞部东迁到阜新地区。他们信仰格鲁派（黄教），归服后金皇太极。特别是原服务于林丹汗的查干达尔汗呼图克图墨尔根喇嘛，宣扬"天运已归满洲汗"，同呼和浩特的内齐托音呼图克图一世一同到盛京，将蒙古最高护法嘛哈噶喇金佛献给了皇太极。于是后金政权在盛京修建实胜寺（皇寺），供奉嘛哈噶喇金佛，加深了藏传佛教对东北蒙古族的影响。

阜新蒙古族自治县富荣镇有个村子叫黑帝庙。传说明朝天启五年（1625）深秋，努尔哈赤率部在广宁（今北镇）一带与明军交战中吃了败仗，他率领几个亲兵一路逃跑。当努尔哈赤逃出长城沿线镇静堡（今白厂门）后，天色已晚，已是人困马乏。此时，身后的明军仍紧追不舍。努尔哈赤策马狂奔，忽然间，他的视野中出现了一片黑幽幽的大树林。情急之下，努尔哈赤拨马由小路拐进了黑树林，刚刚在密林中安顿下来，便听见有少量人马尾随而至树林外，原来是明军的探马。努尔哈赤的心提到了嗓子眼儿。就在这时，只听得"扑棱棱"，树林中飞起一大群乌鸦。"乌鸦栖于树上，林中一定无人"，随即，明军马队的蹄声渐渐远去了。

20多年后，清世祖福临为纪念太祖努尔哈赤这次林中脱险的经历，特命人找到了这片位于今富荣镇南境的黑树林，并于顺治八年（1651）拨国币，由土默特左翼旗第一任札萨克——达尔汗镇国公善巴，在扎萨克府衙南这块"吉地"修建了一座宏伟的寺庙，寺院面积达20000多平方米。康熙皇帝亲赐御书匾额"瑞昌寺"，即黑帝庙。村以庙名。瑞昌寺是阜新地区第一座较大规模的喇嘛教寺庙（今国华乡娘娘庙村曾有隆昌寺，建于顺治三年，但规模不大）。此庙盛时曾有喇嘛300余人，到新中国成立前仍有喇嘛八九十名。

由于瑞昌寺是清政府所建旗庙，除了像其他寺庙一样举行各种法事活动外，为纪念乌鸦营救罕王努尔哈赤，还有一项特殊的活动。寺院前竖立着一根木杆，这根木杆下端镶在汉白玉夹杆石中，上端有一个碗状的锡斗。此杆满语称索伦杆，是满族祭天用的"神杆"。为了纪念乌鸦救主，寺庙每逢重大节日或庙会，都会将猪下货、肉等切碎拌以碎米，放在院中索伦杆上的锡斗内，以饲"神鸦"。

瑞昌寺建成后，呼和浩特的内齐托音呼图克图一世来到该庙修炼，大力宣传藏传佛教。从此藏传佛教格鲁派（黄教）在蒙古贞开始广泛传播。

内齐托音是卫拉特蒙古土尔扈特部万户长塔必那之独生子，名叫阿巴德。他受戒于班禅额尔德尼，经三十几年潜心修炼而扬名，成为内蒙古呼和浩特地区最大的转世活佛内齐托音呼图克图一世。一世内齐托音呼图克图在黑帝庙一年多的时间里，集结众笔切齐（缮写员）抄写复制108函的《甘珠尔经》，分别赠给各旗的王公、喇嘛、官吏等。并用施主奉献的金银财物全部奖赏给背诵《大威德金刚经》和密宗基础经者，结果背诵"金刚"和"密宗"者越来越多。土默特左翼旗札萨克善巴、土默特右翼旗札萨克鄂木布楚瑚尔为首，其大小福晋、官员，接受"灌顶"受戒。内齐托音呼图克图一世在东蒙古地区建立了崇高的威望，被尊称为"额齐格博格达"（圣父）喇嘛。

内齐托音呼图克图一世走后，其弟子桑丹桑布等继续在蒙古贞传播藏传佛教，并在康熙八年（1669）修建瑞应寺，桑丹桑布成为瑞应寺一世呼图克图。其后有五世呼图克图不断扩建瑞应寺，寺内曾有喇嘛3000多人，成为东北地区规模最大的藏传佛教寺庙。

清贵族为了巩固自己的统治地位，在武力征讨、暴力统治的同时，也加强了精神上的统治。清朝统治者认为"兴黄教以安定蒙古，所系非小"。当时有"建筑一座庙，胜养十万兵"之说。所以清朝廷在蒙古族居住的地区施行保护和鼓励政策，不惜金钱，广建喇嘛庙宇，选择大批优秀青年出家当喇嘛。土默特左旗喇嘛教极盛时有国庙、旗庙、家庙360处，有喇嘛20000余人。至清末全旗寺庙仍达195座，较大的寺庙除瑞应寺、瑞昌寺外，还有普安寺、德惠寺、广化寺、佑安寺、普顺寺、广法寺、辅国寺、积庆寺、同善寺、海州庙等，形成了完整体系的寺庙建筑群。其中喇嘛有15418人，占当时该旗蒙古族人口的22%。

清朝推崇藏传佛教，但对汉传佛教也不排斥。据《阜新市志》记载，随着阜新地区汉族人口的增多，到20世纪初，阜新地区已有8座汉传佛教寺庙，有和尚20余人，比丘尼80余人。其中：

聚安寺，位于今海州区韩家店镇南瓦房，1931年由南瓦房因义（韩氏）主持修建，佛殿60平方米，东西厢房各60平方米。住持因义，有比丘尼4人。

万寿庵，位于今彰武县彰武镇西南街，占地670平方米，有平房280平方米，1932年修建。住持赵姑子，有比丘尼4人。

普安寺，位于今阜新蒙古族自治县城东门外，1935年阜新县人赵福臣献出约14000平方米土地，由裴善主持修建，盖平房140平方米，中间60平方米为佛殿，两侧各80平方米为住房和客堂。住持裴善，有比丘尼11人。

龙真寺，位于今阜新蒙古族自治县新民镇三塔子沟。龙真和尚于1937年在长春市般若寺受戒后，到三塔子沟主持修建60平方米起脊大殿，两侧配房80平方米，东西厢房各80平方米。住持龙真，有和尚十余人。

普济寺，位于今细河区四合镇六家子村，1941年由净光比丘尼主持修建，前殿30平方米，正殿50平方米，后殿50平方米，正殿前东西各有寮房100平方米，后殿两侧各有配房60平方米。住持静达，有比丘尼15人，1944年招收僧学预科班30余人。

清末，当地有喇嘛15000多人，全旗寺院每年需支出共计1500万元。所需经费主要从寺院经济收入中支出。新中国成立前，佛教对阜新地区的经济和社会发展产生了极其深刻的影响。

一是农业收入。土默特左旗札萨克拨出33万亩耕地，分给全旗195座寺庙。全旗寺院每年可征收750万公斤到1000万公斤粮食。道光四年（1824），清理藩院颁发了刻有满、蒙、藏文"东土默特札萨克达喇嘛察罕第颜齐呼图克图之印"的印章，瑞应寺活佛享有同王公一样的权力，执掌寺内外政务和教务，成为合法的"政教合一"的体制。周围17个村庄由该寺管辖，800户农民为该寺属下，负担寺庙的劳役和一切物资费用。当时该寺经营的土地达13950亩，此外还占有寺外土地4万多亩。二是信徒们捐献的收入。参加庙会、查玛舞会等佛事活动，信徒们都要捐献一些钱物。修建寺庙、铸佛、请经等活动所需的大额费用，一般通过化缘来解决。三是喇嘛个人收入。喇嘛起初享受国家俸禄。后来取消俸禄后，喇嘛的生活来源主要是靠家里供给，或靠庙会收入度日。喇嘛贫富悬殊。上层喇嘛收地租、放高利贷，过着富裕生活。下层喇嘛则靠到乡下念经得酬金作为生活来源，也有的走出寺院当雇工得钱粮维持生计。

佛教特别是藏传佛教的传播，对繁荣和发展阜新地区蒙古族的语言文字、文化艺术和医药卫生等事业起了一定的积极作用。很多喇嘛从小出家，学习蒙文，有些成为著名学者。海棠山摩崖造像，堪称中国民间艺术的杰作，具有很高的艺术价值和历史价值，被列为省级文物保护单位。瑞应寺喇嘛作家恩可特古斯不但精通蒙文，还兼通满、汉、藏文，并且擅长胡尔沁说书。30多岁时，他根据多年阅读小说和说书的经验，开始创作《兴唐五传》。成书后，被人们争相传抄，很快流传于蒙古贞和东蒙各地，成为蒙古族人茶余饭后阅读消遣的好作品。查玛舞、经箱乐对蒙古族舞蹈音乐的发展都起到了很大的积极作用。300年来，瑞应寺门巴札仓（医药僧院）共培养出4000多名蒙医，他们行医在东北三省、内蒙古、甘肃、青海、西藏等广大地区，继承和发展了蒙医蒙药。

佛教对人们思想意识和风俗习惯也产生了深刻影响。

清代，阜新地区广建喇嘛庙宇，取得了辉煌的建筑成果，并为阜新地区培养了大批的建筑匠人。史料记载，仅瑞应寺的寺庙建筑中培养出的喇嘛技术匠人较有名气的就有15人，其中有铜匠、木匠、画匠、雕塑匠等人才。

此外，频繁的庙会和众多的佛事活动，也在一定程度上促进了阜新地区商业贸易和手工业的发展。

近代，阜新地区佛教逐渐走向衰落。道光二十年（1840），清政府在鸦片战争中失败，帝国主义势力的入侵日益加深，中国一步步地沦为半封建半殖民地社会。蒙古族地区的喇嘛寺庙和人数众多的喇嘛，便失去了政治支柱和经济依赖。1919年五四运动，使蒙古族人民反对迷信、提倡科学的思想得到提高。蒙古族人民逐渐对喇嘛教淡漠起来，开始兴办新式学校，让子女上学读书的多起来。新旧军阀混战和东北沦陷时期，内外反动统治阶级出于对蒙古族统治的需要，对喇嘛教采取了限制、利用政策，政治上安抚、拉拢上层喇嘛，经济上对寺庙苛收捐税，使寺庙的收入逐渐减少，下层喇嘛与贫苦蒙古族人民一样处于受剥削受压迫的境地，阜新地区的喇嘛教更加日趋衰落。1946年和1947年，喇嘛教处于自流状态，寺庙经济每况愈下，有些寺庙荒无人烟。清末，阜新地区有喇嘛15418人，1935年尚有4700人，到

1947年仅有3000人左右。

　　解放战争时期，在中国共产党民族政策的感召下，阜新地区深受帝国主义、封建主义、官僚资本主义压迫的喇嘛们纷纷参军参战。辅国寺（八大王庙）活佛噶拉藏离庙携经投身革命，被誉为"红色活佛"，新中国成立后曾任中国佛教协会副会长和北京雍和宫住持。佑安寺（于喇嘛寺）19岁的喇嘛道尔基（韩廷）参加革命，曾任蒙民十一支队支队长、土默特中旗旗长，新中国成立后曾任巴彦淖尔军分区副司令员。1947年，瑞应寺组织了喇嘛武装队，有260多名喇嘛参加了中国人民解放军，被称为"喇嘛营"。当时，阜新县共有400多名青年喇嘛参加了人民解放军，为阜新乃至东北的解放做出了贡献。

　　新中国成立后，喇嘛也获得解放，他们同公民一样享有各种权利，参加社会活动。喇嘛们享有宗教自由权利，正当的宗教活动得到政府的尊重和保护。20世纪50年代初期，各级政府贯彻中国共产党的民族和宗教政策，向喇嘛传达了"劳动光荣"的号召，动员喇嘛参加劳动生产，允许青壮年喇嘛还俗，分给土地。年老的喇嘛在寺庙里允许正当的宗教活动，由政府妥善安排其生活。贯彻执行"以庙养庙，政府补贴"的政策，对全地区喇嘛进行社会主义和爱国主义教育，使喇嘛感受到党和政府的关怀。青壮年喇嘛纷纷要求还俗，参加生产劳动，寺庙住持喇嘛也表示愿意自力更生，以庙养庙，努力减轻国家的负担。

　　"文化大革命"时期，党的宗教政策遭到严重破坏，阜新地区寺庙被毁或被占用，僧侣尽数被扫地出门。

　　1987年末，为落实民族宗教政策，阜新市民委宗教处做了大量复查工作。在改革开放新政策的基础上与新经济形态的背景下，佛教开始全面恢复，并实现了与社会主义社会相适应的历史性转变。1986年8月1日，阜新市佛教协会成立，王扎拉活佛任会长，阿斯冷、释光远、洛布桑任副会长，韩宝财任秘书长。

　　随着宗教政策的落实，经过层层申报，1996年2月，国务院宗教局和辽宁省委批准了瑞应寺寻访六世活佛转世灵童。中共阜新市委、市政府成立了寻访工作领导小组，在甘肃拉卜楞寺嘉木祥活佛指导下，从10月8日开始寻访工作。经过历时半年多的寻访，嘉木祥活佛两次举行法会，从82名人选中测定 5 名重点人选，又从 5 名重点人选中测定刘海龙、马常亮 2 人为转世灵童"银盆选丸"正式候选人。1997 年 4 月 15 日上午，坐落在甘肃夏河县山谷中的拉卜楞寺彩幡猎猎，佛乐阵阵，瑞应寺六世活佛转世灵童"银盆选丸"认定仪式在拉卜楞寺曼巴扎仓正式举行。认定结果，刘海龙为瑞应寺第六世察罕殿齐活佛转世灵童真身。嘉木祥活佛当即赐予转世灵童法号为"洛桑·义希成来坚措"（藏语意思是智慧、功勋和事业像大海一样的智者）。1997 年 10 月 9 日，瑞应寺七世活佛洛桑·义希成来坚措举行坐床盛典。瑞应寺七世活佛现任阜新市佛教协会会长，辽宁省和阜新市政协常委。

近年来，面对全面建设小康社会的宏伟目标和构建社会主义和谐社会的战略任务，党和政府不断深化引导佛教与社会主义社会相适应的工作。阜新市认真贯彻落实党的宗教政策，佛教得到健康发展。除瑞应寺、海州庙、普安寺、积庆寺外，太平寺等寺庙也相继恢复重建。

太平寺位于阜新市太平区红树街道红玛瑙广场西侧，始建于清光绪七年（1881），原名衍庆宫，俗称娘娘庙。当时有庙舍 9 间，寺院山门前有石碑记载建寺缘起及功德主姓名。院西有大井一口，深三四十米，周围有两米多高的土围墙，井水清澈甘甜，百姓称为"圣水"。土围墙东南侧有一株粗大的古树，粗三四米，高三四十米。蒙古族遂把这一带称为"不墩矛头"，意思是"粗大的树"，后来汉族人误传为"乌兰矛头"，即"红色的树"，此即红树街道地名的由来。第一层殿中间为走廊，东舍供白马，西舍供红马；第二层殿供的是关老爷，大殿屋檐下，塑有一矮小的老头，躬身拄杖，弯臂挎篮，香客纷纷将果品放于篮中，这老头就是护法神"喉巴"；第三层殿供的是娘娘和菩萨。娘娘庙早已毁败，近年始得在原址重建，大雄宝殿供奉佛教四大菩萨之一、释迦牟尼佛的左胁侍、代表聪明智慧的文殊菩萨。太平寺现任住持为丹却尼玛上师。

到 2005 年，阜新市已有佛教寺庙 19 处。全市共有喇嘛 120 多人，和尚 8 人，比丘尼 6 人，佛教信徒数万人。不仅藏传佛教得到复兴，汉传佛教也有所恢复。

1987 年，在细河区四合镇六家子村，政府拨给比丘尼平房 60 平方米，其中 15 平方米为佛堂，住持释光远，有比丘尼 4 人。后来释光远又筹款 4

万元，修建了 81 平方米的佛殿。

汉传佛教龙海禅寺坐落在太平区水泉镇前营子村东。建筑面积有 1000 多平方米，有 600 多平方米的二层楼房，一层是讲经说法拜佛堂，二层是佛教居士安养院。龙海禅寺住持释圣缘法师现任阜新市佛教协会副秘书长、太平区政协委员。

1998 年，清河门区信教群众在河西镇南街村重建汉传佛教龙华寺。

2004 年，住持释修戒多方奔走化缘，龙华寺在原址基础上重新建立起大雄宝殿及偏殿，殿堂总占地面积 2000 平方米，建筑面积 500 平方米。

2005 年 6 月，住持释修戒圆寂，同寺僧人释妙德接任住持。

阜新地区广大佛教信徒在党的宗教政策引导下，坚持自治、自养、自传原则，依法开展活动，发扬佛教教义中孝敬父母、扶贫济困、团结爱心等积极的因素，救助贫困学生、支援灾区建设、促进家庭和睦、团结邻里亲朋等，为促进社会和谐做出了积极贡献。

第二章 阜新古刹塔窟

朝阳寺

阜蒙县（阜新蒙古族自治县的简称）山南有个交通要道，叫朝阳寺村，其名因寺庙之名得来，现如今，寺庙不见了，"朝阳寺"之名留了下来。

朝阳寺，正名叫作岫云寺，位于阜蒙县城南28公里的大板镇朝阳寺村后山坳间。史载，岫云寺始建于辽代中期圣宗耶律隆绪统和二十七年（1009），距今已有千余年历史。古寺在金、元、明、清几个朝代都有维修与扩建，占地面积达50亩之多，寺院坐北朝南，呈长方形两进院落。整个寺庙建筑布局井然有序，加之建筑艺术巧夺天工，蔚为壮观，堪称塞外显赫的道教圣地。元、明两朝时，该寺附近曾设为传送军事情报以及皇帝、大臣出巡驻跸的驿站，站名"熊山"。岫云寺自创建起，共历经30余代方丈，到清朝逐渐没落，清末民初遭兵匪破坏严重，新中国成立后仅残存一部，"文革"期间则变成一片废墟。然而，在岫云寺遗址独有一口千年古井一直完好地保存下来，而且至今一直被当地村民使用。当年矗立在井口旁边的多株古老梧桐不见了，如今却神奇般地长出了几株再生的梧桐树，在塞外寒冷的气候环境下，依然枝繁叶茂地陪伴着这口千年古井。

笔者在现场看到，这口古井足有百米深，水质清冽，水量充沛，井口直径约0.5米，自下而上用花岗岩条石砌筑而成，共30层，呈现出笔直的六面六棱形。因其砌筑的工艺精湛，美观耐用，所以当地人称其为八宝琉璃井。如此留存愈千年且至今仍在使用的古井在阜新独一无二，因此这口古井也被考古学者称为"阜新第一井"。

九仙洞（九玄宫）

九仙洞，原名菊花山，又名九仙峰、九玄宫，位于阜新市西南 40 余公里的医巫闾山余脉，属于典型的喀斯特地貌。这里山高路险，怪石嶙峋，沟壑纵横，悬崖陡峭。

九仙洞的山势远看像个歪着斜口的巨大簸箕。沿着箕口攀岩而上，头顶雄鹰盘旋，脚下群燕呢喃，耳边山风呼啸，深谷流水潺潺。仰观崖石突兀而立，像似随时都要倾斜下来，俯首深堑似刀削，使人不禁两腿抖颤。路虽险，可这里却是古时通往边里边外的重要隘口，千百年来都是兵家必争之地。相传盛唐年间，太宗皇帝遣薛仁贵东征，在此与高丽军元帅盖苏文妹妹盖贞展开了一场遭遇战。

悬于断崖上的玉皇阁和聚仙观是因洞而建的两层建筑，上层是玉皇阁，下层则是聚仙观，洞中供奉着九天玄女娘娘。这玄女端庄大方，雍容华贵，头绾九龙凤髻，身着金缕绛绡衣，面如莲萼，唇似樱桃，在袅袅香烟的烘托下，更是带有几分仙气。观其面貌服饰和举止无不带有唐代的历史印记。

九天玄女的传说由来已久。《诗》云："天命玄鸟，降而生商，宅殷土芒芒，古帝命武汤，正域彼四方。"诗中的玄鸟就是九天玄女的原始形象。这是殷商后代祭祀祖先的诗歌，应该是对玄女的较早描绘。

在玉皇阁与聚仙观两侧，错落分布着大小十几个天然岩洞，分别是蛇仙洞、狐仙洞、黄仙洞、白虎洞、药王洞、诵经洞、藏经洞、传经洞、说法洞、天门洞等。相传九天玄女的九位门徒各居一洞。其中最大的洞是说法洞，其纵深 20 余米，口小内宽，足可容纳百余人。

这里不仅有唐代的道观，更有元代的烽火台、明代的北边墙，为游人提供了更多的人文景观。在每年农历的三月三、九月九，玉皇阁和聚仙观都会云集八方的善男信女，前来上香朝拜，求仙人指点迷津。来药王洞上香求药的人，攒动在岩洞内外，络绎不绝。

瑞应寺

出阜新市区向西25公里，便来到了一个有300多年历史的古镇——佛寺镇。古镇最显眼的建筑群，就是古刹瑞应寺，这里三面环山，卧谷十里，松柏掩映。

晨钟暮鼓间，眼前这座东北及东蒙地区最大的藏传佛教寺庙已经走过了300多年的历史，以其为代表的藏传佛教文化，数百年来一直滋养着这块土地上的人们，也深深吸引着八方信众。

瑞应寺，受到了几代清皇帝恩宠，康熙私访到佛寺的故事在阜新地区可谓家喻户晓。

相传，当年康熙皇帝私访来到土默特左翼旗并结识了在山洞中修炼的喇嘛（即后来的瑞应寺一世活佛桑丹桑布）之后，拨国帑建造了瑞应寺。这位桑丹桑布活佛曾先后13次觐见康熙皇帝。

康熙四十二年（1703），康熙皇帝御赐寺名"瑞应寺"，并钦赐一块蓝底金字满、蒙、汉、藏四种文字的竖匾。从此，瑞应寺更加声名远扬，其规模、实力也迅速壮大，号称藏传佛教八大国庙之一，与青海塔尔寺、甘肃拉卜楞寺并称为西藏以外的三大寺院。

道光四年（1824），皇帝赐予瑞应寺扎萨克喇嘛一枚行政印鉴，同时，土默特左翼旗王爷将瑞应寺附近17个村屯的旗民和土地以及瑞应寺周边的24座寺庙都划归瑞应寺管辖。从此，集行政、司法和宗教大权于一身的瑞应寺，不仅成了东北及东蒙地区最大的藏传佛教寺庙，也成了东北和东蒙地区唯一一座拥有"政教合一"特权的特殊寺庙。

据史料记载，历经百余年的修建，瑞应寺逐步形成了一座依山傍水的大型寺庙建筑群，整座寺庙占地18平方千米，大小殿宇97座，1620余间，寺中僧人的住宅达3000多间。远望整座寺院，可谓是殿堂楼阁错落有致，金光塔影绚丽辉煌。瑞应寺鼎盛时期，曾拥有喇嘛僧人3000余人。因此，它不仅在民间有着"有名喇嘛三千六，没名喇嘛赛牛毛"之誉，更是在无数僧俗群众当中有着"东藏"的美名。

提起藏传佛教寺庙，人们最熟悉的就是"扎仓"，当年瑞应寺的四大

"扎仓"曾闻名遐迩。

"扎仓",汉语意为学院、学部。作为中华文明和中国传统文化的一个重要组成部分,藏传佛教文化的核心是大、小五明文化(大五明指工巧明、医方明、声明、因明和内明;小五明指修辞学、辞藻学、韵律学、戏剧学、星算学),其内容可以说是一个包罗万象的庞大的知识系统,博大精深。因此,在藏传佛教一些著名大寺院里,针对"五明"开设有专门的"扎仓"。

现在看来,当年的瑞应寺堪称当地历史上的第一所综合性"大学",而自成体系的四大"扎仓"也正是这所"大学"中的四个"院系"。比如,曼巴扎仓(医药僧院)是专门修习研究医学、药学,专门培养蒙医药人才的基地;丁科尔扎仓(时轮僧院)是修习研究时轮、天文、历算、星卜学的僧院;阿克巴扎仓(密乘僧院)是专门修持密宗的僧院;萨尼特扎仓(法相僧院)是专门修习研究佛学哲理的学部。

数百年来,瑞应寺先后培养出了一大批蒙医药学、哲学、天文历法学等各个方面的专家、学者和优秀人才。其中,名医辈出的曼巴扎仓堪称是蒙医药方面的"最高学府",成为东北地区蒙医药学的一个人才培育中心。

去过北京雍和宫的人,都会对大殿前摆放的一口铜锅感到惊奇。其实,这大铜锅是当年藏传佛教寺院在举行大型法会时,为僧人和信众们做肉粥所用。各个寺院的粥锅大小虽无定制,但的确可从一个侧面反映出每个寺院规模、地位以及文化影响力。

据载,当年瑞应寺的"莽贞"大铜锅无论口径和容量都要远比雍和宫摆放的那口大得多,而且共有4口。"莽贞"大锅有多大?它一顿可煮肉2500公斤,下米1000公斤,一顿肉粥要烧掉苞米秸秆1200捆。

大铜锅或许可以作为瑞应寺辉煌历史文化的一个缩影。当年,清朝统治者的愚民统治政策并没有愚化广大蒙古族儿女,这里反倒成了培养大批精英的摇篮。

作为蒙古族曲艺艺术的一个代表,胡尔沁说书艺术被列入了首批国家级非物质文化遗产名录。当年,胡尔沁说书艺术的一代鼻祖——旦森尼玛便是从瑞应寺走出的一位喇嘛。

提起长篇章回体小说《兴唐五传》,蒙古族群众家喻户晓。这部巨著在

瑞应寺大殿

中国文学史上可谓一颗光彩夺目的明珠。它的作者恩可特古斯就是瑞应寺的一位高僧。

经箱乐、查玛舞是一直活跃在瑞应寺寺庙活动中的两种古老艺术形式，如今，这两朵饱含宗教、民族和历史色彩的艺术奇葩，已经成为阜新地区民族民间文化艺术的一份宝贵遗产和地域文化特色的一个代表。

新中国成立后，特别是落实党的宗教政策以来，在党的政策感召下，在社会各界的支持下，瑞应寺古刹又重新焕发了新的生机与活力。1997年10月9日，瑞应寺在经历了55年没有活佛的历史之后，迎来了第七世活佛洛桑·义希成来坚措。经过10余年的恢复建设，如今的瑞应寺不仅成为藏传佛教历史文化的东方中心，也成了阜新地域特色文化的一张"名片"和一个云集着四海游人的旅游交流中心。

普安寺

普安寺位于阜新蒙古族自治县南部大板乡境内的海棠山东南山坳中，三面环山，暖河绕寺前平原而过。据阜新县志记载，普安寺于康熙二十二年

(1683）始建，光绪九年（1883年）建成，占地面积4.7万多平方米，是黄教藏式的古建筑群体。

其主要建筑有26项，1500多间楼台殿阁，包括措钦大殿（即大雄宝殿）、法相僧院、密乘僧院、时轮僧院、玛尼庙、活佛宫、龙王庙、舍利庙、关帝庙及白塔等。但令人遗憾的是寺庙已遭破坏，仅剩下遗址可供后人观赏。党的宗教政策恢复后，寺庙得到了修建，僧人也回到寺庙。2006年10月2日至4日，普安寺举行了盛大的措钦大殿开光法会。

普安寺大殿

在海棠山花岗岩石的崖壁上，雕刻着200多尊石造浮雕，集中分布在2平方千米的裸露岩石上。其雕刻时间与普安寺建筑相同。摩崖造像的雕刻形式有阳刻浮雕、龛内浮雕。造像千姿百态，形象逼真，体态健美、栩栩如生。造像大小不一，最大的造像高达5米，最小的只有30厘米。刻工刀法精湛，丰满逼真，从雕凿的刀法、线条看，给人以泥塑般的柔和之感，继承和发扬了晚唐的风格，在传统文化的基础上又吸收了古希腊和罗马的雕刻艺术，创造了富有民族风格的佛雕艺术。部分浮雕造像和佛龛造像周围刻有蒙、满、藏三种文字的楹联，并涂有彩绘，历经二三百年不脱落，不褪色。造像种类繁多，有群像、有单像，有主有从，有立有坐，有文静祥和的造像，也有怒目圆睁、青面獠牙仇怒相，令人望而生畏。造像有释迦牟尼、观音菩萨、弥勒佛、金刚力士、天王、度母、药师佛等。海棠山摩崖造像是中国"东方藏传佛教黄教中唯一幸存下来的民族文化瑰宝"。这些活灵活现、富于多变的摩崖造像，无论从刀法、工艺、造型、彩绘上看，还是从其他方面来看，都是极为宝贵的艺术珍品，堪称中国民间艺术的杰作。同时，它还具有很高的研究价值和历史价值，为研究阜新地区喇嘛教的产生和发展提供了翔实资料，被列为省级文物保护单位。

宝力根寺

宝力根寺位于阜新蒙古族自治县大板镇衙门村。宝力根寺是蒙语，汉语译为白泉寺，因三泉圣井喷发白雾而得名。

宝力根寺始建于清嘉庆六年（1801）。相传普安寺四世活佛受达赖喇嘛指派，长途跋涉来到海棠山，因过度劳累而染病，便到此地休养，每天用圣涧泉水洗漱、饮用，疾患竟不治而愈。于是，活佛便在此修建寺庙，作为避暑休假之地。

四世活佛在建造宝力根寺大殿的同时，在大殿的前面又监造了关帝庙。关帝庙为3间藏式庙堂，正中是关公坐像，两旁是关平、周仓各握剑、刀的站像，威武神气，庄严肃穆，四周墙壁上画着关云长忠武一世的24幅彩画。

宝力根寺依山傍水，环境幽雅，苍松翠柏层层环抱，奇石异草遍及山坳，整个地貌似"簸箕"形，东、西、北三面环山，从南向北由宽到窄，由一马平川到陡峭山峰，加之庙宇依山靠石而建，气势恢宏。

每当夏季来临，这里满目葱茏，山清水秀，泉水叮咚，溪水潺潺，悬崖峭壁，景象壮观。在宝力根寺旁，有一古槐格外引人注目，主干低矮，胸围3.3米，根植于深山中，无侣无伴，好像在向人们诉说着小洞山的沧桑历史。古槐相传为蒙古贞第一位王爷所栽，它虽经千余年的风霜，仍枝繁叶茂，刚毅奔放。

宝力根寺风景区内，现有数尊刻于巨石上的佛像，有宗喀巴、释迦牟尼、度母、关公、无量寿佛等。景区内还有很多辽代遗址、古墓,另有唐朝薛仁贵古战场。

《辽晋国夫人墓志铭》碑现存于辽宁省博物馆。辽晋国夫人墓于1949年11月在小洞山发现。墓中出土了汉文墓志,还有陶瓷器、铜铁器和装饰品等。该墓志铭碑由绿砂岩刻制,较为完整。志盖方形,边长93.5厘米,顶面中心有46厘米的方形平面,上刻楷书阴文"故晋国夫人墓志铭"二行八串,四边磨成斜坡,志盖通厚15厘米,边厚5.5厘米,盖光素无纹饰,现左上角稍残坏。志石为方形,边长与盖同,厚13厘米,志石面边缘阴刻直沟一周,边线内刻志文,志文楷书共30行,满行30字,总计835字。

在小洞山有一奇洞,洞口位于巨石旁,洞口径约60厘米,四周遍生荆条、杏树、灌木,郁郁葱葱,密密匝匝,给人以神秘之感,洞深莫测,黑不见底。据传,此洞从来无人走到底,只可下去几米深,口窄下阔,凉风飕飕,暗无光亮,无人敢下去探险。距奇洞3000余米处,有一奇异地段,一丛柳、一巨石,上下成两个天地。蹲于巨石上,小溪从柳丛下流出,石下山芹、蒲草葱绿,石上距柳丛一米远,冰雪尚有尺许厚,丝丝凉意扑面而至。此冰直到5月中旬方能化净,是何故尚不知。

与其毗邻的敖包园,每年都举办敖包节,周围群众自发举办各种祭祀、竞技、歌舞等活动,充分展示蒙古族民俗民风及民族美食。

积庆寺

积庆寺位于阜新市东南方的塔子沟风景区,距阜新市区和阜新蒙古族自治县县城均为9公里。

进入景区首先映入眼帘的是高耸的山峰,给人一种宽广、大气的感觉。夏日里满山的翠绿,绿色植物特有的清香沁人心脾。塔子沟好像有一股灵气,蕴含在大山的深处。

塔子沟从地理位置看属医巫闾山尾峰余脉,由东西两座山脉组成,中间有一座孤立的小山,像两位老人在精心呵护着自己的孩子,也有人称此景为"二龙戏珠"。景区最高峰大青山,海拔599.6米,也是阜新市近郊最高的山峰。那座小山就是塔山，因山上建有辽代古塔而得名。而积庆寺就坐落在山间，为塔子沟的主景观。

塔子沟有悠久的历史，有秦汉时期的遗址、辽代古塔古庙、清代的寺院——积庆寺及摩崖造像，浓缩了阜新地区自然生态景观和宗教文化景观，是市近郊拜佛、观光、度假的理想之地。

最初的塔子沟，蒙语的名字叫索布日干艾拉。据老人们讲，在辽代，大辽元帅萧天佐率兵与宋朝征战，一位心爱大将战死沙场，他得胜班师途经这里，发现此地是一处风水宝地，决定把心爱大将安葬于此，并在塔子沟两山中间的小山上为其修建一塔，以示纪念。于是，人们把此山取名为塔山。

后来有人游牧来此，逐渐形成村庄，蒙古族村名为索布日干艾拉，汉语为塔营子。到了清朝末期，随着汉族人的增多，汉族人称为塔寺沟。随着语音的变化，人们逐渐又称塔子沟。

积庆寺，蒙语为"宝音—乎尔格奇—苏目"，汉语俗名被称为塔子沟庙。清康熙四十四年（1705），当地蒙古贵族在塔山脚下修建了一座喇嘛寺（小庙），初期规模不大，后因请来迪彦奇喇嘛洛布桑格拉坚措（一世活佛）而得以发展。至二世活佛因其佛法精深而得到奉天一带锡伯族富商信服，遂筹资扩建寺庙。直到清道光年间才建成一个比较完整的藏式建筑群。道光十四年，道光帝亲赐寺名为"积庆寺"，并亲手御书蒙、藏、汉、满四种文字。"积庆寺"匾额为金龙镶边，蓝地金字的竖匾，四周刻有九条金龙。道光帝还赐了一块写有"当今皇帝万岁万万岁"的龙牌，并拨款修建二大扎仓，即哲学院与密宗学院。这一时期，积庆寺闻名东蒙地区。积庆寺当时有3座属庙：长营子岗岗庙、新民乡广福寺、大巴镇欧力庙。

积庆寺倚山势而建，建筑方位及风格符合我国传统祠庙格局。因"文革"中的损坏，现在所看到的祠庙主要是近几年复建的，有的古迹还将逐步修复。1950年以前，塔子沟归阜新县所辖。《阜新县志》（1934年版）记载：积庆寺在县城南塔子沟，倚山建筑，正殿为楼阁，按九九数造。观音阁、关帝庙、天王殿和活佛室、喇嘛住房如栉，建筑巍峨壮观。

原先入山门后走到不远处的山路口，所见的是地藏殿，现复建后移入人工开凿的山洞之中。地藏殿全长320米，分上下两层，殿内主供地藏王菩萨。在地藏王塑像后侧，就是十八层地狱城。面积2000多平方米的冥府大殿，内供1~10殿阎王塑像，并绘有十八层地狱画80幅。在地藏殿上方有一处文殊菩萨造像，1951年开凿山洞时被破坏，2002年由佛教居士捐款修复。再往上走就是天王殿，2004年修复。天王殿内主供弥勒佛。在弥勒佛身后是韦驮菩萨，在弥勒佛的两侧为四大天王。天王殿的右侧是护法殿，主供大威德金刚护法，塑佛身色青黑，一共九面，正中为水牛面，每面三目、五人头骨为饰，有三十四臂、十六足。

过了天王殿，就是全寺的中心大殿大雄宝殿，位于山的中部，也称正殿，为二层楼阁。第一层为藏式建筑，主供佛祖释迦牟尼，两侧为文殊菩萨和普贤菩萨等佛像。这里也是僧众诵经的殿堂。第二层后部为人字形宫廷式建筑，中部第一层为天窗亭，前部筑有廊檐。建筑主体以藏式厚墙为特色，楼顶为宫廷式人字形屋脊，筑有中堆、吻兽，屋角起翘，四角挂有响铃，木作精细，柱、额枋、平板枋、檩、斗拱、雀替等均以卯榫连接。檐枋阑额和雀替等雕刻花样各异、线条清晰、棱角分明、彩绘色泽鲜艳。前梁上有一幅保存完整、清晰的寺院集街图。正门上方悬挂清道光皇帝御书"积庆寺"匾额。在大雄宝殿左侧和天王殿前，有两棵神奇的古树，每年5月中旬开花，开始时由一朵朵小白花拼成宝塔状，后慢慢由花心开始向外变色，直到变成紫色后凋谢，最后结果。此树汉语名文冠果，藏语旃丹树，佛门弟子称此树为菩提树。积庆寺已有数十株此树，每当开花时，景色非常壮观，堪称一大奇观。每年农历四月初八，这里都会举行释迦牟尼诞辰万寿法会，9月22日举行宗喀巴上师诞辰纪念法会。

大雄宝殿的左侧是关帝庙，建于道光年间，为青砖灰瓦硬山人字形宫廷式建筑，内供关羽、周昌、关平塑像，塑像造型有较高的艺术性。观音阁位于大雄宝殿的后方，于2001年修复，为宫殿式建筑，塑有四臂观音菩萨造像。护法殿、藏经楼、活佛宫等也分别位于大雄宝殿后方，于2007年修复。

在寺庙周围的绿色丛中，山花绚丽，怪石嶙峋，有山鹰石、乌龟石、海螺石、青龙石和弥勒岩等，每一奇石都流传着美丽的传说。岩石上镌刻摩崖造像，与海棠山和千佛山摩崖造像有异曲同工之美。塔子沟共有3类10种13尊摩崖造像，其中有：阎摩护法、护国护法、弥勒佛、金刚手菩萨、二十一度母、宗喀巴上师、阿底峡大师、甲曹杰、克珠杰高僧等造像，最高的3.2米，最小的仅33厘米，其大多雕刻于清代道光年间。摩崖造像有藏文摩崖题记密宗三部真言和蒙文镌刻造像的记事。

积庆寺有很多神奇的传说，流传最广的是有关积庆寺护法神的传说。积庆寺出世间的主要护法是吉祥天母，此外还有大黑天、财宝天王（北天王毗裟门天）、却吉扎布（阎魔护法）、关老爷护法等。现世间像的护法神有玛沁本布惹等（其在阜新的主要护法庙在大巴关山，每年的七月初法会，阜新地区积庆寺洛布桑活佛生前还经常诵其仪轨。据考证，玛沁本布惹的老家实际在青海的阿尼玛沁神山，是十大山神之一）。据说是积庆寺的二世活佛在拉萨学习时，问玛哈嘎拉护法（或乃琼），我的寺院山上有不共的护法神吗？护法降神在人身上后，玛哈嘎拉护法说："等等，我先去看看。"过了一会儿，说："有四个呢，一个骑马，一个骑骡，一个骑骆驼，一个骑蛤蟆。"新中国成立前，寺院没被破坏时，关帝庙壁画上还画着这几个不共护法。后来，有人与洛布桑活佛谈起此事时，活佛曾说，其实那四个护法就是塔子沟四个山的山神。

塔子沟的辽代古塔早已没有了，可人们在经过辽代古塔遗址时，不时地还是会想起早已广为流传的塔倒出一县的传说。史料记载古塔名为"万佛塔"。未倒之前民谣唱道："古塔巍峨景壮观，犹如奇峰擎起天，终有倾圮凄惨见，置县建城传世间。"这就是"塔倒出一县"的传说。20世纪初的一天，塔子沟大雾迷漫，突然山顶传来"轰隆"巨响声，霎时云消雾散，人们顺着响声跑去一看，塔已倒向北坡。人言：塔倒要出县了。此时是清光绪二十九年（1903），清廷批准置阜新县，并建县城。《阜新县志》记载："塔子沟在县城南十里山上，有古塔已倾圮，塔倒出县城，预兆验矣，遗址犹存。"这虽属巧合，可作为一段美妙的历史故事，流传了下来，也把塔子沟的美誉镶嵌在人们的内心。

积庆寺于1991年恢复宗教活动。

2006年，积庆寺被阜新市市委统战部、市宗教事务局授予"文明宗教活动场所"称号。

圣经寺

圣经寺位于彰武县城东北约50公里的大四家子乡扎兰营子村，龟山山脊之上，四周八山环绕，东北与康平、东南与法库居邻，始建于清道光二十一年（1841）。

创建人一世信持喇嘛包甘曹扎兰毕（朝阳人），秉承施主宾图郡王旨意，奔走四方，募化资金，原计划建81间，因故只建成78间。彩壁辉煌的78间3层楼阁正殿，一层（诵经殿）、二层（藏经殿）的梁、柱、斗拱雕刻精美细致，色彩鲜艳；三壁（除北壁墙）墙皮（内外墙）彩绘壁画，有《转生图》《八卦·天文图》以及四大天王、释迦牟尼佛、天王佛、护法神与民间传说"青牛白丫"等传奇故事。圣经寺原有山门3间（扒毁），左、右斋房14间（扒毁），厨房7间（扒毁）、配院多间（喇嘛宿舍）、山门前有石狮一对，以及旗杆（扒毁）、转经楼等，占地2万平方米。寺庙建筑风格局部仿西藏的布达拉宫，属锆钢式建筑。

光绪二十七年（1901年），二世喇嘛包·甘曹图戈杰以广积经卷闻名于世，喇嘛达512名，正殿东北建白塔两座（毁于"文革"时期），更庙名为圣经寺，传延至今。1988年，圣经寺被公布为省级文物保护单位。

圣经寺大殿

张三丰仙居

　　据明史记载，一代道教大师、武当宗师张三丰，是辽东懿州人，即阜新蒙古族自治县塔营子乡人。塔营子乡距阜新县城55公里，距阜新市区70公里。为纪念这位充满传奇色彩、独创武当太极神功的道教大师，家乡人在他的故乡修建了张三丰仙居。

张三丰仙居山门

　　张三丰的祖父自称是道教祖师张陵的后人，于宋末携家眷来到辽东。其父在元太宗时曾经入仕，后来归隐。其母在懿州城生活时生下了张三丰。在20世纪90年代的电视剧《少年张三丰》里，张三丰也自报家门，说自己生于辽东懿州城。

　　懿州城是元朝的北方重镇，它的历史可以追溯到辽代。历史上著名的契丹萧太后曾将此城作为陪嫁送给她的三孙女，此城也因此祥兴。在元代，懿州城曾长期作为辽阳行省的行署存在。元代统治者主张儒、道、佛三教并兴，该城内的三清宫就是当时北方最大的道观。懿州城是我国目前现存最好的辽代古城。城址呈不规则的长方形，土筑城垣，周长4600多米。该城西、北两面城墙遗址尚存，高1~2米，北面城墙长约80米，西面城墙长约100

米。城内另套有一座与之平行的土筑城垣，早年清晰可辨，因村民取土，现在仅存 100 米左右长的土棱，可为懿州城曾经扩展的明证。城墙及点将台等古遗址清晰可见。

建于辽太平三年（1023）的懿州古塔屹立在古城中，位于古城中部稍西。城内还建有宝严寺等庙宇。古塔坐基周长 43.72 米，塔高约 32 米，八角 13 级密檐砖筑佛塔，塔身 8 面筑有龛室，内置砖雕坐佛 1 尊，龛室两侧除北面雕两尊天王造像外，余之 7 面龛室两侧各雕胁侍 1 尊，室盖上雕飞天，造型精美，是阜新地区保存最好的一座佛塔，为辽宁省级文物保护单位。

海州庙

阜新市海州庙原名为弥勒菩萨成就院，创建于清康熙年间，是目前阜新市区内唯一尚存的藏传佛教古刹建筑群。它因地处市商业繁华中心地段，为市区增添了一大景观，极具有社会、经济、文化价值。

海州庙最繁荣时期有喇嘛达 300 人，殿宇楼阁林立，有法相僧院、时轮僧院、关帝庙、前殿、后殿、大雄宝殿等 10 多座金碧辉煌的雄伟建筑，共 600 多间房舍，占地 1 万多平方米。据历史记载，昔日不管汉族、蒙古族、满族、锡伯族，每逢大事，都要到该庙焚香礼佛。每逢大节，人来人往，热闹非凡。

该寺自乾隆十三年（1748）第一次修复以后，历史上曾多次翻修。"文化大革命"期间，该庙宇及古文物受到严重破坏，场地被侵吞，主体建筑大雄宝殿二层被拆，下层变库房，本来就年久失修的寺庙更是残墙断壁，面目全非。1995 年以来，在阜新市委、市政府的关怀下，部分房产被归还。1997 年海州庙被批准为佛教活动场地。1999 年 8 月经阜新市政府常务会议讨论通过，同意修复大雄宝殿。经有关部门大力支持帮助和政府拨款，以及多方自筹资金，原样修复工程于 1999 年 10 月动工，投入人民币 260 万元，于 2000 年 10 月完工。该寺的面貌有了初步恢复，受到佛教居士和广大群众的欢迎。目前僧人和管理人员已由原来的二三人增至现在的 15 人。

现在每天前来参加佛事活动和参观游览的人络绎不绝，香烟缭绕。每逢节假日和大型佛事活动日，院内更是达上千人，热闹非凡。

千佛山阿古庙

光绪二十二年（1896）秋天，山西五台山的云游僧人朱温久，一天路过内蒙古科尔沁左翼前旗紧邻盛京养息牧场的阿古庙山，正待他又饥又渴万般无奈之时，抬头间忽然发现满山遍野的樱桃火红火红，他又惊又喜，大口吃了起来。这时他又发现一眼清澈的泉水正咕嘟咕嘟地冒着，他情不自禁地大喊一声："神泉也！"于是他再也不想走了，下定决心雕造千座佛像，来纪念这仙山圣水。

他的想法得到阿古庙屯寿宁寺（俗称阿古庙）活佛桑赞札布的大力支持。于是他日出而作，日落而息，率领弟子雕刻了整整10年，雕造158尊完整的、15尊半成品佛像。由于战乱，雕建工程不得不停下来，但是人们还是把这座山改叫成千佛山。

千佛山坐落在彰武县大四家子乡阿古庙屯，位于彰武、法库、康平三县交界处，距彰武县城45公里，离沈阳100公里。千佛山海拔246米，面积15.9平方公里。它以美丽古朴的自然生态景观和独特的人文景观为游人增添了无限的乐趣，成为闻名遐迩的旅游胜地。

新中国成立后，千佛山被列为省级文物保护单位。改革开放以来，千佛山旅游开发事业得到了长足发展，恢复和新建了许多景点。就在僧人朱温久雕刻千佛山摩崖造像100多年后，2002年，一个名叫李明伟的僧人也从五台山来到这里，并被这里神奇的山水吸引，决定兴修庙宇，重振千佛山。他巡游四海，化缘八方，筹措资金。然而，他才刚刚修复了庙宇，开通了山路，便于2005年3月因劳累过度，病逝于寺中。

千佛山摩崖造像采用浮雕半浮雕手法雕成，线条流畅，清晰自然。佛像大小不同，神态各异，栩栩如生，高者3.2米，矮者0.32米。有些佛像依稀可辨其彩绘痕迹。佛像种类繁多，有群像、有单像；有立像、有坐像；有文静祥和的造像，也有怒目圆睁、青面獠牙的愤怒像；有单面双臂像，有多面多臂像；有佛像、菩萨像、度母像、罗汉像，也有金刚力士像、天王像等。佛像有佛教始祖释迦牟尼佛、西方极乐世界阿弥陀佛、东方琉璃世界药师佛像等。菩萨像有救苦救难的观世音菩萨、坐骑狮子的大智文殊菩萨、坐骑白象的大行普贤菩萨，普度众生的大愿地藏菩萨等四大菩萨像。其中观世音菩萨造像最多，有 11 尊，观音还有化身像白度母、绿度母像等。

藏传格鲁派创始人宗喀巴头戴斑霞帽跏趺坐于莲花座上，正在讲经说法，他的左胁侍为贾曹杰，右胁侍为克主杰（一世班禅）。禅宗始祖达摩祖师端坐莲台上。罗汉造像有伏虎罗汉、举钵罗汉、降龙罗汉、笑狮罗汉、托塔罗汉等十八罗汉。四大天王之神像主镇四方：东方持国天王执琵琶，南方增长天王执剑，西方广目天王执蛇，北方多闻天王持伞。四大天王象征着风调雨顺。还有形象逼真的"关羽松下读春秋"和关圣帝身骑赤兔马，手拿青龙偃月刀，遨游在祥云之上的造像。千佛山摩崖造像是目前辽宁省保存较好的一处佛教石刻艺术群，具有较高的艺术价值、研究价值和旅游开发价值。

千佛山本名阿古庙山，"阿古"是蒙古语，汉语是"山洞"的意思，因山上的观音洞而得名。在千佛山山腰峭壁的巨石上，有一个高 2 米、进深 3 米、洞内 6 平方米的人工凿成的山洞，两侧凿有 3 个佛龛，佛龛两侧"菩陀山上慈悲主；紫竹林中自在仙"的对联清晰可见，这就是观音洞。

阿古庙原名寿宁寺，始建于清朝乾隆年间。当时一位包姓蒙古贵族见这里风水好，且土壤肥沃，就举家迁于此处。他们以种地为主，连年五谷丰收，人丁兴旺，随即起造庙宇，广施善事。阿古庙是用木材凿铆石柱顶立而成，建筑面积为 1000 余平方米，分上下两层，下层供奉如来大佛 1 尊，高 3 米有余，另有四海观音、四大天王、十八罗汉等，都在 1.5 米以上。整个殿堂内外墙均系彩色图画，包罗万象，尽显佛光神韵。据包氏后人讲，当时阿古庙僧人多达 300 余名，每日香客车水马龙，川流不息，来自新民县、内蒙古通辽等地拜佛上香者络绎不绝。由于佛堂兴旺，包家便拨地给僧人，僧人以土地收入及香火钱维持庙宇维修和他们的衣食。后因战乱，阿古庙遭到破坏，现已不复存在。阿古庙活佛桑赞札布，俗姓温，法库县王爷陵人，蒙古族，生于清同治七年（1868）九月，光绪元年（1875）一月被接入阿古庙当喇嘛，成为活佛转世灵童，当时年仅 8 岁。他精通佛学和医药学，1943

年 11 月 5 日圆寂，法体葬于康平县莲花岗村。

近年来，由于各级政府的重视，阿古庙按照原貌，进行了重建和修缮。现大殿内设有释迦牟尼像，两侧分别塑有莲花生和骑着大象的普贤两尊佛像，雕塑得十分考究，栩栩如生，在满壁画幅的映衬下，大殿显得既庄严肃穆又熠熠生辉。再向前走几步，就是白龙洞，洞口虽小，却常年烟雾不断，仙气袅袅。

章古太山古庙

章古太山位于阜新市区东北 25 公里的阜新蒙古族自治县哈达户稍乡境内，庙以山得名。章古太为蒙古语，汉语译为"苍耳子"，意为有苍耳子或苍耳子生长的地方。

章古太山以山石奇秀、林泉清幽、壮丽多姿、景色怡人而著称。远在金代明昌元年（1190），章古太山山坳处就有"小兰若"（庙宇之意）。根据《阜新县志》《满洲·锦州省古迹》记载和当地老人介绍，章古太庙几经募建，颇具规模。大正殿依山岩，举折平缓，单檐脊顶，砖石结构，按楼基方形 12 间筑成。其高 7 米有余，样式别致，雄伟壮观，殿内有用铜铸塑释迦牟尼、观音、千手千眼佛和用石镌的大肚弥勒等多尊大佛。这些佛像一并坐在莲台之上，皆向前倾，颇有动感，姿态各异，栩栩如生。

在大正殿前还有座关帝庙，庙内正面塑有关公老爷坐像，其两侧塑的是关平和周仓，前面是拉马童子像。各个人物雄武刚毅，形态新颖。

在西山凹处还有座雹神庙，样式独特；于大正殿不远处山坳间还有一座万佛塔。

寺院有耕地约 20 万平方米，住房 20 多间，整个建筑占地面积达 1 万余平方米，布局井然有序，层次清晰，工艺高超，体现了我国古代劳动人民的丰富想象力。

每月初一和十五，钟声四布，恒闻十里许。每年三月十三、七月二十九为庙会，香火最盛时达万人之多，甚是热闹。

章古太庙年久失修，大部分建筑倾颓，1945 年毁于兵火。

三石庙

　　三石庙，位于阜新市阜新蒙古族自治县的偏僻山村——阿门朝老屯的村头。伊马图河由庙西折向东弯曲流去，沿岸峰峦峭拔，苍松翠绿，水草丰美，风光秀丽。

　　三石庙始建于清代，具体年代无从查考。庙分前中后三殿，每殿各2间。殿堂建筑均是由就地取材的纯石料经加工巧刻而建成。在建筑方法上，以石料干插垒砌，就岩起屋，遂坡就势。三殿皆为无脊硬山式，并都前出一檐，美观大方，坚固耐久，颇有巧夺天工之妙。

　　前殿为山神庙，在殿内一巨石上，雕刻有一头出山猛虎，它的后面紧跟几只奇形怪状的凶兽，各个注视四方。

　　中殿为关帝庙，主要雕刻的是身高1.5米的关羽坐像。他身披绿袍，赤面五髯长须，端坐慈祥。坐前置放着石器供桌，上有五大供，即一个香炉、两个蜡钎、两个香筒。左边刻的是身高2米余、手持宝剑的关平站立像；右边刻的是身高2米余、手握青龙偃月刀的周仓立像，各呈威武神态。

　　后殿刻的是身高不一的多尊神像，有的仰面，有的俯首，有的斜立，有的平视，其面貌各异，上部衬以流云，下部托以土石、花草树木。各殿内之神像皆用豆青石、玄武岩雕刻而成。

　　据记载，三石庙的创建者，是位薛姓石匠。相传，薛石匠是在300多年前，随其父从河北保定山区而来。薛石匠信佛，常常忧虑从祖辈父辈到自己，以破山石为业度日，山神会因此而下罪。于是节俭度日，积蓄余款，乘暇时赴山椎琢。日久，在乡人协助下修起了一座石庙，这就是三石庙。传说三石庙建成后，有一天，薛石匠大清早起来，收拾一下就去庙里了。他焚香并一一叩拜众神佛像。之后，席地而坐，不再回家，也不出庙门。头些天，他的三个儿子轮流给父亲送水送饭，过些天，父亲对儿子们说："你们日后别再给我送水送饭了，我饿不着，也渴不着，莫惦记我。你们要好好过日子，与邻里和睦相处。"说完，父亲双眼一闭，不再说话。几日后，三个儿子念父心切，不谋而合地同上三石庙看望父亲，见父亲盘坐在庙堂地上，但人已一命休矣。他们看到此景异常难过，当出庙时，隐约看到父亲在祥云中,微笑着指点他们,"回去吧,回去吧",霎时不见了。

三石庙遗迹可辨,其建筑早已不复存在,薛石匠圆寂成仙的传说依然流传着。

半拉庙

在阜新蒙古族自治县王府镇西北约3公里处,有一座陡峭的山,它犹如一只猛虎横卧,虎头处恰似刀劈斧砍一般。当地人称这座山为半拉山。在这山西端的峭壁上有座古寺,它下临气势磅礴的伊马图河,远望好似一座"悬空寺"隐约挂在云霄之中。寺由山而得名,称为"半拉庙"。

半拉庙的规模不大,但具有独特风格。岩屋(窟)、仙阁凌空危挂;丹廊朱户,傍崖飞楼,宛如一座琼楼玉宇从空中降至峭壁上。悬崖陡壁隙间还点缀着苍松古柏,给人虚无缥缈之感。古寺庙宇、斋房仅二三间,都是凿岩筑屋(窟),就岩而建。石刻佛像五六尊,有立有坐,身高均在1米以上,姿态各异,栩栩如生。特别引人注目的是,在古寺栈道之峭壁上,有一石雕摩崖,为站立的菩萨佛像,身高足有3米,工艺精湛。这尊摩崖菩萨像,身上薄袒,衣纹流畅,五颜六色,赤脚,文雅玉立,流露出一种内在的喜悦。

半拉山与半拉庙,还有一个饶有趣味的传说。

清嘉庆年间,土默特左翼旗王府,有个蒙古族王子,名叫玛尼巴达喇,他少年时善骑射,为人正直善良,勤学广交。

有一次,王子带一支人马,到府西北半拉山行猎,走上山坡时忽听有人大呼救命。只见不远处,有只猛虎正在追赶一个牧人,王子速拉弓搭箭射去,正中猛虎后腿。猛虎大叫一声,转向王子扑去,王子又搭一箭,正射入虎口。猛虎中了两箭,疼痛难忍,伏山怒视,王子趁机挥剑杀了猛虎。从此,王子打虎的壮举,传遍了全旗,也传到了京师。

清朝皇帝为了笼络蒙古贵族,从顺治时起就常把女儿嫁给蒙古族王子。当时蒙古族有上百位王爷,因争当额驸曾多次发生过武力冲突。到清高宗乾隆皇帝时便规定,如从蒙古族王子中选额驸,不仅要年貌相当,而且要文韬武略过人。清嘉庆六年(1801)时,皇帝四女儿庄静固伦公主年方18岁,得知土默特左翼旗王子玛尼巴达喇只身杀猛虎的消息，便请父皇召见这位王子，并封他为殿前统领。以后王子又屡建奇功，得封为都统，深得皇帝宠爱。

当时朝中有个宠臣叫哈钦，早就谋求与皇帝结亲。玛尼巴达喇于是成了他的眼中钉。在土默特左翼旗府内，有个王爷仆人，叫吐斯拉奇，为人歹毒、荒淫、残暴，他曾因奸污府女而被玛尼巴达喇严厉痛斥，从此便怀恨在心。他与哈钦串通，设下圈套要谋害蒙古族王子，便向清朝廷写了密告。

嘉庆皇帝接到密告后，召集众大臣商议，哈钦借机启奏道："土默特屡出猛虎，这是上天又赐都统立功之机，都统如能重返故地，斩除猛虎，不仅为朝廷增光，也不失陛下及万民所望。"在哈钦同党帮腔之下，嘉庆皇帝便命额附翌日起程返乡除害。

第二天，玛尼巴达喇带着皇帝赐给的御用宝剑，昼夜兼程向故乡进发。他回到旗府仅休息三日，就上山打虎去了。当他们刚走不远，便见前有一队骑兵突然隐没了，不知是何缘故。王子和随行人员走到山腰，发现一个岩洞，便向里边发射了几发火炮，一只猛虎从洞里蹿了出来，王子急忙抽箭搭射，可是箭皆无头，猛虎趁势跑到南面山崖，不知怎么一回事，不由自主地跳了下去，正巧摔在一块尖石上，扎破了肚子，肠子流了出来，但并未死去。王子为了消灭猛虎，飞快地跳下悬崖，不偏不斜恰好砸在猛虎身上。他忙挥宝剑向猛虎刺去，可是宝剑弯了，连猛虎皮都没刺破。这时，他只好挥拳将猛虎砸死了。正当他喘息之际，对面射来了数支飞箭，一箭射中他的头盔。他急中生智，立即装出中箭的样子，倒了下去，趁机暗窥对面。只见有十多人鬼鬼祟祟地溜开了。他恍然大悟，忙率士卒和家丁冲过去，将那十多人押了回去。

经过审讯，王子终于弄清发生的一切事情。原来这十多人是当地乌日扎兰的亲信。他们按吐斯拉奇的密令，乘王子从京返回休息三日之机，偷换了宝剑和箭头，在山上又挖下了陷阱，要置王子于死地。

王子急速回京并启禀皇帝除奸。嘉庆皇帝见了死虎非常高兴，并设宴款待王子及随员，席间问明打虎经过，立即降旨加封玛尼巴达喇为御前大臣。玛尼巴达喇奏明哈钦等人的罪行，皇帝下令将他们交刑部审理。

不久，嘉庆皇帝把四女儿许配给了玛尼巴达喇，并封他为郡王。事隔多年，郡王返乡省亲，来到当年打虎的半拉山游猎时，思绪万般。其师兄献策说："郡王爷若留纪念，就请在这半拉山悬崖峭壁上修一座庙宇吧！"郡王爷听了甚是高兴，当即允诺。一年后，庙宇建成，被人称为"半拉庙"。

随着时光的流逝，到新中国成立初，半拉庙已荡然无存了。半拉山还在，它的石质品位极佳，成为远近驰名的采石场。

双峰山观音寺

双峰山位于阜新市区西部阜新蒙古族自治县七家子乡汤头河畔。在两峰向阳的坳处，有一座雄奇壮观的观音寺。

据《阜新县志》记载，因山巅为二，故名双峰山，当地称老道山。山北坡像是一斧劈开一条缝，又犹如云梯，可从此一直攀上峰顶。站在峰顶极目眺望，远近石峰林立，树海翻腾，莽莽苍苍，如与天空连成一体。近观两峰对峙，怪石突兀，岌岌可危，真是一峰一态，一石一姿，各具一格。山西峭壁下有条清澈的小河，由南绕北曲径东流，别有一番景色。

在两峰凹间向阳处，观音寺就坐落在这里。古寺面对群山，背倚翠屏，就岩起屋，上载危岩，下临深谷，令人惊叹不已。观音寺有正殿5间，禅房数间。正殿内有观音菩萨、释迦牟尼、三霄娘娘和子孙娘娘等10余尊佛像，全部用石料雕刻而成。佛像造型逼真，姿态各异。全寺的殿宇房屋和院落等建筑结构，除门窗用木制外，全是石料筑成，无一钉一铁。这些精美的建筑，工艺精湛，独特别致，气势雄浑，充分地体现了我国古代各族人民的智慧。

观音寺的石筑佛殿，院落残基至今隐约可见。据当地老人讲述，这座古寺始建于明末清初，常住道士十余人，香火甚盛。每月朔望钟声四布，传方圆十里许。随着时间的流逝，到20世纪30年代初，日本帝国主义侵入骚扰，加之盗匪四起，观音寺遭到严重破坏，道士们相继远走他乡，该寺遂不复存在。

香烟寺

香烟寺位于阜新蒙古族自治县卧凤沟乡驻地，坐落在医巫闾山中部西麓，南临明代辽东边墙，北依清代柳条边壕，西近细河的三角地带。

这是一座道观，始建于明末清初，由周围18个屯乡民自相聚议，募捐而筑。历经悠悠岁月，几经修葺、扩建逐步形成规模。寺院建筑面积达1万余平方米，四周有2.6米多高的砖石围墙，呈长方形，依岭就势，北高南低，面南坐北，为一进院落。院内砖石铺地，点缀有鲜花异草；院外四周有松、榆掩映。寺前有3.3米多高的山门1楹，山门外是广阔的广场，其面积足有1万余平方米，以供庙会之用地。在寺院东南有庙碑一座，碑文的内容是：寺庙修建经过，募捐人之姓氏、银额，世代道长姓名等。有的字句因年久风蚀雨浸而辨认不清了。寺庙大殿10余间，按一字形东西排列，为歇山单脊式砖木结构。它是一座典型的汉藏两个民族风格融合一起的建筑物，殿顶5脊6兽，殿前雕花漆柱，巍然耸立，颇为壮观。

大殿内正中泥塑是关羽的坐像，高2米，身披绿袍，赤面五髯长须，神态自然，端坐安详。头上横匾曰："亘古一人"；两侧对联，上联是："忠义千秋威震华夏"，下联是："英风万古浩然正气。"两侧分别是泥塑的身高丈许的关平、王甫、周仓和赵累的站立像。他们手持宝剑和青龙偃月刀，各有雄壮姿态。在关羽像后，有不识名字的石雕，是两耳垂肩、微笑慈祥的两尊坐佛像。殿堂东侧泥塑是南海观音菩萨像，坐莲花之上，有童男童女分立两旁。殿堂两侧是药王和子孙娘娘等多尊泥塑像。这些神佛像，彩绘新颖、鲜明，工艺高超别致。在殿外墙垛上，东面为石刻浮雕"八宝"图和砖刻的"鱼龙变化"图；西面为雕刻的"七珍"（袈裟、戒衣、莲花、黄罗伞等）图和"二龙戏珠"图。在殿堂内东西山墙壁上，还镶有圆形砖刻的"牡丹花"图。这些画构图新颖，造型生动，刀工精巧。殿内纵横交错置18根青石圆形红漆抱柱，称"金龙盘玉柱"，高约3.5米，直径约0.35米。梁枋上彩绘飞天。这些木雕品金光闪耀，活灵活现。在殿堂四壁上，绘有"三国演义""十八罗汉""五台山全景"，以及花草树木、珍禽野兽等图案，色调艳丽，笔法细腻，线条流畅，颇有动感。

值得一提的是，该寺外，有两尊大石佛圣像，其一尊位于香烟寺南山，紧临明代辽东边墙，石佛坐北面南，身穿道袍，五颜六色，高3米多，两耳垂肩手捻佛珠，微笑自若，雕刻工艺精湛；其另一尊位于寺庙后不远处之岗岭上的清代柳条边处，大佛的面容、身着、形象和前尊南山大佛相似。它们是罕见的石雕艺术珍品。这南北两尊大佛与香烟寺，三者在同一轴线上，呈笔直状。倘若说，香烟寺乃含其南北两尊大石佛，也是顺理成章的。

这两尊大石佛，究竟建造于何代，乡人众说纷纭，或云于元代，或云于明代，无从可考其准确时期。总之，要早于香烟寺很久。

相传，修造这两尊大佛，当时是为守边（边墙）护塞，使边塞百姓安居乐业。传说，乡里有人夜梦大佛多次，见大佛一再曰："吾俩从五台山派驻这里守边护塞多年了，受尽风吹雨淋之苦，边民们却得到了安宁。烦请修一寺安之，以避风寒。"此事很快被传了开来，于是有18个百姓自发地集资集物，献银献粮，不久这座道庙告成了。

香烟寺，亦称娘娘庙，因有边塞18个屯民的笃信，并宣扬其灵验无比，故而名显四海，经久不衰。据说，昔年北到奈曼、库伦、通辽；南到绥中、锦州、义州（今义县）、营口；西至朝阳、平泉、建昌；东至北镇、黑山、阜新乃至彰武等地，每年都有人前来进香、施舍、上供。那时庙上有耕地五六十亩，还饲养些散畜牛羊，每年收入白银二三千两，粮谷200多石，寺上消用有余，可以说很富裕了。

香烟寺道长（方丈）共传十世之多。鼎盛时为清代乾隆、嘉庆、道光年间。当时驻寺道士四五十名。每年农历四月十八日为庙会，会期3天，规模盛大，轰动几百里，拈香祭拜的、经商卖艺的，还有看热闹的不下2万人。

该寺到20世纪初，已逐渐衰落，庙宇倾颓，仅有道士十余人。新中国成立前夕，庙宇已荡然无存，只有遗迹隐约可见。

水洞寺

在阜新市区西部阜新蒙古族自治县七家子乡毛岭沟村，有座巍峨挺拔的水洞山，周围群山如黛，连绵起伏。水洞山顶上有两处天然的溶洞，两洞相距百余米。根据两洞的各自特点，又有水洞和风洞之称。

在水洞内就岩洞建起的古刹，就是水洞寺。

水洞位于山顶北侧，洞口朝东，洞深10米左右，高6米有余，又洞内有水，故称水洞山，山也由此而得名。水从洞顶石缝滴下，滴在洞里水面上，响声悦耳动听。这里雨季滴水如流，积水像条小溪一样，流到洞外，流到山下；旱季积水少，但也能供10来个人饮用。洞口四周有山泉流淌，树草繁茂，景致迷人。

  风洞位于水洞南侧，洞口向东，洞宽10米左右，顶高3米余；洞深近30米，再往深处，细得不能容身，所以究竟有多深，古今无人知晓。传云，在很久以前，曾有人在牤牛河西山（今北票市境）洞口，好奇地放进一头公牛，经过好几天公牛才从这个风洞口钻出来。这虽是传说，却足以说明溶洞之长了。

  在水洞进口处的古刹内，昔年常居僧人二三人，生活俭朴，寺内异常宁静。洞内峭壁间分别供有10多尊佛像，有的是镏金，有的为铜镀，还有的是泥塑。这些佛像有佛祖释迦牟尼和宗喀巴大师，以及南海观音圣母、弥勒佛、千手千眼佛、药师、绿度母等。他们有坐有立，大者身高约1.3米，小者0.3米左右，姿态各异，造型精致，工艺细腻。在每尊佛面前，都摆有香炉、蜡烛和供品。这座古刹地处幽谷高山，规模不大，名声不显，但虔诚降香者、拜佛者、施舍者还是络绎不绝。

  这座古刹建筑的年代尚无史料记载。但根据其他寺庙的历史记录，亦可推断，大约是在清代初期。土默特左旗（今阜新县）最大的瑞应寺的始祖、第一世活佛"察罕第颜齐呼图克图"萨木唐桑布，生于1633年，15岁出家，22岁回本旗，相继在各寺，包括水洞寺静坐修行，达16年之久。传说康熙于1669年为寻找出家的父皇，私访到哈达尔图山和水洞山一带，遇见萨木唐桑布在山洞里坐禅，宾主相见，格外投机，促膝攀谈，各怀依依不舍的心情分别。这次相见，与兴建瑞应寺及萨木唐桑布成为瑞应寺第一世活佛，是有很大关系的。由此可见，水洞寺先于瑞应寺建立。

  相传，萨木唐桑布从水洞寺下山后，先后又有六七代僧人来此静坐修炼。之后，他们有的去西藏，有的去青海，有的去五台山深造，有的云游四海普度众生，有的到其他寺庙当上了佛爷喇嘛、住持喇嘛等。

  清末民初，盗匪蜂起，先后曾有几伙匪徒以上山到古刹降香、拜佛为名，行强抢之实，掠夺财物，破坏殿堂，逼得僧人远离他乡，从此古刹也就名存实亡了。

同善寺

　　同善寺，位于阜新市区东南40多公里的阜新蒙古族自治县大巴乡境内医巫闾山余脉环绕、古木参天的幽深峡谷里。

　　同善寺，俗称"小喇嘛洞"，始建于清代顺治元年（1644）。它是模仿布达拉宫的建筑格局营造的，峻宇雕墙，楼阁参差，工程浩大，规模宏伟，俨然如一座长方形的壮丽"城池"。该寺是阜新地区清代早期寺庙建筑之一，颇有影响，远近驰名。

　　寺院选址不凡。寺北有连绵起伏雄伟的圈山，山腹上的围壕迄今仍依稀可见。此山围壕依山腹就势而修，为军事设施，但不知修于何朝何代。此山以壕得名，故称"圈山"。寺南有座嶙峋之山，与寺院相对。在山尾端顶部有一天然溶洞，洞深7米许，宽窄不一。当地人称该寺为"小喇嘛洞"，就是以此寺而得名。南北两座山，形成了深深的峡谷，庙宇殿堂分布在峡谷里8000多平方米的"城池"中。这里林海莽莽，多为稀有的高大古榆。寺前有条小河从西向东流去，常年淙淙不息，别有一番景色。

　　寺院坐北朝南，其建筑依山顺谷而筑基，呈规整的长方形，东西长500米许，南北宽近180米。在它的四周延伸线上，有许多紧密相连的殿阁亭台和斋舍建筑，自然形成一道不可逾越的寺院围墙。在寺院山门外之山坡间修有两座各高约13米的白塔，格外高耸庄严。寺院由东向西建筑，在轴线上排列着山门、养心亭、天王殿、藏经阁、大雄宝殿、客堂、斋舍、禅房等主体建筑，共150余楹。在寺院山门前，还修有跳鬼场（查玛舞场）和牌楼。

　　同善寺的牌楼（亦称朝门），高约7米，宽约5米，为木结构雕花建筑，下用条石嵌固着，颇为雄伟壮观。

　　过牌楼踏上甬道往西行，便是跳鬼场。四周砌筑石条，地面铺青砖，供一年一度的跳布扎（亦称跳鬼）仪式之用。

　　进山门便来到养心亭，其样式美观大方，给人以舒适的感觉。往前院行，正中坐落着气势宏伟的关帝殿，拾阶而上首先来到关帝殿的前廊殿，殿额上挂有横匾，书写着"万古英风""丹心千古"等字句。后殿正中间，供奉着关羽的2.6米高坐像。左是关平、右为周仓的站立塑像，各身高3米多，手持兵刃，精神豪放，威风凛凛。

步出关帝殿前行，即来到庑殿式主体建筑天王殿，殿的南北两面格局相同，中间为通道，前后均为砖石拱筑，"半月式"殿门，墙壁上还精雕着七珍、八宝图和佛经典故。进入殿堂便一眼望见身材魁梧高大、威武刚毅的彩塑四大天王站踏像，脚踩八大怪物，分列在大殿东西两侧。

出天王殿西行，一座重檐歇山式建筑经阁映入眼帘。这座建筑占地400多平方米，总高达20多米，上下分三层，为砖石混合建筑，坚固耐久，金碧辉煌。殿堂内主要供奉有佛祖释迦牟尼、如来佛和宗喀巴大师镀金坐像；其左右分别供有拘留孙、尸弃、章架等多尊镀金铜像。东侧供奉有南海观音菩萨倒坐像和一些不知名的佛像。在一层殿堂中，设有经座百余，供喇嘛打坐诵经之用。阁楼中、上两层置奉有身材不等、姿态各异的五六百尊镀金罗汉像。在经阁外面两侧建有相对应的两座斋舍，进深1.7米，为硬山式建筑。

走出经阁，继续西行，是正殿，即大雄宝殿。按方形三层楼阁式筑成，总高20米余，采用石雕柱枋，依岩筑基，占地面积500平方米左右，为单檐歇山式大殿，仿西藏布达拉宫样式，朱色殿门高阔而宽敞。

殿堂内由南至北摆着青铜香炉和各种各样的供器。其后由南至北供奉着三尊佛像：第一尊为群像，共五六尊镀金铜质佛像，置柏木桌上，像高1.7米，座高0.7米，正中央是宗喀巴大师像，宗喀巴是喇嘛黄教的创始人；第二尊供的是铜质镀金如来佛站像，高1.7米。第三尊亦为群像，中间是三尊泥质彩塑三世佛，西边为过去佛燃灯，东边为未来佛弥勒，中间为佛祖释迦牟尼，两边站童为阿难和迦叶。殿堂雕梁画栋，彩绘飞天。四壁有一幅幅绚丽多姿的佛像、佛事图，还有以《三国演义》、"鬼城"（丰都）为内容的壁画。

走出大雄宝殿，越寺院，有条东西向约600米长的街道。于两侧有宅舍、禅房、斋堂等，近200间；有的三五间自成独门庭院，幽深雅静，具有佛家特色。

同善寺在清代，为最兴旺时期，有喇嘛二三百名，经书120多卷，经箱乐器近20套，各种神佛像上千尊。每年举行庙会一次，会期3天。除本旗各族民众外，远至营口、盘山、黑山、北镇、锦州、义州、朝阳、彰武、法库乃至通辽、天山、鲁北、库伦等地，善男信女以及各界人士，蜂拥前来进香、祭拜，同时商贾云集，甚是红火。

同善寺从清初始，历经300多年的岁月，共传有十二、十三世活佛，到20世纪30年代，日趋衰落。寺庙的财力每况愈下，入不敷出，殿宇倾颓，无力修葺。

新中国成立后，在这里建起畜牧场、小学校、商店等，当年寺庙的一些古老建筑被拆除毁坏，或另作他用。

现今，整个寺院仅剩一座养心亭和零星喇嘛宅舍院落。

德惠寺

德惠寺坐落在阜新市区北部阜新蒙古族自治县王府镇北1.5公里处的山坳间。周围松柏掩映，林密幽静，西有伊马图河蜿蜒南流，沿岸平原沃野，京沈公路犹如长龙，横贯东西，站高望之，令人心旷神怡。

王府在清代是土默特左翼旗所在地，距今已有300多年的历史，曾是阜新地区的政治、经济、文化中心。清王朝和蒙古王爷为了加强统治，大兴黄教，广建庙宇，在王府北山修建了一座富丽堂皇的寺庙，王爷赐名德惠寺，俗称白喇嘛庙。

该寺始建于清高宗乾隆十五年（1750），初期规模不大，仅有庙舍10余间，禅房三五间，占地面积1000余平方米，有喇嘛10多人。

据说，德惠寺有一位白姓喇嘛，早年被大喇嘛派往北京雍和宫学习深造，后来在雍和宫做了住持。他常和朝医、太监交往，乃至觐见皇帝，故而名声显赫。

白喇嘛不忘故乡情和报答恩师的栽培，于清光绪二年（1876），毅然返回德惠寺。他拜访师徒和邻里乡亲，并筹措资金建立新寺。

新寺设在旧址的西北面，其规模远远大于原寺，样式仿北京雍和宫，异常宏伟壮观。它南与广化寺（王府前庙）遥相对峙，西与三清观（红帽子村）隔河相望。新寺的大雄宝殿，为歇山3楹楼阁式，前殿和中殿各3间，后殿12间，东西配殿各3间，整个建筑布局和谐、壮观。各殿堂佛像塑造精湛别致，尤其后殿10余尊佛像全为铜铸。墙垣台阶砖石皆刻有龙、花、佛像和雄狮、大象、麒麟，形象逼真，姿态各异。在前殿回廊下的条石台阶中间，有一块豆青石铺设的御路，此石长 1.5 米，宽 1 米，石上雕刻着双龙飞腾于云雾中的图案，线条流畅，工艺精巧，至今仍保存着。在各殿堂的正面都雕有图案；殿宇梁栋斑斓；蒙、满、藏、汉等文字镌刻于墙垣；在各殿内壁上还有不同风格的绘画：再现西藏布达拉宫及五台山的风貌全景图和一些佛经故事。庙宇四周喇嘛住舍密集，达百余间，庭阁小院 10 多处，多用青砖、石瓦，护有花墙，格外典雅宁静，颇具民族特色。新寺占地面积达 2.5 万多平方米，常住喇嘛百余名，经箱乐器 30 余套，经典百多卷。

德惠寺每年定期召开庙会，吸引着本旗（县）和外地善男信女来此，络绎不绝。殿堂寺院内外，人烟如海，小贩推床云集满山，热闹非凡，故云此寺有塞外"雍和宫"之称。清光绪三十一年（1905）《大清帝国地图》，即以显著位置于此注有"雍和宫"三字。

1948 年该寺毁败，但仍存有一些古建筑和部分艺术珍品，被列入市级重点文物保护单位。

广法寺

广法寺位于阜新市阜新蒙古族自治县沙拉乡西北 2 公里许的元宝山下。寺院坐北朝南，八道河水由西蜿蜒南流，两岸林茂草盛，风景怡人。

广法寺俗称二郎庙，始建于清高宗乾隆二十五年（1760）。初期仅有喇嘛二十几名，庙宇、宅舍十余间，到第二世活佛后，该寺逐渐兴旺起来。

第二世活佛叫老不仓尼马单必扎乐三，系蒙古真（今阜新）东部绕阳河畔呼寺营子屯王爷的家族。他出世不几年，二郎庙便请他去当活佛。老不仓尼马单必扎乐三 17 岁赴西藏学习深造了 6 年。在西藏学习期间，他与皇帝派去西藏办理公务的中堂大人相见。二人一见如故，情意甚笃。中堂大人公事处理完毕，临行时对活佛留言，请卒业后回乡路过京师时，一定到公馆做客。

老不仓尼马单必扎乐三学成归途中，专程去中堂大人寓所拜访。两人在宴席上共同回忆以往相见的情景，并滔滔谈论古今，友谊愈发深厚。后在中堂大人的引荐下，老不仓尼马单必扎乐三朝拜当朝皇帝。中堂大人当皇帝之面，夸奖活佛聪颖过人，才智超群以及在佛教上造诣之深。皇帝当面封其为"转世活佛",并赐给圣旨和印章。由此,活佛的地位大大提高,显赫一时。

老不仓尼马单必扎乐三回庙后,便着手规划扩建广法寺。他将该寺从原来的位置向东迁2.5公里之外。寺庙建成后,宗教佛事得以日益发展,喇嘛逐年增多,庙上收入不断扩大。

据说,扩建广法寺,正当财资困难之时,中堂大人因公赴蒙古真,再次与老不仓尼马单必扎乐三相见,叙旧情,老不仓尼马单必扎乐三扩建广法寺的宏伟设想,得到中堂大人的称赞与支持。于是,老不仓尼马单必扎乐三立刻令周围各旗筹集资金。彼时土默特左翼旗民众出资最多。

到乾隆四十四年(1779),皇帝御赐用满、蒙、藏、汉四种文字雕刻石碑一座,立于广法寺山门前。从此,广法寺为清廷承认的寺院。

该寺有庙宇261间,以高大的正殿为中心,形成一个错落有致的完整宗教建筑群。

寺庙主体建筑为大正殿,硬山2层楼阁式,第一层81间,第二层10间。东北面是佛庙5间,西南侧为关帝庙5间;正南面是四大天王庙3间;正北面不远处是5间安放历代活佛遗骨的庙宇;东南隅建有喇嘛斋房数间;西侧为活佛住所和全寺事物管理处所20余间。

正殿前,东西各竖立高20米的两对旗杆;在台阶下,于旗杆后面左右两侧坐卧着石雕狮子两个。

在四大天王庙前,有长50米左右、宽30余米的青砖铺地,四周筑有高2米的围墙。这里便是当年举行庙会和跳"查玛舞"的场地。

寺院四周有喇嘛住房、斋房百余间,自成村落。

二郎庙庙会,逢农历正月二十一、二十二日两天和四月二十日都要隆重举行。跳"查玛舞"尤为吸引人。舞蹈的花样繁多,艺术高超,具有浓郁的民族宗教色彩。前来赶会的、看热闹的、做买卖的达一两万人。

"查玛舞",俗称"跳鬼舞",源于西藏。据传,在建布达拉宫时,有许多喇嘛和能工巧匠做出了巨大的贡献,活佛为这些人祈祷上天,来世托生个好身世,同时按其贡献大小,分别给予赏赐。可是,赏赐时忘却了驮水运石的大青牛。大青牛怀恨在心,伺机进行报复,用尖利的犄角顶塌了寺庙的一角后便死了。大青牛死后脱生成一个"郎大力玛"的人,专门破坏宗教活动。活佛得知此事后，就每年举办两次"查玛舞"会，用来避"郎大力玛"的灾祸。

二郎庙鼎盛时期，住寺喇嘛达360多名，有经箱乐器40余套，车三四辆，用人20多个，每年可收入谷物六七百石（含施主施舍部分）。庙仓上有铸铁大锅1口，一次能煮肉300斤，煮米一石。

二郎庙经历近200年的历史，"坐床"活佛五世。随着日月的流逝，时代的变迁，它于20世纪40年代末期，就不复存在了。

龙凤寺

龙凤寺，俗称娘娘庙，坐落在阜新市区东北50多公里的彰武县哈尔套镇东门外，小溪东之岗岭下。

这座古庙规模不大，但随着哈尔套的悠久历史和集市的兴旺而远近闻名。

哈尔套属名镇，远在辽、金时代，哈尔套一带的重要地理位置和茫茫的原野有比较详细的记载。

清代嘉庆年间此处放荒招垦，移民大部来自山东、河北，以及附近的朝阳、锦州等地，无际的荒野上，逐渐形成村落。嘉庆十六年（1811年），有位李姓道人从山东来到哈尔套落脚，他到处求斋化缘，勤俭苦度，在人们的周济下，于哈尔套东门外修了1座3间的小庙，奉祀三霄娘娘（云霄、琼霄、碧霄）和眼光娘娘等。时过几年，李道人先后收陈、王二人为弟子，庙业有所发展。于是他又开始修山门、禅堂、墙垣，境况已胜于初。转眼十几年过去，李道长因病作古。庙宇由于"寒暑剥蚀，风雨飘摇，不无倾圮"。

清同治二年（1863），在当地绅商共议之下，民众踊跃捐资，在原庙的基础上，"遵旧制，而扩其规模"，于娘娘殿前增修廊厦，又建左右偏殿各2间及伙房、斋房、库房等附属建筑。庙宇已具新的规模，故取正名"龙凤寺"。

抗日战争时期是一位姓柳的和尚主持庙务，这个和尚终日放荡，不务正业，致使龙凤寺日趋萧条下来。抗日战争胜利后，国民党军进占了哈尔套，将这座寺庙作为火力据点，寺庙遭到很大破坏。龙凤寺历经140多年的岁月，最终还是消失了。

龙凤寺占地约5000平方米，庙宇坐北朝南，主体建筑为两进长方形院落，另有西跨院，与正院有角门相通。

山门前是宽阔的广场，为举办庙会之用。于山门东西立有双旗杆，高13米多，有奇雕，下部为蟠龙式。拾级而上即是3楹的朱门。门额上悬置横匾，蓝地、金边、金字，额曰"浩然正气"。逾过山门是马殿，内塑关羽骑的赤兔马和1匹黄骠马，各高约2.5米，骠肥巨壮，在马的四周设有栏杆。于马前还塑有拉马的童子像，其形象刚毅、豪爽、有力。

穿过马殿的甬道，便是一进院落。院内是关帝殿，为硬山式、卷棚建筑，统高13米多，面阔5间，进深4楹，雕梁画栋。站在月台举目观望，映入眼帘的是殿檐下门额正中悬挂一横匾，匾框为雕龙图案，黑色、木刻金字，书"万世人极"4字。两旁还各挂一匾，一块书写的是"亘古一人"；一块撰写的是"忠义千秋，威震华夏"。殿内正中供奉的泥塑是身披绿袍五绺长髯坐高2米的彩绘关羽像。东西两侧各有两尊身高3米的站像：左为关平、王甫；右为周仓、赵累。在东、西、南三面墙壁上，绘有《三国演义》大幅壁画，突出地表现了关羽的生平事迹。

在关羽坐像背后隔壁，殿内塑的是南海观音圣母倒坐彩绘像，她慈祥地端坐在莲花台上，身旁塑有招财童子站像。在圣母菩萨像上方及两壁间，有彩绘泥塑的普陀山图，分别塑着不同动势和形态的世外山人和虎、豹、鹿、象、牛、马、羊以及山禽、花草、树木等，还有佛七珍、八宝和太极图，总称之为"瑞寿图"。

出关帝殿后门，下了月台即来到院内。院内有零星古树和鲜花异草点缀。在甬道两侧有浮雕豆青色石墩数个，位距统一；再前行于甬道两侧各置放有铸铁香炉，高1.33米，炉的四周镌刻着龙的图案，上方刻着"风调雨顺，国泰民安"字样。

拾阶而上是二进院落，为后殿，即三霄娘娘殿，4间，殿高10米余，是单脊歇山式建筑，坐北朝南。殿中央西面彩塑的是琼霄娘娘，正中央是云霄娘娘，东是碧霄娘娘及眼光娘娘等，坐高都在2米以上。三霄娘娘身着薄袒，衣纹流畅，娉婷端庄，各个神态自然。于两旁还塑有站立的胁侍像，姿态不同，颇有动感。在殿内四壁上绘有"十八层地狱""目莲僧救母"等，看去都活灵活现，富有想象力，技艺精湛。

娘娘殿之东为东偏殿，殿堂2间，其内分别供奉着彩塑的火神、风神、雨神、雷公、电母等神像。出东偏殿回走即来到西偏殿，殿堂亦两间，其内彩塑有药王等佛像。

寺院西跨院青砖铺地，有砖石砌成的花墙，进角门便是一趟整齐的青砖结构的西厢房。这是庙上的宅舍、禅房、斋房、库房等，共有七八间。庭院内置放有香炉、石桌、石墩，花香四溢，环境清幽。

纵观寺庙之建筑，造型生动，井然有序，彩塑、绘画技法精湛，装修华丽，独具匠心，充分地体现了我国古代各族劳动人民的智慧和创造力。

阜新17座古塔

懿州城塔 位于辽宁省阜新市阜新蒙古族自治县塔营子古城址内，为八角十三级密檐式砖塔，现塔残高约31.5米，从塔的造型风格以及历史文献记载来看，可以推断，该塔应建在懿州城修建的同时或稍后，在辽太平三年（1023）以后至辽清宁元年（1055年）之间。辽代建有宝严寺，应为塔寺合一。

东塔山塔 位于今阜新市阜新蒙古族自治县红帽子乡境内。八角十一级密檐式空心砖塔，残高约24.4米。始建具体年代不详，依据历史记载及形制分析建于辽代中晚期。该塔位于辽代成州城西约2公里塔子山山坳中。成州是辽圣宗耶律隆绪的二女儿晋国长公主岩母堇的私城，建于辽太平元年（1021）。

塔山塔 位于阜新蒙古族自治县十家子镇塔北村南2公里的塔山山顶，为八角密檐式砖塔，现存九级，残高17.86米。塔山塔始建具体年代不详，依据历史记载及形制分析建于辽代中期。山下为辽代闾州。

大巴半截塔 位于阜蒙县大巴镇半截塔村西山岗，因塔身早年风化，塔好像只有半截，故名。整个建筑是矗直的楼阁式佛殿；塔平面八角形，结构材料为砖瓦；形式为九级密檐式；高度约15米，第六层檐部及塔顶部塔刹等，都已颓掉。这就是"半截塔"名字的来源。塔毁于1966年，从地宫中发现欢州西会龙山碑铭,有"大辽国欢州西会龙山"等字样,知此塔建于辽道宗大安八年(1092),为辽欢州西会龙山州塔。在半截塔村,现有辽代古城址,按历史记载,当为辽头下州之一欢州。

广玉泉舍利塔 位于阜蒙县务欢池镇广民村北山岗上,建于辽道宗寿昌元年(1095),1966年被炸毁。

白山院舍利塔 位于阜新县富荣镇乡贝利房村水泉沟屯西山。该塔毁损于新中国成立前。1954年从残塔塔基地宫中出土了《显州北赵太保寨白山院舍利塔石函记》,据载,得知北塔建于辽清宁四年(1058)。根据《函记》亦得知,此塔为显州北赵太保寨白山院所建"千佛舍利杂宝藏经塔",为塔寺合一。石函各面记载的官员、僧尼、地方耆老以及虔诚佛事的善男信女题名多达几百人,由此推测,此塔的体量会较大。

懿州古塔

成州城塔(红帽子塔) 位于阜蒙县红帽子乡成州古城址内西半部,1967年被毁,塔基地宫中出土一批珍贵文物。其中一石函内藏金银小塔各一座,金塔塔身内藏金箔铭文,约200字,有寺庙住持"昌舟"字样。银塔塔身内藏银箔铭文,共75行,每行9~11字。从银塔银箔铭文中推知此塔建于辽道宗大康二年(1076)。成州是辽圣宗耶律隆绪的二女儿晋国长公主岩母堇的私城,建于辽太平元年(1021)。从出土的文物和所在的位置分析,此塔的体量当与现存的懿州城塔相当。

三塔沟三座塔 位于阜蒙县新民镇三塔沟村(大板林场),共三座塔址,1999年大板林场搞基本建设时挖毁一座塔基,出土一石函,推知此塔建于辽道宗大安五年(1089)。根据该塔出土石函铭文得知,此塔为辽代崇先寺诠微和尚的灵塔。另两座塔具体情况不详。

塔子沟塔 位于阜新市太平区水泉镇塔子沟村。塔毁于清宣统年间。塔的形制和体量不详。

蜘蛛山塔 位于阜蒙县蜘蛛山乡塔子沟村。旧《阜新县志》记载"早年被毁"。塔的形制和体量不详。

建福寺塔 位于阜蒙县旧庙镇海力板村，早年被毁。塔的形制和体量不详。《辽东行部志》记载为"建福寺"之塔。在阜新县旧庙镇他不郎营子有一处辽代古城址，专家考证，此城当为辽代头下州徽州。海力板村距他不郎营子直线距离不到10公里。分析此塔当为徽州所属。《辽史地理志》载"徽州，宣德军，节度。景宗女秦晋大长公主所建。媵臣万户，在宜州之北二百里，因建州城。北至上京七百里。节度使以下，皆公主府署。户一万"。徽州在所有头下军州中排名第一，建得最早，也最大。

福兴地塔 位于彰武县福兴地乡福兴地村，早年被毁。塔的形制和体量不详。

佑先院塔 位于彰武县平安乡马家村，早年被毁。此地距懿州城约15公里，当属懿州所属。塔的形制和体量不详。

小南洼塔 位于彰武县四堡子乡小南洼屯，早年被毁。塔的形制和体量不详。四堡子小南洼村有辽代古城址，据专家考证，为辽代头下州壕州。《辽史地理志》载，"壕州。国舅宰相南征，俘掠汉民，居辽东西安平县故地。在显州东北二百二十里，西北至上京七百二十里，户六千"。据辽墓出土的墓志表明，壕州为辽代后族萧氏的头下州。因此，此塔当为壕州州城塔。虽早年毁损，分析此塔规模不会太小。

高束台塔 位于阜蒙县大五家子镇高束台村下高束台屯北，"文革"中被毁。此地距辽成州不过10公里，当成州所属。塔的形制和体量不详。

南昌东塔 位于阜蒙县紫都台乡南昌营子村东0.5公里东梁山岗上，即官山西北；未清理；塔的形制和体量不详。

沙力土塔 位于彰武县福兴地乡大沙力村林场屯偏东1公里林地中，塔基直径约5米，圆形塔座，面积约50平方米，高出地面2米。在塔座周围有大量布纹板瓦和粗绳纹砖，村民介绍，塔为方形，有地宫。塔在新中国成立前残高约10米。新中国成立拆毁该塔。由此推断，此塔当为辽代中期左右的建筑。此塔距彰武县苇子沟乡土城子村的辽代头下州渭州仅20余公里，分析当渭州所辖。

海棠山摩崖石刻

海棠山清代密教摩崖造像，位于辽宁省阜新蒙古族自治县南部大板乡境内，距县城20公里，分布在医巫闾山支脉，东西4.8公里、南北3公里，面积14.4平方公里，尚存260余尊造像，主要在喇嘛洞山和萨本山南北两面坡的黄色花岗片麻崖上。主体雕像群位于山北的"聚神石"，它的前后四周雕有70多尊造像，有吉祥天母、绿度母、白度母、关公、无量寿佛、金刚、文殊、四臂观音等。在民间俗称"巅山石"处有群像9尊：弥勒、大黑天、宗喀巴、大威德、长寿三尊、药师、地狱主。最高处的造像为黄教领袖宗喀巴。最大的造像为辩经台处释迦牟尼佛（5米高），这是几处最为显要的造像。

造像为线刻、浮雕、浮雕线刻相结合的形式，并且都有铲地深浅不同的龛形。除了祖师宗喀巴、佛祖释迦牟尼明显地造刻得最高、最大、最显要之外，其他的造像安排不以大小精粗为主次。空间大些、时间早些，造像相对较大，反之便小。260余尊造像大者5米左右，小者30厘米左右；3米以上的造像有30多尊。

造像大致可分为6大类：祖师像：宗喀巴、米诺日巴、章嘉活佛；佛像：释迦牟尼佛、无量寿佛、弥勒佛、长寿三尊；佛母像：白度母、蓝度母、绿度母、红度母、大白伞盖佛母、尊胜佛母；秘密佛像：持金刚、大威德金刚、马头金刚；菩萨像：四臂观音、十一面观音、莲花手观音、文殊菩萨；护法像：六臂大黑天、地狱主、事业王、骑羊护法神、吉祥天母、地母金刚菩萨、多闻天、关帝、周仓、关平。《辽海文物学刊》1995年第2期刊登了吕振奎《阜新海棠山摩崖造像考察报告》，对于大部分造像作了编号和内容介绍，在此参考该文及有关典籍和实地考察整理后述之如下。

内容确认

释迦牟尼造像（编号24）坐落在喇嘛洞山与萨本山的山洼中，原辩经台处，像高 5 米，是海棠山最大的摩崖造像。释迦牟尼佛头戴五智宝冠，五宝叶一字排开，胸佩璎珞，腕饰钏环，右胸袒露，右手做按地印。左手托宝钵，结跏趺坐在莲花座上，头部两侧有日、月、浮云。

其他造像分组确认并介绍：

第一组：26 尊造像（命名集佛台），即民间称为"聚神石"处其中一群由文殊菩萨、无量寿佛、不动金刚组成。文殊菩萨（编号 73）居中，左手持般若经卷，右手上扬挥舞智慧剑，一面二臂结跏趺坐于莲花座上。头上两侧有日、月、浮云。左边不动金刚（编号 74），一面二臂，右手执宝剑上扬举，左手无畏印（吕振奎文为期克印）当心悬绢索于拇指，五骷髅为冠，以智慧火焰为身光，三目愤怒圆睁，大腹裸露。右边无量寿佛（编号 72），头戴宝冠，双手持托甘露宝瓶，结跏趺坐莲花座上，有圆形头光和背光。

第二组由两尊造像组成。绿度母（编号 68），右手施愿印，左手施论辩印，并持优婆罗花，头戴宝冠，圆形头光和背光，半跏趺坐于莲台。弥勒佛（编号 69）两腿垂足倚坐，头戴宝冠，双手结法轮印，兼持莲花，其上分别有法轮、净瓶、圆形头光和背光。

第三组由尊胜佛母、阿弥陀佛、绿度母、弥勒佛等 7 尊组成。尊胜佛母（编号 82），白色顶髻尊胜身，三面，每面三只眼，八臂，主臂当胸，右手执交杵金刚（羯磨），左手无畏印拿绳索。其余手伸向两侧，右侧第一手托一化佛，第二手持箭，第三手施愿印。左侧第一手上举施无畏印，第二手持弓，第三手托一宝瓶，跏趺坐（吕振奎原文为：白色顶髻尊胜身，3 面：中白、右黄、左蓝，八臂，右执交杵金刚当心，莲花上无量光佛、箭，施法手印。左手期克印，持索绳、弓、护印，甘露盈满宝瓶、金刚，趺跏而坐）。阿弥陀佛（编号 83），双手结定印托宝钵结跏趺坐于莲座上，线雕圆形头光和背光。绿度母（编号 84、86），头戴五叶宝冠，右手施愿印，左手施论辩印，半跏趺坐于莲花座上，两侧有莲花。弥勒佛（编号 87），立姿，头戴宝冠。

第四组由大黑天、四臂观音、文殊菩萨、无量寿佛、金刚手、十一面观音、绿度母、吉祥天母等十尊造像等组成。大黑天（编号 97），青色三面六臂，头戴五骷髅冠，着骷髅虎皮裙，两主臂当胸，左手执人头骨碗，右手执物不清（应为月形刀），其余四手分开，上面右手拿人骨念珠，左手拿三叉

海棠山摩崖石刻局部

戟,这两只手同时还执象皮张于背后,下面右手执手鼓,左手拿绳索,一端是金刚杵,一端是钩子;立姿,踩于象头天神的胸腿,象神仰卧。这是大黑天最常见和最圆满的一种形象,为满族供奉的战神(吕振奎文为:大黑天,大自在天的化身,青色三面六臂,前右手横执剑,中间左手执人头,中间右手执牝羊,后左右手执象皮张手背后,以骷髅为璎珞。大黑天神为满族供奉的神,称之为战神)。文殊菩萨(编号99、103),头戴宝冠,右手上扬挥舞智慧剑,左手持莲花,花芯上平放般若经卷,结跏趺坐于莲花座上。无量寿佛(编号102)头戴宝冠,手结等持印托甘露宝瓶,结跏趺坐于莲花宝座上。绿度母(编号93),右手施与愿印,左手施论辩印,头戴华冠,半跏趺坐。金刚手(编号95),一面二臂,右手上扬,持无股金刚杵,左手持绳索,三目圆睁,饰虎皮裙,周身放射智慧火焰。四臂观音(编号94),一面四臂,着菩萨装,两主臂施印,后左手执法器,后右手握净瓶。十一面观音(编号98),十一面八臂立姿,正三面为慈相,左三面为嗔相,右三面为赞叹相,上二面为爆笑相,最上为佛说法相。除最上佛面外,其余十面皆戴五佛冠,两主臂当胸合十,其余手各执法器,立于圆形莲花座上(吕振奎文为：十一面观音，八臂立式，前两臂双手合十，其他各手均施印执法器，立于圆形莲花座上）。吉祥天母（编号101），右手上扬挥舞两端有金刚的短棒，左手当胸执盛血的人头骨碗，三目怒睁，五骷髅为冠，两腿屈曲赤脚骑于骡子背上（吕文振奎为：两腿微弯坐骑于马背上），座下是一张女人皮，女人头倒挂，头发下垂，火焰为身光。

第五组由绿度母、红度母、蓝度母组成。绿度母（编号134），头戴华冠，左手当胸说法印，右手施与愿印，半跏趺坐于莲花座上，右足踏于小莲花台上，肩两侧有莲花，圆形头光及背光。红度母（编号135），头戴华冠，左足残，半跏趺坐于莲花座上，右手握莲花，左手拇指与无名指相捏，圆形头光及背光。蓝度母（编号136），头戴华冠，半跏趺坐于莲花座上，右足残，双手捧物。

第六组由宗喀巴、弥勒佛、长寿三尊、六臂大黑天、大威德金刚七尊造像组成。宗喀巴（编号140），头戴黄帽，双手胸前结法轮印，跏趺坐于莲花座上，两侧有莲花，圆形背光。弥勒佛（编号139），跣足立于莲花座上，头戴宝冠，左手施印，右手握莲花，莲花上分别有法轮、净瓶，圆形头光。长寿三尊（编号142、143、144、海棠山共有五组，在此吕振奎文无介绍，他把编号为142、143、144的长寿三尊又另作为第七组叙述，故在此叙述略去后面的第七组）由无量寿佛、尊胜佛母、白度母组成。无量寿佛头戴宝冠，双手握甘露瓶，结跏趺坐于莲花座上，圆形头光及背光。尊胜佛母三面八臂，右手分别是主臂持羯磨（双金刚）；侧一手持化佛；侧二手持箭；侧三手施与愿印，左手主臂拿绳索；侧一手上举施无畏印；侧二手持弓；侧三手置双膝上，托一宝瓶，圆形头光及背光。白度母头戴宝冠，左手施论辩印，右手施与愿印，结跏趺坐于莲花座上，圆形头光。六臂大黑天（编号141，吕振奎文为：六臂勇保护法），五骷髅为冠，怒发竖立，头光饰火焰纹，三目怒睁，前两手右手施转法轮印，左手托物不清（吕振奎文为手托三籽，"三籽"不知为何物，本人由造像上也不能分辨），后面四手各执法器，右一手拿人骨念珠；右二手拿鼓，左一手拿三叉戟；左二手拿绳索，后面左右两手又分张象皮，大腹裸露，两腿左伸右曲，周身饰火焰纹。大威德金刚（编号145），面残，九面分为三层，下层七头，居中之头两水牛角立其上，第二层一头为夜叉恶相，最上为文殊本相（大威德金刚是文殊菩萨示现的教令轮身），每头三目，具五发髻；桃形头光，后有卷曲火焰纹；三十四臂，左右各十七臂，扇形分布，手中各拿铃、杵、刀、剑、箭、弓、瓶、索、钩、戟、伞等器物；十六足，左足踩人兽八物，右足踩八禽，裸体，莲花座（吕振奎文为：大威德金刚，面残，九面，三十四臂，十六足，能吞三界，做吼吼大声，卷舌龇牙，五元骷髅为冠，五十新首为曼）。他十分详尽地介绍了手持足踩之物，本人于造像上不能十分清楚地分辨，故于此不详述。

第七组由释迦牟尼、四臂观音、阿底峡、白度母和不动金刚组成。释迦牟尼（编号36），高肉髻，左手托宝钵，右手施触地印，着通肩大衣，跏趺坐于莲花座上。阿底峡（编号38），头戴黄帽，双手施说法印，跏趺坐于莲花座上，圆形头光及背光。四臂观音（编号37）一面四臂，头戴华冠，华冠上有化佛，跏趺坐于莲花座上，前两手合十，后右手持净瓶，后左手残，圆形头光及背光。白度母（编号39），头戴华冠，三眼，左手施论辩印，右手与愿印，跏趺坐于莲花座上。不动金刚（编号40），一面二臂，右手上扬宝剑，左手执羁索，五骷髅为冠，怒相，头光饰火焰。

第八组由宗喀巴、贾曹杰达玛仁饮、克珠杰格勒贝桑、洛丹喜饶、无量寿佛、护法神组成。宗喀巴（编号15）。贾曹杰达玛仁饮（编号16）。克珠杰格勒贝桑（编号17）。以上二人是宗喀巴的心传弟子，贾曹杰是宗喀巴圆寂后的第一个衣钵继承人。克珠杰著有《宗喀巴传》。洛丹喜饶（编号19），是宗喀巴的译师。护法神（称犀甲护法，编号20），五骷髅为冠，三目，头后有七面三角形幡旗，圆形项巾，右手挥舞宝剑，两腿叉开骑于马背，周身饰火焰纹。无量寿佛（编号18）。

第九组为白度母和绿度母。白度母（编号58），头戴宝冠，腕饰钏环，三眼，姿态安详，右手施与愿印，左手施论辩印，跏趺坐于莲花座上，左侧有莲花，斜坡式圆形头光，斜坡式二层圆形背光，头上有日、月、卷云。绿度母（编号59），头戴宝冠，冠上有化佛，左右手施印，腕饰钏环，半跏趺坐于莲花座上，两侧有莲花，斜坡式二层圆形背光，斜坡式圆形头光，头上边有日、月、卷云。这两尊度母为龛内高浮雕。

第十组为关羽、周仓、关平（海棠山共有两处）。关羽（编号28），周仓（编号18），关平（编号86）。3尊造像为武将服饰，关羽倚坐，右手似在捻须，左手置左膝上，有圆形头光。周仓立于右侧，右手持偃月刀。关平立于左侧，身背宝剑。

另外还有几尊造像较具特点且雕造较精致。多闻天：一面二臂，右手执幢，左手持鼠，骑于一卧狮背上，雄狮作回头怒吼状。大白伞盖佛母：寂静形，一面二臂三目，结跏趺坐于莲花上，左手持大白伞盖当胸，右手无畏印。此像面部造型浑圆，体感强，表情十分生动。马头金刚，三头六臂，愤怒相，六臂分别持物或结印，右一手持金刚，右二手持三叉人头骨棒，右三手执匕首。左一手结恐吓印，左二手握短枪，左三手执人皮绳索。右腿弓，左腿直，足下踩蛇。此像造型有壮美之势，且保存完好，形、色、线至今依然很清晰，十分难得。骑羊护法神（守誓黑铁匠神），此神头戴宽边笠帽，右手持铁锤，左手持虎皮风箱，骑一山羊，身后饰火焰纹，红色保存尚好。下面刻有一排藏文。又于该神前胸开一小龛。地狱主（降阎魔尊，海棠山有两处，其中一处吕文中提到编号为4，是道光八年［1828］刻。两像风格不同，一为浮雕形式，很有力度，动感很强。一为阴刻线形式，清晰而静），水牛头，愤怒相，头发上束，右手持人骷髅棒，左手持有钩套的绳索，右腿屈，左腿伸，两脚踩在一头大水牛身上，水牛下有一赤身仰卧人，背景是火焰纹。事业王（吕文中提到其编号为6，为水兔年道光二十三年［1843］益西桑保刻，但未作介绍），头戴宽边笠帽，三面六臂每面三目，六臂持物，右一手持钩，左手拿弯刀；右二手当胸持箭，左手拿弓，两手配合做射击姿势；右三手拿匕首，左手于腹部执棒，骑雄狮，狮子回头作怒吼状，背景为火焰纹。此像以线刻为主部分加以浅浮雕形式，工整秀丽，尤其是狮子的处理，形式感很强，是海棠山造像中比较优秀的作品。护国天王（骑狗天王）。一面二臂三目，愤怒相，头戴骷髅冠，右手持月刀，左手托一骷髅碗，骑在一只奔跑的大黑狗身上，背景为红色火焰纹。米勒日巴，长发披肩，面带微笑，两耳较大，袒右臂，右手于右耳边，头略右偏，左手于腹部持物，游戏坐姿。章嘉活佛，头戴桃形尖顶黄帽，面目慈祥，身着藏式袈裟，右手当胸为说法印，左手持经卷，此像胸前开一小龛。此章嘉活佛正是阜新县志所说的章嘉二世（吕振奎文认为是章嘉三世，本人认为年代不符）。旃檀像，这是海棠山仅见的一尊释迦旃檀像，像高只有30多厘米，制作比较稚拙，但旃檀像的基本特点都还明显。它头戴宝冠，梳高髻，面目似是汉人的少年模样，有突出的民间艺术造型特点。身着无领通肩大衣，虽然不是紧贴身上，但胸前的同心半圆形衣纹十分鲜明。右手微举施无畏印，左手下垂施与愿印。脚下有莲座，后有头光、背光。民间称此像为"水影像"。

造像年代

海塘山（现称海棠山）密宗造像为清代阜新地区第二大寺普安寺之遗存。普安寺的创建者，据说是章嘉活佛之前身率人所建。《阜新县志·卷二》载："普安寺，一日大喇嘛洞在县南四十五里海塘山左麓，章嘉活佛前身于前清康熙二十二年（1683）率其徒张王刘杨丁郭等姓创建之。"这位活佛的身世据《阜新县志·卷三仙释》载：其为"普安寺转世喇嘛也，伊前身系汉族人张姓务农，一日耕于野，有猎人尾一白兔至，张匿之犁下，及猎人往，纵之不去，疑求护送之，行至一山洞（即建普安寺处）忽不见，遂有所悟，不复返矣，后其妻访知，往馈食一次，再见虎伏洞口，却归，疑已死，越二年，张忽出现收徒六人创修是寺，自言当生某，遂不知所终，逾数年，其徒如言往寻，果得，遂迎为佛，喇嘛自此转相轮回"。这里所说的"收六徒创建是寺"的张家人，从建寺年代（康熙二十二年，即1683年）来看，应是章嘉二世阿旺洛桑却丹（1642～1714），他在康熙年间一直很活跃，参与处理了许多宗教事务，也深受康熙帝的尊崇。而三世若必多吉（1717～1786）虽然是内地弘传藏密最有成就者，但其活动年代显然与建寺时间是不符的，所以普安寺的初建者应是章嘉二世阿旺洛桑却丹。普安寺初建之后，历经各代共6世转身活佛的扩建，如"乾隆四十五年章嘉二世转身建切列拉省一座（讲经殿），嘉庆元年章嘉四世转身建太兴仓一处、佛爷仓一处。道光三年建阿花拉省一座，五年建成丁花拉省一座，是年蒙御赐该庙为普安寺。二十八年蒙御赐匾额一方，号日莫里根刊布呼图克图，遂成巨刹"。也就是说到1825年，普安寺得名，至迟到1848年普安寺已成为著名大寺了，成为阜新地区仅次于瑞应寺的第二大寺，早年僧众达1600余名。寺庙的修建情况如此，但造像的具体时间，县志未详，造像中的刻字也不得创始纪年题记，可见的纪年题记（道光八年、道光二十三年）的两处造像应是晚期的作品，不能说明问题。从建寺、造像这样的顺序来看，应是在普安寺初具规模、佛事活动渐盛之后,人们才开始依山造像的。对于造像的起始年代,已知有3种说法:章嘉前世率徒建寺同时造像;摩崖造像起始于道光初年;建寺之后,于清代中晚期开始造像。这3种说法中第一种观点,为一般介绍性文章及阜新市旅游局出版的《中国藏传佛教黄教东方文化中心——阜新海棠山摩崖造像》、阜新蒙古族自治县林业局出版的《海棠山摩崖造像及景物传说》中提出的造像时间,这个结论恐怕是依县志误解所致。其实县志只提到建寺为康熙二十二年即1683年,并未言明何时造像。并且依县志所言,当时只有张及门徒六人,无论是人力、物力恐怕只能使寺初具形制而已,不可能有能力再去造像,并且当时号称第一大寺的瑞应寺已于康熙八年(1668)建造,至1704年蒙赐匾额"瑞应寺",而普安寺于1683年始造,1825年才蒙赐寺名,所以初建之时它是无法与瑞应大寺相抗衡的,也不会很快在社会上造成影响并吸引官家和群众来此造像供养。第二种观点为1996年中国华侨出版社出版刘国有编著的《阜新史稿》中提出的造像时间,不知所依何据。但本人以为道光年距建寺的时间已过130多年,似乎又太晚了。虽然它是在道光五年蒙赐寺名(刘国有文可能是据此提出造像始于道光初年的),但在这以前,该寺已经历了康、雍、乾三朝多次修扩,乾隆年间更见隆盛,所以至迟在乾隆年间造像可能已经开始了,影响业已产生,所以到了道光年,而得以蒙赐寺名。并且道光以后,国势渐衰,不大可能有饱满的精力去新制大量的造像。第三种观点是《辽海文物学刊》1995年第2期吕振奎的《阜新海棠山摩崖造像考察报告》提出的造像时间。笔者赞同第三种观点,即先建寺后造像,但只说是清代中后期,过于粗线条了,可能于乾隆年间(18世纪七八十年代)已开始造像,因为据县志载,乾隆四十五年(1780)章嘉二世转世(章嘉三世若必多吉)在此建讲经殿,说明该寺之影响已经很大了,而信众造像祈福、追求世俗利益而并不真的讲究佛法,正是清代佛教信仰的特点,所以当普安寺初具规模之后,人们随之便会自发地于附近造像供养,这也是历来建寺与造像的规律,所以这批造像应是在建寺的1683年之后不久有了一定影响和信众,历经乾隆、嘉庆、道光、咸丰、同治、光绪100多年的时间内逐渐完成的。这从造像风格的差异、风蚀的程度上也可以看出时间上的跨度不会只是在道光或光绪之后几十年内的作品。

造像的源起

从造像的精致、粗朴及大小和一些祈福文字上看，造像的源起大致有四种：朝廷出资造像；王公大人出资供养；民间集资供养；百姓个人祈福。从其中存留的刻文上看，除了一些佛号外，就是为父母亲人祈福的吉语，所以以第三、第四种原因的造像居主体。

造像风格

海棠山现存260多尊造像，虽然内容上是藏密诸神，但整体上是汉地艺术风格，面部多长圆形，五官较平淡，表情也不强烈。度母、菩萨的形象不是蜂腰丰乳，有着汉地艺术平和素朴的亲近感。但由于造像绵延时间长，又因不同财力、目的所造，所以又有明显的不同，大致可归结为4类（4类风格，有一个共同的特点，即凡是同一类风格的造像，在形象处理上如五官、表情、动势以及比例的大小几乎完全相同，显系出自某一匠人之手，或有承继体系的师徒之手，或依据相同的粉本、样式。部分造像在左右或上下刻有蒙、藏文楹联、祈祷文、佛的名号，并涂有彩绘，至今可见红、绿、青等色）。

岩面线刻 以阴刻的线条造型，只在边缘处铲地使形象凸起，并显出平整的头光，流曲的线条几乎不见投影，仿佛中国绘画中的屈铁盘丝描，或民间木版画的感觉。形体以线结构，装饰整理的意味很明显，画面只有一个层次。此类造像比例自然，形体多高大。

浮雕加阴线 主尊形象以浮雕形式，背景的头光、背光、火焰以平面线刻衬托主体，画面形成两个层次。此外，浮雕线条疏密配合得很协调，如背景密，主体则简，反之亦然，形成一定的节奏感。因为浮雕的体量关系和海棠山花岗片麻岩石本身的结构特点，人物形象多比较粗放。

以上两种形式，因凸凹起伏小，体量感相对弱，故风蚀不重，画面大多清晰，形象完整。

浮雕 背景、形象皆为浮雕，装饰性较强，这类作品与第一类单纯用线的效果感觉近似，即画面比较单纯，只是光影效果更好些，尤其大的头光、背光凸出于崖面，圆光的中心又逐渐铲地凹陷托出主尊，形成一个具有边缘亮线和晕感暗面的圆光，以线和虚的面突出受光的有力度的主体，显得气势宏伟。

高浮雕 这类作品数量最多，形体较小，比例也很随意，尤其立姿像，多是上身、上臂粗壮，下肢短小。颗粒粗大的黄色花岗片麻岩，经风蚀剥落后对这种凸起较高的小像造成模糊不清的感觉，不少作品的面目残缺严重（线性作品则没有此类情况）。

海棠山造像的意义及特点。从造像整体形式看，除辩经台处释迦大像雕造较精细以及马头金刚、弥勒立像、多闻天为较精美的线刻外，其他多为小型高浮雕或民间味很浓的线刻作品，应是民间为世俗目的而造，谈不上精美的艺术创作，作者也应是名不见经传的民间匠人、小手艺人。就时代存留作品看，内地清代密宗造像并不多见，野外摩崖造像更是罕见，而阜新海棠山造像其规模之大、数量之多，时代性强、保存较好对于研究清代内地密宗造像具有很高的价值。

依据以上4方面的内容，可以看出阜新海棠山造像密教的特点如下。

1. 民间性。阜新地区清代密教的流行，相对于西藏、北京、承德显得缺少政府的关注，虽然也有皇帝的题名与赐匾，但与上述三大地区相比，简直不算什么，可谓微不足道。人民的宗教信仰，只是在朝廷的策划下成为一种几乎是自发的潮流，延续着蒙元时代遗留的信仰习俗，并在新的历史背景下将之发展为一种心理反映，官家不必对该地予以更多的心力，人们在初浅信仰的感召下，会成为清政府放心的顺民。海棠山这些作品一般来说较朴素，并不追求高级的艺术性，显示出民间造像的实用目的。造像中没有供养人也很能说明问题。在宗教造像中凡是出现供养人的其形象多是帝王将相、富贵豪绅，如龙门、敦煌有不少帝后礼佛、贵族持花供养的形象，而民间百姓最多只刻个祈语、名字以记其事而已。阜新海棠山有大大小小的各类佛像，却没有一躯供养人像，可见清廷对于边塞少数民族的佛教事业并不是真正地投入，弘佛用于政治的目的多于信仰的愿望，这一点尤其在顺治、康熙、雍正、乾隆朝更为明显。顺治帝的宗教信仰由萨满、基督转而入佛的，但他主要是一位参禅的"痴道人"，顺治帝礼遇的高僧憨璞聪、玉林秀、木陈忞等人都是临济宗的禅师，可见顺治对于藏密的热情并不高。然而，顺治九年（1652），朝廷迎请五世达赖进京，并特建西黄寺给予极高的礼遇，翌年返藏时，又册封达赖为"西天大善自在佛所领天下释迦普通瓦赤喇怛喇达赖喇嘛",同时赐黄金500两、白银11000两,大缎1000匹及珠宝玉器等物。这除了理解为一种安抚政策,似乎也没有更好的解释。康熙时佛教极盛(普安寺正是康熙二十二年造,造像在此朝应已经开始),但康熙帝认为古人好释老之教者,无益有损,崇佛是愚昧无知的举动,"朕生来不好仙佛"这是他本人鲜明的态度,但出于稳定社会巩固清朝统治,他对于佛教采取了扶持、利用政策,据说康熙帝为各地寺庙题名的匾额数以千计,在蒙古地区建庙更是出于政治的考虑,康熙帝曾明白指出,在多伦建庙就是借以统一和控制蒙古各部,"盖四十八家,家各一僧,佛法无二,统一宗而会其有极。归其有极,诸蒙古恪守候度,奔走来同,犹江汉朝宗于海"。雍正帝更是崇禅的皇帝,他自号"圆明居士",亲撰《拣魔辩异录》《禅宗语录》,体现了他极高的禅理造诣,同时他也倡谈"三教一致"(儒、佛、道三教),而密教具有巫术性质的内容,不会引起这种文人皇帝的更多兴趣,他对藏密及密教大师的礼待只能属于朝廷的政治态度及他一贯强调的禅教合一的佛教态度,他本人于禅宗的痴迷是显而易见的。乾隆帝崇佛可谓极致,但这些礼佛、供佛的举动,也不外是"以佛引帝",刊刻"龙藏",译满、蒙文藏经的目的在于使满、蒙、藏之人"皆知尊君亲上,去恶从善"。既然是一种"政策",因此不可能将造诣很高的教理大师及技法高超的宫廷大画师下放到偏远的东北,所以这里不会产生北京、承德那样华贵的宗教艺术和帝王礼佛的宏伟场面。

2. 从造像内容上看,无量寿佛数量最多,其次是文殊、观音、度母。它们表面上承继了西藏黄教造像的基本内容,但实际上对于其中的教义已视而不见、充耳不闻了,供奉以上诸尊,以求现世福报才是造像的目的。

这可以说明两个问题,其一是它正好从侧面补充说明了海棠山这批造像应开始于康熙、乾隆朝代。我们知道康熙帝历来自比"无量寿佛化身",而乾隆帝则自喻"文殊""观音""度母"的化身,藏、蒙一带就称乾隆帝为"文殊皇帝"。康熙五十二年(1713)在承德修建了溥仁和溥善两寺,后乾隆朝又建六寺,合称外八庙,这八庙中康熙帝在溥仁寺主殿内,就雕塑了九躯无量寿佛,以象征康熙帝为"无量寿佛示现",高入天极。而文殊像,寺中的"金容",则是"文殊皇帝"乾隆像了。基于宗教、政治的原因,清代中期以后藏、汉地区佛教的造像多无量寿、观音、度母便很自然了。其二藏密供养的本尊也以上述为最多，喇嘛庙里供奉的无量寿佛触目皆是，他的四十八愿十分感人，他的佛国也十分地诱人，往生其中的办法是信仰三宝并称颂其名号，即可得到佛的接引，这对于民间世俗人来说有着更加实用的号召力。文殊菩萨在藏传佛教中地位极高，因为藏密的修行在最高层次上注重智慧观照，讲求即身成佛，黄教祖师宗喀巴即被奉为文殊菩萨的化身，所以藏密中文殊信仰极盛。度母是观音的化现，有 21 种，在喇嘛庙里以白、绿度母为最常见，绿度母可以救助人解脱狮难、象难、火难、蛇难、水难、牢狱难、贼难、非人难等八种苦难，所以又称救八难度母。白度母双手、双足各生一眼，面生三眼，称七眼女，所以她能遍观一切，救助人们解脱，所以又被称为救度母。民间奉佛是祈福避祸，释迦佛虽最大、宗喀巴位置虽最高，但数量不多，这说明当时人们的信仰不讲求高深的终极关怀，而是浅层的、乡野的宗教虔诚。佛祖、祖师代表的教义对于下层群众来说显得过于学术性了，是华而不实的，造一个显要的大像只是一个表号，而实用的、小且多的赐福救难的无量寿、观音、度母以及借之可以即身成佛的文殊菩萨才是百姓所求，这恰恰也是清政府所欲达之目的，即扶持佛教，但不弘法，根本目的在于使民驯服、不思抗争，这是造像以有限的形式提供的无声的信息，反映了清代阜新地区宗教所谓繁盛的一个特点。

3. 造像布局杂乱。这个特点其实也是第一个特点的延续，因为它们大多是民间的、自发的，所以受财资所限，多数造像只能出自无名匠人之手且体积小而效果粗糙，仅具意向，证明是某某佛、菩萨而已，并不求其造像的视觉艺术性。又造像多为民间因事求福、求寿等随时而造，只能就当时所余岩面空间，量石而造了，所以大则大像，小则小像，不为好看，但求立意，与历史上存留的龙门、云岗等野外大像其主次分明、严整的布局、逼人的气势相差甚远，与承德皇家寺院群的雕塑也迥异其趣。

4. 不见双身像。海棠山造像内容上承继藏地密教造像，种类是比较齐全的，除了常见的祖师、活佛、无量寿、观音、文殊、度母外，其他如骑羊护法、护国天、多闻天、地狱主、事业王、关帝等都可见到，作为清代中后期民间造像这是难得的，但在这众多的造像中却唯独不见密教最有代表性的"双身像"。双身像一般为密教五大本尊的示现形式，其他如马头金刚、大轮金刚手等也有双身形象，"双身"是用来象征佛教高深的谛理，是高层次修法尊奉的本尊，在密教造像中是十分流行的，一般喇嘛庙的唐卡、壁画、塑像和藏区的摩崖造像中也是最常见的。海棠山造像种类如此齐全却不见这种修习本尊，恰恰了说明它不过是一种具有浓厚世俗观念的民间信仰，显示着所谓"怀柔政策"下人们对佛理已失去了最基本的认识。

造像所显示的清代阜新地区密教基本特征　阜新自明代中叶便入归蒙古版图，但设县较晚，1902年，即光绪二十八年，取"物阜民丰，焕然一新"义而成立阜新县。清代统治者要治理文化深远的汉人，管理好骁勇好斗的蒙、藏人，必须有一个针对性的政策，因此清政府对汉、蒙藏分别实行刚、柔不同的政策。早在清入关之前，清太宗皇太极就曾致书西藏表示崇敬佛法，欲请高僧弘扬佛法，之后西藏与清政府通好，这是清政府在西藏问题的处理上首先使用的"怀柔"方针。而早在13世纪由西藏大法师萨班的传法而使蒙古贵族放弃了萨满教、古代基督教信服归仰于喇嘛教。延续着元代以来对喇嘛教的信仰，蒙古族人"饮食必祭，出入必拜……无论男女老幼，亦往往手念珠而不释也。又有金银为小盒，高二三寸许，藏经其中，佩之左腋下，即坐卧寝食不释也"（《夷俗记》）。"凡事皆守僧之戒……一举动，僧曰不吉，则户限不敢越；一接见，僧曰不吉，则人罕睹其面也"（《夷修记》）。所以清政府对汉人实行强治，如易服、剃发、圈地驱民等，不行者则获罪，所以当时有"留发不留头，留头不留发"的民谚，而被圈占地区人民"饥寒迫身"（《清世祖实录》卷一二五）。而对已经十分柔顺，蒙古族人则以"怀柔"的方式来继续减弱其勇武之力，而"怀柔"的具体内容之一，便是使其进一步沉迷于香烟缭绕的佛的世界。后来康熙帝巡游南北，常住名山古寺，敕字赋诗，撰写碑文，并将隐居的大德请到京师，于多伦诺尔建汇宗寺，特请章嘉活佛常驻寺中，并用其掌管内外蒙黄教事务。乾隆年间，僧尼人数已多至无法查清的程度，《龙藏》《蒙古藏经》《汉满蒙藏四体合璧大藏金咒》的刊行、编辑对佛教的尊崇达到了高潮。民间信仰在此推动下，也构成了一次回光返照的佛教繁荣。据《阜新县志·卷五·宗教·喇嘛教》载："蒙古人上自王公下逮庶民信仰喇嘛之专之诚牢不可破，无论贵贱、生男多寡，必须有为喇嘛者，自幼落发，适龄后送庙习经，终其身不得娶妻生子，每大村筑寺一座以收容一村之喇嘛或合数村筑寺一座收容数村之喇嘛，间有巨寺焉，宽敞美丽极壮观瞻，其收容之喇嘛恒数百或数千之多，寺之左右前后僧房密布，俨如比栉，以全境蒙人计，喇嘛约占三分之一。"且"婚嫁丧葬皆有大喇嘛导之"（《县志·卷五·礼俗》）。近10万人的阜新蒙古区"喇嘛最盛时有2万人"，占男性人口的2/5，"社会生产力处于崩溃的边缘"，然而如此盛行的佛教却无真正的佛教文化艺术可言，清政府倡扬的密教，只是使蒙古族人口锐减、斗志锐减、文化滞后，当时该地"喇嘛庙多达300余处，学堂却绝无仅有"，"学蒙文、汉文的私塾也极少，不少村庄，出家的喇嘛几十人，但中学生只一二名，甚至连小学生都没有的村庄也不在少数"。总之，在顺、康、雍、乾、嘉时期，清政府利用喇嘛教"柔顺蒙古"的政策可谓达到了极为完善的地步，阜新正是在这种背景下成为"东部藏传佛教黄教的中心之一"。

阜新地区清代盛行的密教是宗喀巴大师创立的格鲁派，即黄教，也是清朝流行的主要密教宗派。格鲁派继承甘丹派的传统，以显教为主，兼习密教，先显后密。本尊瑜伽修习和观想，主要内容就是宗喀巴所说的"修习相好所庄严的色身与行相平等"，也就是观想佛的"三十二相""八十种好"。这种观想的宗教实践为宗教艺术的表现提出了客观要求，使造像艺术成为借以证悟佛境的方便，各种按仪轨完成的造像成为达到宗教最高成就的表现。因此，宗喀巴及此派传人都十分重视寺院艺术，《宗喀巴传》上载有宗喀巴让工匠按其入定时所见诸神形象重绘精奇寺壁画。另外此派许多活佛本身就是宗教艺术家，如一世班禅克主杰亲绘过甘丹寺的壁画、一世达赖根敦主亲塑了扎什伦布寺措钦殿的观音、文殊像，后来的四世、五世班禅，达赖都对寺院进行了扩修、新建，并进行了艺术上的处理。同时清代许多皇帝也是既崇佛又好尚书画的，如顺治、康熙、乾隆等，因此在柔顺蒙古而极倡黄教的同时，绘图造像也在其中了。阜新海棠山造像所反映的正是黄教在清朝内地中心城市一度盛行并辐射到的蒙古族人聚集的边远地区以及密教隆盛的真实情况。然而这种佛教的盛况背后却是清政府对宗教的利用。

清代佛教文化总趋势是走向没落的，无论在译经、义理诠释、佛教宣传等各方面都难与六朝、唐、宋相比，民间的佛教文化更加世俗化，这种环境很难造就出献身于佛教造像艺术的大师，更不会产生恢宏的、有时代特色的大作品，甚至一般性的造像也并不多见。为此，阜新海棠山这批摩崖造像便十分珍贵，虽然海棠山造像总体上是朴素的，民间世俗味很浓，但它不失为研究清代东北密教艺术的珍贵资料。其价值体现在两个主要的方面，一是对密教造像由西藏传入内地的沿革，二是由造像所反映的宗教信仰情况。海棠山造像虽然为藏传密教造像，但藏式艺术风格并不十分明显，乾隆七年（1742）汉译《造像量度经》的问世，似乎对这里造像的影响也甚微。可以说它们的传承主要是来自西藏的密教艺术在内地的流布，如当时的北京、承德大量精美的密教艺术会对其产生直接的影响，而经过这种再传的造像样式，如承德的藏传佛教艺术已经明显地具有了汉化特征，所以海棠山的造像在结构上传承这种样式，但在细部有着鲜明的内地艺术特点，同时也显示出其吸收了东北民间艺术的造型特点，加之它大部分作品是级别很低的民间性作品，依据的样本可能已经使用过久，因此一些造像形象已经变异为民间木版画或年画的造型，但这并不妨碍人们供奉造像。从中可以透视出第二个问题，即造像所反映的宗教信仰情况体现了清政府对佛教基本为利用的态度和当时民众对佛教的信仰是以单纯的世俗功利为目的、不讲究佛法的时代特点。

辽西古刹塔窟 | **朝阳篇**

第一章 朝阳古刹塔窟历史沿革

"凤凰鸣矣,于彼高冈;梧桐生矣,于彼朝阳",朝阳之名源于《诗经》,始于乾隆年间。但人类在这里留下的最早印记,可追溯到距今约10万年前的鸽子洞人时期。而5500多年前的牛河梁红山文化,被称为"中华文明曙光",举世闻名的祭坛、女神庙、积石冢及玉葬之礼,已成为华夏文明的重要象征。朝阳还拥有"世界古生物化石宝库"美誉,见证着高岸为谷、深谷为陵的自然变迁。

因地处中原与东北相通的要冲,朝阳是历代中原王朝经略东北的枢纽,也是中原与东北各民族经济文化交流的要地。战国时期,燕国始设柳城,历秦汉、魏晋、隋唐直至明清,都有重要建制。东晋十六国时期,由鲜卑慕容氏和汉人冯氏建立的前、后、北燕政权先后建都龙城(位于今朝阳市老城区),所以朝阳又有"三燕故都"之称。历史上的朝阳,同时也是东北乃至东北亚地区佛教的重要来源地之一,是在中国佛教史上占据重要地位的东北佛教圣地。

佛教起源于公元前6世纪至公元前5世纪的古印度,自从西汉开通了中原与西域的丝绸之路,印度佛教逐渐东传。至东汉永平年间,印度高僧摄摩腾和竺法兰用白马驮着佛经和佛像于永平十年(67)来到都城洛阳,汉明帝刘庄接见了他们。第二年,汉明帝敕令建造了我国第一座佛教寺院——白马寺。佛教正式传入中国,并逐渐传播开来。佛教何时传入东北,当在东晋十六国时期。慕容鲜卑人最先崇奉佛教。

西晋末年,晋室发生了"八王之乱",《十六国春秋》记载:"(东晋)

永和元年四月时有黑龙白龙各一，舞于龙山，皝率群僚观之，去龙二百余步祭以太牢。二龙交首戏翔，解角而去。皝大悦，还宫赦其境内，号新宫曰和龙，立龙翔佛寺于山上。"

龙山，即今朝阳城东的凤凰山，隔白狼水（今大凌河）与龙城相望，距离约1公里。东晋永和元年（345）四月，燕王慕容皝亲自率领文武百官上龙山观看黑白二龙，离龙200余步处，用牛、羊、猪三牲全备的太牢来祭祀。慕容皝回到皇宫后颁诏令，赦全国所有囚犯，为新建的皇宫起名为和龙宫，并在龙山上创建龙翔佛寺。

慕容皝在龙山上创建龙翔佛寺，是朝阳乃至东北佛教史上的重大事件，它是史籍所载迄今朝阳地区在内的前燕统治区内第一座佛教寺庙，也是东北地区最早的佛寺建筑，此次在凤凰山南沟山崖上凿摩崖佛龛，现仍存63个，数量之多，令人称奇。经调查，这些佛龛开凿于三燕时期，经过北魏，最晚可到隋唐。其中有的是被用来安葬僧人骨灰的灵龛，有的则是佛龛。

慕容垂建立后燕对佛教更加崇信，甚至还将佛教弟子擢为谋士，编入行伍，直接参与开边拓土的攻伐战争。《晋书·慕容垂》载："（慕容垂）遣其太子宝及农与慕容麟等率众八万伐魏，慕容德、慕容超以步骑一万八千为宝后继。魏闻宝将至，徙往河西。宝进师临河，惧不敢济。还次参合，忽有大风黑气，状若堤防，或高或下，临覆军上。沙门支昙猛言于宝曰：'风气暴迅，魏军将至之候，宜遣兵御之。'宝笑而不纳。昙猛固以为言，乃遣麟率骑三万为后殿，以御非常。麟以昙猛言为虚，纵骑游猎。俄而黄雾四塞，日月晦暝，是夜魏师大至，三军奔溃，宝与德等数千骑奔免，士众还者十一二，绍死之。"昙猛乃后燕高僧。

在慕容垂时期，还有一位朗和尚，为慕容氏所青睐。朗和尚亦名竺僧朗、朗公和尚，长安京兆人。他修建了位居中国古代四大名刹之首的灵岩寺，为名僧佛图澄、鸠摩罗什弟子。慕容垂常致朗和尚信函垂询国事，其中一封见《十六国春秋》："皇帝敬问太山朗和尚：澄神灵绪，慈荫百国，凡在含生，孰不蒙润。朕承籍纂统，方夏事膺。昔蜀不恭，魏武含慨，今二贼不平，朕岂获安？又元戎克兴，狂扫暴乱，至人通灵，随权指化。原兵不血刃，四海混伏，委心归依，久敬何已。今遣使者送官绢百匹。袈裟三领，绵五十斤。幸为咒愿。"正因为有前燕、后燕慕容鲜卑统治者的支持，龙城地区佛教有了较快发展。到冯氏北燕时，可谓塔寺林立，高僧辈出。南朝梁国高僧释慧皎所撰的《高僧传》收录北燕龙城高僧 7 位，分别是释昙无竭、释昙无成、释僧诠、释昙弘、释昙顺、释法度、释慧豫。

释昙无竭——东北地区西天取经第一人

《高僧传》卷三《释昙无竭传》载，昙无竭俗姓李，幽州黄龙人。幽州，古代九州之一，故址在今北京西南，今朝阳所在的辽西地区属古幽州辖境。黄龙，即龙城，就是现在的朝阳。《宋书》列传第五十七《东夷高句丽国传》载："先是，鲜卑慕容宝治中山，为索虏所破，东走黄龙。义熙初，宝弟熙为其下冯跋所杀，跋自立为王，自号燕王，经其治黄龙城，故谓之黄龙国。"《水经注》卷十四"大辽水"条亦载："白狼水（今大凌河）又北径黄龙城东。"南朝宋称冯氏北燕为黄龙国，故这里所说的"黄龙"均为三燕都城龙城。

昙无竭听说僧人法显等躬践佛国，从古印度取回真经，于是立下誓言，决心亲赴西天取经，于南朝宋永初元年，也就是北燕冯跋太平十二年（420），召集志同道合的和尚僧猛、昙朗等 25 人，携带供养佛、菩萨的幡盖和法器、衣钵等物，从龙城出发，先到慕容鲜卑吐谷浑人建立的河南国（今青海湖一带），再出海西郡（今甘肃河西走廊），穿过今新疆吐鲁番东，又从高昌郡沿塔里木河盆地北缘向西行，途经龟兹国（今新疆库车一带）、沙勒国（今新疆库什一带），攀登葱岭（今新疆帕米尔高原和昆仑山等山脉），翻雪山，到达罽宾国（今克什米尔和巴基斯坦东部一带），进入月氏国（今新疆伊犁以西巴基斯坦和阿富汗东部），来到北印度（今巴基斯坦一带），再向南往中天竺（即中印度），到达舍卫国。昙无竭在印度各地礼拜佛陀圣迹，寻访名师，学习梵文经典，取回梵文《观世音授记经》一部，然后从南天竺搭乘商船，回到广州。

回国后，昙无竭住在江南某寺，翻译佛经，弘扬佛法，直至去世。其生卒年月无考。昙无竭所译《观世音授记经》现收录于《大藏经》中，为世人所传诵。

昙无竭是我国最早西天取经僧人之一，堪称东北西天取经第一人，比唐玄奘还早 207 年，为我国古代佛教事业的发展和中外文化交流做出了重要贡献。

释昙无成

《高僧传》卷七载:"释昙无成,姓马,扶风人。家世避难,移居黄龙。年十三出家,履业清正,神悟绝伦,未及具戒,便精往复。闻什公在关,负笈从之……成乃著《实相论》,又著《明渐论》。宋元嘉中卒,享年64岁。"

释僧诠

《高僧传》卷七载:"释僧诠,姓张。辽西海阳人。少游燕齐,遍学外典。弱冠方出家,复精链三藏。为北土学者之宗。后过江止京师,铺筵大讲,化洽江南……诠先于黄龙国造丈六金像。入吴又造人中金像。置于虎丘山之东寺。"据推算,僧诠生于公元370年前燕亡国前后,后燕时出家,北燕时南游建康,南朝宋文帝元嘉前期去世。

释昙弘

《高僧传》卷十二《亡身、齐交趾仙山释昙弘传》载:释昙弘,燕都龙城人,少年时出家,学习、修炼戒行,专门精究经、律、论三部中的律部。南朝宋武帝永初(420~422年)中,从龙城往南去游到番禺(今广州市南部),住在台寺。晚年又来到宋交趾郡(治所在今越南首都河内东天德江北岸)的仙山寺,于宋武帝孝建二年(公元455年)自焚而死。其弟子收其骨灰,建塔安葬。

释昙顺

《高僧传》卷六载:"(慧)远又有弟子昙顺、昙诜,并义学致誉。顺本黄龙人,少受业什公,后还师远,蔬食有德行。南蛮校尉刘遵,于江陵立竹林寺,请经始。远遣徙焉。"

昙顺先后拜鸠摩罗什和慧远为师,并受到两位佛学大师的称赞。慧远率众行道的庐山东林寺,是中国著名的净土宗发源地之一。昙顺跟从慧远法师在庐山修习净土法门,成为净土宗最早信仰者之一。后来他遵从慧远法师的派遣,到江陵(今湖北江都)竹林寺当了住持。刘宋元嘉二年(425)去世,享年79岁。

释法度

据《高僧传》卷八本传，释法度乃"黄龙人，少出家，遍学北土，备综众经，而专以苦节成务"。刘宋末年（刘宋亡于公元479年，北魏孝文帝太和三年），法度从北方南游至南朝都城建康（今江苏南京），高士齐郡明僧绍将所居之摄山舍给法度，建栖霞精舍居之，成为栖霞寺开山祖师。齐永元二年（500）卒，享年64岁。

释慧豫

慧豫，黄龙人。《高僧传》卷十二有传，"少而务学，遍访众师。善谈论，美风则"。后南游至建康，止灵根寺。齐永明七年（489）卒，享年57岁。

以上史料可佐证佛教传入朝阳三燕就迅速发展成为当时的佛教圣地，而且又从朝阳传播到东北全境。

佛教自从三燕时期传入朝阳之时，就得到了迅速发展，成为周边地域的佛教中心。1600多年来，朝阳的佛教文化代代相传，沿袭至今。

东晋十六国时期，慕容氏以龙城为都建立三燕政权，三朝开国皇帝慕容皝、慕容垂、冯跋都崇奉佛教，建龙翔佛寺，涌现了释昙无竭等7位高僧，佛教盛极一时。

隋唐时期，据隋王邵《舍利感应记》记载，隋文帝在即位前从一位印度僧人那里得到一包佛舍利，请他供养。印僧走后，他找来一个和尚将舍利放在掌心，想数一数有多少颗，可两个人数来数去就是数不清，始知佛法高深莫测，非凡情可度。文帝命人定制了一个精致的七宝箱，将舍利珍藏在里面。继帝位后，他普诏天下，广兴佛事。隋文帝一生致力佛教的传播，曾三次下令全国各州建立塔寺，并派高僧分送佛舍利于各州，供奉于佛塔内。

仁寿元年（601）六月十三日是隋文帝六十岁生日，这一天他特意在仁寿宫仁寿殿里，请来数位高僧，议论弘佛之道，最后他决定在全国选三十个州，各州在高爽清净之地建造舍利塔。据大唐西明寺沙门释道宣记载："仁寿二年正月二十三日。复分布五十三州建立灵塔。令总管刺史以下县尉以上，废常务七日请僧行道。教化打刹施钱十文。一如前式。期用四月八日午时。合国化内同下舍利封入石函。所感瑞应者别录如左。恒州、泉州、循州、营州、洪州、杭州……营州舍利三度放光。白色旧龟石自然拆解，用为石函。"

据《法苑珠林》卷四十记载，隋文帝于仁寿二年（602）正月二十三日，再令全国五十三州建立灵塔，营州就是其中之一，而所感的灵瑞则是"三放白光，感得古石解作函"。《续高僧传》卷二十六《释宝安传》又载："（释宝安）兖州人。仁寿二年，奉敕置塔于营州梵幢寺，即黄龙城也。旧有十七级浮图，拥在其内，安置舍利。当夜半上，并放白光，状如云雾，初为一丈，渐大满院，明澈朗然，良久乃灭。前后三度，相类并同。旧有石龟，形状极大，欲作函用，引致极难。匠石规模，斫截成函，三分去二。安自思念，石大函小，何由卒成，惧日愆期，内怀忧灼。比晓看之，其石称函。自然分析，不劳镌琢，宛尔成就。函虽神造，计应大重，薄用拖曳，轻迅若驰，不劳至寺。"营州即今朝阳，可见隋时营州佛教文化之发达。

唐玄宗天宝年间，大约公元 750 年，营州军民与众僧又奉诏对隋文帝敕建的舍利塔进行维修，并在塔檐束腰处装饰了彩画。修后的寺称开元寺，塔为开元寺塔，宝塔高耸，庙宇恢宏，雕梁画栋，蔚为壮观。

辽代佛教十分兴盛。10 世纪初，辽太祖耶律阿保机统一了契丹各部，并于五代后梁贞明二年（916）称帝，建立契丹国。后晋开运三年（946）辽太宗耶律德光率兵大举南下，占燕云十六州。翌年初攻陷后晋都城开封，推翻后晋王朝即帝位，改国号辽。尔后 200 多年，辽称雄长城内外，辉煌一时。这一时期，朝阳地区在前代佛教发展的基础上，达于极盛。塔寺分布范围更加广泛，数量急剧增加。其分布由原来的以霸州城为中心的附近区域，扩展到各州、各县乃至城乡、平地、山巅。著名的佛寺有华严寺、天庆寺、灵感寺、灵岩寺、建昌寺等，著名的佛塔有朝阳北塔（延昌寺塔）、南塔、摩云塔（云接寺塔）、大宝塔、青峰塔、八棱观塔、黄花滩塔、东平房塔、双塔寺塔等 14 座。

金元时期朝阳佛教继续发展。在喀左大城子辽代砖塔附近发现一块《利州精严禅寺盖公和尚行状铭》碑，碑文是金代文学家赵秉文于承安五年（1200）所撰，证明这里是金代的精严禅寺，而盖公和尚也是一位知名高僧。建平县深井镇有一座六角形五级密檐式砖塔，据塔北面假门上方的题记砖记载，是"讲理论沙门美公灵塔"，即美公和尚的墓塔，时代是金代"大定十六年"，就是1176年。这是朝阳地区现在唯一有明确纪年的金代塔。

朝阳地区元代寺庙也比较多，遍布各地。如朝阳城内的关帝庙，曾是元代大通法寺的故址，有"大通法寺地产碑"为证，清乾隆八年（1743）创建为关帝庙。明代永乐年间到清初的200多年间，朝阳地区一直是蒙古兀良哈部游牧地，佛教发展相对落后。

清代藏传佛教在朝阳有较快发展。在清室扶植下，藏传佛教在全国，特别是在蒙、藏地区和西北地区有相当大的发展。朝阳自清代乾隆以后，关内汉民大量涌入，成为蒙、汉杂居之地，清政府对东蒙这个地区实行蒙汉分治政策。由于蒙古族信奉藏传佛教，加之统治者为了结好蒙古，控制蒙古势力，大力倡导藏传佛教，支持修建藏传佛教寺院，致使藏传佛教在朝阳地区逐步盛行。这一时期突出的特点是寺庙多，僧人多。规模较大的寺庙有佑顺寺，建筑面积14912平方米，建筑为"伽蓝七式"布局，主要建筑设在南北中轴线上，由南而北依次为牌楼、山门、天王殿、经阁、大雄宝殿、更衣殿、七间殿。山门东西两侧有曲尺状僧房、关帝殿、五间配房、钟楼、西配殿、西经堂、西廊屋等。北票市下府乡惠宁寺，据《朝阳县志》记载：下府喇嘛庙，庙基百亩之大，前映凌河，后据官山，甚佳胜地。东西南北修建大殿及配殿八十一楹，内供佛像无数，有万佛仓之称，昔日住寺喇嘛不下千人。寺院周围建有十二仓院，最大仓院"招万仓"，每年收粮千石以上。还有万祥寺、凌云寺、药王庙等。至清末，朝阳境内有寺庙429座，僧人1000多人。

纵观朝阳的历史文化，佛教文化是其主要内涵之一，在不同的历史时期，都有圣寺、圣僧、圣物，其佛教文化活动规模大，规格高，信众多，影响极其深远。

中国社会科学院黄心川研究员说，朝阳文化底蕴深厚，特色突出，保存完整，是中原文化、汉传佛教与藏传佛教交融的重要节点，对于北方佛教文化及至朝鲜半岛、日本列岛佛教史的研究将提供有力的佐证，具有可填补中国佛教史空白这样举足轻重的学术价值。事实充分佐证了这一论点，历史上，朝阳佛教东传是先在东北地区传播，进而传播到朝鲜半岛和日本列岛。

著名考古专家郭大顺先生研究指出：关于朝阳北魏思燕浮屠在东北佛寺

建筑中地位和影响，主要从佛寺布局上有所反映。经多年钻探，已在北塔北部 10 米处发现夯土台基，可知朝阳思燕浮屠是与洛阳永宁寺相似的塔近中心的布局，但朝阳思燕浮屠的建筑年代（约 480 年）要早于永宁寺塔（516 年），也要早于另一个塔近中心的平壤岩里废寺（498 年）。辽宁朝阳发现的 5 世纪后期兴建的思燕浮屠，是现知距离高句丽最近的一处以塔为中心的佛寺。可见东北亚地区佛寺布局及崇拜观念也经历了以塔为中心到以佛殿为中心的演变，从已知实例所了解到的具体过程为：由前述 5 世纪后期～6 世纪初期的塔近中心到塔移殿前（6 世纪中期～6 世纪末，如韩国忠清南道扶余军守里废寺、日本奈良飞鸟寺和大孤四天王寺）、塔寺东西并立（7 世纪初～7 世纪末，如日本奈良川原寺和法隆寺）、佛殿居中，东西双塔（7 世纪末，如日本奈良东大寺）这样的较为系统连贯的演变过程。而北魏时期的朝阳北塔是在东北亚地区佛寺中目前所知时间与布局都最早的一个实例，可见其在东北亚佛寺布局以至佛教从北路东传过程中占有十分重要的地位。

史载前秦苻坚于公元 370 年灭前燕，尽据燕属辽东、辽西之地，于龙城（又称和龙）置平州昌黎郡。前秦占据东北后，便与高句丽进行了政治、文化交流，于 372 年和 374 年两次向高句丽输入佛教。这里应该特别指出的是，龙城历来是中原通往东北的重要通道，前秦使者和僧人应当经龙城而至高句丽丸都城的。

从佛教装饰图案等方面进行比较，高句丽比慕容鲜卑略晚，并明显受到了三燕的强烈影响。朝鲜半岛装饰佛教题材的壁画墓，以朝鲜安岳 3 号冬寿墓为最早，其次是南浦市德兴里发现的幽州刺史慕容镇墓。冬寿墓墓室藻井上绘有彩色莲座、莲花、舒叶等边饰花纹。著名考古学家宿白认为，这些纹饰都是我国六朝以来佛教艺术的装饰课题。墓主人冬寿，本是辽东平郭（今辽宁省盖州）人，曾在前燕慕容皝时任司马，后因内讧，于东晋咸康二年（336）逃往高句丽，死于公元 357 年。从墓室藻井装饰佛教图案推测，冬寿应该是一个虔诚的佛教徒。他虽然死后葬在朝鲜，但墓葬所反映的却是前燕文化习俗。

幽州慕容镇墓，在墓室墨书题记中自称"释迦文佛弟子"。慕容镇乃鲜卑人，死于公元 408 年，终年 77 岁。

在辽代，佛教天台宗再次由朝阳地区传入朝鲜半岛。高丽王朝文宗的第四子、僧统义天（1055~1101年），在宋哲宗元祐元年（1086）入宋求法，并再次将天台宗传入朝鲜。他在宋代看到天台宗僧戒珠写的论禅教关系的《别传义》（后人称《飞山别传义》，戒珠葬于飞山），十分欣赏，特为写跋，其中提到："近者大辽皇帝诏有司，令义学沙门诠晓等再定经录，世所谓《六祖坛经》、《宝林传》等皆被焚，除其伪妄条例，则《重修贞元续录》三卷中载之详矣。"从时间推测，他所说的大辽皇帝就是辽道宗。

由此可见，佛教文化在由西域和中原传入东北地区，并由东北向朝鲜和日本的传播过程中，龙城即今日的朝阳，确实发挥着重要的黄金纽带作用。

第二章 朝阳古刹塔窟

第一节　朝阳市区古刹塔窟

佑顺寺

康熙三十七年（1698），北京白马寺住持苏住克图大师告老还乡，并在朝阳择地建寺。也许是因缘的感召，他看中了一片荆棘丛中涂满了落日余晖的3座古塔边的空地。8年后，一座经康熙皇帝批准并出资兴建的寺院便展现在世人面前了。寺院落成之后，皇帝赐名佑顺寺，并赐檀香圣像镇寺护佑。

初建之时，寺院占地近17000平方米，在南北向的中轴线上依次排列的是牌楼、山门、天王殿、藏经阁、大雄宝殿、客堂、宝座殿等主体建筑。寺内古木苍翠，兰桂飘香，梵音缭绕，映衬出皇家寺院的威严庄重。乾隆皇帝两次去奉天谒陵祭祖，途中曾在这里作为行宫驻跸，亲题"佑顺"寺名，并亲书"真如妙觉"的匾额。从此，佑顺寺名震关外，威临八面。其鼎盛时期，有喇嘛300多人，每年六月十五庙会之日，香客商贾云集，寺内外鼓乐震天，经声佛号持续六日之久。

然而，300年物换星移、风雨剥蚀之后，昔日的繁盛已离我们渐渐远去，只剩下断壁残垣似乎向世人诉说着这里曾经辉煌的历史，又似乎是等待

佑顺寺山门牌坊

着辉煌再次降临。

　　正当时间行将这一切抹去的时候，因缘却又似乎始终不舍一丝印迹。从 1980 年开始，香港菩提学会会长、西方寺住持永惺长老往来于香港与辽宁朝阳、喀左等地，无私地为家乡教育事业、百姓福祉出资出力，得到了当地政府与百姓的信任和支持。长老的身体力行对于家乡百姓有如久旱之甘霖，而众多朝阳信众亦企望长老能担起如来家业，引领迷航众生。

　　2006 年初，永惺长老受朝阳市政府之邀管理起佑顺寺，从此揭开了佑顺寺新的历史篇章。在永惺长老和宽运大和尚的号召下，香港众信士积极响应，踊跃捐助。3 年之后，不仅修缮工程圆满完成，佛像全部重塑，更添购寺旁 6700 平方米土地兴建弘法大楼及佛学院，使古老道场重现生机。

　　佛寺的恢复是无数因缘和合的结果，有设计者的精心、有布施者的善心，也有劳作者的用心。在设计方面处处可以看到对恢复原貌的不遗余力、对文物的精心呵护。修复一新的佑顺寺秉承了清初的艺术风貌。大雄宝殿保留了原有的雕梁画栋，墙外的雕刻、山门后的古井，处处向人们展示着这个充满朝气的寺院深厚底蕴与显赫的过去。

建筑保持了它雄浑的古风，新塑的佛像却要胜过以往的辉煌与庄严。利用现代的技术、一流的设计，佑顺寺的佛像每一尊都是宗教与艺术结合的精品。香港的善心居士还以佛像捐献佛寺，庄严道场。卧佛殿中重达60吨的卧佛是用一整块缅甸玉雕刻而成。佛像华丽富贵，又与佛殿浑然一体。御品素食正厅中供奉的千手观音是用一整块汉白玉雕琢而成，经过数十年的精心加工与打磨，佛像光泽晶莹，洁白无瑕，体现了布施者的诚心与善意。

关帝庙

关帝庙坐落在朝阳市双塔区营州路北侧，占地3700平方米。据《大清奉天府义州西边外三座塔新建关帝庙碑记序》记载，此庙为清乾隆八年重建。走入仪门，迎面是一座10米高的4柱3门雕花牌楼。牌楼中间悬一块竖匾，上书"关帝庙"3个金字。

关帝庙牌楼

从牌楼往北，便是坐落在一条中轴线上的三进院落，第一进院落有山门3间，院内两侧有石狮1对。穿过山门，进入第二进院落，正面为摆放各种仪仗的执事殿，执事殿的两侧建有歇山式钟鼓二楼，钟楼悬嘉庆七年铸造的千斤重铜钟1口。由执事堂中间的通道进入第三进院落，正北面0.5米高的月台上建有3座大殿。正中为关帝殿，两侧分别是药王殿和财神殿。

关帝殿为硬山式卷棚建筑，面阔3间，前有廊厦。廊厦外檐下正中有一黑地金字横匾，上写"万世人极"，是清代嘉庆皇帝的御书。殿内正中塑有关羽坐像。两侧各有尊2.3米高的站像，左为关平、王甫；右为周仓、赵景。殿内墙壁上有反映关羽生平事迹的大型壁画。月台下甬路正中的砖石台座上摆放着一只2.7米高，重达1000多公斤的铜鼎。在铜鼎的两侧各有一座2米高的浮雕石墩，石墩上各坐有一尊1米高的豆绿色玻璃望天吼，据说是嘉庆至道光年间特意从南方运来，全国只有两对，十分珍贵。

关帝庙是一座保存完好的古建筑，具有很高的历史艺术价值，1988年被列为辽宁省文物保护单位。

城隍庙

城隍庙坐落于朝阳市中心，占地面积3019平方米，建筑面积951平方米，在中轴线上有大雄宝殿、天王殿、城隍殿，两侧有观音殿和地藏殿。

寺内现有注册僧人10人，住持僧人为释圣湛。每年的主要宗教活动有四月初八佛诞节、六月十九观世音成道节、七月十五盂兰盆会、腊月初八释迦牟尼佛成道日等。

竹林寺

竹林寺占地面积约1400平方米，坐北朝南，主要建筑为正殿3楹（约10米长，8米宽）。殿内正座塑观音菩萨像，东侧塑送子娘娘像，西侧塑眼光娘娘像（俗称"圣母"像）。座下东侧塑"十不全"像。西侧塑"十武官"像。

大殿前有三级石阶，寺门前有一棵高大的柏树和一排溜榆树。寺对面还有2000多平方米寺院用地，每年所得之收成足可供寺内僧尼吃用。1931年"九一八"事变后，日本真宗派僧人（人称"皇和尚"）于1933年来该寺任住持，并改寺名为"本愿寺"。当时寺内东西厢房已坍塌，皇和尚主持重建了西厢房，建筑风格为日式尖顶房。

1945年，抗日战争胜利后（也就是皇和尚走后），当地人从狼山"三学寺"（俗称"狼山庙"）邀请忠权、能修、觉圆等4位比丘尼来该寺修行。当时忠权任住持，能修任管家，觉圆负责念经讲法等佛家事务。

1956年，年逾80岁高龄的忠权住持带着寺门前的2000多平方米土地加入了农业生产合作社。

1958年秋，忠权等人被生产队送到了槐树洞。从此以后，该寺之大殿变成了西上台大队仓库，西厢房变成了大队办公室。

1960年，朝阳县水泵厂成立（今朝阳县地毯厂之厂址），其后身（厂址南侧）即为竹林寺之寺址。1968年初秋，该寺大部分被厂房所占用。而该寺门前之土地也随之变成了大粪场。1971年前后，大粪场亦被朝阳剧场和轻工商店所占用。

该寺原有一座寺碑，1956年前后，这座已被折断的残碑仍然存在，只是被人放在寺墙边儿上而已。如今该寺碑已不知去向。

文庙

文庙，亦称孔子庙，俗称孔庙，为纪念和祭祀孔子所建之祠庙也。

1930年《朝阳县志》记载，文庙位于县署东侧（今朝阳二中东侧），建于清道光三十年（1850）。

文庙，坐北朝南，建有棂星门、大成殿、崇圣祠等。该庙之照壁内建有东西牌坊各一座，面向东之牌坊额曰"礼门"；面向西之牌坊额曰"义路"。

棂星门，亦称仪门。明清两代称官署大门之内的门为仪门，取有仪可象之意。而文庙设此门，以示尊崇孔圣人之意也。

大成殿为奉祀孔子之大殿。《宋史·礼志八》云："崇宁初……诏辟雍文宣王殿以大成为名。"殿风正位供奉至圣先师孔子神位，额曰"师表万世"。中间四配祀孔子之4位弟子，东配2位为：复圣颜子、述圣子思子；

西配 2 位为：宗圣曾子、亚圣孟子。东西间配祀先哲 12 位，东间配祀先贤 6 位，即闵子损、冉子雍、端木子赐、仲子由、卜子商、有子若；西间配祀先贤 6 位，即冉子耕、宰子予、冉子求、言子偃、颛孙子师、朱子熹。

除此之外，东配殿奉祀先贤 40 位，先儒 38 位；西配殿奉祀先贤 39 位，先儒 39 位。整个大成殿内奉祀至圣先师孔子及其 4 弟子和 12 位先哲，东西配殿奉祀先贤 79 位、先儒 77 位，计 156 位。此圣贤哲儒之位次均照热河文庙开列之。

崇圣殿亦称崇圣祠。殿内奉祀 5 位圣王，即孔子五代祖先。中设肇圣王木金公、左为裕圣王祈父公、右为诒圣王防叔公；左次为昌圣王伯夏公、右次为启圣王叔梁纥公。其位皆南向。

1936 年年末，文庙除仅存大成殿外，崇圣殿及其他廊舍均改为县立文庙小学之校舍，崇圣殿改做学校讲室。每当春秋两祀时，崇圣之牌位须临时迁列祭祀之。

祖师爷庙

2005 年，朝阳市北大街工程改造工地传出考古新消息，施工人员在拆迁一座民房时，从民房的后墙里发现两尊高大的雕龙石碑，经考古工作者考证，石碑系朝阳祖师爷庙石碑，至此，朝阳城祖师爷庙的具体位置被确定。

历史上，位于朝阳老城区北大街的北塔和佑顺寺附近有座祖师爷庙，是道教活动场所，香火曾经非常旺盛。20 世纪 30 年代初，日本侵占朝阳期间，庙宇被毁坏。2003 年朝阳市进行北大街棚户区改造，在考古人员进行文物遗迹调查和勘探过程中，距离东街小学 300 米左右，曾经寻找过祖师爷庙的具体位置。

据当地居民介绍，祖师爷庙在北塔东部，但由于无地面标志，在考古勘察过程中，一直没有发现具体位置。而此时，整个北大街棚户区的拆迁基本完成，仅剩下大凌河大坝边的几户平房未拆迁。近日，当工程施工人员在拆迁距离大凌河大坝 20 米处的一户平房时，在这家民房的后墙里发现两尊完整石碑，经过考古人员认定，两块石碑正是祖师爷庙的石碑，至此朝阳的又一处文物景点被发现。

两尊完整的石碑并排立在被扒开的房屋后墙里，相距 4 米左右。石碑位于朝阳北塔东约 300 米处，距离大凌河大坝约 20 米。石碑的地面部分高 2 米，石碑由两部分组成，上部宽约 0.8 米，雕刻着两条精美的龙；下部宽 0.7 米。其中右面石碑的正面记录着祖师爷庙的修建时间、修建组织者等，石碑所立时间为"同治七年，菊月"，背面记录着修建庙宇的捐款商号、人员，左面的石碑正面全部雕刻着单位和商号，诸如"永顺纸房""合锦斋"等，有 100 多个；石碑后面大部分是人名，全部是对修建祖师爷庙有贡献者。

据朝阳考古专家介绍，发现的两尊石碑不仅确定了祖师爷庙的具体位置，其石碑本身就是非常珍贵的文物。同时通过石碑的碑文记载，我们可以从中了解当时朝阳的经贸、道教、人文等方面的发展情况。

凤凰山延寿寺

延寿寺俗称下寺，原名报恩寺。康熙五十一年（1712），僧人性喜之徒海沧接引其弟海明来山，并将中寺塔之南、天庆寺东侧一平坦地段划予海明，同年，海明便募化修建寺院，为报答师兄的引荐之恩，便将寺院名之为报恩寺。清乾隆年间该寺修缮，并改名延寿寺至今。

延寿寺是凤凰山规模最大的一组古建筑群，占地约 10000 平方米，建筑面积 1000 多平方米，建有六重正殿，三重东西配殿。中轴线上从前向后依次是天王殿（山门）、地藏王菩萨殿、大雄宝殿、关帝殿、药王殿、王灵官殿、藏经楼。与别处寺院不同的是，该寺的钟楼和鼓楼分别建在寺院两旁的山腰上。

延寿寺群峰环抱，翠峦掩映。前对南天门，后依摩云塔，西听暮鼓，东闻晨钟。坐观山门星淡，笑语回廊步月，庙宇肃穆，景色绝佳。

天王殿是延寿寺的第一重殿，修复于 1995 年 5 月 6 日，同年 8 月 20 日竣工，面阔 3 间，进深 3 间，歇山式建筑，建筑面积 96 平方米，殿中间供有弥勒菩萨，两旁供有四大天王，即手持琵琶的东方天王，手持宝剑的南方天王，手持宝塔的西方天王和手持伞的北方天王。在民间，四大天王又分别象征着风（剑）调（琵琶）雨（伞）顺（塔）。

延寿寺山门

  地藏王菩萨殿是延寿寺的第二重殿，面阔3间，进深3间，建筑面积107平方米，修复于1996年。现殿内供奉着地藏王菩萨像，两侧是闵公及道明父子像，地藏菩萨像高2.2米，汉白玉雕刻而成。

  大雄宝殿是延寿寺第三重殿，也是寺内的主体建筑，修复于1992年3月至9月。清时壁画及梁栋彩绘尚有部分留存。建筑面积为180平方米。殿内供奉3尊佛，被称作三世佛，均为泥塑，结跏趺端坐于莲台之上，神态端庄，式如为众生教化说法。大殿两侧供有十八罗汉像。

  关帝殿和药王殿对称平行建于大雄宝殿后左右两侧，为延寿寺的第四重殿，重修于1994年，均为硬山式单间建筑，面积均为33.5平方米。

  王灵官殿，现更名为观音殿，修复于1997年秋，建筑面积16平方米，歇山式建筑，两侧各建有东西配殿。观音殿内的观音及童女3尊像均为缅甸玉雕刻而成。

  藏经楼是延寿寺第六重殿，修复于1998年5月20日至9月20日，为仿清歇山式建筑，总高为11米，建筑面积332平方米。由香港菩提协会会长释永惺法师题写的藏经楼匾额制作精美，笔法老到，厚重朴拙之中透出几

· 383 ·

分轻灵和禅意。一楼是玉佛殿，供奉一尊长达 5.20 米的玉佛，玉佛是由缅甸玉及缅甸工艺精雕而成，佛的右手置于头下，呈侧卧姿，为释迦牟尼涅槃像。

该玉佛系五台山僧人觉然师傅于 1998 年 8 月 2 日所请，同年 9 月 20 日由辽宁省佛教协会会长照元法师主持了开光大典。

延夺寺现为尼众道场，住有 10 余位比丘尼。

凤凰山云接寺

云接寺，俗称中寺，位于凤凰山主峰东坡一条平坦的山脊地段，海拔550 米，周围地势险峻奇特，景色壮观，常有云雾缭绕，岚气蒸腾，故名云接寺。

云接寺有殿堂 8 座，占地 1500 平方米，建筑面积 742 平方米，始建于清雍正十三年（1735）。因凤凰山摩云塔塔基常被人盗挖，僧人海沧、海明便于塔下募建寺院，令其徒孙照吉居以护之。原构建有照壁、娘娘庙、

云接寺佛塔

关帝殿、碾棚、大悲殿、菩萨殿、僧舍、东配房等建筑,并有铁鼎一尊,旗杆两帜。

大悲殿是云接寺主体建筑,歇山式,建筑面积64平方米。殿内千手千眼观音像恢复于1991年,韦驮菩萨像塑于1993年。

娘娘殿为硬山式建筑,面积56平方米,修缮于1994年,殿内供奉着王母娘娘、眼光娘娘、耳光娘娘、子孙娘娘和花娘娘塑像及十不全立像。

关帝殿为硬山式建筑,面积45平方米,1996年对其进行了修缮,并塑制了关帝、关平、周仓、王琢、赵累等法像。

菩萨殿是云接寺后殿,硬山式建筑,面积51平方米。殿内供奉着释迦牟尼佛和文殊、普贤、观音、地藏四大菩萨。

云接寺精巧玲珑,布局紧凑,是凤凰山保存较为完整的一座寺院。

凤凰山天庆寺

天庆寺俗称小西寺,位于延寿寺西南山坡峭壁之上。原是一组玲珑俏美的辽代寺院,始建于辽寿昌五年(1099),清康熙十七年(1678)僧人性悟、性喜募化建盖数十年,之后性喜之徒海登又对其进行了维修。

1993年凤凰山管理局成立伊始,按清式建筑对其复原,使之再现昔日风貌。天庆寺主要建筑有观音殿、东西配房、山门、围墙及唱和诗碑。主体建筑观音殿,建筑面积40平方米,硬山式。殿内供奉着1993年依旧貌恢复的汉白玉观音立像。殿前立有唱和诗碑,上刻辽寿昌五年天庆寺住持智述的《题玉石观音像》和当时兴中府文人雅士、官吏及各寺高僧等25人共26首唱和诗。诗中记述了智述发现玉石的经过、雕刻过程和观音形貌。原碑已遭破坏,现在所见是1997年复立的。

天庆寺背倚山崖,前临深壑,寺后的崖畔生长着数株古柏,倾斜覆荫于寺宇之上;寺前围墙外侧,向幽谷倾垂,长有5株千年古柏,胸径约40厘米,树高10米,冠幅达70平方米,苍劲挺拔,古枝老干,如虬龙盘错。在古柏林荫的映衬之下,天庆寺显得格外幽静、典雅,成为山中最为可人之去处。

天庆寺山门

三学寺

　　三学寺位于朝阳市北郊凤神岗（狼山）南麓的二阶台上，南北长400多米，占地6700多平方米。寺始建于辽代，改建于金大定五年，距今已有800多年的历史。悠悠岁月，沧桑巨变，三学寺随着历史风云变幻而几度兴旺，几度衰废。

　　自唐代，佛教界有"三学"之说。"三学"，是佛教术语。一学用戒，止恶修善；二学用定，息悬澄心；三学用慧，破惑证道。

　　辽代时，在朝阳始建三学寺于"府西"（今市五中附近）。据三学寺碑碑文载：此碑为金大定七年（1167）为兴中府尹高思廉改建三学寺而竖，里人韩长嗣撰文。辽时在府西有三学寺。高思廉金大定五年（1165）年出任兴中府尹，出游狼山，见有辽祥峦院一废为荆榛，于是将三学寺改建于狼山。因多年风吹雨蚀，碑身已布满硬苔，碑阴文字已剥落不清。三学寺是辽、金两代的佛教学院，而不只是简单的寺庙，是培养经、律、论三藏法师

朝阳篇·第二章 朝阳古刹塔窟

的摇篮,该寺过去盛行一时。

2002年,本寺住持仁超法师的逐级申报,筹资逐渐修复寺院,现在三学寺正在修建之中,大雄宝殿已落成,东西两层楼僧舍寮房正逢兴建。此外,还要建法堂、金佛堂、藏经楼、功德塔、天王殿、钟鼓二楼、山门、放生池等。2009年4月26日上午,具有千年历史并经重新修复的大型寺庙三学寺隆重地举行了大雄宝殿揭匾暨释迦牟尼佛、药师佛、阿弥陀佛(亦称"三如来""横三世佛")开光庆典法会。

佛殿内,观音菩萨、文殊菩萨、普贤菩萨及十八罗汉祥瑞绕身,佛光普照。三学寺是中国北方最早的佛学府第,在这里曾先后走出数位修行高深的高僧大德,在全国宗教界有很高的地位。

三学寺碑亭

三学寺大殿

· 387 ·

娘娘庙

历史上,大凌河东岸的麒麟山下曾有座娘娘庙。每年的农历四月十八为该庙之庙会,届时,居士信众们都会蜂拥而至,焚香跪拜诸位娘娘,既表虔诚又壮庙威。

谈及赶庙会,那还真是一件既热闹而又不易之事。那时候,从老城至该庙之大凌河河面上并未架有桥梁,为此,欲前往赶庙会者也只能是各想各的招,各走各的道。但见,有的靠船摆渡、有的靠人背过河,而大多数人因受经济条件所限则只好靠徒步绕道南大桥而为之,也只有这样做,才能到达目的地。正因如此,此庙会增添了许多人气,而这些人气又恰恰是娘娘庙之灵气所致也。

据乾隆三十六年《重修娘娘庙碑记》记载,康熙年间,麒麟山上有三洞,号称闻仙洞,后因水源偏远,又在山下凌河岸边修了一座娘娘庙,将闻仙洞内所供神祇移供娘娘庙内。

另据史料记载,康熙年间,和尚傅宝(亦称茅和尚)曾住在麒麟山之山腰处。此山腰有3个石洞,坐东向西,上洞口宽1.67米,深1.67米,高2尺,里面奉有混元祖师坐像。中洞和下洞,均无神、佛像。据传,人们常在夜深人静的时候,听见洞内有木鱼声,因之把这些石洞称作闻仙洞。

据《朝阳县志》记载"朝阳八景"之"麟岫涌云"云:"闻仙洞上为麒麟山,在城之东北。夏日初晓,时见白云升于山腰,翻腾而上,有风发泉涌之势,最奇。"此描写恰恰给闻仙洞之仙境又添上了浓重的一笔。在此期间,闻仙洞下还建有一座天仙庙,但该庙是否为娘娘庙所用之庙址,无据可考。

细品以上之记载,不难看出闻仙洞和娘娘庙确实有着内在的不解之缘,一则二者均为清康熙年间所产生之事,只是闻仙洞在前,娘娘庙在后而已;二则闻仙洞之神祇移至娘娘庙供奉,当属必有其缘由也。话虽如此说,但娘娘庙内除供奉混元祖师等神像外,必然还要供奉眼光娘娘、送生娘娘、耳宫娘娘等神像,如其不然,岂能称其为娘娘庙。

新中国成立初期,娘娘庙庙会停办,香火渐断,但庙宇及佛像仍存。

"文革"时期，该庙被当地农民拆除，佛像也被打翻在地。

近期，被毁多年的娘娘庙已被虔诚的居士、信众予以重修，只是建筑略显简单，但见新建的简易正殿内有眼光娘娘、送生娘娘、耳宫娘娘之瓷塑像，两侧之河神庙、山神庙等也已设就，后山佛云洞内佛祖及十八罗汉之塑像也已供奉。

地藏寺

地藏寺，因建在西梁之地面上，又俗称西梁庙。

1930年《朝阳县志》记载，地藏寺在县西2.5公里处土岗上，系清代修建。前殿3楹，内供龙王、雷公、风姨等像。后殿3楹正座系地藏王菩萨，东、西座为十殿阎君，两边耳殿东为岳武穆，西为包忠肃。

老城城西之西梁，原为秃梁，甚显空旷，又因当时布有乱坟岗，故更显荒凉。特别是每年清明及年底，祭祀亡灵、焚香烧纸者络绎不绝，使得整个西梁地段充满阴森恐怖之感。另因地藏寺为一座管辖和管理鬼神之最高府衙，故其威严与阴森状也尤显突出。正因如此，前往地藏寺观瞻者为数不多。

西梁之地原为"义地"（旧时指埋葬穷人之公共墓地，也指由私人或团体购置，专为埋葬一般同乡、团体成员及其家属之墓地），据说当时老城外有两处义地：一为南马场墓地，一为西梁墓地。南马场之墓地所埋葬者多为无权无势之穷人也，而西梁墓地所埋葬者多为外地有钱人。

当时的地藏寺门前松柏成荫，颇具肃穆感。另有一碑竖立门前，记载着地藏寺之修建史（该寺之寺址位于今朝阳县"竹木器厂"东侧），只是因寺毁碑去难以考其详也。

如今之西梁地段，已成为集机关、学校、工厂、商业及交通要道于一体之要地。

"西梁"如今依然在，但其"庙"已不复存在。

保安寺

保安寺，俗称娘娘庙，坐落在双塔区他拉皋镇铁营子村。据寺内竖立的

"咸丰五年桂月中浣岁次"石碑碑文记载,该寺运筹于清乾隆年间,始建于嘉庆八年,由浩然法师带领众弟子所建。

该寺坐北朝南,在中轴主线上依次建有天王殿、大雄宝殿及3层阁楼。阁楼之间东侧为5间2层僧寮。大雄宝殿前方之东侧为3间寮房、3间伽蓝殿、六角钟楼;西侧为3间寮房、3间斋堂、3间娘娘殿、六角鼓楼。

寺院前有一广场,荟有院墙,墙垣虽显低矮,但却很严实。墙上书写着"南无阿弥陀佛"等字样,醒目耀眼,给人以圣洁之感。步入寺院,迎面为崭新的天王殿南门,门楣上悬挂"保安寺"3个镀金大字横匾,辉煌夺目,给人以肃穆之感。正门两侧那副"大腹能容容天下难容之事;慈颜开笑笑世间可笑之人"之楹联,令人发笑深省。该寺之山门连在天王殿东西两侧,从山门而进,即可先从天王殿之北门进入殿内。

保安寺总占地面积约2830平方米,其中建筑占地面积约1130平方米。整个寺院呈四合院式格局,设计得体,建筑别致。当你跨进山门观看,立即会体味到佛门净地一尘不染之含义,给人一种远离红尘进入世外桃源之感。那怒放的鲜花争奇斗艳向你点头微笑,那欢跃的鸟雀叽叽喳喳为你纵情歌唱。此情此景,定能让人顷刻间把那世间的烦恼俗事抛至九霄云外,达到与世无争之境界。可谓"入佛门发菩提众生得度;进宝刹结善缘平等慈悲"。

院中间有3株500多年的参天松柏树,苍劲挺拔,枝叶茂盛。原有四株相对相衬,"文革"期间死掉一株,后由住持僧尼在原位置上补栽一株柏树,现已碗口粗。3株松柏高20米左右,直径0.8米。树上住满各种禽鸟,早晚让人陶醉在鸟语花香、经声佛号中。

宝灵寺

宝灵寺,原名聚仙宫、玉皇庙,坐落在双塔区桃花吐镇之桃花山上。

桃花山,古称脱麞图山、桃花坞山、桃花图山,海拔611.9米,方圆10公里,"其色赤黑,群峰相抱",乃辽西一座著名之孤山也。传说桃花仙子曾在此居住过,并亲手栽下了满山桃树,故名;又因桃花仙子临走时还留下了许多金银财宝埋在山里,故此山还流传着许多动人的传说,如"金马驹的传说""桃花山开山钥匙的传说"等。

宝灵寺由上中下 3 寺组成，此 3 寺分别位于桃花山之山峰、山腰和山麓处。

该寺庙于 20 世纪 40 年代被毁，信众不往，香火遂断。

光阴荏苒，日月如梭。荒废了半个多世纪的该寺庙，于 2003 年被批准为合法的宗教活动场所，并更名为宝灵寺。每年的农历三月初三和九月初九分别举办三天庙会，庙会期间皆要举办多种文化活动，扭秧歌、唱大戏、热闹非凡，游人、香客达万人。

金刚寺

金刚寺，原名娘娘庙，俗称喇嘛洞庙，坐落在双塔区长宝乡长宝村（原名小南沟村）村南之帽山脚下，坐北朝南，面朝巍峨的帽山之巅。而该寺正是因为选择了朝向帽山之巅这一风水宝地，才使得该寺颇具灵蕴，故而远近闻名。

该寺以南北为中心轴线，自南往北依次建有山门、天王殿、观音殿等。距该寺东侧约百米处，即小南沟沟坎上，建有娘娘殿和护法神殿。

该寺在新中国成立初期停止香火，寺庙的殿堂及佛像保存尚属完好。"文革"时期，殿堂被拆毁，佛像被打翻在地。

2001 年，当地民众主动筹资开始重修寺庙，新修建了正殿（名曰"圆通宝殿"）、娘娘殿、护法神殿等。所有建筑均颇具规模，满涵佛蕴。信众簇至，香火依然。尤为可观者，新建之东配殿为现代式 2 层楼房，上层为念佛堂，下层为斋堂，总建筑面积为 400 平方米。另外，山门、天王殿等建筑正待奠基，修建之时指日可待矣。

金刚寺，始建于清代，为佛教活动场所，以佛教经典著作《金刚经》命名。2004 年 7 月，该寺被批准为区级文物保护单位，现任住持释通恩。

古佛寺

古佛寺，坐落在双塔区孙家湾乡东山村之向阳山上。

向阳山，当地人称其为庙山，因山上有庙宇而名。向阳山之青山石壁上，雕有高2.7米、宽1.8米的"三清"像，即玉清元始天尊、上清灵宝天尊、太清道德天尊，为道教的三位最高天神。此3尊神像端然并坐在莲花台座上，慈眉善目，栩栩如生。细观之神像身无柄凿之痕，石无镌刻之迹，堪为奇中有奇，古往今来闻所未闻，见所未见。

　　据传，此神像系天然而成，绝非人间雕刻所为，且又不知何年何月何日始有也。而尤为称奇的是，凡进山朝拜者，皆会得到天神之惠泽，求药者则会得药，祈雨者则会得雨，可谓灵验异常。

　　在此期间，向阳山上也曾建有石庙一座，内供"三圣"和"三公"塑像，"三圣"居左，即为玉皇大帝，青龙天尊及柳仙；"三公"居右，即为太公、关公和包公。玉皇大帝，亦称玉皇上帝，为主宰天地万物的"四御"之首；青龙天尊，为东方之神，即青龙是也；柳仙，名柳翠，人称柳姑，乃柳城之神灵也。柳姑为根治水患，带领乡亲栽植柳树，以此遏制了山洪暴发。乡亲们为纪念她，特将居住地起名柳城。太公，姜姓，吕氏，名望，一说字子牙，俗称姜太公。周初人，文王时立其为师，后辅佐武王灭殷；关公，即关羽，为三国时蜀国之名将。在中国民间，关公被尊称为降魔除妖、呼风唤雨、招财进宝的全能神；包公，即包拯，宋庐州合肥（今属安徽）人，因曾任天章阁待制和龙图阁直学士，故世称包待制、包龙图。因其为人刚毅，居宫廉洁，故被尊称"包公""包青天"。

　　值得一提的是，该庙宇中所供奉的"三圣"除玉皇大帝和青龙天尊外，还供奉着当地民众所信奉的柳仙；"三公"除供奉关公外，还供奉着民间所尊崇的姜太公和包公，这不能不说是该庙宇之另一大奇特之处矣。正因如此，该庙宇方香火不断，信众频至。1927年，当地民众资助将该庙宇扩建为3间，殿内复塑了"三圣"和"三公"像。同时，还将该庙宇定名为古佛寺。

　　按理说，从宗教的分类来看，无论是石壁上所雕之"三清"像，还是庙宇内所塑的"三圣""三公"像，皆属于道教所信奉之神明，故该庙宇之名称本应为"某某阁"，或者定为"某某观"，但因儒、释、道三教最终曾呈现出"三教合一"之局面，故称该庙宇为"古佛寺"也在情理之中。

　　古佛寺于1945年曾进行过维修，新中国成立初期香火渐断，"文革"时期被毁。1993年当地民众资助重修。

永昌德盛寺

永昌德盛寺，俗称喇嘛庙，坐落在龙城区边杖子乡姑营子村西北角 300 米处的山坡上，始建于唐会昌年间，清代进行过扩建，为蒙古族韩姓之家族庙。

该寺坐北朝南，依次排列为山门、天王殿、祖师殿、大雄宝殿。祖师殿前约 30 米处为天王殿，祖师殿西南约 20 米处为关帝殿。全寺共有殿宇 42 间，院墙长 200 米，高 2.3 米，总占地面积 4000 平方米。

据传，1947 年夏，忽有一天一股通天龙卷风突袭了坐落在朝阳县大庙乡乡政府所在地的一座大庙（关帝庙），霎时间，碗大的冰雹随风而下，将庙内的 3 层殿宇完全刮倒，400 公斤重的一口大铁钟被刮到墙外，庙内的 3 座石碑被折为 3 截，院内外的大树也被连根拔起。但令人称奇的是，庙院附近之房屋却完好如初。而更为神奇的是，被刮倒的 3 层殿宇之殿顶却被全盘端至永昌德盛寺之正殿顶上，这是不是事实，不得而知，但却给该寺增添了许多神秘色彩。

昔日的永昌德盛寺，游客如织，香火旺盛，不失为县城西郊之一大名寺。

该寺毁于"文革"时期，当时的情景是，全寺上百尊佛像皆无，但寺内的 20 间殿堂却保存尚好。

该寺的现状是，残存的殿堂已濒临坍塌，只是靠木方支撑而勉强维持之。寺址四周堆积着大量保存完好的辽早期沟纹砖和布纹瓦当。内墙上残存的壁画色彩仍很鲜艳，房梁上的一些木雕图案也十分清晰，外墙上多数浮雕已经丢失，尚存者也寥寥无几。院中那口古井也已被石料所封盖。

该寺现已被列为区级文物保护单位，不久前，区文物管理部门已着手对破损和坍塌的建筑进行维修。

该寺原有 7 棵千年古柏，因"文革"期间遭破坏，现仅存两棵。其中一棵古柏树龄已达 1100 年以上，其直径约 100 厘米，高近 10 米，树冠 30 平方米左右，主干在高出地面约 1 米处分出 4 个支干，可谓苍翠挺拔，枝繁叶茂。

据林业专家介绍，朝阳市原有两棵树龄较长的古柏，一棵在凤凰山小西寺，其树龄700多年；另一棵在喀左县刘仗子境内的龙凤山天台寺，其树龄在800年以上。而永昌德盛寺内的这棵千年古柏，不但是这一千年古寺的最好见证，同时也为这一千年古寺平添了一道亮丽的风景。

1999年，释圣广来该寺任住持，承担起护寺、建寺之重任。

复圣宫

复圣宫，坐落在龙城区边杖子乡朱家仗子村村南贵人双骑马山之北山坡上。

1930年《朝阳县志》记载，贵人双骑马山，在县治西朱家仗子村南，山形如贵人骑马，故名。现经孔教分会朱学尹会长在该山之北山坡上建圣庙一处，曰复圣宫。正殿3楹，至圣孔子居中，左关圣帝君；右岳忠武王，两列四配，即东配复圣颜、述圣子思子；西配宗圣曾子、亚圣孟子。更有奇者，该山之东为笔架山，西为麟吐玉书山。近复有圣庙居山之北方，庙前则有三山鼎立，文星（即文曲星，系主持文运科名之星宿）拱卫，将来此方文化之兴可预卜焉。

品评复圣宫之"复圣"二字，是指将文圣孔子与武圣关羽、岳飞合在一起供奉之意，亦即将文庙与武庙合二而一。此等庙宇创意新颖，足显芸芸信众对文、武圣人倍加崇敬之情。

登上山冈，四下看望，但见云雾环绕，香火正旺。俯视竖立着的寺碑，使人对复圣宫之由来及演变过程始知端倪。

碑文之题名"重修三圣殿碑记"及落款"乾隆十四年岁次己亥夏四月"之字样清晰可见，碑文之内容隐约可辨出"朝阳沟东南有兴隆山一座，但见层峦叠峰……龙王……之圣神也"等字样。从中一可看出重修三圣殿的时间为乾隆十四年（1749）四月，据此，也可以推断出三圣殿始建之时间约为清顺治年间；二可看出三圣殿之殿址位于朝阳沟东南方向的兴隆山上。据当地人讲，兴隆山亦祢贵人双骑马山，又称平顶山，总称马鞍山，简称马山，系太青山东来之脉。

三圣殿，坐北朝南，前殿供奉"三圣"（即孔子、关羽、岳飞）；大殿内供奉"三王"（即地藏王、龙王、药王）；后殿供奉城隍、山神、土地等。

每年的农历二月初二这一天，周边的民众都会自发地抬着猪头等供品来庙内奉祀龙王，求龙王施甘霖佑一方风调雨顺，五谷丰登。久而久之，人们则习惯于称"三圣殿"为"龙王庙"。

三圣殿历经风剥雨蚀，于清末坍塌殆尽，1930年重建，名曰复圣宫。"文革"时期，复圣宫被拆毁。其间，有人将重建三圣殿之石碑（始建三圣殿之石碑及重建复圣宫之石碑去向不详）用大车拉回本村的一眼大井旁当踏脚石。现已被信士请回庙址。

吉祥寺

吉祥寺，坐落在龙城区召都巴镇李杖子村。

1930年《朝阳县志》载："在县北三十里李家杖子，村东头原有三霄殿庙一所，名为吉祥寺，系清初本地善士檀越募资修建。近于民国九年有宣讲堂。讲善诸生募集成巨资，建无极楼，高三丈余，栋柱缘檩金碧辉煌。楼上供无极老母像，楼下仍系三霄。左观音菩萨；右关圣帝君，中为玉皇阁。寺内平房数十间，以备四方远游善士驻宿所也。一切建筑均甚壮丽，诚浩大功程云。"

该寺的建筑以楼阁式为主，造型雄伟，蔚为壮观，为一处远近驰名的道教活动场所。遗憾的是，该寺于"文革"时期被毁。

2006年春，释圣广师傅主动承担起重修吉祥寺之重任。她四处奔波、八方化缘，将一处沉寂多年的古寺又重新燃起了香火。她的志向不仅是要重修该寺庙，而且还要在该寺庙内修建位居辽西第一的一座大雄宝殿，将原道教的庙宇变为一处佛教的寺院。

卧佛寺

卧佛寺，坐落在龙城区西大营子镇西涝村（原名涝泥塘子村）村西之山上，系清代该处蒙汉人共同募修。

该寺的寺基高大宽敞，上据山顶，下靠河滨，四周林木浓郁茂盛，景色迷人，堪称一处雄峻、庄严之地。

寺内建前后殿6楹，内供卧佛、关帝等像。每年的农历二月初二为该寺的庙会，届时，人流如潮，香火颇盛。

该寺为藏传佛教活动场所。住寺喇嘛原为下洼村人。"文革"时期该寺被毁。现如今，该寺已由诸多居士、信众共同捐资予以修复。

日光庙

日光庙，坐落在龙城区联合乡房申村村南。

1930年《朝阳县志》载："在县城西，距县七十里，至房申村南。前以大王山为屏，后依塔子、楼子两山，山有九脊，称为九龙山，日光庙在其下。寺中正殿供关帝。右为龙王殿。其东为日光佛殿，右为三霄娘娘殿；其西药王殿，又西月光佛殿，又西地藏王殿，又西财神殿。后为倒座观音殿，其东为东岳殿。寺前有古塔一，清咸丰四月二十八日庙会时，有老叟宣言此塔将倒，当压死万人。是夜，塔果圮。塔下仅死一丐，访之同丐者，言其人姓万，叟言果验殆，异人也。该寺殿宇虽多，总名日光庙。考其原因，日光佛像原在长尔哈达北塔子山下小庙内供奉，后因山高二里许，祭祀多大不便，土人奉表祷祝，请神自择地另建庙宇，焚化后，觇其表落今寺地点，距前小庙已十余里，随风飘落，乃即其地建筑。此庙始建于清雍正十年（1732年）五月，有碑可考。"

另据1930年《朝阳县志》记载："塔子山在县西七十里长尔哈达村北，山半岩石灿白，蒙人谓白色山曰长尔哈达，山顶东南隅有石塔一，高三丈有奇，有神祠一，古井一，深可七尺，井水甘洌异常。山阴坡有石洞二，一塑关帝像，一塑日光佛，现将佛像均移入他寺矣。"

据考，塔子山之神祠（即日光庙）始建于唐贞观年间，九龙山之日光庙始建于清雍正年间，大建于嘉庆年间，竣工于光绪年间。

昔日的日光庙雄伟壮观，素有"九龙山间日光庙"之称。令人痛惜的是，"文革"初期被毁。

大法鼓寺

大法鼓寺，坐落在龙城区大平房镇香磨村村西的小半拉儿山上。

该寺原名老爷庙。相传很早以前的一年夏季，连续几天的瓢泼大雨导致大凌河水猛涨，眼见到了即将冲毁岸堤淹没村庄的危险时刻，在千钧一发的紧要关头，一位身着绿袍的赤脸大汉在电闪雷鸣中从天而降，他左手捋长髯，右手仗青龙偃月刀，飞驰电掣般地朝河中心的一座孤岛奔去，只见他手起刀落，将孤岛劈为两截，一截没入水中，一截推向岸边（后人称此半截孤岛为小半拉儿山）。霎时间，洪水顺势一泻千里，两岸百姓幸免一难。此位劈山之神即为关圣帝君。第二年，为纪念这位拯救黎民百姓脱离苦海的关老爷，人们即在小半拉儿山上修建了一座老爷庙。

小半拉儿山因有老爷庙而增灵气，老爷庙因有小半拉儿山而多传奇。欲瞻拜关老爷，可有两条路而达至：一条为水路，可从山前的山脚下直接攀援而上；另一条为山路，可从山后绕道而为之。

老爷庙始建于何年，无据可考。随着时代的更迭，岁月的流逝，老爷庙已不复存在。

20世纪90年代初，国家投巨资在位于小半拉儿山附近的大凌河河段上修建了阎王鼻子水库。一条长382米，高34.5米的巍巍大坝将大凌河拦腰截断，进而形成了一个巨大的湖泊。随着水库建设的日臻完善和游人的不断增多，为适应创建旅游城市的需要，人们遂将阎王鼻子水库更名为"燕山湖风景区"，将小半拉儿山更名为万寿山，将老爷庙更名为大法鼓寺。并把万寿山列为整个风景区六大景点之一。正因如此，启动复修大法鼓寺之工程亦势在必行。

大法鼓寺依山就势，从山下至山上依次排列为山门、天王殿、钟鼓楼、护法神殿、大雄宝殿、文殊殿、观音洞等。

大法鼓寺现任住持为释果智法师。

吉祥法轮寺

吉祥法轮寺，俗称喇嘛庙，坐落在开发区龙泉街道七道泉子南村，为一座藏传佛教寺院。

1930年《朝阳县志》载："吉祥法轮寺在县西七道泉子，系清初修建，仿县城内佑顺寺规模，面积颇大，殿宇百余楹。"

另据《承德府志》记载，吉祥法轮寺始建于清朝初年。乾隆四年（1739）春，一位名叫德瓦活图克图的喇嘛从小西藏（今甘肃夏河一带）来到此地，他指派一位包姓喇嘛负责修建此庙。不久，因包姓喇嘛病重垂危，就把修庙的任务交给了他的侄儿契尔扎巴。契尔扎巴当年35岁，为修建吉祥法轮寺，他历尽千辛万苦从东山里（今黑龙江）运回长10米、直径0.5米的通天柱圆木5根，各种圆木、方木、板材达300多立方米，共花白银5000两。

该寺地处高台之地，景色秀丽，松柏繁茂，远远望去，犹如一处空中楼阁一样，美轮美奂，光彩夺目，故曾被列为"朝阳八景"之一，名为"西岭仙台"，已载入《朝阳县志》中。文中所云"西岭距城五里，闲登其上，遥望七道泉宝刹，层台罨画，缥缈云端，有飘飘欲仙之概"，此处即为吉祥法轮寺。

该寺坐北朝南，共有5个大小院落组成，总占地面积近30000平方米。寺内中间为一座两层大殿，名曰正殿。南为天王殿，西南为老爷殿，北为十八罗汉殿，东、西均为佛经殿。除此之外，寺内还有佛爷仓、大仓等38间。据统计，全寺共有楼堂殿阁153间，四周设有高2.3米、长750米的蓝砖红漆院墙。

吉祥法轮寺大殿

整个寺院建筑布局合理，井然有序。但见殿阁飞檐高翘，雕梁画栋、金碧辉煌。全寺共有 1 米以上的各种佛像 175 尊，其中镀、贴金佛像 75 尊，铜佛 30 尊，泥佛 70 尊。

历史上的吉祥法轮寺，因其为仿县城内的佑顺寺而建，故规模较大，为仅次于佑顺寺的第二大藏传佛教寺院。兴盛时期，寺内大小喇嘛多达 150 余名。当时西藏的德瓦活佛不定期地从西藏来到寺院讲经，德瓦活佛来时骑马，并由骆驼队跟随，行至朝阳边境后，寺里出车前往迎接。此时，寺院大开庙会，予以庆祝。

1927 年，该寺的佛事活动达鼎盛时期。每年农历三月十五，为祭祀"天公地母"，该寺都要举办大型庙会。特别是德瓦活佛的到来，更给这座古老的寺院增添了节日的气氛。那时候，蒙古族的善男信女千余人从百里之外赶来拜佛、施舍，北京、锦州和承德等地的商贩也闻讯赶来摆摊售货。时至中午，赶庙会者多达 5000 余人。

德瓦活佛圆寂后，该寺每年都要去北票下府惠宁寺请什霍佛前来讲经。什霍佛坐在马拉的小篷车里，后面跟随四五个徒弟。进寺后，同样举办庙会，热闹非凡。

20 世纪 40 年代，政府给寺院的喇嘛分配了土地。

当时，每年举行比较大型的佛事活动有 3 次：农历三月十五，为祭祀天公地母而举办的庙会；六月十五，为庆祝观音菩萨诞辰而举办的庙会；九月十五，为庆贺地藏王菩萨诞辰而举办的庙会。此 3 次庙会时间最少为 15 天，盛况空前。赶庙会和上香的男女老少来自四面八方，近则三乡五里，远则千八百里。

至 1958 年，该寺被工厂、生产队占用，原有佛像、绘画等宗教设施破坏严重。"文革"期间，大殿第二层被强行拆除，延续了 200 多年的庙会等宗教活动也随之中断，所剩的五六名老喇嘛因无法生活，被迫搬出寺院。后该寺变成了辽宁省辽西电影片库。

1986 年，政府给该寺落实了房产政策。1993 年，该寺被确定为区级文物保护单位。2006 年晋升为市级文物保护单位。1994 年，办理了宗教活动场所登记手续。

如今的吉祥法轮寺，佛事活动进行正常，前来观光拜佛者络绎不绝。每年较大的宗教活动有3次，即农历二月十九观音菩萨诞辰日；七月十五盂兰盆会；九月三十药师佛诞辰日。每次活动准备充分，参加活动的信众日益增多。

绍兴庙

绍兴庙，这是在朝阳城郊唯一一座以外地地名命名的寺庙，为一处道教活动场所。

1930年《朝阳县志》记载："绍兴庙位于县西八里吴家洼（今开发区龙泉街道吴家洼北村），系清初时由浙江绍兴跟随县尹来朝阳做事的幕友们共同捐资所建。统而言之，该庙为客居朝阳之绍兴人共同捐资所建。"

另据史料记载，朝阳地区原系蒙古喀喇沁部和土莫特部牧地。清初时期，关内人口大量涌向此地区从事畜牧和垦殖业。时至乾隆三年（1738），清政府在凌源镇设塔子沟厅，辖朝阳地区，隶属承德府。正是在此时（也就是朝阳随着立官设治之时），清政府所任命的各级官员纷纷从各地前来赴任，其中也包括从浙江绍兴来朝阳任县尹之人，当然这其中也包括了随从县尹一起前来县署做事的一些人员等。不难想象，正是这些不远千里前来县署做事的人及其所做出的贡献，才使得他们在朝阳站稳了脚跟。也正是当他们功成名就之时，方要共同捐资修建该庙宇。

据了解，绍兴庙是由当时居住在老城区东街的老陶家、竹林寺胡同的老张家、小什字街北的老钱家、西街老刘家等十户绍兴人出资为客居朝阳及周围府县的绍兴人所建。据说，即使是时至今日，浙江绍兴人的后裔在朝阳城区内仍有300余众。

绍兴庙占地面积1万平方米，一应建筑坐北朝南。四周为青砖所砌之院墙，既严实又方整。山门古朴、庄重，正门宽敞、大气，门楣上悬挂写有"绍兴庙"3个金字的牌匾。东、西两侧便门的上坎皆为青砖券门，上边分别写有"伽蓝禅院"和"古地藏庵"的横批。正殿3楹供奉幽冥教主，即地藏菩萨。东西配殿供奉十殿阎君，即秦广王、楚江王、宋帝王、五品王、阎罗王、卞城王、泰山王、都市王、平等王、转轮王。从中可以看出，因为幽冥教主为释迦牟尼亲命的地藏菩萨所担任的管理阴间之王，加之十大阎君为阴间地狱之主，所以也可以说该寺庙所供奉者皆为"地狱的统治者"或

"幽冥界之王"。正殿前长有三四棵枝繁叶茂的松柏树，衬托得正殿尤显肃穆。正殿后有东、西配殿，原塑什么佛像，无据可考。据说，新中国成立前曾在这里存放过已故绍兴人的灵柩，实情不详。

庙前有一块约1800平方米的大空场，空场前长有两棵直径约0.4米的槐树和两棵直径较小的松树。庙前西南方向50米处有一眼水井，井深约15米，井壁用石头砌筑，井筒较细。此井之水供庙里僧尼及过往香客饮用。

庙后为一大片墓地，存有坟墓多达一二百座，绍兴人有死亡者均浮厝或葬埋于此处。在这些坟墓中，有的碑记比较考究，墓志铭也非常清楚，这些大都是官宦人家或有钱的大户所为。每逢农历七月十五这一天，绍兴人都要齐聚于此，举办隆重的盂兰盆会，焚香致奠，敬礼神明。借以追祭、超度祖先和考妣的亡灵。

据此可以得出，绍兴人修建绍兴庙的用意，一是为安葬绍兴籍已故之人，并为亡者做超度等一些祭奠活动；二是接待以绍兴人为主的过往香客，使外埠的绍兴人进到家庙感到如同到家一样。

绍兴庙由绍兴人比丘尼主理佛事。每逢年节及初一、十五，这里的尼姑都要往周围百姓家及城里商号外送"吉祥疏"（即纸片上印有松鹤图案之吉祥物），化得钱来，供庙里花用。庙里的僧尼原为两位绍兴刘氏姐妹，家住原老城西门附近，新中国成立后传说已还俗，或另辟他乡不详。

该庙于20世纪40年代时被吴家洼村农会分配给姜姓和贾姓两家贫雇农居住。当时殿内佛像犹存，只是僧尼已离去。之后，吴家洼村生产队曾在殿里存放过谷草。

如今，绍兴庙已被毁多年。

第二节　朝阳县古刹塔窟

涌泉寺

涌泉寺坐落于距朝阳市区南28公里的南双庙乡曹家村境内，该寺始建并兴盛于辽代，金元延续，明代衰落，1993年修复。

涌泉寺为硬山式建筑、正子午走向。寺内现有弥勒殿、观音殿、如来殿、龙王殿、三清殿、救苦殿。观音殿前有近千年的两棵古槐（国槐）称"夫妻槐"，高38米，围4米。龙王殿下边有一青石龙头，口吐圣水，常年川流不息，殿后还有号称"辽西第一泉"的一口天然石井。后山顶上有一座半截石塔，历史悠久。

涌泉寺

千佛洞

千佛洞坐落在朝阳县南双庙乡山后村，距离村有1.5公里，距县域55公里。寺庙建在山洞里。寺前有片树林，东面有一点将台，建筑有二层楼一栋，弥勒佛被供奉在一楼中厅。大殿建在山洞里；另有千佛殿100多平方米。寺院里供奉有伽蓝菩萨、韦驮菩萨、观音菩萨。

禅定法轮寺

禅定法轮寺是一所藏传佛教寺院，坐落于朝阳县贾家店乡赵营子村德力吉山上。原寺院有 300 多年的历史。

禅定法轮寺有大殿 25 间，殿内一排供奉释迦牟尼、如来、药师、弥勒、千手千眼佛；二排供奉顶髻尊胜佛母、长寿佛、白度母、绿度母还有宗喀巴三尊。东西两侧是十八罗汉、护法佛等。关帝庙 3 间，内塑正中关羽、左关平、右周仓。纪念堂 3 间，里面供奉前两世活佛骨灰，塑像有宗喀巴像和文殊菩萨像。小佛殿 3 间，内供奉多尊佛像。

法轮寺大殿上有钟楼、鼓楼。该寺大雄宝殿中央，原来悬挂一幅补绣千手千眼观世音菩萨像。像高 3.5 米，宽 2 米，绣工精细，色彩鲜艳，是一幅具有较高工艺水平的刺绣作品，具有一定的文物价值。绣此像的为朝阳县黑牛营子乡红大庙的宝姓女喇嘛。她是蒙古族人，19 岁出家当了喇嘛，1935 年秋至 1939 年冬，绣制了此像。可惜，此绣像后遭火灾烧毁。

华严禅寺

华严禅寺坐落于朝阳县北四家子乡南台子村民组，距离县城 45 公里。

华严禅寺始建于 1922 年，山上有古洞、祖师洞及弥勒殿 3 间。蕴虚老和尚严持戒律，精进修道，培养了一大批德才兼备、弘法利生的僧才。大殿东西配房各 3 间，为一进式硬山式建筑，台阶下东西配房各 7 间，均为二进式平顶硬山式建筑，始建于 1940 年。

寺内现有僧人 14 人，住持僧为释圣德。本寺每年主要宗教活动为：正月初四至十二祖师纪念日；四月初七至初九释迦佛圣诞日；七月十四至十六盂兰盆会。

宏观寺

宏观寺，位于朝阳县黑牛营子乡章吉营子村的小孤山脚下，是一座藏传佛教寺院。总占地面积近6700平方米，其中建筑面积为1683平方米。寺院现有正殿5间，左右寮房若干间。寺院正殿是砖木斗拱建筑。

宏观寺在400年前是金家的一座家庙，曾经有一位活佛路过此地，在院内栽植一棵柏树，取名"长寿柏"。嘉庆年间一位名叫金扎兰的朝廷命官回到家乡小章吉营子省亲，看到自家的家庙已经很破旧了，为了使其胞兄金四喇嘛更好地修行，便出巨资筹建了这座寺院。开始的时候，大家都称呼该寺为红大庙，现在很多当地信众还保持着这个称呼不变。据说，当年在红大庙的北方约800米的地方也有一座寺庙，被称作白大庙。

经历了200多年后，红大庙今天已改名为宏观寺的这座古刹显得更加古朴厚重，当年栽下的这棵长寿柏经过数代僧众居士们的辛勤浇灌和培育，也已经是树冠参天、枝繁叶茂，并成为宏观寺的一大景观。四喇嘛的旧居是3间传统的四梁八柱式建筑，位于宏观寺南100米处的民居群中。旧居和他们所供奉的佛像至今还被其后人保存完好并供奉着。

2004年，为了寺院的发展壮大，宏观寺的老住持和当地信众把甘肃禅定寺格西香巴群培等四位僧人请到宏观寺长住；随后，香巴群培师傅又把金刚上师智美西饶大法台迎请来宏观寺。

宏观寺每年举行4次大法会，即正月十五祈愿法会；四月十五释迦牟尼佛成就大法会；九月二十二佛祖降临日大法会；十月二十五宗喀巴大师涅槃大法会。

日升寺

日升寺坐落于朝阳县胜利乡花坤营子的孙家店，是县级文物保护单位。得天独厚的地理位置使人仿佛置身于世外桃源。五棵参天古柏傲然屹立在大殿的两旁，堪比黄山的"迎客松"。

据《朝阳县志》记载，该寺始建于康熙初年。正殿的"日升寺"3个大字是康熙帝南巡时御笔亲题，距今已有400多年的历史。鼎盛时期，寺院规模宏大、香火旺盛，有僧众千余人。

玉清寺（官）

玉清寺坐落于朝阳县羊山乡肖家店村西，距县城约50公里。该寺建在村西后洼里，与碇子山错落而立，正前为云雾山，近在咫尺的鹦鹉山坐卧在眼前。玉清寺为五进式格局，在中轴线上有山门、万仙祠、二楼（三界天）、玉皇楼及大殿。

寺内现有注册僧人14人，住持僧人为释仁一。该寺每年的主要宗教活动，有二月十九观世音菩萨圣诞日、六月十九观世音菩萨成道日、九月十九观世音菩萨出家日等。

云峰寺

朝阳县二十家子镇的云峰寺，原名云峰观，俗称娘娘庙。创建于清雍正年间。20世纪40年代末，社会变革佛教受黜道士出走，香火断绝，蛛结网雀筑巢，乱石堆杂草生一派萧然。"文革"期间佛殿彻底拆除，圣像皆被摧残，300年古迹毁于一旦。精美建筑荡然无存。

20世纪80年代，百业俱兴，善男信女节衣缩食，慷慨捐助。住持尼僧仁达法师掌管寺院事务，竭力弘扬佛法，树立正信，1996年，正式命名为云峰寺。每逢初一、十五庙会，香烟袅绕，经声朗朗。

经过住持僧众艰辛努力，建有殿堂两层，坐西朝东。殿宇雕梁画栋，蟠龙舞凤，殿宇庄严，佛像生辉，彩绘栩栩如生，围墙紧固山门巍峨。院中石阶高起，庭前古松蔽天，晨钟韵动，暮鼓宏鸣，法音悠扬，香飘妙音。

天台寺

朝阳县羊山乡大四家子西南不远处有一座山。依山而建有座寺院叫天台寺。该寺始建于1919~1929年间，"文革"期间被毁为一片废墟。

1991年，在国慧法师和居士们的号召以及十方大德的资助下，开始重建，仅全石楼一项的费用就将近270万元。石楼是一座从上到下全部用石头组建的3层建筑。当中没用到一块木料，可称是建筑中的一绝，充分反映了劳动人民的聪明和智慧。楼内第一层是地藏殿，第二层是凌霄殿，第三层为瑶池宫。

现在我们看到的天台寺有弥勒菩萨殿、佛母殿。其中全石楼为该寺的代表建筑。该石楼可以拾级而上。登上顶层，放眼远方，天地相接，蔚为壮观。

地藏寺

地藏寺位于朝阳县黄土坎子，始建于雍正四年（1726），历经数次劫难及风雨侵蚀，早已经面目全非。2001年该寺住持妙修师傅四处筹集资金开始重新规划建设。在十方大德的帮助下，到目前为止，寺院建设已基本完成。现有山门，伽蓝菩萨殿、护法殿、弥勒殿、药师王殿、四菩萨殿（观音菩萨、文殊菩萨、普贤菩萨、大势至菩萨），龙王、龙母殿和正殿——地藏殿，共8个殿。南北走向的两大间念佛堂在东侧，遥对着的是西侧的斋堂。供男女居士居住的房间共有10余间。正殿供奉的是地藏王菩萨。两侧各是十殿阎君。

地藏寺于每年正月二十四、二十五、二十六举办法会。

灵佑宫

灵佑宫，亦称羊山寺，坐落在朝阳县羊山镇东两华里之玄羊山山腰处，该寺基前临小凌河，后依众峻峰，境极幽雅，有深山藏古寺之胜景。

古籍记载："昔年有玄色之羊，能以其角悬树而眠，故名山焉。"正是因为此山与羊有不解之缘，故此山以"羊"而名。

据1930年《朝阳县志》记载，明末时期，明军与清军于松山一带交战，明辽东总镇官兵全军溃败，时有刘太华总镇潜逃至玄羊山，并出家修道创修灵佑宫（现有其墓可证）。当清道光年间重修该寺之时，刘总兵之铜印尚在（后已遗失），现只有诵经石木鱼一个，重百斤上下。据传，当时刘总兵每日能单手托石鱼击节诵经绕寺一周。

灵佑宫，坐北朝南，共有五层殿。进入山门，首先看到的是石钟架，架上悬挂着清光绪三十四年（1908）所铸造的幽冥钟，钟架后为清乾隆四十年（1775）所立的石旗杆座。钟的右侧为第一层殿，即龙王殿，内供四海龙王。穿过山门为第二层殿，即大雄宝殿，内供佛祖释迦牟尼。殿前有两座石碑夹道而立，西侧为清雍正十二年三月所立的"玄羊山灵佑宫碑记"；东侧亦为"玄羊山灵佑宫碑记"，只是落款已经模糊难辨。

大殿左侧为观音殿，内供观音菩萨；右侧为地藏殿，供奉地藏菩萨。大殿后，拾级而上为第三层殿，即真武殿和三霄殿。真武殿内供奉真武大帝；三霄殿内供奉碧霄、云霄、琼霄三位娘娘。第四层殿为关公殿，供奉关圣帝君，殿内还绘有"桃园结义"等彩色壁画。第五层殿为三清殿，供奉元始天尊、灵宝天尊、道德天尊。此外还建有三公殿，供奉岳飞、海瑞、包公。

灵佑宫为道教活动场所。每年农历五月十五（太上老君圣诞日）、四月十八（泰山娘娘圣诞日）为灵佑宫庙会。

观音洞

据1930年《朝阳县志》载："观音洞在县南一百一十里锅撑西沟山腰的悬崖峭壁间。此洞高三丈余，内容宽阔，面积有数间屋大。洞内供古佛数尊兼观音菩萨像，洞外建大殿三楹，内供关圣帝君像。山门裙墙均备，旗杆矗立，高插云霄。洞后墙上有圆形大石板一块，如太极图于上边，一人抚之则动，多人扳之则不动。此洞系清代时土人因势募资修筑，藉酬神恩，永祈地方安静，风调雨顺，时和年丰云。"

观音洞位于朝阳县二十家子镇南三家子村村西锅撑山之山腰处。锅撑山，原名清凉山，亦称马蓝山。其山挺拔峻峭，颇具气势，因形似支撑锅鼎之支架而名。观音洞为山腰处自然形成之山洞，此洞宽阔宏大，极具风光，因内供观音菩萨而名。又因洞外建有关帝殿，故形成了一座完整的寺院。

观音洞下面还有一个深不可测的山洞，堪为洞中之洞。此洞上面盖有一块大石板，欲下此洞者只要掀开石板即可进入。相传，有一名曰杨香的住寺喇嘛因为好奇，曾背着两钱褡子蜡烛照亮儿，深一脚浅一脚地顺势往纵深处走去，当他点完这两钱褡子蜡烛后，仍不见洞底，但却听到了哗哗的流水声……此喇嘛莫名惊诧，迅速返回。这也就是当地人传说"观音洞下有一无底洞，可通地河"的由来。

寺内现存"大清同治九年三月修功十一岁次壬申夏四月"所立重修寺院之碑文。寺院历经百年风雨剥蚀，破损严重，故当地民众又自愿捐资于同治九年（1883）三月开始重修之，耗时2年，于同治十一年（1885）四月竣工。该庙毁于"文革"。

1996年春，比丘尼释果道来该寺任住持，并于1997年春开始募捐重建观音洞，重建后的观音洞雕梁画栋，分外壮观。洞内正面中央奉祀观音菩萨，其左为文殊、大势至二位菩萨；其右为普贤、地藏王二位菩萨。洞之左侧奉祀药师、佛祖、韦驮；右侧奉祀药王、阿弥陀佛、伽蓝菩萨。关帝殿正面左侧奉祀关帝、关平、周仓；右侧奉祀云霄、碧霄、琼霄三位娘娘。

永顺寺

永顺寺，坐落在朝阳县二十家子镇二十家子村村西里许，始建于清光绪初年。

该寺坐北朝南，建有山门、前殿、大殿及东、西配房等。前殿3楹，内供马王像。大殿内供关帝。

清光绪二十六年（1900），永顺寺被焚毁。

该寺于1936年曾进行过重修，其辉煌及壮丽程度不亚于旧观。新中国成立初期该寺停止活动，"文革"时期被毁。

该寺庙前竖有6座石碑，上面记载了永顺寺的悠久历史。

云峰寺

云峰寺，原名云栖寺，坐落在朝阳县二十家子镇二十家子村东北角，始建于清道光三年（1823）。

该寺坐北朝南，依次建有山门、钟鼓楼、大殿、藏经阁等。大殿内供奉观音、文殊、普贤三位菩萨及佛之护法神韦驮。

清光绪二十六年（1900），云峰寺被烧毁，当时寺内的住寺僧人皆纷纷逃匿。事后，出乎意料的是，整个寺院仅仅是佛前之供桌被烧毁，而诸尊菩萨像及一应建筑均完好无损。更为奇特的是，但只见护法神韦驮面有汗痕，且已流至额部，即或是用金粉涂抹数次而其痕迹犹存。据传，当火势正旺之际，有人从远处望见寺中忽有一位大汉立于殿前，而此时之烈火则瞬间不见矣。

20世纪初，二十家子区立两级小学校曾附设于寺内。新中国成立初期，寺在僧无，香火渐断。"文革"时期，寺院被毁。

1996年，当地及周边信众捐资将该寺院修葺一新。远远望去，但见整个寺院布局严谨，建筑宏伟；进入寺内，但见殿堂金碧辉煌。来此观光朝拜者络绎不绝，呈现出一派磬声不断、香火连绵之兴盛景象。

金宝山寺

金宝山寺，原名娘娘庙，坐落在朝阳县木头城子镇木头城村村西北的金宝山上。

据《塔子沟纪略》记载，木头城子昔时山上长满了茂密的森林，可谓枝繁叶茂、蔚为壮观。当时凡蒙民所砍伐之木材全部堆积在此，人称木厂，远远望去俨若一座城垣，因此，人们都呼之为木头城子，故木头城子因此而得名。城西北处有孤山一座，山脚周围不及1公里，山之岭平坦处，东西宽100米，南北长150米，像有庙基旧址。康熙四十一年（1702）有喇嘛在此处建娘娘庙一座。内有大殿3间，供奉王母娘娘、雷公爷爷和电母娘娘。又有住屋3间及山门、戏楼等。此庙因年久失修，导致整个庙宇倾圮殆尽。殿前幸存之石碑也仅存"白云山"（后称"金宝山"）三个字，余者皆模糊剥落莫可辨识。遗憾的是，此碑也早已不知去向。

另据现存大清光绪十一年岁次乙酉菊月中旬所立的"金宝山重修娘娘庙碑文"记载，自有木头城子之时起在金宝山上即建有娘娘庙，也就是说，娘娘庙与木头城子为同一时期的产物，从中可见娘娘庙历史很悠远。

娘娘庙于同治年间曾重修过两次，至光绪十一年（1885）乙酉年九月中旬又进行过一次维修。历经数十年后，该庙宇的原貌仍存在。直至新中国成立初期，该庙宇乃道教的活动场所，香火仍很兴盛，住持仍为青衣道士。

该庙宇于"文革"时期被毁，万幸的是，光绪十一年所立的石碑仍在，也正是因为存有这座石碑，世人对该庙宇的历史才能窥其一斑。

2005年，经有关部门批准，同意对该庙宇进行重修。新任住持妙华法师，自幼出家在吉林三圣庵，又在营口楞严禅寺求圆山长老受戒，并曾在福建省福安种德佛学院读书，精修净土法门，熟读佛经佛典，并经常主持大型法会。

妙华法师意将原娘娘庙改建为金宝山寺，即将原道教活动场所改作佛门净地。金宝山寺建筑均以汉传佛教传统建筑为主体风格。目前正在兴建大雄宝殿、观音殿、地藏王殿等。大雄宝殿建在金宝山的顶端，极具风光。

该寺院每年都要举办大型法会四次，即农历二月初八、四月十八、九月初一、十一月十七。法会期间，将邀请佛界大德高僧、法师为广大居士和八方信众、弟子讲经说法。

五佛寺

五佛寺，坐落在朝阳县羊山镇五佛洞村西约0.5公里的五峰山中。

五峰山为松岭山的余脉，群山环抱，奇石林立；苍松翠柏，郁郁葱葱。五佛寺正殿为依一天然大石洞而建。大殿内正襟危坐着6尊石雕佛像，其中一尊为释迦牟尼佛，另外五尊分别为东方阿难佛、南方宝生佛、西方阿弥陀佛、北方不空成就佛和中央毗卢遮那佛。

五佛寺正殿之东侧为关帝殿，内供关圣帝君；西侧为观音殿，内供观音菩萨；北侧有一深不见底的胡仙洞；东南方有一块体积大约120平方米的莲花形巨石，莲花石底部与地面接触部位仅有2~3平方米，使得此石既有威严耸立之状，又有摇摇欲坠之态。寺内的两棵古柏苍劲挺拔，树叶繁茂。僧房内有一眼甘泉，泉水清凉甘甜，常年不涸，人称"圣水"。

该寺院正南千米之外的山腰中，有一天然石虎侧卧酣睡，栩栩如生。寺院东侧的山凹处还有一天然石洞，内供石雕文殊菩萨像；寺院西侧还有若干个石洞，洞之深浅各异且洞洞相连。另外，在寺院西侧500米之外的谷底处，还有一口奇井，俗称淌池。此井一年四季淌水不断，且又呈乳白色。据专家化验，井水中含有多种对人体有益的矿物质，人饮之，可延年益寿。井旁还有一座庙宇，庙内供奉水宫娘娘和眼宫娘娘塑像。

五佛寺历史悠久，自然景观与人文景观兼备，极具观赏价值和保护价值。"文革"期间五佛寺遭到破坏，殿堂被拆毁，泥塑被砸坏，树木被砍伐。值得庆幸的是，石雕的五尊佛像未被毁掉。

1990年春，比丘尼释仁照来该寺任住持，承担起振兴佛教、弘扬佛法、修复寺庙之重任。释仁照住持历尽艰辛，终于使这座已经荒废了多年的寺庙又恢复了往昔的生机和活力，一处清静幽雅的佛门净地又展现在世人面前。如今之寺院庄严肃穆，吸引了八方善男信女前来顶礼膜拜。降香者接踵而至，拜佛者纷至沓来，呈现出一派佛光普照、香烟缭绕之兴盛景象。

三教寺

三教寺，坐落在朝阳县黑牛营子镇三家子村村北的山坡上。

1930年《朝阳县志》记载："三教寺，在县南百五十里许葡萄沟村北山坡上。该处山谷险峻，风俗强悍。本地善士曾设宣讲堂于此，时常讲释因果报应，天理循环，作善降祥，为恶降殃，谆谆劝导颇收效果，以此改恶向善者大有其人，民情习俗为之遽然一变。后诸善士惨淡经营，苦心劝募，经四方施助，遂建修此寺焉。"

该寺依山傍水，坐北朝南，内建正殿3楹，外筑垣墙和山门。大殿内供奉至圣先师孔子、释迦佛、太上老君像，故名为三教寺，取乎三教归一之义也。山东历城江希张曾为文以志之。其文翔实地记叙了修建三教寺的时间、人员、建寺之宗旨及寺容、寺貌等。现将碑文大部摘录如下，以供信众领悟。

大易为包牺氏（即伏牺氏）未有文字之书，而以象显教，象者形也，其曰形而上者谓之道，形而下者谓之器，是器有形象，而道亦有形象也。老（太上老君）之道取象（形象）于龙，释（释迦牟尼）之道取像于狮，孔（孔子）之道取象于麟。老之无休无方玄而又玄，犹龙之潜现飞跃不可方物，象其至变也。释之统慑万法震警群迷，犹狮之踞高雄吼群兽慑服，象其至威也。孔之老安少怀天下为家，犹麟之不践生草不食生物，象其至仁也。

非至变无以神其机，非至威无以宏其用，非至仁无以大其量。三圣人之道休深渊虽不易见，三圣人之取象则易知，则易见。后人果能因象以观道，因道以合观圣人之全体，则三圣人之教其救世之真旨自活泼现于前矣……以老之至变救天下之至巧，以释之至威救天下之致恶，以孔之至仁救天下之至忍。合三人之真精神，以挽千古未有之浩劫。象明则教立，教立则道彰，人心既转，杀劫可销，生运可开，太平可期，大同可致矣。

朝阳县育英堂慈善社金君任权、邓君萼接、孙君荫棠、朱君新三等，皆今之慈善大家也。素日信仰三教，潜心圣典，对于一切善举无弗为。今岁（1936年）辛酉（农历十二月廿二）冬，在五龙山邀集各善信创修三教堂，以为四方所观瞻。正殿三楹，两旁斋室各三，共为九楹，以象纯阳之数；前院东、西五楹，以象五行之数；山门圆大如月，以象太极之数。庙貌庄严，殿宇辉煌，使人观望肃然起敬。殿后三峰高起，象三圣之驻跸；五脉来迎，象五龙之拱卫；万壑奔赴，象万真之朝礼。带水生烟，远岸含翠，天开妙境，人庆良因。诸大善信之聚于斯，乐于斯，讲学于斯，祈祷于斯。因地以悟象，因象以垂教，合三圣人道德之精神，以唤起天下万世无量同胞道德之精神。庶人心，世道大有挽回之一日乎！不揣冒昧，借笔而为之记。

20世纪初期，三教寺院内曾附设男、女初级小学各一处。新中国成立初期，香火时有时断。"文革"时期，寺院被毁。

1999年，当地民众出资重修寺院。修复后的三教寺金碧辉煌，香烟缭绕，经声不断。

经海寺

经海寺，俗称喇嘛庙，坐落在朝阳县胜利乡五家子村村西一座小山（俗称喇嘛庙山）顶上。

该寺坐西朝东，后依龟山，前傍小河子，乃一处风水宝地，寺院周围树木荫翳，鸟语花香，不失为一处人间仙境。

该寺院占地面积较小，建筑规模也不大，计建有山门、大殿、禅房、配房等。大殿约50平方米，内供奉由大德居士关朝然历时四年（1935～1939年）精心绣制的千手千眼观音像，此种用彩线绣制的菩萨像在辽西乃至东北亦堪称一绝。而那些规规整整地摆放在大殿两侧木制阁架上的佛经，当属绝中之绝。此佛经为一部珍版《中华大藏经》，分为金刚经和大般若经，共计108卷，现存105卷。相传，清康熙年间一位家居胜利乡五家子村的御医告老还乡时，康熙帝特赐给他一部御制《中华大藏经》，以表彰其功德。老御医拜谢隆恩，返乡后遂将此珍宝筑寺供奉。至此，当地始有经海寺。

此佛经印在长约0.9米、宽约0.3米的羊皮纸上，其雕版和印文为红色，文字为藏文，且又以经页、经版、经衣三部分组成。经版为木制，置于经页的上下，经版上绘有佛教故事画，故经版乃佛经的重要组成部分。

据说，此版本的经卷北京的雍和宫有一套，经海寺有一套，东北亦仅此一套而已。

该寺北侧长有一株躯干挺拔、树叶繁茂的千年柏树，名曰菩萨树。

经海寺大殿台基左前侧置有圆形石经幢一座，上刻"康熙二十二年九月初一"字样；右侧长有古松一株，松枝上悬挂铁钟一口，铸有"天台山兴隆寺铸造，乾隆十六年十二月吉日"字样。寺院西侧置有喇嘛坟5座。

该寺于1985年6月被列为县级文物保护单位。现任住持为香巴丹增。

灵严寺

灵严寺，坐落在朝阳县西营子乡五十家子村，乃辽代重点修建的一座佛教寺院。

灵严寺始建于辽圣宗统和年间。圣宗太平五年（1025），当地人赵延贞、王承遂等30多人，捐赠寺院周围的空地，进而对寺院加以扩建。辽兴宗重熙初年，"郡人雄武军节度使王育与邑人尹节、高耸重建"。重熙二十二年（1053），僧人潜奥、物开等购大藏经一部。重熙二十四年（1055），又增建了九圣殿。辽道宗耶律洪基于清宁四年（1058）赐该寺为净觉寺。道宗咸雍六年（1070）赐名灵严寺。之后，有僧人志福（间山和尚）奏请铸钟，并建议增建钟楼。道宗寿昌初年，灵严寺重修了大殿。

灵严寺距今已有千年历史，但该寺究竟毁于何时，因无据可考，故难以诠注。该寺虽已被毁，而且年代久远，但那座竖立在辽安德州遗址之侧的辽天祚帝"乾统八年岁次九月朔庚吉日建"之石碑尚存。碑文为朝清大夫守殿中少监知安德州军州事上骑尉涞水县开国子食邑五百户赐紫金鱼耶律劭撰，僧人恒劭书并篆额。碑阴有小篆，末题劭述、劭书。

凌水寺

凌水寺，坐落在朝阳县东升乡东升村（原名喇嘛洞子村）之东山崖上，因其寺址紧靠小凌河而名。

该寺依山傍水，"前照凌河水，后靠东山崖"，是一处难得的风水宝地。从北山根的石壁下修石阶70余级而至寺门。寺门外为一处约150平方米的广场，均用石土垫成，既宽阔又平坦。寺内建有钟鼓楼、前殿、正殿及东西禅堂等。前殿系关帝殿，正殿为泰山奶奶行宫。寺西侧的石洞中修建了望水洞、南海大士殿等。

每年正月十五为该寺庙会，届时，寺前之广场上人头攒动、人声鼎沸，热闹非凡。人们眼望山下凌河荡漾，滔滔东流，至斜阳返照光映全寺时，游人们驻足寺前，顿觉神清气爽，仿佛置身仙境。

该寺新中国成立初期香火渐少，"文革"时期被毁。1997年经众善士募捐已修葺一新，并被批准为宗教活动场所。该寺住持为释觉空。

天龙寺

天龙寺，原名龙母庙，坐落在朝阳县古龙子乡马杖子村的抬头山脉东侧，始建于清乾隆末年。

该寺置于石峻林茂、风景秀丽的环境中。寺庙整体规模虽不大，但却布局合理，建筑得体。内建有两个正殿，殿内供奉龙王、龙母像。

天龙寺前院中间部位的石板支架上吊有一口铁铸大钟，重300多公斤，系清嘉庆元年（1796）八月由202名妇女所捐铸。当年，古山子地界地肥水美，景色迷人。传说，正是因为有了这块风水宝地，所以人们才纷纷迁居至此，生活得安宁康泰，不久，这里便发展到了几百户人家。然而好景不长，一伙山匪也看中了这块地方，他们就在离天龙寺5公里远的红石山上住了下来。山大王名叫马峰，这伙人奸淫掳掠，无恶不作，经常下山残害百姓，最为恶劣的是，每次下山都要抢些女人。一次，人们得知马峰又要下山抢女人，于是便把全村202名妇女全部送到天龙寺内躲藏起来。山匪们到村里后没有见到女人，当问及此事时，人们告知这些妇女都是龙母的亲戚，现在都去庙里给龙母过生日。马蜂虽然是恶性不改，但也很迷信，深惧神鬼，从不敢扰乱寺庙，故此，妇女们躲过了这场劫难。后来有位赵姓妇女，提议为庙里捐铸一口大钟，一则意在感谢龙母救苦救难的恩德，共同向龙母尽一份"钟心"；二则意在用于警钟长鸣，只要是山匪一露面，人们即会敲钟报警，提醒妇女们早早躲避。没过多久，一口由202名妇女捐铸的大铁钟就挂在寺院内。

该寺正殿院内右侧生长着两棵具有200多历史的大柏树，这两棵柏树苍劲挺拔，枝繁叶茂，肩并肩，手挽手，人称"夫妻柏"。这对夫妻柏系嘉庆五年（1800）由一毛姓道士从南方移植而来。

现如今，天龙寺新修建的后大殿已经竣工，新请来的释迦牟尼佛、药师佛、阿弥陀佛及十八罗汉塑像已经到位。一座崭新的寺院即将展现在世人面前。

天龙寺虽已经历了200多个春秋，但因其受到了人们的精心爱护，故很少受损，即使是"文革"期间，该寺也只有个别部位受损，但总体上均为原貌。

该寺现被列为县级文物保护单位。

三王庙

三王庙，坐落在朝阳县六家子镇魏营子村后魏营子，为一处道教活动场所。

该庙宇坐北朝南，建有大殿3楹，内供龙王、药王和虫王，故名三王庙。

在中国古代，人们把"有吃有穿，没病没灾"作为人生的最大追求，故此，广大民众方把龙王、药王、虫王当作神灵供奉。

该庙宇风格独特，建筑别致，大殿内外雕梁画栋，金碧辉煌。殿内墙壁上，绘有药王的传说故事，药王背后的墙面上雕有"医龙大德扬天下；活虎高风亘古今"的楹联。

该庙宇"文革"初期被破坏，近几年进行了修葺和扩建，香火颇盛。

蟠龙寺

蟠龙寺，亦称龙泉观，俗称玉皇庙，坐落在朝阳县柳城镇木头沟村叶家店村民组的一座小山上。

据现存"大清嘉庆三年三月初三日"所立石碑的碑文记载，蟠龙寺约始建于清康熙年间，重修于嘉庆三年（1798）。

蟠龙寺寺名的由来，缘于其东南方向的蟠龙山。传说，该山为一条龙脉，其势如两条飞龙在戏耍着一个玉珠，而此玉珠则恰恰为蟠龙寺所在的小山了。该小山高七八十米，方圆约10000平方米。

蟠龙寺坐北朝南，依山势之高低建有上下两进院落。从山下顺着149级台阶而上，经过山门，即可迈入第一进院落的下院，这里首先映入眼帘的是那迎面白色墙壁上的"太极图"和"道法自然"4个醒目大字。再拾级而上，可达至第二进院落的上院，此院落的主要建筑为玉皇殿。该殿面阔3间，进深3间。前出廊檐，两根明柱为石雕蟠龙，硬山屏风为石雕花卉。腰石为石雕蝙蝠，寓意福在眼前。东侧站板阴刻"千秋帝圣贤"；西侧站板阴刻"万古鸿德缘"。殿内供奉玉皇大帝、王母娘娘、关公、药王以及关平、周仓、药王的二位童子、陈琦、郑伦、喉巴爷爷、喉巴奶奶。东配殿为观音殿，供奉观音菩萨、日光菩萨、月光菩萨；西配殿为娘娘殿，供奉送生娘娘、眼宫娘娘、花宫娘娘，两侧供奉管理婚姻之神的功德爷爷、功德奶奶。

玉皇殿前的东侧置有钟楼，钟楼的两侧石柱上分别刻有"环天乐奏通三界；昧旦声闻空万缘"的楹联，二石柱之下方置有抱鼓石。钟楼内悬挂着一口"大清嘉庆二年（公元1797年）六月吉日成造"的大铁钟，上铸有金火匠人初秉才，住持道邵教越字样。该钟为八角八音钟，观之有如绽开的八朵花瓣，敲之则会发出悦耳的八种乐音，故该钟在辽西堪为独有。

蟠龙寺的下院建有东西配殿各5间。东配殿两侧的站板上分别刻有"清净无为地""道法自然天"。殿内供奉弥勒佛、地藏王菩萨、三清。西配殿为寮房。

从东配殿北山墙根儿往东走，迎面为一照壁，绕过照壁出东门（龙泉观）为护法殿和龙王殿。护法殿内供奉胡三太爷、胡三太奶；龙王殿内供奉龙王、雷公爷爷、闪光娘娘、风婆、量天尺（测量雨水多少的神）。龙王殿东侧为城隍殿，内供城隍爷爷、城隍奶奶；龙王殿西侧为土地殿，内供土地爷爷、土地奶奶。龙王殿前有一株上千年之菩提树，枝干挺拔，树冠蓬勃，为该道观历史悠久的最好见证。

1930年《朝阳县志》载："县北三十里许初家梁村东梁顶上有神殿一楹……虔心祈雨者百求百应……县南三十五里康德元年复醵资重建。"

蟠龙寺原为一处道教活动场所，1992年9月被列为县级文物保护单位。

1998年，释广化来该庙宇任住持，释圣忍为负责人。这两位法师在潜心修持道法的同时，决心为弘扬佛法做些功德之事，故又在蟠龙寺对面的山冈上新修建了一座大雄宝殿。该殿宇气势恢宏，雄伟壮观，殿内正座供奉5尊佛，从东至西分别为燃灯佛、药师佛、释迦牟尼佛、阿弥陀佛、弥勒佛，东西两侧为十八罗汉。大殿对面建有韦驮亭，内供韦驮。大殿东侧配殿为观音殿，内供观音、文殊、普贤三位菩萨；西侧配殿为地藏殿，内供地藏王菩萨试法像（该像国内只有两尊，一尊在安徽九华山，另一尊即在此处），东西两侧为十殿阎君。

大殿前方建有东西配殿，东配殿为寮房；西配殿为护法殿，内供龙天护法神。大殿之西北侧建有观音殿，内供倒坐千手千眼观音菩萨；大殿之西南侧建有千米法堂，为僧尼、道士讲经说法的场所。

三义庙

三义庙，坐落在朝阳县根德乡黄木营子村村南，清初由本地侯氏兄弟与众善士捐资而建，为一处道教活动场所。

该庙宇面对灵蕴丰盈的南山（龟形山峦），站在寺庙院内远眺，山门前方正对马鞍山，东侧为双山子，山峦连绵，云烟氤氲，乃仙境也。

该庙宇坐北朝南，占地面积约3000平方米，建有正殿3楹，殿内供奉刘备、关羽、张飞坐像，座下配祀关平、周仓站像。大殿内外贴有"兄玄德弟翼德威震孟德；师卧龙友子龙扶室真龙"，横批"亘古一人"的楹联。

偏殿为地藏殿，内供地藏王菩萨。正殿前之东配殿为护法殿，内供护法神。

现新建大雄宝殿3楹，内供释迦牟尼佛、药师佛、阿弥陀佛。

另外，还将新建山门、天王殿、三圣殿等。该寺庙已由原来的道教活动场所变成了融道教与佛教于一体之宗教活动场所，故现名为圣贤寺。

该寺庙于1938年曾进行过维修（换正殿顶部）。新中国成立后改作生产队队部，"文革"时期被毁。1994年由当地民众捐资重塑"三义"像，2002年5月释果善来该寺庙任住持，主持修寺供佛。

广法寺

广法寺，坐落在朝阳县羊山镇大四家子村村南，始建于清乾隆十四年（1749）。

广法寺坐北朝南，寺后为团子山，寺前为小凌河，乃一处"前有照，后有靠"的风水宝地。

该寺建有前后殿各3楹，皆为前出廊硬山式建筑。前殿为护法殿，殿内供奉天龙八部诸神；后殿（正殿）为大雄宝殿，殿前两根石质方形明柱上阴刻"法雨周天昭万古；莲华洒地济三千"的楹联，横批为"皆同一心"。殿内供奉释迦牟尼佛、药师佛、阿弥陀佛。

该寺新中国成立初期被毁，后改作生产队队部。

1983年，当地居士刘玉良主动承担起修寺供佛的重任，并先后邀请释圆照等十余位比丘前来主持寺务。该寺香火渐盛、磬声不断。

1995年4月5日，刘清怀老先生曾为该寺奉赠了"曾照十方"和"皆同一心"两块牌匾；2002年3月21日，释圣广为该寺奉赠了"万佛城"牌匾。

聚会寺

聚会寺，坐落在朝阳县松岭门蒙古族乡四家子村王爷帽子山的山脚下，始建于1632年。因该寺址原系吐默特中旗（今北票市）属地，故该寺曾被纳为下府惠宁寺的分寺，为一处远近闻名的藏传佛教活动场所。

该寺前临玉带河（今大凌河），后依王爷帽子山（该山因形似"王爷帽子"而名），乃一处"福田"之地。

因该寺的东北、东部与锦州市凌海市接壤，南部同葫芦岛市南票矿区为临；西部、北部和朝阳县东大屯、良图沟两乡相连，故有"一脚踏三县"之说。又因松岭门之名始于明代，当时为防外敌入侵，曾在山海关至此地的一些军事要塞皆设边防，其防御工事皆设边门。当地南岭上的松树遮天蔽日，山下又设有南北分界的边壕，边壕有门，故取名松岭边门。当时称西边外，后简化为今名。因该地域为一处军事要塞和交通要道，故有"松岭巍巍两扇边门通塞北；凌河滚滚一条玉带震乾坤"的赞誉。

聚会寺坐北朝南，依山而建，其最为宏伟的建筑为大雄宝殿。

大雄宝殿内供三如来：释迦牟尼佛、药师佛、阿弥陀佛。三如来之东侧为观音（净土宗）、韦驮；西侧为宗喀巴（密宗开山祖师）、观音菩萨、地藏王菩萨。大雄宝殿前廊东侧供奉药师佛；西侧供奉面然菩萨。

大雄宝殿的东偏殿为观音殿，内供千手千眼观音；西偏殿为地藏殿，内供地藏王菩萨，两侧为十殿阎君。

大雄宝殿后身的东侧，建有密宗殿，内供莲花大士、大威德金刚、白度母菩萨、绿度母菩萨；西侧建有护法殿；内供东海龙王、雷公、电母、闪神、风婆等十位神仙。

大雄宝殿的后身有两个天然石洞，一为"喇嘛洞"；二为"圣净洞"。此二洞的上方有一天然滴水崖，晶莹纯净的滴水常年不涸，故人称"圣水"。

该寺原有两座石碑，现仅存一座，上刻"指示圣言三界无微不到；宇宙日月……"该寺现存的一套原方丈之传世袈裟，是该寺历史嬗变的最好见证。

1997年七月十六，当地居士大德、善男信女开始复建聚会寺。2001年，释果一来该寺任住持。2004年，图吉吉扎布来该寺协办寺务。

该寺为县级文物保护单位，2008年被批准为宗教活动场所。

第三节　凌源市古刹塔窟

牛河梁女神庙

中国北方地区新石器时代红山文化遗址，位于辽宁西部凌源、建平交界处，牛河梁主山梁的中心部位；1983年发掘；年代为公元前3630年左右。

女神庙主体建筑在北，由一主室和若干侧室、前后室组成；附属建筑在南，为单室建筑。庙的顶盖和墙体采用木架草筋，内外敷泥，表面压光或施用彩绘。主体建筑已形成有中心、多单元、有变化的殿堂雏形。庙内的女神塑像，有的镶嵌圆形玉片为眼睛，体型有大小之分，老少之别，似已形成有中心、有层次的"神统"，反映出当时人世间已存在等级差别。庙中还出土动物塑像和陶祭器等。该处是中国已知最早的神庙址，出土的女神像造型准确，形象生动，艺术水平较高。

遗址是大型祭坛、女神庙和积石冢群址，距今已有5000多年的历史，其布局和性质与北京的天坛、太庙和十三陵相似。5000年前，这里存在着一个具有国家雏形的原始文明社会。这一重大发现把中国古代史的研究从黄河流域扩大到燕山以北的西辽河流域，并将中华文明史提前了1000多年，对中国上古时代社会发展史、思想史、宗教史、建筑史、美术史的研究也产生了巨大影响。

女神庙坐落在北山顶部，长22米，宽5.3米，分前殿、中殿、主殿、耳房和后室。室内有巨大塑像群，有的人像相当于真人大小，有的为真人的1~2倍，以玉石镶睛，形态逼真而又达到神化。室内发现的女神头像是女神庙中成群排列塑像中的一件珍品。

在女神庙周围千余米范围内的山梁上分布有大型积石冢群，冢群中心是大墓，周围有许多陪葬的小墓，墓内随葬有大件精美玉器，其中玉雕猪龙、玉雕鸮鸟等，造型古朴，令人叹为观止。

牛河梁女神庙遗址已被列为全国五大考古发现之一，国内考古权威称它为"海内孤本"，现已定为国家级重点文物保护单位。

凌云寺

凌云寺，俗称老爷庙、关帝庙；位于凌源市市府路东段，地理位置优越，为凌源市中心地段；始建于清乾隆七年（1742）。

有凌源社会各界人士竭心尽力为复兴凌云寺而谋思募力，又幸得锦州北普陀寺方丈释道极的支持,又有信众雪中送炭,慷慨囊助,经数年营造修葺,寺院焕然。

凌云寺现占地近 5000 平方米,建筑面积 1300 多平方米,60 多间,为四进格局,中轴线有山门、天王殿、伽蓝殿、大雄宝殿及藏经楼。

凌云寺山门

2014 年 7 月 1 日,锦州佛教协会会长释道极大和尚与众弟子募集善款,复修凌云寺,使得千年古刹金碧辉煌,雄伟壮观。

慈云寺

慈云寺位于热水汤东侧的元宝山上,始建于清朝初期,复建于 2003 年,占地面积约 27000 平方米,建筑面积 6000 多平方米。其中,大雄宝殿建筑面积 1000 多平方米。

慈云寺主院布局为三进院落、四重殿堂,中轴线上由南到北依次为山门、天王殿、大雄宝殿、藏经阁;两侧为观音殿、伽蓝殿、地藏殿、三圣殿、钟鼓二楼，现已全部完工。整个建筑全部采用清代仿古建筑模式，青砖青瓦，古朴典雅。

慈云寺山门

万祥寺

万祥寺位于凌源市宋杖子镇，始建于清乾隆三年（1738），原占地3.3万平方米，是清乾隆皇帝亲笔御批修建的一座集汉藏两个民族建筑风格于一体的喇嘛寺院。

寺庙随山就势，自下而上，沿着一条中轴线依次建有天王殿、阎王殿、大雄宝殿、罗汉殿、钟楼、鼓楼、藏经殿、东西配殿等。据载，该庙兴盛时期，曾住有100多位僧人，整日香烟缭绕，经声不断。清乾隆八年（1743），爱新觉罗弘历东巡盛京时再次驻跸于此。"万祥寺"之名，便是乾隆亲笔御题。现万祥寺大雄宝殿前，有3棵挺拔秀美、枝叶繁茂的古树，其中一棵云杉年龄要比万祥寺大几倍，可算是朝阳之最了。

相传，万祥寺是清代康熙皇帝临幸的民女所生之子乌功禄为其二儿子所建。据所记，该庙于乾隆四年建成，乾隆八年，高宗诣盛京（今沈阳市）取道热河，曾驻跸此地赐名。寺内有一宝座及喇嘛百余人。寺院建在山坡

万祥寺建筑群

上，依山就势，面南坐北，为阶梯式五进院落。在建筑中轴上分布着天王殿、罗汉殿、大雄宝殿、藏经楼、阁君殿等主体建筑，两侧有钟鼓楼、东西配殿和配房等附属建筑，共 500 多间殿堂（现存 100 多间）。

  大雄宝殿上下两层，为重山式砖木结构，共 81 间。下层殿有前廊，进深 1 间，面阔 3 楹，耸立着四根圆形朱红抱柱，殿外前垛为砖刻浮雕，殿内为进深 6 间，横阔 7 楹，并置有 24 根青石深红的方抱柱，高约 3.5 米，方面阔 0.36 米，这样高大粗壮的石质抱柱颇为罕见。在这层殿后的山墙还有进深 1 间，面阔 3 楹的大佛龛 1 座。在佛龛顶横贯 3 楹的木刻九龙罩，以及佛龛立柱上镶有金龙盘玉柱的浮雕，至今仍完整无损，玲珑剔透，金光闪耀。上层的四角建有春楼，中间为 9 间天井殿堂。过去这里供宗喀巴大师铜铸佛像，如今殿内四壁的彩绘壁画已残缺不全，而殿堂棚顶的彩绘，极乐世界（佛城）及佛家图案，尤其是藻井的梵文等，仍清晰可见，艳丽如初，实为不可多得的清代绘画艺术珍品。

  万祥寺大雄宝殿前，有 3 棵挺拔秀美，枝叶繁茂，冠入天空的苍松。一棵为黑松，一棵为侧柏，另一棵为云杉松。这棵云杉松胸径 0.6 米，高 20

多米，经专家们考察研究鉴定，这棵云杉松最少有760年的历史。

天王殿面阔3间，进深1间，前后施廊，供四大天王。天王殿兼作山门，因寺院多居山林而称之。前面便是石砌院墙，墙外大沟深10余米，受地形所限，将寺门开在偏西一侧，这是与其他寺院不同之处。从三间歇山式的四方殿（也称罗汉殿）后面拾级而上，是第二道平台，大经堂及左右配殿建于此。

大经堂为汉藏合璧式建筑，有两层，第一层由前廊、经堂、佛殿组成。二层中间为方形3间歇山式，屋顶饰井式天花，彩绘以龙和梵文六字真言为主题，两侧建有回廊。在建筑形式和装饰内容、色彩上，融合了汉族和藏族两种庙宇建筑的传统风格。

藏经阁为2层5间硬山楼阁式。阎王殿是卷棚式前廊与硬山小式建筑相结合。

2013年3月14日，凌源市《万祥寺志》首发式在宋杖子镇万祥寺隆重举行。首发式上，社会各界人士以及善男信女等纷纷前来祝贺，寺内梵音悠扬。《万祥寺志》记述了273年藏传佛教于万祥寺传承与发展的历史，全面翔实地把寺院的历史沿革、事务管理、佛教活动、佛教文化、重要人物、重要事件、对外交往等一一据实记述，突出了藏传佛教寺院的特点，具有鲜明的地方专业志书的特点。

汇善寺

汇善寺坐落于凌源市东南方向的金花山上，原为一处藏传佛教道场，始建于清朝乾隆三年（1738），距今有近300年的历史，僧人最多时达千人。寺内主要建筑包括天王殿、观音殿、三圣殿、寮房、祖师殿等。从大殿向上走有龙王井，供有四海龙王，井水清澈，四季不断。

寺内现有3个注册僧人，住持僧为释佛礼。寺内主要宗教活动有四月初八的佛诞日、六月十九日的观音菩萨成道日、七月十五日佛欢喜日等。

双泉寺

双泉寺建于清乾隆十七年（1752），坐落于凌源市三家子乡青山村丛杖子，距县城 100 多里。该寺建于高山之中，寺中泉水四季长流，绿树掩映，环境幽雅。寺内建有天王殿、大雄宝殿。

寺内现有 8 个注册僧人，住持僧人为释常光。该寺每年的主要宗教活动有四月初八的浴佛节、观世音菩萨诸节日、七月十五盂兰盆会等。

第四节　喀左县古刹塔窟

天成观

天成观位于喀喇沁左翼蒙古族自治县大城子镇内，是辽宁省重点文物保护单位。

据《承德府志》和《塔子沟纪略》等史料记载：天成观始建于清代康熙六年（1667），中经乾隆四年（1739）扩建，又于道光十九年（1839）大修一次。

天成观的主体建筑面积为 1700 余平方米，附属建筑总面积达 1 万余平方米，共有 60 余间楼堂殿阁。虽然经历了 300 多年的风侵雨蚀，但其主体建筑依旧巍然矗立，完好如初。天成观建筑结构严谨，布局合理，是一座塑造艺术精湛的清代典型建筑群。它不仅是古代道教活动圣地，而且对今人研究古建筑也具有较高的参考价值。

天成观的独特之处主要有二。

一是建筑设计独具一格。天成观虽然继承了核心建筑中轴对称式的传统布局，但它一改建筑外围方形的惯用格局，全观外部总布局为八卦形，坐北朝南。这一规模宏大的建筑群，由三个规整而严谨的四合院组成。这 3 个四合院又相互勾连，相互补充，交织错落，真可谓别具匠心。

从正门步入天成观，便是面阔 3 楹的山门殿。门内就是第一个四合院，与山门殿遥相对应的是一座两层楼阁式建筑，底层是七真殿，上层为春秋楼。在七真殿前，有东西配房各 3 间。在七真殿的同一平行线上，距大殿东西两侧 10 米处筑有钟楼和鼓楼，其面积相等，样式相同，隔殿相对。七真殿东西两端山墙后角处，建有玄坛庙和灵官庙各 1 间。

天成观七真殿

　　穿过七真殿的过道门，便步入了第二个四合院，正面亦是一座两层楼的建筑，底层为天齐殿，上层为三官殿，上下两层各为3间。在天齐殿前的东西两侧，各设3间廊房。天齐殿西侧有一个小跨院，穿过跨院的月亮门，便是龙王殿。与天齐殿东侧紧相连的是面阔1楹、高3层的玉皇阁，为全观的最高建筑物。玉皇阁的东侧是面阔3楹、高2层的三皇殿，两座建筑相依相托。

　　穿过天成观的东侧大门，便步入了该观的第三个四合院，俗称为道士院，也称东院。此院落，南侧一排6间的硬山式建筑是道士的寝室，西侧是上下各3间的阁楼，下层为方丈室，上层为仓房，北侧有一座上下各3间的阁楼，与三皇殿相接，楼上是方丈室，楼下是会客厅，东侧有6间硬山式的厢房。

　　天成观的院内，全是青砖铺地，平整、美观。全观的殿堂多为砖木结构的硬山式建筑。楼阁的基石、斗板和海漫，用石料砌成。柱头、望板、梁、枋、檩、斗拱都是木制，彩绘精工。柱基、博风、墀头的石雕，生动细腻，玲珑剔透。

天成观三皇楼

  二是天成观的楹联丰富多彩，目不暇接，且针对性强，寓意深刻，反映了道家虔诚的心境，为今人了解庙宇中楹联提供了依据。

  春秋楼上的楹联为：

<blockquote>马过五关思汉主；花开三月想桃园。</blockquote>

天齐殿门框上的一副楹联为：

<blockquote>茹屠良善莫灰心，须知六道轮回，今生作者来生受；
漏网奸凶休得志，诚看两廊殿下，活时容易死时难。</blockquote>

药王殿的楹联：

<blockquote>援之以手如见其肺肝然是乃仁术也；
泽加于民庶几无疾病矣其为圣人乎。</blockquote>

东侧门明柱上的楹联为：

> 放鹤去寻三岛客；任人来观四时花。

道士院的影壁墙上，写诗云：

> 寻真误入蓬莱岛，香风不动松花老。
> 采药何处未归来，白云满地无人扫。

方丈室门外的明柱上，挂有两副楹联：

> 天上人间，楼阁玲珑五云起；成仙得道，香花供养四时春。
> 观继白云，西接清河施法雨；庙含紫气，东连古塔起朝霞。

在方丈室的后墙上悬有一张条幅：

> 于此间少得佳趣，亦足以畅叙游情。

在道士院北侧的跨院门上挂的楹联为：

> 道院清幽半点红尘飞不进；玄门寂静一轮明月送将来。

在道士院中，药王殿平台上还竖立两座石碑：一座是乾隆四十九年（1784）由正红旗都统立的"天成观香火地碑"；另一座是同治二年（1863）由绅商民立的"城隍庙碑"。石刻汉字，清晰可见，与殿相衬，蔚为壮观。

在天成观古建筑群之外，还有天成观的坟茔地，也称后花亭。在天成观北侧不远的北山脚下，占地667平方米左右，四周为石砌1.65米高的围墙，靠大门处有一座3间瓦房，是守坟道士的更室。更室里屋后墙上，有一首诗："北山顶上住逍遥，胜似朝中做仕僚。闲向庭前观花草，闷游郊外看禾苗。云朋霞友朝阳会，明月清风日日交。堪叹世间名利客，身临苦海不知逃。"新中国成立前，这里有近百个道士墓，都是本观的道士死后的葬墓。其中有 7 座 3 米多高的石塔形墓，分别葬着天成观的前 7 任方丈。据说必须是有功名、有业绩、对本观有突出贡献的方丈羽化后才能为之修造这种塔墓。

　　天成观的别墅在大城镇东 1 公里外的小河湾处，是第五代方丈周本义主持修造的，是管理观中事务的驿站，是用来掌管观内的经济、财务、施工，以及道事活动的地方。为了躲避镇内的喧嚣，周本义和经主们亦有时到这里暂住数日。

　　如此宏伟的天成观是明代崇祯皇帝没有封藩的最小的叔叔夏一阵修建的。1950 年大城子镇人民政府因施工用地，民工在天成观坟茔地的一座约 4 米高的石塔身下，发现一口深井，井中悬一口吊棺，棺头板上刻着"供奉先师夏一阵之位"。至于夏一阵的身世以及他为什么要在大城子建天成观，并没有可靠的史实佐证，但在当地流传着有关此事的传说。明崇祯皇帝吊死之前，给他的皇族下了一道密旨，可隐姓埋名，各自逃生，东、西、南、北、春、夏、秋、冬均可为姓。于是其叔父更姓名为夏一阵，携子化装逃出皇宫，出冷口北游，徒步行至利州城（今大城子镇），到北山下的光棍汉傅锁柱家落了脚。几年过去了，夏一阵认为大清江山已定，为避免杀身之祸，便把随身带来的金银珠宝全部变卖，在大城子修建庙堂。从此，夏一阵父子与傅锁柱一同出家为道，夏一阵便成为天成观的第一代住持方丈，故称"先师"。第二代方丈是夏一阵的儿子夏阳春。第三代方丈是傅来正（傅锁柱）。至 20 世纪 40 年代末，天成观已历经十代方丈。

　　因为这座庙宇规模宏大，建造技艺高超，故名之曰"天成观"，亦有上天助成之意。

香山甘露寺

　　香山甘露寺坐落于喀左县老爷庙乡境内，距县城 20 公里，寺院建筑于香山顶端。

　　香山甘露寺建筑历史悠久，是传说中的妙庄王三女儿妙善出家成道的圣地。据考证，庙宇始建于唐朝贞观年间。甘露寺为三进式格局，东西两个硬山式古色古香的门楼，中间为硬山式飞檐青瓦的天王殿。寺院中心有汉白玉雕塑的观世音菩萨手拖净瓶及柳枝，站立在白莲台上，形象庄严慈祥。

该寺的佛教活动日为二月十九、四月初八、六月十九及诸佛、菩萨佛诞节和成道日。

毗卢寺

喀左毗卢寺，又称护国毗卢禅院，位于喀左县城西南8里处的长寿山景区，因金元时期一代明道康泰真人曾在此修炼，且圆寂于此而闻名遐迩。毗卢寺背靠苍山，面临榆水，是我国东北地区历史悠久、规模宏大、结构完整、环境清幽的佛教禅宗寺院。在漫长的历史长河中，古长寿山毗卢禅院虽几经兴衰，仍然香火旺盛。

进入毗卢寺，首先映入眼帘的是两座威严的华表。此华表高8.8米，由上等汉白玉理石加工而成，雕工精细，雄奇伟岸，让人望而生敬。华表后面是由草白玉理石精雕而成的牌坊，赫赫巍巍，华光四射，令人叹为观止。

从牌坊处拾级而上，迎面一座墨玉石碑映入眼帘。碑高5米，上书"菩提道场"四字，为中国佛教协会原会长赵朴初所书，是东北第一高石碑，碑刻纹饰精美异常，背面书本寺重修碑记。墨玉石碑后是精美别致的八宝莲花池，池内汉白玉观音像慈眉善目，安详地立于池中。池水清澈见底，夏季临池赏荷，如入仙境。

与八宝莲花池仅几米之隔的是天王殿，殿内天王菩萨像威武庄严，大有压倒一切妖魔鬼怪之势，不愧为此山的守护神。走出天王殿，门口一棵年代悠久、高大粗壮的枫树拂云而立，似乎在向人们述说着这里的沧桑历史。枫树西侧，有一口千年古井，其水晶莹剔透、清冽甘甜，千百年来源源不断地供僧众饮用。

拈花堂位于院东，格调清幽典雅，为住持和尚传法诵经、会见重要来宾及信众之所。塔院、金光明洞、禅源古洞位于院西侧，与拈花堂隔路相望。塔院内3座汉白玉石塔肃穆庄严，一尘不染，分别为虚云、涤华、本如老和尚灵骨塔；金光明洞仿北京明十三陵皇帝地宫石门而建，供奉光明会上护法诸天神；禅源古洞中奉达摩祖师圣像，为寺僧朔望时礼祖之处。

沿汉白玉台阶而上，为两层六角攒心式凉亭——朝旭亭。此亭位于长寿山景区中心，被列为省级重点文物保护单位的康泰真墓碑便坐落于此，虽历经千年风雨，两千多字的阴刻铭文仍清晰可辨。康太真是利州花务村人（今喀左县大城子镇洞上村），俗姓康，道号太真，亦称云峰真人，是我国金元时期颇具影响的道士，他仙风道骨，美髯飘逸，寿享92岁，一生传道70余载，弟子达千余人，长寿山因为有了云峰道长而声名远扬。

长寿山上树木繁多，且棵棵枝繁叶茂，正是由于康泰真人一生传道、广收弟子之功。据说康泰真人每收一名弟子，不要任何回报，只要求他们在山中栽一棵树木来表学道之真诚。时光流逝，岁月如梭，曾经的小树早已长成参天大树，而康泰真人留给后人的不光是满山的参天古木，更是人们对他的敬仰与怀念。

由康泰真人墓碑继续向上，便来到了毗卢殿。毗卢殿为千佛毗卢宝像而做，海内少见。后供文殊、普贤二大士，四壁悬挂善财童子五十三参壁画，梁架悬挂全苏绣幢幡。这里是寺僧早晚功课，初一、十五布萨诵戒等重要的佛事集合之所。

殿后山坡上为多宝佛塔，通高14.68米，塔身全部为草白玉理石精雕细刻而成。下设地宫，里面供奉释迦牟尼佛宝像及诸般圣妙供具；顶上天宫，供奉佛祖真身舍利两颗，为整座寺院骤增了无限"灵气"。

毗卢寺整座寺院依山而建，错落有致，步步登高，呈阶梯式排列，且被环形山团团围抱。院中殿阁辉煌、气势恢宏，光灿夺目、熠熠生辉。

天 台 寺

龙凤山朝阳洞天台寺地处喀左县尤杖子乡后钢沟村东2公里处，距县城30公里。

天台寺地处山林，历史悠久，殿堂25间，僧舍16间，有天王殿、三圣殿、大雄宝殿、菩萨殿、伽蓝殿、毗卢阁、玉皇庙、三官庙、观音洞、关帝庙及藏经楼。其中供奉三如来、八大菩萨、关帝、四天王等60余尊佛像。

天台寺始建于清朝康熙二年（1663），历经13代祖师。现任住持释绪志。主要活动时间是二月十九、四月十八、七月十五和九月十九。

圆成寺

圆成寺位于喀左县北公营子镇老公营子村，现寺院占地 8671 平方米，始建于清朝。原建筑规模宏大，布局考究。清康熙皇帝及乾隆皇帝回沈阳祭祖时，均把圆成古寺定为行宫。

康熙皇帝在此纳一宫——乌氏，至今乌氏家族仍有后人在此居住。为纪念此事，康熙皇帝还曾亲手种植常青松柏各两棵，赐了一把御用龙椅，至今还有松柏各一棵存活；御用龙椅"文革"中被烧毁。乾隆二十六年（1761），乾隆皇帝在这里住时，亲赐"寿相圆成"御匾一块。为后人留下了珍贵的历史文化遗产，文物部门已于1936年把圆成寺列为县级文物保护单位。

2004年，释明依法师来到了这个已经是千疮百孔的古寺，经各级政府部门的批准对圆成寺进行了全面修缮。

经过三年来的努力，圆成寺已有大殿、伽蓝殿、万佛堂、护法殿、念佛讲堂、斋堂、锅炉房等，建筑面积达 600 余平方米。另圆成寺现还藏有"沩仰宗第九世法嗣上满下觉宣云禅师舍利"6颗及释明依法师以自己指血所书的《大乘大集地藏十轮经》（序品第一）一卷，卷长32米，共11000余字。寺内还藏有国内著名书画家的字画十余幅，其中以清朝皇族血统的爱新觉罗毓歌专为本寺题写的"寿相圆成""国泰民安""风调雨顺"匾额以及曾多次获国际大奖、第一位走进联合国的我国著名画家王贵堂的"墨牡丹"尤其珍贵。

圆成寺先后迎请了地藏菩萨、观世音菩萨、弥勒尊佛、伽蓝菩萨等圣像，并请十余人耗时三个月，日夜赶工一针一线绣制了直径1.2米、高2米的"大悲咒经幢"和"十轮咒经幢"。该寺存有"七孔透龙功德碑"，在辽阳雕刻而成，整体高3米，原料采自山东，为一块整体砚石。

复命寺

坐落在喀左县东哨乡小马架子村的复命寺，始建于清代，距今有300多年的历史。

复命寺的建筑按照八卦之中伏羲先天卦排列，塑像和造型体现了我国传统文化三教圣人及道德教育出现、延续的发展过程以及未来大智圣人的降生和出世。

复命寺的建筑布局是：正殿分为东、西、中 3 间，塑有太上天尊、大智先师孔圣人、弥勒尊佛及四大金刚和各位护法；中殿前新建 3 排殿，共 6 个单间，塑有关公、真武、吕祖、文昌、日光佛、月光佛；3 排殿前再新建 1 个大殿，塑有无极老母（即瑶池金母）、观音菩萨、地藏菩萨、送子观音、摩利支天菩萨、女娲大士、九天玄女，共 7 尊佛；正殿东侧有念佛堂，念佛堂前面专门供奉佛教，分为 3 层，最后一层供奉西方三圣接引佛，中层正在修建一座大雄宝殿，供奉佛祖释迦牟尼佛，最前面一层还要修山门，供奉弥勒佛和四大天王；西侧是生活区。

复命寺在"文化大革命"期间受到严重损毁，只剩 3 间正殿。但出家师父始终不离不弃，居住于此。衣钵传到了释了明师傅这里，他始终慈悲为怀、弘扬佛法。为了更好地使佛法发扬光大，正法久住，释了明师傅发大愿，重修庙宇，恢复复命寺的原貌。

吉祥寺

吉祥寺，别称铜顶寺，又叫金顶寺，位于喀喇沁左翼蒙古族自治县官大海农场境内，占地面积约 3800 平方米，始建于康熙三年（1664），距今已有 300 多年历史。据史料记载，清代藏传佛教大盛，遍及藏、蒙各地，而吉祥寺作为官大海农场的重要宗教活动场所，便成了清朝时期皇帝东巡和冬狩的驻跸之地，如今亦是得到了政府的大力保护（1984 年被列为县级文物保护单位），因此留下了大量的珍贵文物和文史资料，为当代学者的藏传佛教研究工作提供了大量的佐证资料。

虽然吉祥寺曾经得到了政府的大力保护，但是多年来无人问津，寺院破损严重。自 1999 年官确青排金刚上师来到寺院之后，吉祥寺才得以重现昨日风貌。在金刚上师的带领下，经过众弟子齐心协力修缮之后，寺院已初具规模。

如今的吉祥寺总占地面积 6000 平方米。整个寺院以天王殿、三世佛殿、大雄宝殿为中轴线，形成了独具特色的藏传佛教寺庙建筑群。前殿天王殿雄伟壮观，殿内正中供奉着笑口常开的弥勒佛，喜迎着四面八方朝拜的佛门信众；其左右分别为四大天王塑像，天王们脚踩八怪，威武高大；手持魔杖的韦驮菩萨矗立于门口处，为贫苦大众降妖除魔。主殿三世佛殿金碧辉煌，殿外四周挂满金黄色的解脱经轮，经轮上刻着藏文六字真言，并且经轮按组安放，每3个为1组，1面为6组，整齐有序。另外，1米高的经轮座上，每面有3个小方池，池里画着藏传佛教独有的特色彩壁画。三世佛殿的门前除了香火旺盛的大石香炉外，还挂着红底金字的"吉祥古寺继续慧命绍佛种，密宗道场传授黄教延钵体"的对联，弥足珍贵；殿内由6000块紫红色的仿古木板铺地，古色古香。整座大殿为2层阁楼式古建筑，下层殿内一排大佛龛的正中供奉着主宰现在的释迦牟尼佛像，左侧为主宰过去的燃灯古佛像，右侧为主宰未来的弥勒佛像。另外，每个大佛龛两侧有摆满各种经典的2个小佛龛，四周墙上亦挂满了各种菩萨像；二层供奉的宗喀巴大师、大威德金刚和四臂观音，制作精美、色泽绚丽，具有很高的观赏价值。殿后并排的两棵大松树，笔直挺拔，终年苍翠繁茂，为庄严的佛殿增添了几分生机。

寺内的另一标志性建筑大雄宝殿，为双脊结构。前脊的小佛殿里正中摆放着居士们礼佛跪拜的长形拜垫，两边墙壁上画着六道轮回壁画，惟妙惟肖、栩栩如生；后脊中间供奉着千手观音菩萨，东边依次供奉着药师佛和地藏王菩萨，西边分别为西方三圣和金刚萨埵。另外，整座大殿由6根挂满经幡的红柱支撑，殿内红毯铺地，两边除了供奉着八大菩萨外，墙上还画着乾隆年间的十八罗汉壁画。

除了众多主殿以外，寺院的东南角还有1座护法老爷殿。主佛像关老爷端坐中间，两边分别供奉着手拿帅印的关平和持大刀的周仓。

2012年10月，吉祥寺迎来了建寺以来的又一盛事——菩提塔建成。该菩提塔高26米，宽16米，色彩亮丽、雄伟壮观。菩提塔建成后，常年到此祈祷、转塔的信徒络绎不绝，愿菩提塔保佑众生平安、风调雨顺、万物和谐。

保贞寺

保贞寺位于喀左县大城子镇小城子村花果山，与"中国暴龙"发现地毗邻，"文革"期间，寺院惨遭浩劫，原寺被夷为平地。改革开放后，寺院得以开放重建，目前已初具规模。在未来几年中还将筹建居士安养院、念佛堂等。

保贞寺原名保贞庵，始建于20世纪初，距今已有百年历史。现今寺内苍松古柏竞翠，雕廊斗檐争奇，景色别有洞天，香火极盛。由于时光流逝，保贞寺损毁严重，如今在政府有关部门和各界人士的努力下，保贞寺被批准重建，百年古刹在辽西大地上又将重放异彩。

金卷寺

金卷寺是始建于嘉庆年间的清代古建筑群。据传说为嘉庆皇帝的姑奶奶所建，后姑奶奶去世招来喇嘛看庙。

该寺雄伟壮观，四周环绕着鹰不落的尖脊筒丸围墙。全寺四进院落、5层大殿：山门殿、天王殿、罗汉殿、讲经殿，最后是姑奶奶住的3间2层楼房。楼房两侧东西延伸各5间配殿，配殿延两侧向南延伸的建筑俱是青砖蓝瓦，各11间，为随姑奶奶来此的宫娥居住，各殿东西两厢修有配殿，建有娘娘殿、老爷殿、弥勒殿、药王殿等共73间殿堂，错落有致地分布在32000平方米的土地上。

整个寺院建筑，布局规整，结构严谨，主次分明。寺院所有的建筑，均为我国传统的木结构，每座殿的梁、檀、椽等都绘有各种彩色图案，红窗绿檐，石拱殿门，五脊六兽。殿门佛像虽然大小规格不一，所取泥、石、木、铜、镀金等材质不同，均塑造得形象优美、神态生动、栩栩如生，尤其讲经殿存有用蒙、藏两种文字印制的各种经卷500多卷最为珍贵。

整个寺庙两侧修有跨院，主房7间，门房5间，东西厢房各11间，东舍西厨，供喇嘛和管事人居住，该庙共有香火地300亩，每年产粮10余万斤，备为神佛香火和喇嘛的生活费用。

该寺在新中国成立后被喀喇沁左翼旗（县）政府占用。1956年建的喀左蒙古族卓南高中就在此庙内。该庙现在仍为南公营子中学所在地。

第五节　北票市古刹塔窟

惠缘寺

惠缘寺是一所藏传佛教寺院,坐落在北票市西北部被喻为"辽西绿岛、生命之源"的国家级森林公园内。

惠缘寺始建于1841年,原为成吉思汗后裔哈贝子庙惠宁寺的分院。惠缘寺现有后殿1座,内供宗喀巴大师师徒像、四臂观音、文殊菩萨、金刚手菩萨、西方三圣(阿弥陀佛、观音菩萨、大势至菩萨),及一尊铜制镏金千手千眼观世音菩萨像,左右两侧泥塑贴金八大菩萨像。寺内有天王殿一座,其内供奉弥勒佛像,韦驮护法,四大天王。天王殿外表为半浮雕雕刻工艺,精细美观。惠缘寺大雄宝殿、东西配殿、钟鼓楼都在筹建之中。大雄宝殿内供奉有主尊佛像三世如来:释迦牟尼佛、药师佛、阿弥陀佛。天王殿右侧为释迦牟尼八大如意功德塔,每座塔内供奉着密宗大藏经典,高僧活佛的法物,成就者的舍利子及高僧活佛赠送的甘露丸、解脱丸、嘛呢丸。

该寺每年主要佛事活动:四月十五为观世音菩萨禁食斋闭关法会,六月十九为诸成就本尊密集灌顶法会,十月二十五为燃灯供养法会,正月十五为祈愿法会。

惠宁寺

惠宁寺位于北票市下府蒙古族自治乡政府东侧。清初,土默特右翼署建于此,故名下府。清末蒙古族杰出的文学家,诗人尹湛纳希就出生在下府林的东邻——中信府。

惠宁寺北据官山,南映大凌河,左临牦牛河,右环凉水河,环境优美,实为佳境胜地。大殿(也称诵经堂)建于高台之上,高大宏伟,为该寺的主要建筑。该殿平面呈方形,占地900多平方米,3层楼阁式,共有81间,俗称八十一间大殿。它是藏、汉、蒙民族建筑艺术巧妙结合的产物。前廊面阔5间，进深1间，折脚廊柱漆朱红色，柱头和檐口装饰有龙和幢幔纹图案。屋内明柱林立，共30根，漆红涂彩，面阔7间，进深6间，共42间，中间两根通天方柱直达屋顶。殿内后部及两侧原供奉佛、菩萨、罗汉诸像，中间可容纳数百喇嘛诵经，殿内满挂彩色幡帷，在幽暗的光线中更增强了神秘气氛。两层建筑平面呈回字形，四周廊房相通，与中央方殿间有漫道相隔。从二层踏木梯可登上三层，居高临下，四周瞭望，远处山清水秀，眼下古刹幽冥，别有一番情趣。门上九龙罩匾，两侧云龙大柱雕刻逼真。厚厚的白墙和仿白玛草式油浸涂红荆条束带，以及异形柱、镏金顶、法轮等藏族佛教密宗装饰，与汉族传统的歇山式青瓦顶、斗拱、吻兽等组合，样式新颖，结构复杂。经堂后面是藏经阁，庑殿式面阔5间、进深3间，漆红廊柱绕殿一周。该殿之后为七殿。该寺引人注目的还有山门前月台上的一对石狮，连座通高3米，如此高大雄健、雕刻精细的石狮十分少见。

距今约260年历史的惠宁寺，至今保存基本完好，1988年被列为辽宁省重点文物保护单位。

望海寺（万缘楼）

北票市宝国老镇弥力营子村有一座气势恢宏、造型独特的古刹——望海寺。望海寺，始建于1936年，占地面积10000平方米，建筑面积为360平方米，寺院内现存山门、万缘楼、中殿（阎王殿）、后殿（祠堂），其中万缘楼是望海寺代表性建筑。

万缘楼名楼实寺，建于1936年，寺庙为3层，硬山式结构。万缘楼是一座地地道道的道教庙宇，属于民间居士们供奉仙、圣的场所。

大殿的第一层为双圣亭，供奉文圣孔子和武圣关羽；第二层为重阳阁，供奉乾元老祖；第三层供奉王母娘娘、无生老母和瑶池金母等。

万缘楼在建筑上为青砖磨缝，构造严谨，造型奇特，似楼、似阁、似亭，又似塔。

最奇特之处是3层大殿不用一梁一柱，全部用砖砌拱成顶，非常坚固，至今未发现一处裂缝，为朝阳境内仅有的一座无梁殿。

"无梁"谐音为"无量","无量"即"功德无量"之意。

除万缘楼这座无梁殿外,在国内还有5座无梁殿,分别在:北京房山万佛堂、香山宝相寺、峨眉山万年寺、安徽三祖寺和南京灵谷寺。这5座无梁殿多为1层,最高的2层。而迷力营子的这座万缘楼为3层,垂直高度18米,这样高的无梁殿在国内的寺庙建筑史上亦属罕见。

万缘楼之神像,"文革"时期被"请"出了殿堂。那些写在楼内墙壁上的"正"字,证明了万缘楼曾有过一段被生产队使用的历史;墙壁上还有一块被刷黑的墙,显然是一块黑板,证明了万缘楼还曾有过一段被学校作为教室使用的历史。

万缘楼

福灵寺

福灵寺建于1880年,位于北票市东官营乡东官营村,市级文保单位。

1635 年，归附后金的蒙古族土默特部以北票为中心，建立了土默特右翼旗，随之喇嘛教在北票地区传播并发展起来。据调查考证，清朝时期北票地区建有的喇嘛教寺庙多达 61 座，现存还有 13 座。北票地区的喇嘛教寺庙的建筑形式，源于西藏民居碉楼式立面建筑体系，砖石外墙、单檐歇山顶、盲窗、外檐三踩斗拱。但在流传发展中，福灵寺逐渐形成了藏、蒙、汉相结合的建筑风格。

藏式建筑多为两层，主建筑置于中轴线上，坐落于砖石砌筑的基座上，下宽上窄。一层佛殿进深较大，两侧各有盲窗、门廊和石雕柱或木柱。佛殿内壁画、彩绘多为宗教题材，彩绘与建筑色彩相得益彰，以朱红、金黄、橘黄暖调为主，衬以青、绿等冷调的各种纹样。殿内有通天木柱直抵二层，雕镂花饰，施以彩绘，配有木制楼梯。二层为歇山式或四角攒尖顶式建筑，在金刚墙的东南角和西南角建有钟鼓楼。

鸿法寺

鸿法寺位于北票市北塔乡台吉营子村，市级文保单位。鸿法寺始建于 1883 年，坐北朝南，大殿坐落于石砌基座上，精美的石雕廊柱、木雕门楣施以彩绘，两侧各有方形盲窗，一层面阔 5 间，进深 6 间，殿内为木架卯榫结构，木雕明柱、构件，彩绘壁画，有木制楼梯可达二楼。二层为硬山小式建筑，砌有金刚墙，是典型的藏式碉楼式立面建筑形式。

清心亭

清心亭，亦称清心楼，原名北极宫，坐落在北票市哈尔脑乡庄头营村村南，为一处道教活动场所。

该亭始建于 1914 年，原为宣讲堂，乃请神、扶乩的地方。该亭整体造型为方形，长 14.20 米，宽 13.74 米。建筑结构为四角攒尖亭阁式建筑，分上下两层，计 36 间。底层四周有 20 根柱子，其中有方形石柱 16 根，门柱上雕有"陟新亭北悌龙潭南瞻凤岭；居福地东环带水西列屏山"之楹联。顶为四角攒尖，顶上置一约 3 米高之刹杆。第二层为 16 根通天柱，支撑着上层的梁架和亭顶，形成上小下大之格局。四角置四根悬梁，中间配以两根带垂珠的吊柱。整个清心亭雕梁画栋，飞檐高翘，布局严谨，美观大方。

清心亭上层塑北极玄天真武大帝；下层塑岳武穆（岳飞）坐像。亭上原有透雕九龙框"清心亭"木匾一块，镶嵌在正门之上。下层亭壁上饰有"海市蜃楼""麟吐玉书""犀牛望月""河马献图"四个透雕小窗。32个雀替（亦称"凤尾"）雕有"孟母三迁""孙叔敖埋两头蛇"等历史和唐诗中的典故。

清心亭的雕塑大多在"文革"时期被毁。亭后5间扶乩密室和东西两面厢房均已不存。万幸的是，山门、前墙及整个亭体结构保存尚好。

该亭虽属近代建筑，但因其有着较高的艺术价值，故被列为市级文物保护单位。

南海寺

南海寺，原名南海宫，坐落在北票市哈尔脑乡刘杖子村，因供奉南海观音而得名，始建于清末。

该寺门前有一座古桥，约用10根木头搭建而成。桥面铺设青石板，虽经百年风雨，但古桥仍很坚固，尚可通行。

该寺坐北朝南，建有钟楼、鼓楼、大殿、配房等。大殿为砖木结构，庄严、雄伟、古香古色，迎风压带及飞檐上均雕有各种精美的图案。大殿的门楣上嵌有一块长方形石雕，浮雕三个形态各异的麒麟。门前立有两根高约3米、粗约0.4米的石柱，上面各雕有一条鳞爪飞扬的龙，龙头高昂，须舞目张，栩栩如生。龙柱前长有两棵已有百年历史的古柏，这两棵古柏枝繁叶茂，苍劲挺拔，为整个寺院增添了无尽的生机和活力。大殿两侧建有石制的钟楼和鼓楼，据说，这种石制的钟鼓楼在全国也极为罕见。

大殿的东、西、北三面墙壁上计画有6幅壁画。其中东、西墙壁上的两幅壁画规格大体相等，宽约3米，高约2米。西面墙壁上绘有"十殿阎君"和"十八层地狱"，其主要内容是在"阳间"犯了"罪恶"的人，在"阴曹地府"也要受到各种刑法的惩处；东面墙壁上绘有各路神仙参加"蟠桃会"的场景，但见那各路神仙为了享用到长生不老的蟠桃，都纷纷捧着供品涌向神态威仪的王母娘娘……北面墙壁上的四幅壁画则是根据民间传说故事绘制而成，内容分别为：白龙献书，遇虎同眠，灵官接驾，鬼遇山庄。

以上这些壁画，虽经历了100多个冬夏，但五彩漆色仍可辨认。人物形态各异，线条圆润自如，画面布局有致，故事内容起承有序，给人以古朴、凝重之感。遗憾的是，这一珍贵的绘画艺术有的部分画面已经脱落，有的已被烟火熏黑。据说这种大型的壁画在朝阳乃至辽西也仅此一家而已，故具有较高的鉴赏价值和保存价值。

南海寺坐落在一块风水宝地上，其周围环境非常奇特。在寺院的南、西、北三个方向曾有3条日夜流淌的小河，这3条小河之水恰恰又在寺院的东南方汇聚到一起，后来，在河水汇聚处又冒出了一个泉眼，形成一处"三水相交、四水相合"之壮丽景观，故南海寺素有"塞外小蓬莱"之美称。

北票市资料缺失古刹

长宁寺 始建于1736年，面临大凌河，背靠凿有石窟佛像的喇嘛洞山的断崖下，一层面阔5间，进深3间，两侧各有方形盲窗，大殿前3间回廊突出，彩绘廊柱、廊檐，殿内有4根通天木柱支撑二层亭楼，全部木架结构，彩绘藻井艳丽华贵，二层中间建有四角攒尖顶式亭楼，四周筑有金刚墙。长宁寺的梁架结构形式、叠梁工艺和四角攒尖顶式亭楼的营造方法，是研究北方喇嘛寺庙建筑艺术的重要实例。

延福功德寺 建于1757年（西官营镇西官营村）北票市级文保单位。

经寿寺 建于1652年（娄家店乡来其营村）。

经讲寺 建于1887年（长皋乡扎兰沟村）。

大宁寺 建于1733年（黑城子镇板达营子村）北票市级文保单位。

禅通寺 建于1750年（五间房镇土城子村）北票市级文保单位。

太平寺 建于1915年（长皋乡长皋村）。

复兴寺 建于1644年（娄家店乡扎兰营村）。

楚安寺 建于1786年（章吉营乡牝牛营村）北票市级文保单位。

第六节　建平县古刹塔窟

朝阳寺

朝阳寺建于1644年（上园镇朝阳寺村）。朝阳寺由上寺、下寺两组寺院组成，上寺始建于1644年，下寺始建于1819年，现存上寺的大雄宝殿，坐落于石砌基座之上，踏步9层，硬山式建筑，面阔5间，进深2间。殿内壁画、彩绘、石雕、砖雕、木雕工艺精湛。后殿为硬山式抱厦建筑，两组建筑互为一体，俗称"勾连搭"，是汉、藏寺庙建筑形式的巧妙结合。

药王禅寺

药王禅寺坐落于建平县富山乡涝泥塘子村岳王庙村民组，距县城12公里。

药王禅寺建有殿堂38间，为四进式格局，在中轴线上有天王殿、药王殿、伽蓝殿和大雄宝殿。寺院中轴线两侧各有配殿12间，即地藏殿、祖师殿、千手千眼观音殿、送子娘娘殿。

寺院每年四月初八的佛诞节、六月十九观世音成道节、七月十五的盂兰盆会等节日都有宗教活动。

妙吉寺

妙吉寺是一所藏传佛教寺院，最早建于清光绪十七年（1891），原址在建平县喀喇沁镇南庙子村，后被烧毁，清光绪二十一年（1895）搬迁到喀喇沁镇本街中心。

重建后的妙吉寺很快进入兴盛时期，最多时有喇嘛86人。该寺历史上比较有名的僧人有于洪兹（法名不祥）、三白音、根真扎布、得而吉、白音士度、斯哈拉扎巴、敖蒙乌鲁吉、白音德拉根续、嘎达、拉西、金先、损才、偏头等。现有注册喇嘛五人，住持为洛桑陀美金刚上师。该寺的主要宗教活动时间为正月初八至十五（诵经会）、四月十四至十六、腊月二十五及每月二十九。

弥陀寺

弥陀寺位于建平县朱碌科镇本街中心，始建于清乾隆三十年（1765）九月，距今已有200多年历史。弥陀寺又称娘娘庙，由于年久失修，庙宇坍塌，佛像损毁，濒临毁灭。后经性如和尚募捐重建，于清光绪二十四年（1898）竣工。

该寺为四进式建筑：第一进为禅门，面阔3间，进身1间，殿前有石狮1对，殿内马童1双；第二进为关帝殿，面阔2间，进身1间，殿内中供关圣大帝，两侧左为周仓右为关平；第三进为火神真君殿；第四进为娘娘殿。寺前有1对较为独特的石制旗杆，顶端有锡制桃形饰物；中部雕有石狮，狮头朝下，口衔铁环；旗杆的下部细雕盘龙。上下浑然一体，造工精细，栩栩如生。历史上较有名望的僧人有性如、相如、相瑞、本善、本志、本新、本历、本原等。

该寺每年的重要活动为四月二十八的佛诞节。

普善寺

普善寺，坐落在建平县昌隆镇镇政府东侧之一块福德基址上。

蜿蜒流淌在昌隆镇境内的老哈河为契丹人的发祥地。据史料记载，公元890年，辽太祖耶律阿保机的父母骑着白马，坐着青牛车游牧到当时的土河（今老哈河）南岸定居下来，后生八子，耶律阿保机为长子。耶律阿保机奋发图强、英勇善战，于公元907年建立了大辽王朝，为巩固王权，稳定民心，遂于915年修建了普善寺，取普度众生、乐善好施之意。该寺院之原址位于现昌隆镇的中官村。昔日之普善寺，香火旺盛，信众云集，成为当时远近闻名的宗教文化交流场所。

据《建平县志》记载，20世纪初期普善寺曾进行过修复工程，这时该寺香火极旺，每月都有热闹的庙会举行。"文革"期间，普善寺被毁。

应广大民众要求，2004年2月开始移址重修普善寺。重修后的普善寺，北依敖包山，西邻镇政府，西南2公里为内蒙古赤峰市辖区，占地面积80亩。2004年12月26日，普善寺举行了大雄宝殿落成暨大佛开光仪式。

天隆寺

天隆寺，坐落在建平县三家蒙古族乡三家村之小北山前（今三家乡政府大院处），建于清康熙年间，乃一座藏传佛教的寺院。

天隆寺，俗称红大庙，因寺内之大殿——大雄宝殿雄伟、壮观，且外墙皆涂以红色，殿柱及殿门皆为红柱朱门而名。

该寺占地面积约14万平方米，建有殿堂百余间。由南向北依次建有天王殿、二殿、三殿、大雄宝殿等。天王殿，3楹，内供四大天王；二殿，3楹，内供无量寿佛（即阿弥陀佛）和十八罗汉；三殿，5楹，内供大悲金刚佛（亦称"千手千眼佛""四十二臂佛"）；大雄宝殿，25楹，为二层楼阁式，殿顶置有3米多高的镏金宝刹。大殿上层为佛堂，正中供奉佛祖释迦牟尼，两侧为文殊、普贤菩萨；下层为经堂，主要供奉黄教（即喇嘛教）创始人宗喀巴。经堂亦为住寺喇嘛念大经之处。大殿两侧建有东西配殿各3间，西3间存放经卷；东3间供奉"道什德"（即二十六个武神，亦称伽蓝神）。寺内还建有东西厢房各8间，西8间存放寺院物品；东八间为居士、信众拜佛祈祷休息处。西厢房外为寺院之仓院，内放粮食、蔬菜等；东厢房南侧有一跨院为老爷庙，建有山门和大殿，山门内塑有两匹红马，马头侧方各有马童1个；大殿内供奉关帝，其两侧为关平和周仓。山门外有石狮1对，稍前方有两个石制旗杆座，上插高达10余米的木旗杆。

寺院北面百余米处（今乡农机站院内）建有白色佛塔，塔基高3米，塔身高30多米，顶端置有金属塔刹。佛塔四周有砖砌花墙围护。

天隆寺在清代曾兴盛一时，缘于该寺离喀喇沁右翼王陵（即王子坟）较近。当时，喀喇沁王爷谒陵祭祖时均要路过天隆寺，并且要到寺里小憩。清廷一些王公大臣大多也都到过天隆寺，因此，当时寺院之名气很大。

昔日之天隆寺，香客如云，游人如织。百余亩寺院土地之收入足够10余名住寺喇嘛吃用之。1957年，寺院喇嘛有的还俗，有的出走。1958年，该寺院变为公社办公用房。"文革"期间，寺院被毁。现天隆寺仅存的几棵古树仍在向世人述说着以往的沧桑岁月。

第七节　朝阳市72座古塔

北塔

朝阳的第一座砖塔为始建于东晋，隋仁寿二年（602）在原基础上兴建，辽重熙十三年（1044）重修的朝阳北塔。

从1984年8月起，辽宁省文化厅决定对北塔进行维修加固。因北塔形制结构复杂，修建历史众说纷纭，对维修方案意见不一，为了进一步勘察、研究，了解北塔历史，制定更加科学合理的维修设计方案，从1986年初，由辽宁省博物馆文物工作队（1987年成立辽宁省文物考古研究所）和朝阳市博物馆专业人员组成考古勘察队，在北塔周围进行考古工作，从此逐渐揭开了朝阳北塔的历史面貌。

勘察发掘与研究成果表明，朝阳北塔集十六国时期三燕和龙宫殿建筑、北魏思燕浮屠、隋文帝敕建舍利塔、唐开元寺塔、辽延昌寺于一处，是全国唯一的"五世同堂"宝塔。

朝阳北塔是朝阳乃至整个东北地区最早出现的并且保存至今的塔，严格说来，作为今天普通百姓对于

朝阳北塔

辽塔的概念，朝阳北塔真正成为塔，是隋文帝仁寿年间在北魏土木结构楼阁式塔毁坏后，在原来基础上用砖砌筑的舍利塔。隋文帝笃好佛教，多修塔立寺，使隋代佛教得到空前发展。

隋文帝曾于仁寿年间（601~604）三次派高僧分送舍利于全国各州，令建塔安葬。《法苑珠林》卷四十《舍利篇》载："仁寿二年（602）正月二十三日，复分布五十三州建立灵塔……营州（三放白光感得古石解作函）……"《续高僧传》卷二十六《释宝安传》载："仁寿二年，奉敕置塔于营州梵幢寺。"除了文献记载外，历代的很多的碑刻都记载了隋文帝敕建舍利塔的情况。如《八琼室金石补正》卷122辽代《藏掩感应舍利记》碑文中载："复知隋文皇帝者，降圣躯于潜龙，呈异僧于舍利，暨登成握之位……以此三十颗，而赐三十郡，建高胜以遣修，五十三粒，而付五十三州，兴灵塔而激进。"

从修塔用砖上看，北塔原砌体用砖中有小条砖，皆饰直行细绳纹，纹饰细密，不同于朝阳东晋花生皮状绳纹砖和唐代特点的弧形粗绳纹砖，应是隋代流行的细绳纹砖。因此，朝阳北塔真正意义上作为当今的砖塔，是在隋文帝仁寿年间。这是朝阳的第一座砖塔。根据《朝阳北塔：考古发掘与维修工程报告》（文物出版社2007年）天宫出土文物记载，可知该塔在辽重熙十三年（1044）重修。

"见舍利如见佛陀"，教徒和信众能亲自参拜舍利，就像见到了佛祖一样，而拜奉佛祖真身舍利谈何容易。

但燃灯佛舍利和释迦牟尼佛舍利，先后在朝阳发现。两佛舍利同现一个城市，目前在全世界是独一无二的。1984年，辽宁省文化厅和朝阳市人民政府决定对北塔进行维修和加固，为保证维修工程质量，特聘国家文物保护研究所高级古建筑工程师姜怀英、杨玉柱任工程技术指导，并于当年年底初步完成了北塔勘测和维修方案设计工作并报省文化厅。1986年春辽宁省文物考古研究所和朝阳市博物馆的专业人员组成了考古发掘队，对北塔周围遗址进行了勘探、试掘。1987年初，国家文物局将朝阳北塔维修工程列入国家重点文物保护维修工程，立项拨款维修。从此，北塔考古发掘拉开了维修研究的序幕。

1988年10月21日开始了对塔体本身的勘测和清理。檐体风化严重。

北塔局部佛雕像

至 11 月中旬，当清理到塔顶第十二层檐时，考古人员将残砖移开后，在 12 层中心位置发现了青石板，板已裂成两块，板下是一个石匣，石匣内几乎被尘土填满。考古学家凭经验确认这就是北塔天宫。

1988 年 11 月 12 日至 14 日正式清理。天宫位于第十二层塔檐中部，由门道、甬道、宫室组成，南北长 4.2 米，东西宽 1.39～1.8 米，深 1.72 米。门道设在南面，从迭涩檐处可观察到两边的砌砖及封堵砌体。宫室为方形，长 1.39 米，宽 1.3 米，壁高 1.27 米。从门道至宫室都用木板棚盖。木板计 12 块，横置，约长 2.83 米，宽 0.31 米，厚 0.2 米。板上再砌塔体。

宫室内置石函，略呈方形，以 6 块绿砂岩石板筑成。即四面和上下面各一块石板，南北长 1.4 米，宽 1.17 米，高 1.26 米。底板置于两侧墙壁 12 厘米宽的砖台上，其下隔一层平砌砖面便是塔心室顶部石板。底板南北长 1.38 米，宽 1.28 米，厚 0.6 米，其中部刻出浅槽，长方形，南北向，长 0.97 米，宽 0.04 米。东、西、北三面刻长方形凹槽，槽长 0.38～0.52 米，宽 0.07～0.09 米，深 0.04 米。宫室石板有榫，立于槽内，南面石板位于平面底板上，盖板南北长 1.48 米，宽 1.29 米，厚 0.12 米，板下面雕刻莲花藻井，顶板上面铺木板，木板上面铺木板，木板上面置刹杆石座，方形，上面凿有圆占，周围堆放着铜钱、生铁等物。

四面立置石板有雕饰和题记，大多已剥蚀不清。

南面石板内面中间刻有蛤式口盆，置于莲台上，盆内有盛开的莲花，莲盆两侧各一只飞天，跪姿，双手捧供物。外面题记计 31 行，楷书，阴刻。其上部题"塔上勾当邑人等"，记邑社、勾当、施金者共 46 人姓名及施金数额。下部题"当寺塔下同勾当僧人等"，计 29 人。"化身佛" 3 字清晰，佛像上部存留，其余大部分剥蚀。化身佛左侧阴刻楷书题记，记载主持重修塔事诸官、高僧。因下部剥蚀，姓名无存。

北面石板刻有一佛八菩萨，有榜题。大日如来端坐中央，周围八大菩萨，因部分剥蚀，现存提名有弥勒、文殊师利、虚空藏、金刚手诸尊。

西面石板线刻佛教图案及题记，剥蚀殆尽，仅中上部存小块纹饰。题记大多不存，仅右边缘存 2 行 10 余字"……说都……世尊减百九十二年第三"。

天宫的精工制作和周密安置，使考古工作者心感神圣。1988 年 11 月 14 日，清理者急切而小心翼翼地打开天宫。他们首先发现了散落的七宝塔饰件。清理出上万件佛珠等饰件，接着发现了木胎银棺，打开银棺，金光闪闪的一座舍利金塔映入眼帘。当工作人员打开金塔，又惊奇地发现了塔内一个精致、漂亮的金盖玛瑙罐。金盖打开，一丝光亮射出来，沿玛瑙形成一个隐约可见的光环。工作人员惊喜万分，忙看罐底，一乳白色，一红褐色高粱米粒大的晶体呈现出来，联想到北塔是舍利宝塔，对佛教颇有研究的北塔博物馆馆长、考古专家董高先生，明确地告诉身边的工作人员："舍利，释迦牟尼真身舍利。"一传十，十传百，北塔天宫发现释迦牟尼真身舍利的信息，不胫而走，在朝阳境内外引起强烈的反响，前来礼拜的善男信女络绎不绝。

伴随舍利出土天宫的珍贵遗物也向世人展示了佛教文物的博大精深。这些文物依次是：天宫石函内后部正中放置木胎银棺，棺内装舍利金塔，金塔内装金盖玛瑙罐，罐内装释迦牟尼真身舍利两粒，镏金珍珠 5 颗。佛家"七宝"装饰而成的七宝塔罩在银棺四周之上。棺前供养经塔，前部近门处立有镏金银塔，其他遗物还有镏金铜菩萨像 3 尊、银菩提树 4 棵、灯笼银饰

1件、金法轮2件、鎏金铜法轮2件、龙纹花式口银碟8件、花式口铜像10件、银罐1件、银镶1件、银镶盒1个、筒式花瓶1件、铜铸戏狗童子像1件、铜镜9件、金叶形坠饰2件、金指环2件、莲花纹狮钮双系白瓷净瓶1件、碟纹花式口白瓷方盘6件、花式口白瓷圆碟7件、白瓷盖罐2件、波斯玻璃瓶1件、玻璃盖瓶1件、玻璃碗1件，还有玻璃管、玻璃棒、纺轮形坠饰、单色和彩色玻璃珠、"蜻蜓眼"玻璃珠等许多小件玻璃制品，玉璧4件、玉块1件、玉环1件、玉制壶1件、玉斧1件、玛瑙盏1件、玛瑙盒1件、玛瑙碗1件、玛瑙斧1件、玛瑙棒1件、水晶斧1件、水晶马1件、琥珀化生童子1件、琥珀乐人1件、琥珀盘龙2件、琥珀龟2件、骨雕童子像1件、骨雕狮子2件、有柄石香炉2件、海螺1件、铜钱1580多枚、玛瑙与水晶棋子计934个，其中水晶棋子817个，玛瑙棋子117个。用红色和白色玛瑙、水晶磨制而成，作扁平或圆鼓形，大小两种，大者直径1.9厘米，厚0.8厘米，小者直径1.3~1.6厘米，厚0.6厘米，这些遗物种类之全，档次之高，数量之多，在全国同类舍利塔中绝无仅有，首屈一指。

朝阳境内的佛教遗址和佛教文物，在东北地区独占鳌头，在全国也颇有影响，以北塔出土文物为例，北塔博物馆藏文物近万件，东晋、北魏、隋、唐、辽五个历史时期文物都有，绝大多数是精品、孤体。经专家鉴定国家级文物3件，辽宁省仅有10件。现列举几件：

鎏金银舍利塔。佛塔起源于印度，初为安葬舍利的坟墓，体积大小不等。流传到中国以后，融入中国传统建筑风格，逐渐发展为楼阁式高塔，但其功能没有改变。舍利是佛塔的核心，也是镇塔之宝，其他珍宝均为"供养"舍利的贡品。

金银经塔1件。以金、银、铜、珍珠制成。分为炉盆、莲座、塔身、顶盖四部分，高39厘米。炉盆铜质，浅钵形，平底，盆内残存棉绢类物灰烬。盆上覆盖豆座形连弧边银盖，盆与盖间有空隙。盖上铆接十四瓣仰莲银座，平沿外展，座内置单层八瓣金莲叶，座上安塔身。塔身由四重金、银片制作的圆筒套装而成，内藏银经卷。从外向内，第一重金质，高20厘米，直径12厘米，外表錾刻大日如来坐像和八大灵塔，塔身刻写塔名。第二重为银筒，高22.2厘米，直径11.1厘米，錾刻三尊菩萨，披袈裟，戴华冠，系璎珞，结契印，坐于莲台上。第三重金筒，高13.5厘米，直径8厘米，刻一佛（大日如来）八菩萨及3行题记"重熙十二年四月八日午时葬像法只八年提点上京僧录宣演大师赐紫沙门蕴珪记"。第四重银质，素丽。经卷由7块银片连接后卷成筒形，全长3.622米、宽0.113米，刻写梵、汉文佛经咒语：《大宝广博楼阁善住秘密陀罗尼请一切如来真言》、《法舍利真言》、《五如来真言》、《梵本般波罗蜜多心经》、《般若波罗蜜多心经》（汉文译本）、《佛说佛顶尊胜陀罗尼》、《佛说菩提场庄严陀罗尼》、《一切如来大乘阿毗三摩耶百字密语》、《佛说大乘圣无量寿使定光明王如来陀罗尼》、《圣千手千眼观自在菩提摩诃萨广大圆满无碍大悲心陀罗尼》。其末尾写《法舍利偈》："诸法因缘生，我说是因缘，因缘尽故灭，我作如是说。"经塔顶盖用金片制成，八角帽顶形，上面凸起八瓣半敷莲花形，上下面饰珍珠，顶安一颗大珍珠。

波斯玻璃瓶。在北塔天宫出土的各种供佛物品中，有很多产于西域的各种玻璃制品，其中，产于伊朗的波斯玻璃瓶（又称执壶），非常珍贵。此瓶由透明玻璃吹制而成，造型非常奇特，整体似一只昂首蹲坐之鸟。圈足厚而外撇，腹似卵形，最大径在下部，上部细收为颈，平口略大于颈，一端尖出似鸟首状流，金质子母口式盖，用金丝穿绕在执柄上端。环形执柄，柄上扳住如鸟尾。该瓶通高16厘米、腹径8.5厘米。令人称奇的是，该瓶的内底上又立一小瓶，长颈，弧腹，一侧有执柄，呈淡蓝色，高约4.3厘米。

这件文物做工精致，极轻薄，呈淡绿色，晶莹剔透，是产于古代波斯地区的玻璃珍品，反映了崇尚佛教的辽国与伊斯兰世界的贸易往来和密切联系，是中西文化交流史的实物见证。有学者认为"器形与伦敦维克多利亚和阿拉伯特博物馆保存的一件相同"。"这种形式的伊斯兰玻璃执壶在国外也有发现。但如此完整且瓶中套有小瓶者，据目前所知，可能是罕见的孤品"。

七宝塔1件。其置于天宫石函后半部，内藏木胎银棺及棺内的金舍利塔等。由6块石板组成的石函，由于地震、雷击、火烧、风吹等自然破坏，破损特别严重，底板断为8块和若干碎片顶板裂成2块，侧面石板大部分剥蚀。因此，七宝塔（也包括天宫其他文物）上的木质等所有易燃物，皆烧毁无存，加上穿缀串珠的银丝大多锈蚀残断，使宝塔散架、塌毁，塔上各种饰件散落，少量饰件还从底板缝隙掉入塔心室而遗失了。此件文物曾经误称

"宝盖",经过初步修复之后,其原貌大体上显现出来,又经分析、查证,原来它是佛经中所说以佛家"七宝"(诸经论所说稍异,有金、银、琉璃、玛瑙、砗磲,再加上珍珠、玫瑰、玻璃,珊瑚、琥珀中的两种,合为"七宝")装饰而成的"七宝塔",又称"多宝塔"。《妙法莲花经·序品第一》说:"尔时佛放眉间白毫相光,照东方万八千世界……复见诸佛般涅槃后,以佛舍利,起七宝塔。"《妙法莲花经·见宝塔品第十一》云:"尔时佛前有七宝塔,高五百由旬,纵广二百五十由旬,从地涌出,住在空中,种种宝物而庄校之。五千栏楯,龛室千万,无数幢幡以为严饰,垂宝璎珞宝铃万亿而悬其上。四面皆出多摩罗跋檀之香,充遍世界。其诸幡盖,以金、银、琉璃、砗磲、玛瑙、珍珠、玫瑰、七宝合成,高至四天王宫。三十三天,雨天曼陀罗华,供养宝塔。余诸天龙、夜叉、乾达婆、阿修罗、迦楼罗、紧那罗、摩侯罗伽、人非人等,千万亿众,以一切华、香、璎珞、伎乐,供养宝塔,恭敬、尊重、赞叹。"据佛经中所说,此宝塔中有东方宝净世界多宝佛全身舍利,多宝佛又于宝塔中分半座与释迦牟尼佛,二如来结跏趺并坐于塔中。

金舍利塔1件。该塔由金片制成,方形单层檐式,高11厘米,重269克(含内藏物)。塔基座为三层平台式,底边外展,台面錾刻云纹。座上置单层八瓣金莲座,满饰花瓣纹,上承方形塔身。塔身四角刻出圆形倚柱,四面及北侧内面各刻一尊坐佛,合为五方如来,皆头戴宝冠,手结契印,结跏趺坐于莲座上,两侧饰祥云。塔身四周莲座上立有栏杆,前面开门,栏板、望柱俱全。单层塔檐,脊上和檐下饰珍珠流苏及云形金饰,刹顶置金莲座,座下饰珍珠,上安金宝珠。塔身内藏玛瑙舍利罐,罐下垫一玉璧。

金盖玛瑙舍利罐1件。该舍利罐藏于金塔内;罐平底鼓腹,小口圆唇,金盖金链,盖上刻纹精细;通高4.5厘米、腹径4.2厘米。罐内藏舍利2粒、镏金珍珠5颗。舍利大小如米粒,呈红褐和乳白色,有光泽,经高僧鉴定,确认为佛真身舍利,属佛家至宝。其中乳白色舍利于1992年维修中重葬天宫内。舍利罐以质地精良之玛瑙精工制成,造型端正,极其莹润华美。罐底托玉璧,青玉,光滑,直径3.4厘米,厚0.3厘米。

木胎银棺1件。该银棺木板制成,外面包钉银片,舍利金塔原置于棺内,木板已烧毁,现存4块银片,边缘存有银钉。银片大小两种,大者宽33~33.1厘米,高17~18.1厘米。从出土情况来看,银片应钉在棺之四面，棺为一头略大而高的长方形，复原后应略大于银片。一大银片线刻释迦牟尼涅槃像。释尊头南足北，头枕右手，侧卧床榻上，表情安详、恬淡。床侧天人异众皆作哀恸之相。床后有娑罗双树，右上方置锡杖、钵盂。床脚站立护法天王一尊，身着甲胄，双手持弓箭，足踏二夜叉。北侧银片线刻法、报、化三身佛，头上有宝盖，手结契印，结跏趺坐在莲座上，座下置莲盆。西侧银片线刻帝后礼佛图。释尊双脚下垂，坐于莲座上，阿难、迦叶二弟子侍立两旁，作帝王形象的梵王和贵夫人形象的帝后跪于佛前。右侧刻手持宝剑的护法天王。

朝阳东塔

现藏于朝阳县文管所关帝庙内的《无垢净光大陀罗尼法舍利经记》石经幢出土于朝阳市关帝庙已毁圮的东塔塔基中。幢为八面，经记均正书阴刻。

此经幢中多次提及"塔"字，如"塔主讲经谈论副贡大德沙门悬镜"、"同办塔事讲经律论持大长教长坐阿阇梨惠素"、"同修塔事沙门惠曼"以及"门人自累佛塔持念沙门贵深"，这些人与造塔有关。"再建"意为先建的东塔，再建的经幢。上述说明在开泰六年以前，东塔所在之处已建塔。辽代中期所建辽塔一般为方形，中空，塔身四周供奉密宗四方如来，塔心室或供密宗主尊毗卢遮那佛（也称大日如来），或供经幢。从东塔残存的塔基得知，东塔与北塔一样为方形。

有关东塔何时倒塌，在《塔子沟纪略》有所提及，但没有说准是何年。"本朝初年，三座塔城内，荆榛满地，狼虎群游，自喇嘛绰尔济卜地建寺于城内，于是渐有人烟。彼时三塔具在，遂呼为三座塔云。""东塔倒坏，仅存其基；南塔、北塔尚存。"哈达清格在《塔子沟纪略序》中说："予自辛卯岁初抵斯任，询其所属境界。"这说明《塔子沟纪略》是哈达清格乾隆三十六年抵任后新历实地写成的。当时，三塔中的"东塔"已"倒坏"。据《塔子沟纪略》"三座塔关帝庙"条载："铺民曾玉蕃、孟世威等三十余人籍隶山西，在塔贸易，于乾隆九年间立会捐资建盖关帝庙于三座塔城内东塔之右，盖以塔有三座向系鼎峙之形，今东塔坍坏，鼎足不完，因于塔基之旁立庙以补之也，是年建庙三间。"由此说明，东塔在乾隆九年已倒塌。但在清初时，该塔还存在。有一说东塔倒于康熙八年，不知依据如何。

灵感寺释迦佛舍利塔（柳城人梁氏之所建砖塔）

《辽代石刻文编》中有篇张嗣初撰于辽天庆六年（1116）的《灵感寺释迦佛舍利塔碑铭并序》，此碑早年出土于朝阳，碑文见录于《热河志》、《承德府志》、《朝阳县志》及《满洲金石志》，文字多有差异。

定光佛和释迦佛舍利塔

据《塔子沟纪略·艺文志》"舍利塔遗碑"条载：南塔之前有铁塔一座，系辽重熙十五年（1046）所铸，葬释迦、锭光二佛舍利。其塔不知始于何代，后人于其地基刨得一窟，下见地宫一所高七尺零，广六尺五寸，八面均平，有碑八块，砌于周围墙内，字迹模糊者两块，残损者一块，字体另为一种不能认者三块，字迹尚清楚者两块。

根据早年出土的《释迦锭光二佛舍利塔记》（在《钦定热河志》、《承德府志》以及《满洲金石志》均录有全文，向南先生编的《辽代石刻文编》，对此进行了校注）可知，该塔"立十三檐，亘二百尺"，为定光佛与释迦佛舍利塔。之后，由于"展讨殿宇，津置堂廊。每嗟佛垄闪于南陬，大众佥议，欲移中央"，于是于天庆二年（1113）将此塔拆掉迁建。

朝阳云接寺塔（又称摩云塔）

位于朝阳凤凰山上云接寺西院。方形十三级密檐，高45米。根据其形制，当为辽代中期修建。为密宗金刚界塔。

大宝塔

位于朝阳市区以东凤凰山北麓的王秃子沟，方形空心十三级密檐。残高16.5米。该塔与朝阳北塔、云接寺塔风格相似，是辽代密宗金刚界佛塔。其塔风格受唐影响较深，时代当为辽代早中期。

青峰塔

位于朝阳县西营子乡五十家子村，方形空心十三级密檐式塔，塔南面有抱厦，现存高25米。塔东面山下村内为辽代安德州城址，辽圣宗统和八年

(990）置。《塔子沟纪略》卷六"古迹"载："柏山山顶四面有旧筑城基，城垛并炮台旧址，半山之中有废房，墙垣规模宏廓，蹊径幽深，前存古井一围，后存大辽兴中府安德州创建灵严寺石碑一块，考之则乾统八年所建，其碑文有峰台山四面隙地及北连龙岫，前仰郡城之句，以是知今之柏山，即古之峰台，今之凤凰山，即古之龙岫也。"城址附近曾发现乾统八年《大辽兴中府安德州创建灵岩寺碑》。碑载"安德州灵岩寺者"，说明此塔为辽代安德州灵岩寺塔。根据其形制，此塔时代当为辽圣宗统和年间修建为辽代密宗金刚界佛塔。

八棱观塔

八棱观塔位于朝阳县大平房镇八棱观村塔营子屯北山上。（现也归于龙城区）八角十三级密檐式，高29.43米，与辽代建州城址隔河相望。根据该塔形制分析，该塔当建于辽代中期稍早，辽圣宗迁建州之前。《塔子沟纪略》卷七载："木头城子东北八里，渡大凌河至奈玲塔在山顶，山高百丈，数十里之外皆望见之。蒙古以修造精细为奈玲，于是称为奈玲塔。塔下七十丈半山中有平地一块，方圆二百丈，旧有古庙基址，康熙年间喇嘛垂得勒格楞募建朝阳寺大殿三间，嗣有垂得勒格楞之侄罗卜僧格楞喇嘛陆续募建后楼三间，左右禅堂各三间，配殿三间，藏经塔一座，塔前正殿三间，钟鼓楼各一间，住房十一间，至今庙貌整齐，扎木苏各斯尔喇嘛住持其地。"由此记载可知，八棱观塔，清初称为奈玲塔，辽代山腰处曾有寺庙，应为塔寺合一的建筑格局。

黄花滩塔

黄花滩塔位于朝阳县大平房镇黄花滩村西塔山上（已划归龙城区）；八角形实心十三级密檐；现残高31.7米。按照历史记载，辽圣宗时为避水患，将建州迁至黄花滩村，该塔当为辽圣宗以后兴建。在塔前坡下约50米处，有一辽代寺院建筑遗址，说明当初为塔寺合一。清乾隆三十八年的《塔子沟纪略》记载："庄头营子东去五里至黄河滩，西距塔子沟二百里，东距三座塔一百里，有古城基址，东西长二百七十丈，南北长三百六十丈，方圆七里有余，城内两土阜，似属古冢，遍地坑洼，不种不植，询之蒙民，金称十余年前附近蒙古居民多在城内，旧房基处刨挖砖石，亦有掘得他物者。维时附近之家岁有火灾，蒙民居住不安，地主台吉俄木河图延请番僧善堪舆者，问以岁岁失火之故，番僧云，掘动古基，故遭回禄，从此禁止动土于城内，高阜之处垒石七堆，每年五月初五、六月初六，台吉率蒙古，宰牛祭祠至今，永无火患。其城内仅存碑首一块，上有加号，碑阴之记六字，城西北山坡有古塔一座，高十七层，围圆十二丈，塔下又小塔一座，高七层，围圆四丈，城北道旁有六角石柱一块，高三尺三寸，北面一角有慈悲心陀罗尼六字，余字皆模糊矣。"此黄河滩应为今日之黄花滩。但当初记载的塔为十七级，而且旁边还有一座七级小塔，不知是记载错误，还是现存的黄花滩塔在清代维修时，做了大的改动，这还有待于进一步进行研究。

东平房塔

东平房塔位于朝阳县大平房镇东平房村东北塔山上（已划归龙城区）；平面六角形，空心九级，密檐式；塔高约 20 米。根据塔的形制分析，此塔当为辽代中期所建。在塔下东南侧 20 米处，有一规模宏大的寺庙遗址，说明当为塔寺合一。

双塔寺双塔

双塔位于朝阳县木头城子镇郑杖子村西北山沟里。西塔为空心八角形三层檐，高约 13 米。根据此塔大檐砖雕斗拱以及塔身砖雕小塔的形制，及粗绳纹砖断定，当建于辽代中期。东塔为空心八角形单檐，高 11 米，根据塔身佛像及建塔细纹砖分析，其建于辽代晚期或金代，塔上覆钵则时代较晚，分析当为清代维修时补加的结果。

槐树洞石塔

槐树洞石塔位于朝阳县南双庙乡三官营子村尺不袋沟。石塔由青砂岩雕制而成，残高 2.2 米；八角，三级；空心仿楼阁式小塔。根据塔下保存的塔上石雕构件推断，此塔原为七级，因残损，现只存三级。根据其形制及雕刻内容分析，此塔当建于辽代晚期。

利州城塔（大城子塔）

利州城塔位于喀左县大城子镇高中院内，八角空心，七级楼阁式与密檐式相结合的塔，高 34 米。利州，《辽史·地理志》载："辽中京大定府所属，原为中京阜俗县，辽统和二十六年置剌史州，开泰元年升。属县一为阜俗县。唐末，契丹渐炽，役使奚人，迁居琵琶川。统和四年置县。初隶彰愍宫，更隶中京。后置州。"楼阁式与密檐式结合的塔在辽塔中极为少见。河北正定天宁寺塔是楼阁式与密檐式结合的典型，其时代为宋金，极有可能该塔是受到利州城塔的影响。据其形制及历史记载分析，此塔当为辽代中期所建。

榆州塔（十八里堡塔）

榆州塔位于凌源市凌河乡十八里堡村，八角形空心七级密檐，现残存五级，高约 13 米。此塔位于榆州城西，榆州城设置时间，《辽史地理志》载："榆州……太宗南征横帐解里，以所俘镇州（河北正定县）民置州，开泰中没人，属中京。统县二：和众县、永和县（其中和众县治所即榆州城）。"志中未注明设置年代。1983 年，在榆州城西北方发现辽代"张公墓志"一方，对考察榆州设置时间下限提供了可靠的物证。从"墓志"载，张公任榆州刺史卒于天显五年（930），可证榆州之设置当在天显五年之前，具体说，榆州设置年代在天赞二年（923）至天显五年（930）之间。现存榆州塔从残损的痕迹看，能明显看出辽代晚期维修的迹象，这说明此塔建于辽代早期，中晚期维修。《塔子沟纪略》卷八载："二十里铺土城，塔子沟西北二十里，有土城旧址，东西宽一百六十丈，南北长一百五十丈，计三里有余，城垣坍塌不整，东西沿有城门遗迹，城西半里有塔一座，其年月皆无可考。"上述记载可知，在清初此处为二十里铺，塔在土城遗址西 0.5 公里外。

凤凰山华严塔

华严塔位于朝阳市凤凰山上寺；建于辽世宗时期，辽大康十年（1084）重修；新中国成立后，为了在此地建设发射塔，该塔被炸掉。除一张 20 世纪初留下的老照片外，基本没有留下其他任何资料，现已无法具体弄清其形制和体量。据老照片可以看出，此塔为八角形，体量较大。据塔基中出土的《重修古塔碑记》载："大辽兴中府和龙山花严寺、崇禄大夫、守司空悟玄、通圆大师、赐紫、沙门道弼等，奉为天佑皇帝万岁，后族于官父母师僧一切有重修古塔，载安舍利……大康十年八月二十六日敬记。"由此可以得知此塔为大康十年重修，是和龙山华严寺的一部分，亦为舍利塔。《元一统志》载："辽天授皇帝常猎和龙山，建华严寺。"这些记载说明了华严寺及塔的修建年代。

下洼塔基遗址

该遗址位于朝阳县柳城镇下洼子村北台地。从地面和断崖上发现大量的辽代沟纹砖、布纹瓦，应为塔寺合一遗址。其具体形制和体量以及建筑年代不详。

塔子沟遗址

该遗址位于朝阳县大庙镇宁杖子村塔子东沟村西 100 米塔台子地上。塔基大致为方形，塔基处，发现大量粗沟纹砖，在附近有辽代遗址。该塔具体形制和体量以及建筑年代不详。

青沟梁塔址

塔址位于朝阳县大庙镇青山村上店组青沟隧道顶部山坡阳坡上。塔基址呈方形，100 平方米，方形台基明显高出地面，相对平整。砖多为沟纹砖，也有素面，尺寸不一，说明此塔为辽代晚期所建，可能后世维修过。

西梁沟塔址

塔址位于朝阳县大庙镇青山村大青山北城遗址西 100 米、主峰东南 100 米的一处开阔地上。塔址三面环山，呈方形，边长约 10 米，地表散落大量建筑构件，尺寸不一，形式多样，现场青砖全部是细沟纹砖，分析辽代应是塔寺合一，该塔建于辽代晚期。

六家子塔山塔址

塔址位于朝阳县六家子镇六家子村西约 500 米塔山山顶。当地人在遗址上新建灵塔寺。挖地基时，地下 2 米发现辽砖瓦残件、石刻、佛教造像等。文化层在 2 米以上，有造像数尊、砖雕两块、石经幢 1 块、清代石碑首 1 个。出土石佛高约 40 厘米，无头，辽代特征明显，石经幢座亦为辽代。现场有大量沟纹砖和布纹瓦，应是寺庙和塔址。

南塔子塔址

塔址位于朝阳县长在营子乡南塔子村东北约 500 米处的一小山上。塔址呈方形，边长约 10 米，地表散落大量沟纹砖、布纹瓦，根据沟纹砖的形制，分析此塔当建于辽代晚期。

塔梁山塔址

塔址位于朝阳县台子乡台子村朱家沟村民组东约 80 米的塔梁山顶上。塔址长 10 米，宽 6 米，高出地面约 1.5 米，由大量沟纹砖、布纹瓦、勾头、滴水等建筑构件组成。在建筑构件中还存有脊兽和莲花纹饰砖雕构件。塔的具体形制和体量以及建筑年代不详。

白塔子遗址

塔址位于朝阳县胜利乡西山村后街村民组西北约 1000 米的坡地上。地表有大量辽代陶器、瓷器残片，也有大量的沟纹砖。据村民讲，这里早年曾有白塔。从地名及遗物分析，此地当有塔址。塔的具体形制和体量以及建筑年代不详。

北塔子地遗址

塔址位于朝阳县北四家子乡南台子村东南约 200 米的北塔子地中。70 年代，在遗址西北部发现塔基，出土过经书。地表散落大量细沟纹砖、布纹瓦。经分析，该塔当建于辽代晚期。塔的具体形制和体量以及建筑年代不详。

古山子塔址

塔址位于朝阳县北四家子乡和平村古山子山顶。塔址高出地面约 2 米，方形，边长 20～25 米。70 年代被村民破坏，据村民讲，当时出土经幢 1

块，上刻有"大辽契丹国九年"字样。后被砸碎砌在东侧地的一口机井上。现场采集到完整石刻，一飞天，一力士。地表散落大量沟纹砖、瓦残件，还有石经幢残块，上刻"修造"和咒文等字样。砖雕构件当为塔壶门处。

塔子沟塔址

塔址位于朝阳县羊山镇塔子沟村西150米处。塔基方形，边长约10米，高约1米，塔基处山头平坦，地表散落大量沟纹砖、布纹瓦说明此塔规模较大。塔的具体形制和体量以及建筑年代不详。据《塔子沟纪略》卷六载"羊山屯南去五里有小塔在山顶，因名其地为小塔子沟，下有断碑一块，字迹模糊，内有至正丙子岁四月数字，余皆剥落不能复识焉"。据此记载分析，这塔极有可能建于元代，或更早。

小塔子遗址

塔址位于朝阳县松岭门乡大二台村交通希望小学东约300米的台地上。地表残落大量辽代生活用陶器残片和建筑艺术构件。根据地名，可以推断此处曾经有过小形砖塔，体量不会太大。

塔子山塔址

塔址位于朝阳县七道岭乡庞家窝铺村上洪家沟组西北约1500米的塔子山山顶。塔址呈方形，边长约6米，地表散落沟纹砖、布纹瓦等。塔砖堆成一大堆，高出地面约2米。沟纹砖均为细绳纹砖，分析当为辽代晚期塔。

蒙古营子后山遗址

塔址位于朝阳县南双庙乡蒙古营子村北30米塔山上。有辽代遗址，文化层厚度约2米，出土石雕佛像、布纹瓦、滴水、琉璃构件、石雕构件等，结合当地名称，分析应为辽代塔寺遗址。塔的具体形制和体量以及建筑年代不详。

东窑白塔山遗址

塔址位于建平县万寿镇黄土梁村东窑组200米白塔山上。从地名及辽代遗址上看，此地当有辽代塔址。塔的具体形制和体量以及建筑年代不详。

北塔子太平地北山坡塔址

塔址位于建平县建平镇北塔子村太平地村民组东北 500 米的山顶上。塔基呈方形，边长约 8 米，有辽代沟纹砖及布纹瓦残片。在山坡下，有辽代墓葬。建平镇为辽代惠州所在地，分析此塔当为辽惠州州城塔。

北梁塔山遗址

塔址位于建平县八家乡新房身村北梁村民组西侧塔山上。依据地名和辽代遗址，分析此地当有辽塔。塔的具体形制和体量以及建筑年代不详。

白塔子洼遗址

塔址位于建平县黑水镇兴隆沟村胜利屯组。遗址为辽代遗址，出土辽代砖瓦。据村民介绍，在遗址北部早年曾有白塔一座。塔的具体形制和体量以及建筑年代不详。

沟子沟遗址

塔址位于建平县黑水镇安家楼村塔子沟组。遗址出土大量辽代砖瓦及生活用品残片。根据地名和遗址推断，辽代当建有塔。塔的具体形制和体量以及建筑年代不详。

塔子下房身地遗址

塔址位于建平县深井镇小马厂村塔子下村民组。根据其地名和辽代遗址，推断辽代当建有塔。塔的具体形制和体量以及建筑年代不详。

白塔子遗址

塔址位于喀左县白塔子镇白塔子村。白塔子村有辽代龙山县城址，方形，边长 380 米，每面中部有城门。根据此地地名及辽代龙山县城址推断，此地辽代当建有辽塔。塔的具体形制和体量以及建筑年代不详。

塔山西南遗址

塔址位于喀左县公营子镇小塔子沟村塔山西南约 200 米耕地。遗址有大量辽代生活用品残片。根据地名及遗址推断，辽代当建有塔。塔的具体形制和体量以及建筑年代不详。

白塔山遗址

塔址位于喀左县兴隆庄乡七家村七家屯北 400 米处小土台山。当地称此山为白塔山。遗址内散落大量辽代建筑构件。据此地名及辽代建筑遗址推断，辽代此地当建有塔。塔的具体形制和体量以及建筑年代不详。

塔下村遗址

塔址位于喀左县公营子镇塔下村。此地有辽代遗址。根据此地地名及辽代遗址推断，此地辽代当建有塔。塔的具体形制和体量以及建筑年代不详。

西台吉塔山遗址

塔址位于北票市台吉镇西台吉村西的塔山顶上。有 3000 平方米辽代遗址。在遗址北部有一辽代塔基址，地表散落有大量辽代沟纹碎砖及布纹瓦。塔的具体形制和体量以及建筑年代不详。

白塔子遗址

塔址位于北票市北塔乡白塔子村东北 300 米老庙山顶部。据村民讲，此处曾建有两座塔，北塔子乡由此得名。塔的具体形制和体量以及建筑年代不详。

塔山遗址

塔址位于北票市黑城子镇祥顺号村大庙组东 100 米的塔山山顶。遗址约 600 平方米，中部有一土丘，据村民讲，早年看见塔一座，近代被毁，现土丘边缘有石头砌筑痕迹，分析应为塔基。现场有辽沟纹砖残块，据此可以推断，当为辽代塔址。塔的具体形制和体量以及建筑年代不详。

塔子山遗址

塔址位于北票市小塔子乡小塔子村村小学北 20 米塔子山上。山顶上遗址呈长方形，面积约2400平方米。此地原有辽塔，早年被毁，现盗洞若干。地表散落大量辽代生活用品残片及建筑构件。遗址西南角有一砂岩石雕碑，多半埋于地下，无法看到全部面貌。现场有大量沟纹砖，说明此处当为辽代塔寺遗址。塔的具体形制和体量以及建筑年代不详。

小塔山遗址

塔址位于北票市马友营乡大庙村河东组东200米的小塔山南坡。遗址面积近万平方米，地表有辽代生活用品残片和建筑构件残片。根据地名和辽代遗址推断，此地在辽代当建有塔。塔的具体形制和体量以及建筑年代不详。

庙队塔址

塔址位于北票市马友营乡马友营村庙组白金钟家西100米庙山南坡上。塔址面积约为600平方米，盗掘严重，沟纹砖、布纹析瓦、筒瓦、陶佛像残块、石雕佛像足部残块等遗存丰富。在塔基四周可见长1米、宽0.4米石条，应为塔基座砌筑构件。塔的具体形制和体量以及建筑年代不详。

房身塔山沟遗址

塔址位于北票市三宝营乡房身沟村塔山沟组西南500米的塔山顶上。山顶地势较平，遗址呈长方形，南北长60米，东西宽40米，地表散落沟纹砖、布纹瓦等建筑构件。从地名和辽代遗址分析，推断此地当有辽塔遗址，或许当初还建有寺庙。塔的具体形制和体量以及建筑年代不详。

塔子沟遗址

塔址位于北票市章吉营乡牤牛营村塔子沟组。根据此地名分析，此地应建有辽塔。塔的具体形制和体量以及建筑年代不详。

塔山塔址

塔址位于北票市南八家乡红村村上石家子组。塔址呈方形，边长约10米，地表散落有大量沟纹砖及布纹瓦。据此，可证明此为辽代塔址。塔的具体形制和体量以及建筑年代不详。

塔营子遗址

塔址位于北票市蒙古营乡塔营子村西北组塔子山顶。在山顶部有辽代遗址。根据地名及辽代遗址推断，此地辽代当建有辽塔。塔的具体形制和体量以及建筑年代不详。

尚家窑南遗址

塔址位于北票市西官营镇梁杖子村一组白塔子地。根据此地地名推断，此处当建有辽塔。塔的具体形制和体量以及建筑年代不详。

彩凤沟遗址

塔址位于北票市巴图营乡彩凤沟村黄家屯西80米塔山顶部。在山顶上有青砖残块，根据地名及遗存，分析当建有辽塔。塔的具体形制和体量以及建筑年代不详。

秀塔书院塔址

塔址位于凌源市北街街道办事处。书院为乾隆三十七年（1772）建，原名秀塔书院。据《凌源县志》《塔子沟纪略》载，推断此书院当依辽塔而得名。塔的具体形制和体量以及建筑年代不详。

双塔塔基遗址

塔址位于凌源市三家子乡苏官杖子村双塔子村民组北1500米又塔子后山东坡。塔基原貌不清，现被盗掘成一长4.5米、宽1.5米大坑，周围散落大量沟纹砖，亦有砖雕残件。根据地名，此处曾有双塔。在村中桑树台子，有辽代窑址。塔的具体形制和体量以及建筑年代不详。

塔沟塔基遗址

塔址位于凌源市三家子乡天盛号村塔沟村民组北200米西山南部山顶。塔基面积较小，见有沟纹砖于塔基处。周围有面积2000余平方米的辽代遗址，遗址中辽代布纹瓦、滴水等建筑构件较多。塔的具体形制和体量以及建筑年代不详。

塔山屯遗址

塔址位于凌源市四官营子镇后朱杖子村塔山屯。在屯东北400米耕地上，有辽代遗址。根据地名及辽代遗址推断，此地辽代当建有辽塔。塔的具体形制和体量以及建筑年代不详。

塔沟村八放地墓地

塔址位于凌源市沟门子镇塔沟村西北800米夹梁山东坡。此地出土过两座辽墓。从地名上看，辽代当建有辽塔。塔的具体形制和体量以及建筑年代不详。

苏杖子塔基遗址

塔址位于凌源市河坎子乡苏杖子村西洼村民组西侧80米塔山脚下。遗址呈方形，边长约5米。现塔基散落有青砖。在塔基东北角，有一长1.18米，宽0.83米，高0.45米石函。石函盖平铺在函右下角。据村民讲，此塔基50年代被毁。塔的具体形制和体量以及建筑年代不详。

塔山庙

塔山庙位于凌源市河坎子乡苏杖子村西洼村民组。该庙建于20世纪初期，当地称为塔子庙。根据地名分析，当地应建有塔。塔的具体形制和体量以及建筑年代不详。

八棱观塔塔北塔基

遗址位于朝阳市龙城区大平房镇八棱观村八棱观塔北130米。遗址呈长方形，南北约4米，东西约6米，其形状不明晰，经多次盗掘，地表散落大量素面砖和少量辽代沟纹砖。经分析，此地当为辽代塔基，后世曾经维修。塔的具体形制和体量以及建筑年代不详。

八棱观塔东塔塔基

塔址位于朝阳市龙城区大平房镇八棱观村八棱观塔东 50 米。塔基轮廓形状不清，盗掘严重。遗址散布大量辽代沟纹砖和素面砖。此塔当与塔北塔基一样，体量均不会较大，且均经过后世维修，至于什么时候损毁，因无记载，无法查证。

八棱观塔东北塔基遗址

塔址位于朝阳市龙城区大平房镇八棱观村八棱观塔东北 250 米处。塔基为圆形，直径约 3 米，地表散落大量辽代沟纹砖和素面砖，有盗洞若干。此塔当与塔北塔基一样，体量均不会较大，且均经过后世维修，至于什么时候损毁，因无记载，无法查证。

黄花滩西塔塔基址

塔址位于朝阳市龙城区大平房镇黄花滩塔西 14 米处。遗址呈椭圆形，直径约 3.58 米，基座形制不清。基址布满大量沟纹砖和素面砖残块。分析此塔体量不大，且后世曾经维修。《塔子沟纪略》卷六载："庄头营子东去五里至黄河滩，西距塔子沟二百里，东距三座塔一百里，有古城基址……城西北山坡有古塔一座，高十七层，围圆十二丈，塔下又小塔一座，高七层，围圆四丈。"由此可知，此塔体量小于现黄花滩塔。

赵家沟塔山塔基遗址

塔址位于龙城区大平房镇赵家沟村北塔子山顶部。地面散布大量沟纹砖、布纹瓦、石头残块，分析塔基应是石块垒筑，体量不大。有盗洞 2 个，塔前 20 米仍有一处砖石结构建筑基址，基址散布石块和沟纹砖，分析应为塔前建筑。

塔子山塔基遗址

塔址位于龙城区联合乡下三家子村南杖子村民组西北塔子山顶上。基址方形，南北 5 米，东西 6 米，早年倒塌。周边大量辽代沟纹砖和布纹瓦。塔基坡下 50 米有辽代寺庙遗址。

塔子山塔址

塔址位于龙城区联合乡黄杖子村村东九龙山顶上。该山海拔757米，山势陡峭，山顶平坦，面积10余平方米，已被盗掘。地表散有辽代沟纹砖和石块等，还有一些辽代生活用品陶瓷器残片。塔的具体形制和体量以及建筑年代不详。

马山塔基址

塔址位于龙城区边杖子乡边杖子村马山南侧800米马山山峰上。该山海拔454米。塔在"文革"期间被炸毁，仅存塔基。据村民介绍，该塔原残高10米，以方整石块垒砌的方形石塔。现遗迹全无。

白塔梁塔基址

塔址位于龙城区七道泉子镇水泉村西北800米白塔梁山顶部。传说此地有一白塔，毁于何时没有具体记载。遗址地表散布大量砖瓦残片、建筑用石块构件。砖有沟纹砖和素面砖两种，素面砖小于沟纹砖，建筑构件有滴水、磨制椽头等。分析此处应为塔寺合一，金元时期维修过。塔的具体形制和体量以及建筑年代不详。

头道湾子北山塔址

塔址位于龙城区七道泉子镇铁匠炉村头道湾子组北侧山顶上。该山海拔286米，分布面积100平方米左右，地表散落大量沟纹砖和布纹瓦残件，按地名和辽代遗存分析，此处当为辽代塔基址。塔的具体形制和体量以及建筑年代不详。

桃花山塔基遗址

塔址位于双塔区桃花吐镇李家窝铺村桃花山主峰电视信号塔东200米处。塔基占地约25平方米，塔基南侧断崖发现文化层达1.2米。基址及东南山坡下散落大量沟纹砖和素面砖，同时还有大量的琉璃残件，分析当为塔上琉璃构件。在塔基处有盗洞，从盗洞可以看到塔基局部结构，辽塔特征明显。塔的具体形制和体量以及建筑年代不详。

《塔子沟纪略》卷六"古迹"卷载"三座塔东北距城四十里平阳之中，

有山壁立，自下而上五里余围圆则十六里，其山顶平坦，处东西南北各长十丈，中有古塔一座，人谓山上有大铁锅一口，面宽丈许，侧埋于山……塔旁有断碑两截，字多模糊，尚存有重修金山神庙数字，年月皆无可考，而山势之巍然在望，宛若金山壁立于扬子江"。通过上述记载，可知该塔在清初时仍在，塔为金山神庙一部分，当为塔寺合一。

小白塔子山遗址

塔址位于双塔区桃花吐镇白腰村白腰村民组西北1000米耕地上。此处有辽代遗址。根据地名和辽代遗址分析，当年此处应建有辽塔。塔的具体形制和体量以及建筑年代不详。

狼山塔基遗址

塔址位于双塔区燕北街道二其营子村狼山山顶。该地地势较高，遗址呈方形，边长约5米，塔早年倒塌，《塔子沟纪略》卷六"古迹"载"狼山山顶旧有半截塔，山坡有金时所建盖三学寺地基一段，南北长十五丈，东西长十五尺，庙宇全无，荆榛满地，仅存大定七年旧碑而已"。《辽宁碑志》载录其碑文："三学者，其来远矣，爰自于唐肇起之也，追及有辽，建三学寺于府西择一镜僧行清高者，为纲首，举连郡经律论学优者为三法师，迎开教门指引学者。兵兴以来，殿堂廊庑扫地而无，圣朝既获辽土，设三学如故。"由此可知，三学寺，建于辽代，金代重建。在清初时，塔已余半截，现遗址周围散落大量辽代沟纹砖、半圆砖、磨角砖等建筑构件，根据细沟纹砖及文献记载分析，此塔当为辽代晚期塔。

四官营子塔址

塔址位于凌源市四官营子镇魏杖子村小塔子沟大黑山下塔洼里。现存六角五级密檐式实心砖塔应为金代修建灵塔。维修四官营子塔时，在塔的周围，发现了大量沟纹砖、琉璃垂兽、筒瓦、塔倚柱砖、塔檐砖、小砖塔。此建筑构件与现存的塔没有任何关系。在塔的下面300米处有寺院遗址，在东侧，有辽代墓葬遗存。据此分析，此地辽代当建有辽塔，金代时已倒塌，现塔为金代在原塔基址上重新修建。

辽西古刹塔窟 | **盘锦篇**

第一章 盘锦田庄台古刹塔窟历史沿革

田庄台号称"千年古镇",历史文化底蕴深厚。从明代至 20 世纪初,仅寺庙就先后建有崇兴寺(又名药王庙)、文昌宫(三教寺)、朝阳宫(财神庙)、关帝庙(老爷庙)、望海观(娘娘庙)、冰神庙(灵神庙)、凌云宫、保灵宫等大型庙宇。

其中,崇兴寺是境内最古老的寺庙,了解田庄台历史的人都知道"先有药王庙,后有田庄台"。据清乾隆四十四年(1779)重修碑文记载:"明隆庆万历时有刘普道父子重修之。"可推算崇兴寺建于明朝隆庆年间之前。崇兴寺主祀药王,即中国唐代医学家孙思邈,配祀华佗等十大名医。该寺地势宏阔,寺貌奇丽。据1930年出版的《营口县志》(田庄台1937年前为营口辖)介绍,崇兴寺主要建筑有正殿3楹,左右配殿各1楹,东西各有禅房10间,包括山门、钟鼓二楼。建筑风格上飞檐翘角,画栋雕梁,蔚为壮观。

而关帝庙是境内最大的古建筑,于清乾隆十一年(1746)创建。关帝庙主祀关羽,因他重情仗义、功德于世,曾被历朝加封为"忠义神武关圣大帝",同孔子并称为文武二圣。至清光绪年间,寺内曾几次重修和增建,形成三进寺院。前有叠檐硬山式山门,东西配有角门,左右是飞檐围廊楼阁式钟鼓楼。中殿配大仙堂1处,西配火神、财神殿各1处。后殿即为关圣殿。此外还建有石桥、戏台等设施。因为这里殿宇巍峨,景致壮美。相传清嘉庆年间,"关东第一才子"王尔烈曾来此小住,还为关帝庙写了"可化春秋"的横匾。"辽东三才子"之一的刘春烺也为此留下过"亘古一人"的墨宝,并被刻为横匾。

寺庙众多，因而旧时，由此产生的庙会文化，也独具特色。比如，每年阴历四月初八是朝阳宫庙会，四月十八是望海观庙会，四月二十八是崇兴寺庙会，五月十三为关帝庙会，七月十五为保灵宫庙会。但最为热闹的就是属崇兴寺庙会和关帝庙庙会了。

过去，每次庙会都盛况空前，喜庆程度胜过年节。这天农民歇工、渔民休船、工人放假、学生停课、机关闭门，方圆百里的善男信女都纷至沓来逛庙会，即使旧社会极少出门的年轻女子这天也例外。庙内，香烟缭绕，钟磬齐鸣，善男信女们顶礼膜拜、默祷许愿、求寿祈福；庙外，车水马龙，商贾云集，人声鼎沸，游客摩肩接踵。尤其是摆摊的密聚，有卖切糕、凉粉、千层饼、麻花等的小吃摊，有卖布老虎、泥娃娃、剪纸等的工艺品摊，有卖药、拔镶牙、修脚点痣的郎中摊，还有耍猴、变戏法、打靶式卖艺、卖唱、套圈、抓彩的。尤其是小孩子，东蹦西跳，如赶大集一般，最兴奋。特别是关帝庙从五月十三日开始要请戏班子唱三天大戏，多是赞颂关公的，看戏的人山人海，万头攒动，热闹非凡。庙会活动一般持续到下午两三点钟才散去。

目前，田庄台只有关帝庙庙会持续至今，人多时达数万人。

"田庄台庙会"作为地域文化的一种，作为旅游活动的一项，如今已引起重视，它将同"红海滩观赏会""河蟹节"等一样，成为盘锦市旅游产业的品牌。

第二章　田庄台古刹塔窟

望海观

望海观，俗称娘娘庙，在田庄台西街，现田庄台镇北大社区农贸批发市场内。望海观，清道光九年（1829）四月创建。经全真教龙门派十六代道士胡合录，联络本镇乡绅牟会友、马全义、马全孝、历士杰建筑大殿3间，东配观音殿1间，前置三官殿3间，西南角建龙王殿1间，院前山门1间，东西角门各1座，东西置钟鼓二楼，殿前石碑2座（系道光年间建立），东厢房5间。该庙门前有石桥1座，名望海桥。

大殿主祀泰山九顶十位圣母娘娘：太妊、太姒、太姜、天仙、天后、孟母、岳母、徐母、柳母、欧母。东配殿祀观音。前殿祀三官：天官、地官、水官。龙王殿祀龙王，站像四个巡海夜叉。庙内鞠吧、十不全各一尊。

光绪二十一年（1895），中日甲午战争时，清军曾在此建指挥部和贮放军火，是年二月十五日清军败退，日军用地雷将此庙炸毁，只剩山门1间，钟楼1座，东厢房5间。当时住持道士为谭园刚、刑园信。

该观另有庙产、园田地共5处，共59000平方米。到戊戌变法时，所有土地尽归学堂所占，谭园刚无奈，行至北镇闾山大芦花，后又转至盘山大芦花下院，1918年故；刑园信行至营口县青堆子青云观度下庞明震，于1921年故。自二道士飞锡之后，残庙无人看守。

望海观大殿

  光绪末年（1908），有一华山派道士，名曰金万禄，以化缘生活，看守此庙。1917年，本镇河东马毓相（号喜臣）之子信奉仙法，感助工程，修大殿3间，此时谭园刚尚在盘山，即派其徒荣明海来此看守。金万禄走往他乡，不知去处。

  1918年，修前殿3间，原有观音殿及龙王殿自毁，始终未修。1940年三月十五日，荣明海故。褚向春派田永澄看守此庙至新中国成立。

  每年四月十八为望海观庙会。

  该庙于1952年拆除。

  2003年，全真教龙门派第二十二代弟子祝理元（俗名祝守志），个人投资及信众捐助成立复建望海观筹备委员会，2004年，在原址复建望海观，当年建成单檐硬山式坐南朝北护法殿3间。2005年，建成重檐硬山式坐西朝东正殿3间2层，南北配殿各1间，正殿后建城隍殿2间，在中日甲午战争清军指挥部遗址上复建尖房3间，北厢房8间。2007年，建成重檐硬山式山门1间，南北置钟楼、鼓楼各1座，北厢房6间。总占地面积4533.5平方米，建筑面积812平方米。

  正殿二层祀妈祖娘娘、云霄娘娘、碧霄娘娘、琼霄娘娘、送子娘娘、眼光娘娘、消灾延寿娘娘、斑疹娘娘、痘疹娘娘。一层祀太乙救苦天尊。南配殿祀龙王，北配殿祀观音，城隍殿祀城隍。

正殿横匾"妈祖殿"。门柱楹联："向四海显神通千年不朽；历数朝受封典万古流芳。"明柱楹联："炁化三清一元三才空五行乾坤始奠；道参太极两仪四像分八卦混沌初升。"护法殿祀胡三太爷、胡三太奶、黑老太太。横匾为"心诚则灵"。楹联"谁说肉眼凡胎难有神仙之举许个愿试试；喜得官升财赢讨个人前显尊不烧香瞧瞧"。山门内两旁八仙过海壁画，横匾为"望海观"，楹联："道教渊源蕴五千年华夏文明；玄门奥妙秘三洞经凤篆龙章。"山门两旁垣墙题字："德崇太极""道贯华夏"。观内横匾及楹联除山门横匾"望海观"为信士于宗兰所赠外，其余均为盘锦市书法家王大军所书。

关帝庙

田庄台关帝庙俗称"老爷庙"，位于田庄台镇街中心，是一座始建于清乾隆年间的佛教寺院，距今已有200余年历史。

关帝庙被毁于1958年后，改做田庄台镇私立中学。1993年，释思松法师主持复建关帝庙，经过1998年增修、2006年续修，形成了完整的古代建筑群。

关帝庙于2002年被列为大洼县文物保护单位；2004年被盘锦市人民政府批准为市级文物保护单位；2011年成功申报为国家2A级旅游景区。

关帝庙建筑布局合理，景观特色鲜明。庙内殿宇巍峨，景致庄美，建宫精巧，树木成荫，碑志精湛，古风幽雅，自古流传着"泥马吃麦子""戏楼的铁锯子"等传说，吸引了众多游人和香客慕名而来。

由山门进入，依次是天王殿、关圣帝殿和大雄宝殿，两侧为马殿，后配财神殿、地藏殿、药师殿、三圣殿和护法殿。

天王殿主祀弥勒佛，背后是护法韦驮天尊，两旁是四大天王，代表风调雨顺，国泰民安。

关圣帝殿主祀关圣帝君，左关平、右周仓戎装站像。关羽重情仗义、功德于世，曾被历朝加封为忠义神武关圣大帝，同孔子并称为文武二圣。

大雄宝殿供奉三圣佛，主祀现世佛祖释迦牟尼佛，左祀观音菩萨，右祀地藏菩萨，两旁祀十八罗汉佛像。

相传清嘉庆年间，关东第一才子王尔烈曾来此小住，还为关帝庙写了"可化春秋"的横匾，"辽东三才子"之一的刘春烺也为此留下过"亘古一人"的墨宝，并被刻为横匾。

庙内至今还珍藏着乾隆年间的原关帝庙遗物小石狮1尊，原朝阳宫遗物九甬碑碑头1座及乾隆年间古庙老山墙1面，这些都是十分珍贵的历史文物。

每年五月十三为关帝庙会，俗称"老爷庙会"，相传这一天是关老爷磨刀的日子，民间有"大旱不过五月十三"的俗语，无论之前旱了多久，五月十三这一天不是阴天就是下雨。

田庄台关帝庙会闻名于东北三省，每次庙会都盛况空前，喜庆热闹程度胜过春节，前来逛庙会的各界人士多达数万人。庙内，香烟缭绕，钟磬齐鸣，善男信女们顶礼膜拜、默祷许愿；庙外，车水马龙、人声鼎沸，游客摩肩接踵。

崇兴寺

在广袤的辽河三角洲腹地，有一座享有"九庙同镇、五教共处"盛誉的历史文化名镇——田庄台镇。在田庄台镇李阳社区药王村有座崇兴寺（俗称药王庙），是一座始建年代不详，重修于明隆庆、万历年间的佛教寺院，距今至少已有450年历史，是盘锦境内最早的佛教寺院。历史上流传着"先有药王庙，后有田庄台"的说法，崇兴寺历经数百年的发展变化，始终香火不衰，声名远播。

崇兴寺被毁于1953年后，改做药王小学。2004年，吉林释慈良法师主持复建崇兴寺，建成天王殿、药师宝殿和山门；2006年，盘锦莲华寺释明圣法师主持扩建崇兴寺，年内建成寺院围墙、2座牌坊和14间偏殿；2007年，建成钟楼、鼓楼和14间偏殿；2008年，万佛宝殿奠基，2012年五月初九举办了万佛宝殿落成典礼暨万佛开光法会。历时数年，崇兴寺形成了以万佛宝殿为主体，配有山门、天王殿、药师宝殿、钟楼、鼓楼、东西配殿及牌坊的气势恢宏的古代建筑群，总占地26126平方米，是盘锦境内最大的寺院。

崇兴寺万佛殿

崇兴寺景区，建筑布局合理，景观特色鲜明。由山门进入，迎面是天王殿，东侧是钟楼，西侧是鼓楼，中轴线上依次是药师宝殿和万佛宝殿，两侧为配殿。其古朴壮观的建筑，高大威严的佛像，精美绝伦的彩绘，极具特色的文化，吸引了众多游客。

钟楼上层有大钟，底层祀地藏王菩萨及二弟子。鼓楼上层有大鼓，底层为护法殿，祀山神、土地及一切护法。东南偏殿祀观音菩萨。西北偏殿祀伽蓝菩萨及二弟子。

天王殿主祀弥勒尊佛，背后是护法韦驮天尊，两旁是四大天王，代表风调雨顺、国泰民安。

药师殿主祀东方琉璃药师佛，后面祀药王菩萨、药上菩萨，东西两旁祀十大医圣：扁鹊、华佗、张仲景、黄甫谧、葛洪、孙思邈、钱乙、朱振享、李时珍、叶天士。

崇兴寺之所以成为田庄台及其周边乡民最为珍视的一座寺庙，其根源就在于大殿主祀药王孙思邈等十大医圣。唐代医学家孙思邈号称"中华医神"，是位以德养性、以德养身、德艺双馨的非凡人物，编有《千金药方》

崇兴寺山门

和《千金翼方》两部医学巨著，一向被世人奉为"药王"。在缺医少药的年代，百姓都到药王庙求医问药，祈求药王保佑身安体健。

万佛宝殿投资1000多万，三重飞檐，歇山式结构，高26米，在距离崇兴寺2公里外的盘锦向海大道上即可遥望。殿内供奉着五方佛，每尊佛像高达7.5米，威严壮观；用香樟木精雕而成的释迦牟尼卧佛，法身长11.8米，是东北地区较大的木雕卧佛像；殿内有佛龛，万佛拥护娑婆教主本师释迦牟尼佛，西方接引阿弥陀佛，东方净琉璃世界消灾延寿药师佛，全堂佛像应用按金工艺，金光四射，显示佛之尊贵；大殿上方正中悬挂着已经申报上海吉尼斯纪录的巨型宫灯，直径4米，高4.5米，与18盏做工精巧的小型宫灯交相辉映，让大殿更显庄美；殿内墙壁上精美绝伦的彩绘工艺，讲述着许多动人的佛教故事，营造了浓厚的宗教文化氛围。

万佛宝殿内至今还珍存着饱经风霜的原崇兴寺碑，此石碑系清乾隆四十四年（1779）所立，现仅存碑身，高1.4米，宽0.84米。刻有碑文353字，为"进士出身中宪大夫奉天府府丞宛平李"所撰，其中有"寺之始建年代不可考察。明隆庆、万历时，有刘普道父子重修之。旧有碑文一通，字迹半就磨灭，不可辨。因易之以斯文"的记叙。由此推算，崇兴寺至迟当建于明隆庆之前，即约16世纪60年代以前，距今至少有450年之久。此碑亦见证着田庄台的历史，是非常珍贵的历史文物。

每年的四月二十八是药王庙会，古时候庙会非常热闹，人们年年都提前在官码头扎孙思邈的纸人，四月二十八这天则趁吉时将其抬入药王庙，然后"升天"。人人都向药王祈祷，求消病免灾。现今的药王庙会也是极热闹的，不过现在人们参加较多的是放生活动。

庙会期间，崇兴寺内外人山人海，热闹非凡，前来逛庙会的各界人士多达万人。庙内，香烟缭绕，钟磬齐鸣，善男信女顶礼膜拜、默祷许愿、求寿祈福；庙外，车水马龙、人声鼎沸，游客摩肩接踵。这样的盛事，自古以来就是田庄台宗教文化的一大特色。

朝阳宫与凌云宫

1798年，田庄台的繁华地段菜市场修建了朝阳宫，俗称财神庙，又称菜市庙。信士厉士杰、宫向智邀请沈阳太清宫道士刘来亮做住持。朝阳宫于1873年和1883年曾两次增修。朝阳宫是古镇第一所道教庙宇。

刘来亮是沈阳太清宫道士马阳镇的弟子，属全真道金莲宗龙门派。刘来亮收徒甚多，在1898~1945年间，共收徒30余人，传袭7代。这些徒弟分别住持田庄台的保灵宫、凌云宫、朝阳观、望海观等道教宫观。

其中凌云宫的始建年代，今天已无从考证，只知乾隆年间曾有一个关内来的大和尚居于此，圆寂后亦葬于此，此处因此被俗称为"大和尚坟"。镇内朝阳宫落成后，刘来亮派徒弟来做住持，始有这个正式的名字凌云宫。凌云宫是距古城区最远的一座寺庙，原址在今唐家农场西部，曾属于田庄台辖域。凌云宫毁于1952年。

刘来亮羽化后，遗骨葬在保灵宫西，俗称老道坟，立有墓碑一座。1968年后，朝阳宫被拆除。

文昌宫（三教寺）

文昌宫是儒、释、道三教合一的寺院，主祀儒、释、道三教主，即文宣王、释迦牟尼、太上老君,遂亦俗称"三教寺"。这样的寺庙很别致,也就很少有。

三教寺始建于同治九年(1870),由赵世银、李泮林、李文阁等主持修建。庙址在高家乡西北处。起初庙宇规模不大,仅有正殿3间,西厢房3间。

光绪十年(1884),乡人募捐增修文昌宫,增建前殿3间,东厢房3间。另在院之东南角,建叠檐式的魁星阁1座。

三教寺正殿匾额"三性圆明",为牛庄佐领依布津克所书;明柱上的对联,为庠生梁庆元所书:"辟邪存正,三教本来一面目;讲经说法,八德原无二心肠。"魁星阁所配的楹联,为"文气苍深宗二雅,歌辞风流列三才"。

魁星阁内供奉魁星。魁星是中国古代传说中的神话人物,主宰文运,向来在儒士学子心目中具有至高无上的地位,以至田庄台自"独有是阁以后,雅士云兴,文风蔚起"。

可惜的是,1900年,魁星阁被俄人炮火所毁。

1917年,田庄台士绅耆老建议重修魁星阁,并共同发起募捐,还特别写有一份感人泪下的《募捐启事》,得到了"军政商学各界诸君子暨四方仁人善士"的"一致赞成"。他们"或捐廉俸,或解义囊,或省服食之需,或节浮靡之费",终于"成斯义举",仿照以前模式将魁星阁修复,以致"文星照耀,魁斗是以重光"。

1958年,文昌宫遭到彻底损毁,现已片瓦无存。

冰神庙(灵神庙)

冰神庙原址在镇西之马莲坡。

传说某一年的6月夏天,人们在马莲坡挖土,忽然挖出一块冰来,人们认定此为神迹,遂建庙,并名冰神庙。冰神庙原是石质的小庙,小到不能容人,仅能供奉一个冰神的牌位。然而冰神庙却香火极盛,周边村屯之民众但凡有大病小灾、痢疾伤寒的,都会来此焚香讨药。

1919年,镇域内霍乱横行,丧生者众,状极凄凉,求医无门的人们聚集到冰神庙,求胡仙太爷(传说冰神庙内有"胡仙")舍药救生。据说讨药者把冰神庙附近的水全都舀干了。

　　灾难过后，有乡人捐资，于此处建了平房3间，将胡仙牌位请了进去，并设住持1人。之后，人们又将平房起脊，建成大殿3间，东西配殿各1间，山门1间，并在大殿为胡仙三位太爷雕了塑像，并改冰神庙为灵神庙。

　　灵神庙是田庄台境内最简陋的一处庙宇，从未做过道场和法事。不过每年三月三、六月六、九月九，人们都会聚集于此，拜谢胡仙或有请胡仙。

　　冰神庙现已不存。

参考文献

1. 锦州市地方志办公室：《锦州风物志》，辽宁民族出版社，2001。
2. 邱德富：《医巫闾山志》，万卷出版公司，2005。
3. 贾辉：《医巫闾山古刹拾珍》，吉林文史出版社，2009。
4. 北镇县地方志办公室：《北镇县志》，辽宁人民出版社，1990。
5. 王建学、薛莉：《辽宁寺庙塔窟》，辽宁美术出版社，2002。
6. 刘谦：《明辽东镇长城及防御考》，文物出版社，1989。
7. 吕建福：《中国密教史》，中国社会科学出版社，1995。
8. 石峻、楼宇烈等：《中国佛教思想资料选编》，中华书局，2014。
9. 魏千志：《明清史概论》，中国社会科学出版社，1998。
10. 黄春和：《佛像鉴赏》，华文出版社，1997。
11. 李冀诚、顾绥康：《西藏佛教密宗艺术》，外文出版社，1991。
12. 陈振远：《藏传佛教造像》，天津人民美术出版社，1995。
13. 杨春风：《田庄台事情》，辽宁人民出版社，2011。
14. 葫芦岛地方志工作办公室：《葫芦岛市志》，海天出版社，2009。
15. 朝阳市旅游局：《朝阳之旅》，中国旅游出版社，2005。
16. 石书仁：《朝阳寺庙》，世界知识出版社，2008。
17. 朝阳文化丛书编辑委员会：《东方佛都》，吉林文史出版社，2009。
18. 于志刚：《北镇庙碑林解析》，辽宁大学出版社，2010。
19. 赵杰、周洪山：《北宁市文物志》，辽宁民族出版社，1996。
20. 赵杰：《留住张学良——赴美采访实录》，辽宁人民出版社，2002。
21. 朴趾源：《热河日记》，上海书店出版社，1996。

后　记

　　寺庙塔窟建筑，是凝固的音乐，只有有心人才能听懂历史的回音。

　　辽西大地每一座古刹，都有一段绵长悠久的历史，我用文字诠释着每一座寺院的辉煌，用照相机留住他们庄严宏大的身影。

　　辽西地区素有"东方佛都""辽西佛国"之誉。辽西地区古刹众多，星罗棋布于山峦谷坳、繁华城市之中。我常在这些古建筑面前驻足、陶醉，在精美绝伦的壁画前，不忍离去。

　　在辽西走廊行走考察，辽西古刹塔窟存在的、破碎的、荒芜的、颓废的、待建的、修旧如新的尽在眼前，有惊喜，有惋惜，有痛楚。感谢那些虔诚的出家人、护院人和居士信众对文物古迹的百倍呵护。

　　当珠子撒满地时，你弯下腰，一个个把它们拾起，再把它们穿缀起来，佛说："这就是一种善举。"

　　于是，一个人，一辆车，一个照相机，一个行囊，开始在辽西走廊、医间大地上行走，这一走，五年时光悄然而去。

　　感谢李树基、邱德富、刘景毅、张秀云、齐洪明、于志刚、赵杰、张恺新、王楠、才亮、郝春英、郭臣文、梁志武、姚明石、魏铁坤、杨洪北、刘青林、杨雪威、刘力等老师挚友的大力帮助！

　　感谢锦州佛教协会会长释道极大和尚的鼎力支持！

　　感谢十方信众！

作者2017.3.20 于凤鸣居

图书在版编目(CIP)数据

辽西古刹塔窟／贾辉编著. 北京：社会科学文献出版社，2018.1
 ISBN 9787520111096

Ⅰ.①辽⋯ Ⅱ.①贾⋯ Ⅲ.①佛教寺庙介绍辽宁 ②宗教建筑古塔介绍辽宁 ③石窟介绍辽宁 Ⅳ.①B947.231 ②K928.75 ③K879.29

中国版本图书馆CIP数据核字（2017）第168753号

辽西古刹塔窟

编　　著／贾　辉

出 版 人／谢寿光
项目统筹／杜文婕
责任编辑／杜文婕

出　　版／社会科学文献出版社·区域与发展出版中心（010）59367143
　　　　　地址：北京市北三环中路甲29号院华龙大厦　邮编：100029
　　　　　网址：www.ssap.com.cn
发　　行／市场营销中心（010）59367081　59367018
印　　装／三河市东方印刷有限公司

规　　格／开　本：787mm×1092mm　1/16
　　　　　印　张：31.25　字　数：550千字
版　　次／2018年1月第1版　2018年1月第1次印刷
书　　号／ISBN 9787520111096
定　　价／298.00元

本书如有印装质量问题，请与读者服务中心（01059367028）联系

版权所有 翻印必究